Miguel de Cervantes

JORDI GRACIA

MIGUEL DE CERVANTES

LA CONQUISTA DE LA IRONÍA

taurus

memorias y biografías

Miguel de Cervantes
La conquista de la ironía

Primera edición en España: marzo de 2016
Primera edición en México: abril de 2016

D. R. © 2016, Jordi Gracia

D. R. © 2016, de la edición en castellano para todo el mundo:
Penguin Random House Grupo Editorial, S. A. U.
Travessera de Gràcia, 47-49, 08021, Barcelona

D. R. © 2016, de la presente edición:
Penguin Random House Grupo Editorial, S. A. de C. V.
Blvd. Miguel de Cervantes Saavedra núm. 301,1er piso,
colonia Granada, delegación Miguel Hidalgo, C. P.11520,
México, D. F.

www.megustaleer.com

D. R. © Imagen de cubierta: Penguin Random House Grupo Editorial

ISBN: 978-607-314-105-5
Impreso en México – *Printed in Mexico*

El papel utilizado para la impresión de este libro ha sido fabricado a partir de madera procedente
de bosques y plantaciones gestionadas con los más altos estándares ambientales, garantizando
una explotación de los recursos sostenible con el medio ambiente y beneficiosa para las personas.

Penguin
Random House
Grupo Editorial

Para Francisco Rico, por fin.

ÍNDICE

Prólogo

Cuando ya nada importaba demasiado, y cuando nadie esperaba nada de él, ni siquiera él mismo, Cervantes imaginó un relato inimaginable e imposible, sobre todo en su tiempo y casi en el nuestro también. El descubrimiento de don Quijote hizo a su autor dueño de una invención que cuajó más allá de sus 50 años, porque solo con la madurez encontró en la novela el taller de la ironía y la libertad para contar la realidad. Supo entonces desatarse de los dogmas de todos, incluidos los suyos, y, sin saber bien cómo, exprimió las virtudes del soldado católico y luchador que había sido en un libro sin ley, genuinamente nuevo e inimitable (o, por lo menos, no imitado) durante ciento cincuenta años. Se adelantó a su tiempo en la invención de un artefacto que duplicaba la realidad mientras la imitaba y desmontaba cualquier coartada que redujese a razones simples o totalizadoras la complejidad de lo real. Cervantes se acababa de inventar el modo de pensar moderno a través de una novela cómica que subvertía o, como mínimo, dejaba en suspenso la convicción entonces universal de que las cosas no pueden ser dos cosas a la vez.

Si no me hubiese vuelto loco del todo con tanto Cervantes, diría que esta biografía intenta explicar las condiciones que hacen posible semejante extravagancia, a través de una vida contada sin ficción ni fantasía, pero sí con la imaginación del novelista que no soy. No sé si de veras ha salido eso, y ni siquiera estoy muy seguro de haber salido indemne de la inmersión en su mundo durante los dos últimos años. Sí sé que he querido inyectar el ritmo del relato en la biografía de un iluso escarmentado por la experiencia pero libre del rencor del desengaño. Sé también que no existirían las condiciones de la plenitud de Cervantes, nacido en 1547, sin otras tantas condiciones previas, sin el soldado juvenil por vocación y convicción, sin la fe en sí mismo para fugarse cuatro veces de Argel y fracasar las cuatro, entre 1575 y 1580, sin la fatiga del recaudador para la Hacienda pública durante más de diez interminables años y, por supuesto, sin el éxito y la inmediata frustración del dramaturgo que siempre quiso ser. El Cervantes de sus mejores novelas, sin embargo, parece vivir fuera de su tiempo para saltar al centro del nuestro, allí donde la ironía es la respuesta que los ideales y el buen sentido dan a las paradojas de la experiencia, donde el humor es condición de la inteligencia y la verdad es esquiva y es exacta al mismo tiempo: irónica y cervantina.

La imaginación moral

Este libro cuenta la vida de Cervantes narrada a pie de calle, con el punto de vista emplazado en la cabeza del escritor, como si dispusiésemos de una cámara subjetiva que lo atrapase en sus virajes y sus revueltas, en las rectas y en las curvas. La cámara subjetiva no fantasea pero sí usa la imaginación moral, que enfoca más lejos o más cerca, se detiene aquí o allí, sospecha, explora y pregunta, pero no ficcionaliza ni fantasea. Imagina, porque sin imaginación no hay biografía, y Cervantes fue tan real y genial como normal y corriente, tan jovial y burlón como estricto y comprometido, además de pasmosamente inteligente.

Su única intimidad ha estado siempre tan a la vista de todos que hemos creído a Cervantes sin intimidad. Es en sus personajes donde hay que aprender a leerla porque está, está en las emociones y los desvaríos, en su amor por el bien y su terror a los excesos del bien, en el placer de la imaginación y la efusividad del humor. Su intimidad está a la vista y casi desnuda mientras propaga sin desmayo la emancipación de las mujeres de sus dueños (padres o esposos), mientras defiende las causas de la nobleza intemporal contra el interés caduco, mientras pone el humor por encima de la solemnidad o mete en el corazón de las buenas ideas la sombra del escepticismo y de la impotencia, haciéndonos más sabios sin dejar de reír, con la sospecha continua de que nada es tan grave que no merezca un par de palabras más, una última burla desdramatizadora: la conquista de la ironía.

En su obra habla poco en primera persona pero la literatura habla siempre de forma compleja e indirecta del yo del escritor. Y ese yo se viste y desnuda, se desviste y vuelve a vestirse a través de una ficción que nunca es neutra o plana o previsible sino creativa y reflexiva, original e intencionada. Si el primer *Quijote* de 1605 es una gran novela al borde de sus sesenta años, el segundo *Quijote* es, además de otra gran novela, un libro de pensamiento porque a Cervantes las ideas y la meditación misma sobre la existencia se le derraman como ficciones. En esos relatos está el Cervantes real, multiplicado y reducido, burlado y ensalzado, entusiasta y melancólico, crítico y autocrítico: escarmentado y feliz. La identificación de su vida en su obra de ficción es un procedimiento tan falso y tan infeliz que ha pasado a mejor vida hace muchos años. Pero es un disparate descartar que su obra de ficción proyecta, recrea y transmite hasta el presente su personalidad y su temperamento a través de la literatura, antes y después de la insólita libertad de procedimientos narrativos y de voces del primer *Quijote* y del segundo *Quijote,* fraguados en la misma genialidad y sin embargo diferentes: en el primero está la causa impensada del segundo, más genial que el primero.

Este tramo último de su biografía sigue siendo un misterio. En poco más de diez años, hasta su muerte en 1616, escribe de nueva planta dos obras maestras y las *Novelas ejemplares,* que es otra obra maestra, como si se instalase fuera de su tiempo y se adelantase al nuestro. El misterio aumenta cuando el lector intuye que en esos años Cervantes descubre el modo de injertar en la ficción el asalto de la realidad vivida, el acoso de una experiencia que empapa cada página sin que nada de ese asalto rompa la campana neumática de la ficción ni desde luego disuelva el mecanismo irónico fundamental del *Quijote* al imaginar a un hombre inequívocamente loco e inequívocamente cuerdo. Nada deshace el equívoco o la ironía perpetua, ni siquiera cuando la novela aborda conflictos graves de su tiempo o sorpresas tan dolorosas como la aparición de un *Quijote* apócrifo que continúa la historia bajo el seudónimo de Avellaneda.

Desde entonces, nada en su obra puede reducirse a lecciones mecánicas o sermones de predicador. Con el secreto impulso de una libertad total con respecto a sí mismo y a los demás, nace el escritor que conquista una mirada compleja e irónica sobre el mundo a partir del hombre que aprendió escribiendo a ser él mismo, siendo varios a la vez, sin miedo a ninguno de ellos ni excesiva reverencia al más desaforado ni al más cuerdo. Sin el Cervantes idealista, dogmático y unívoco de la juventud nunca hubiese existido el autor descreído del idealismo simplificador, irreductiblemente seguro tanto del bien como de la buena fe, irrenunciablemente fiel a la fantasía de imaginar un mundo mejor. Cervantes escribió el *Quijote* sin haber dejado de ser del todo un hombre quijotesco.

Pero lo verdaderamente sorprendente es lo que sucede a Cervantes después de publicar el *Quijote* de 1605. El éxito de ese libro ha creado una falsa imagen de sí mismo en los demás y lo ha convertido en un autor con el que Cervantes no se identifica o en el que se reconoce solo en parte. Ese libro es de humor y está lleno de bromas, no encaja con nada ni obedece a género alguno de entonces, pero ni él es don Quijote, como tantos parecen pensar, ni ha renunciado en absoluto a la literatura seria de su tiempo. Siente que hay algo íntimamente denigrante y hasta vejatorio en leer en el *Quijote* a un Cervantes disparatado y tan sin tino como el caballero y como el escudero, mientras encadenan chistes y calamidades. Pero está a tiempo de disipar ese equívoco y, mejor aún, está a tiempo de escribir el negativo o la contracara del primer *Quijote* para desplegar en el segundo, y con el mismo mecanismo turbador de fondo, con la misma libertad del primero, la experiencia y los afanes de Cervantes con una transparencia nueva y una ironía que permea de arriba abajo el libro entero.

Pero el primer asalto contra la opinión común y contra la malevolencia de demasiados, incluido Lope de Vega, Cervantes no lo da con el segundo *Quijote* de 1615 sino con un libro serio y cómico, además de enteramente original y nuevo, las *Novelas ejempla-*

res, terminadas en 1612. Mientras tanto, escribe en clave de farsa el guiñolesco retrato de su sociedad literaria en forma de *Viaje del Parnaso* y escribe la que Cervantes siente que es su auténtica novela total, el *Persiles,* terminada a las puertas de la muerte en 1616. Es el último peldaño para culminar su obra y rectificar su empobrecida y deformada imagen de autor cómico a través de la literatura más alta de su tiempo, inyectada con las energías intelectuales que ha descubierto en el *Quijote.* El *Persiles* es su novela total, eso creyó sin duda él, como lo creyó su propio tiempo. Uno y otros se equivocaban, pero esa es parte de la historia que cuenta esta biografía.

Como este libro no es una historia de la literatura, el lector no va a hallar apartados dedicados a tratar de *La Galatea* o del teatro o del *Persiles.* Cada una de sus obras se explica vertebrada con su vida y de forma intermitente y secuencial. He querido ser fiel a los tiempos de la invención y la escritura de las obras antes que al tiempo de su publicación (y de ahí que el índice final incluya los títulos de las obras para orientar al lector sobre los lugares en que me ocupo de ellas). Para gran parte de su obra solo podemos abrir una amplia pamela de conjeturas cronológicas e intuiciones inverificables. De muy pocas novelas breves conocemos una fecha segura de redacción y con el teatro asaltan las mismas incertidumbres, incluso agravadas. Apenas de unas pocas comedias sabemos cuándo las escribe o las contrata, y solo estamos seguros del momento en que decide reunirlas en un buen tomo de comedias y entremeses muy mal impreso, tan tarde como en 1615, *Ocho comedias y ocho entremeses.* Hay indicios muy seguros de una escritura acelerada a partir de determinado momento, como sucede con el segundo *Quijote,* y a veces es casi patente la ansiedad de reunir materiales dispersos, como en los últimos tramos del *Persiles,* que aparece, ya póstuma, en 1617.

Y todavía una cosa más, con algo de confidencia un punto aprensiva. A nadie puede acabar de convencer esta biografía porque nadie ha sido más convincente sobre Cervantes que Cervantes mismo; ninguno de sus lectores reales y asiduos va a renunciar a su Cervantes por el Cervantes de otro, aunque disipe equívocos o interprete mejor o peor esto o aquello. Nada podrá suplir al Cervantes que cada cual ha visto en su obra, como relámpago intuitivo o como lenta decantación. Es una derrota anunciada del biógrafo, pero también es una renuncia íntimamente escogida para desactivar la ansiedad de narrar un Cervantes inobjetable y universal que no existe.

1. Los primeros sustos

En casa nadie olvidó el verano de 1552, y menos que nadie los cuatro hijos de Rodrigo de Cervantes y Leonor de Cortinas, Andrea, Luisa, Miguel y Rodrigo. Mientras Leonor espera de un momento a otro el nacimiento del quinto niño, el padre espera lo peor porque no ha sido capaz de devolver un préstamo ya vencido. El juez ha ordenado el embargo de sus bienes, o lo que quedase de sus bienes, este 4 de julio en que los alguaciles entran en casa para llevárselo todo, y todo es todo, las sábanas y las mantas, los cuatro colchones, el jubón, el sayo y las «calzas amarillas», la mesa de nogal y sus bancos, también el «banco de sentar, de pino», y otras dos «sábanas de Ruan» con otros tres «colchones buenos», la caja de cuchillos dorados y los zapatos de terciopelo, el arca con más ropa de casa, la «capa negra llana» y otro sayo de lo mismo, «aforrado de tafetán». No han dejado ni el sombrero que llaman chapeo, «de terciopelo con un cordón de seda», ni el «cofrecillo con joyas» y ni siquiera al «niño Jesús en una caja de madera».

Parecen los restos de un naufragio y algo de esto hay porque desde que pusieron los pies en Valladolid las cosas parecen ir en caída libre, como si ya no quedase ni rastro de la antigua prosperidad que habían disfrutado en Alcalá de Henares en las últimas dos décadas. Ni la fortuna ni el juez perdonan, porque decide meter en la cárcel a Rodrigo hasta que pague la deuda, y Leonor da a luz a una niña que llamarán Magdalena. Los buenos tiempos se habían acabado sin que Rodrigo hubiese encontrado la vía de remontar una vida y a una familia. Su oficio como médico de primeros auxilios, seguramente aprendido ya de mayor, no daba para vivir, o quizá no podía competir ni con los licenciados que salían de la Universidad de Alcalá ni con la reputada familia de médicos de su mujer, los Torreblanca, poco entusiastas de la boda de Leonor con Rodrigo. Tampoco parecía haber logrado nada muy sólido ahora en Valladolid. No sabemos exactamente cuándo, pero las cosas empezaron a estropearse a medida que avanzaba la década de los cuarenta, a medida que nacían los niños, a medida también que la protección posible de su padre, Juan de Cervantes, había ido evaporándose.

Hasta entonces, sin embargo, habían disfrutado de una posición holgada que arrancaba de la mejor etapa de Juan de Cervantes como administrador de bienes oficiales de casas nobles o por cuenta del rey. Había sabido acertar con los señores y los oficios y sobre todo acertó a ingresar en el consejo privado del duque del Infantado hacia 1529. Tras múltiples complicaciones, tanto él como su hija María obtuvieron una indemnización astronómica de seiscientos mil maravedíes que permitió a la familia instalarse en Alcalá hacia 1530 y al principio de toda buena fortuna. Allí se casaron Rodrigo y Leonor en 1540, cuando amigos y vecinos recordaban a los Cervantes como «personas muy bien ataviadas y acompañadas muy honradamente de criados y vestidos, y toda su casa», con «muchas sedas y otros ricos atavíos, y con buenos caballos, pajes y mozos de espuelas, y con otros servicios y fantasías» para participar, como hace la buena sociedad, en las justas y los juegos de cañas. Juan mantuvo su itinerancia profesional que lo lleva siempre lejos de su mujer, con «oficios en ciertas ciudades y villas, por su majestad», o por particulares nobles, como el duque de Sesa, que lo designa alcalde mayor de Baena y de su condado de Cabra, e incluso ha tenido «cargos de juez de los bienes confiscados por la Santa Inquisición». Por supuesto, eso no se da a «persona que tenga raza ninguna de judíos» ni se da desde luego a quien venga de la baja extracción social que paga impuestos, los «pecheros» comunes y corrientes. Pero «nunca se cobraron ni repartieron» esos impuestos a Juan ni a Rodrigo por «ser tales hijosdalgo».

Todo apunta a que el abuelo se alejó muy pronto de la familia de Alcalá y no asiste al bautizo de ninguno de los hijos de Rodrigo y Leonor, y han sido ya unos cuantos en los últimos años. Nació primero un Juan que murió enseguida, pero sí sobrevivieron los demás. Andrea nace en 1544, Luisa en 1546, Miguel en 1547 y todavía Rodrigo en 1550, apenas unos meses antes de marchar hacia Valladolid y acabar dando el prolífico padre con sus huesos en la cárcel. Ese mismo verano de 1552, Juan de Cervantes se incorpora a un nuevo empleo como letrado en el cabildo de Córdoba y juez de bienes confiscados por la Santa Inquisición. Y mantiene sin duda una ya prolongada autonomía con respecto a su mujer porque vive con otra (y sin hijos y sin nietos). Que debió ser hombre de temperamento es completamente seguro porque al menos a sus cincuenta años tuvo que hacer frente a una denuncia por torturas y a la condena del juez a pagar a su víctima veinte ducados por haberlo atado, y «desnudo como estaba», le «apretó por su mano de la una parte muy reciamente los cordeles y de la otra estiraba», mientras el hombre pedía que no le «despedazasen y atormentasen así» porque Juan de Cervantes, como teniente de corregidor, lo hacía «más con ánimo de hacerme daño y de atormentarme mis carnes que no con celo de administrar justicia», apretándole los cordeles hasta que se le «hincaron bien por la carne», de tal manera que estuvo «muchos días malo y muy atormentado de sus miembros», incapaz de «hacer cosa ninguna ni me podía valer de dolor».

No deja de ser enternecedor el empeño de Rodrigo en este Valladolid de 1552 por hacerse valer como hidalgo «notorio de padre y abuelo de solar conocido», que no «ha ni debe estar preso por deudas» conforme a las leyes de Castilla. Debería ser la razón fundamental para sacarlo de la cárcel, pero ni accede el juez ni es fácil demostrar esa hidalguía sin ejecutoria que la pruebe, y él no la tiene. Habrá aprendido su oficio de «médico cirujano» ya sobre los 30 años, aunque apenas han sido cuatro cosas para salir del paso, corregir una luxación, limpiar una herida y suturar aquí o allá, pero no mucho más, o no mucho más que lo aprendido casi de forma autodidacta. En casa tiene, o tenía hasta hace unas horas, tres libros: uno es la *Gramática* de Nebrija, otro es «de cirujía», que equivale a algo más que primeros auxilios pero muy lejos de nuestra cirugía, y el otro es el «libro de las cuatro enfermedades». Y se han llevado también la espada y la vihuela, porque aunque Rodrigo ha ido quedándose sordo, los amigos lo recuerdan tocándola con buena mano.

No queda más remedio que volver a Alcalá, que es donde se queda la familia en los años siguientes, mientras Rodrigo viaja a Córdoba, sospechamos que solo o sin los hijos, a buscar el auxilio del padre. Allí parece obtener algunos mínimos encargos a través de Juan o bien a través de su hermano Andrés. Desde esos años es alcalde de Cabra, sin duda por mediación de su padre Juan, que estuvo al servicio del dueño del pueblo, el duque de Sesa, además de actuar como corregidor de Osuna, que pertenece también al mismo noble. Como mínimo, se han salvado todos, pequeños y mayores, del olor a chamusquina de los 27 libros que la Inquisición quemó en ceremonia pública y ostentosa en Valladolid, por no hablar de otra chamusquina peor en uno de los autos de fe más vistosos de la época, con asistencia de Felipe II, aunque solo estaba empezando la época dorada de ese popular espectáculo, con asistencia de turistas y general expectación nerviosa, al menos de algunos de los convocados por pregón público.

En Cabra va a seguir Andrés de Cervantes hasta el fin de los tiempos, casado desde 1557, y probablemente auxilia por entonces a Rodrigo, que parece gestionar algunas casas en Sevilla por cuenta de Andrés y aparece entonces todavía como «médico cirujano». La hija mayor, Andrea, ha pasado algunas temporadas fuera de Alcalá y en compañía de la abuela Leonor, en Córdoba. Cuando muere en 1557 (un año después de morir su marido), deja como herederos a sus tres hijos, Rodrigo, Andrés y María, pero también destina una parte de la herencia expresamente a «mi nieta» Andrea, que tiene ahora 13 años. A su otra hija, Catalina, no puede dejarle pedazo alguno de la herencia porque es monja en el convento de la Concepción. Y además de encargar misas para unos y otros (solo seis para el «licenciado Juan de Cervantes»), también se acuerda previsora y providencialmente de los frailes de la «redención de cristianos cautivos en tierra de moros», y asigna cuatro maravedíes a cada una de las órdenes que se encargan de ello: Nuestra Señora de la Merced, de la Cruzada y de la Trinidad.

Los escritorios de Andrea

La gestión de las casas de Andrés ha llevado a Rodrigo a Sevilla. Vive en el barrio de San Miguel y allí ha trabado amistad con Alonso Getino de Guzmán. Es uno de los actores de la compañía de teatro de Lope de Rueda, vecino del mismo barrio y un renovador importante del teatro de la época. También intenta Rodrigo algún otro negocio con amigos como Pedro Suárez de Leyva, o al menos ambos se obligan a pagar una importante suma, casi veinte mil maravedíes (unos quinientos setenta ducados), a un mercader cordobés por «treinta y siete varas de paño negro veinticuatreno» y «una vara de tafetán», quizá para las labores de costura que realiza Andrea, que vive con él en Sevilla ahora.

Previsiblemente está ahí también Miguel, que quizá pasase algunas temporadas con su padre, como había hecho Andrea con su abuela en Córdoba. Hacia 1560 Miguel tiene 13 años (nació en septiembre de 1547, seguramente el 29, que es San Miguel, pero no lo bautizan hasta tan tarde como el 9 de octubre), y, si está en Sevilla, ha acudido sin ninguna duda con algún amigo, con Alonso Getino mismo o por su cuenta, a algunas de las representaciones de Lope de Rueda. O al menos Cervantes no olvidaría para el resto de su vida su teatro, que evoca con detalle y entusiasmo cuando él mismo sabe ya qué es disfrutar del teatro, y cuando se siente capaz de reivindicar «la bondad de sus versos» porque algunos «me quedaron en la memoria». Y vistos «ahora, en la edad madura que tengo, hallo de ser verdad lo que he dicho» y no solo impresión juvenil de principiante. Lope de Rueda será siempre para Cervantes «admirable en la poesía pastoril, y en este modo, ni entonces ni después acá, ninguno le ha llevado ventaja».

Como menor de edad que es Andrea (sin haber cumplido los 25), sabemos que pide en Sevilla, y en marzo de 1565, un procurador legal. No sabemos para qué, pero sí sabemos que Andrea mantiene una relación quizá amorosa pero sin duda carnal con Nicolás de Ovando, que es un joven de familia influyente y sobrino del vicario general. Pero no: Ovando se desdice de su compromiso firmado de matrimonio, y tras romper la relación compensa a la muchacha con otra importante suma de dinero que servirá, entre otras cosas, para criar a la niña que nace de la pareja. Va a llamarse Constanza de Ovando, aunque con los años se hará llamar Constanza de Figueroa. Andrea no ha hecho nada muy distinto de lo que había hecho su tía María años atrás ni de lo que hacen muchas otras mujeres de equivalente posición social y algo de suerte: buscar un enlace ventajoso con un caballero, al menos hasta que el caballero se desdiga del acuerdo y se case como dios manda.

La relevancia del caso en la biografía de su hermano Miguel llega por otro sitio. El tío de Nicolás es Juan de Ovando, que a su vez se va a hacer cargo de una madre desamparada y de su joven hijo desde 1556. El niño quizá ha nacido en Córcega, quizá en Argel, y se llama o se hará llamar Mateo Vázquez, después Mateo Vázquez de Lecca y finalmente Mateo Vázquez de Lecca y Colonna en un *crescendo* de nombradía y relevancia que retrata bien a un joven que supo usar sus cartas y prosperar rápidamente en el entorno de la corte de Felipe II, hasta ser uno de sus principales secretarios y poderoso rival de otras facciones de la corte (sobre todo la que encarnan la princesa de Eboli y Antonio Pérez).

Ahora Mateo Vázquez es solo un muchacho despierto que tiene la fortuna de entrar al servicio de Juan de Ovando y sobre todo de asistir a la escuela privada que organiza en Sevilla para los servidores de su casa, a finales de esa década, con dos excepcionales maestros jóvenes, Benito Arias Montano y Francisco Pacheco. Durase lo que durase, que fue poco, incluso muy poco, la relación de Andrea con Nicolás, no parece descabellado adivinar al joven Miguel al tanto de lo que hace su hermana mayor —se llevan tres años— y de la crianza misma de Constanza. Y es ya sencillísimo deducir que este Miguel adolescente de 1565 y 1566 estaría informado sobre quién era ese Juan de Ovando cuando llega a Alcalá por entonces para realizar una inspección académica del funcionamiento de la universidad.

Aunque la corte de Felipe II se ha instalado en Madrid desde 1561, Alcalá mantiene el tono de una ciudad rica, culta y hasta sofisticada, con una población flotante y numerosa de estudiantes atraídos por la calidad de la enseñanza tanto de su universidad como de sus academias privadas, en particular la del importante humanista y amigo personal de Francisco de Figueroa, Ambrosio de Morales. Es un lugar óptimo para establecer contactos y nudos de relaciones en el mercado laboral de la época para quienes no pertenecen a la nobleza pero escogen las letras y las leyes como carrera, y no las armas, ni el comercio ni el clericato. Las letras son, sobre todo, la base formativa y cultural de los secretarios, administradores, escribanos y escribientes que necesita la Administración, la Inquisición, los jueces u oidores, en Audiencias, municipios, alcaldías y pueblos. La corte y el poder es el vivero de la gente de letras y leyes destinadas al Consejo de Estado, el Consejo de Castilla, el Consejo de Indias y los distintos ministerios que asesoran a un rey que escucha y lee, como Felipe II. Por eso está en Alcalá ahora Mateo Vázquez, acompañando como paje o secretario a Juan de Ovando, pero además se matricula en octubre de 1564 en los estudios de Filosofía de Alcalá. Enseguida será secretario del Consejo de la Inquisición de Aragón en 1568, además de trabajar para el cardenal Diego de Espinosa cuando accede al rango más alto de poder. Entre los poquísimos textos que se conservan de la etapa del cautiverio de Cervantes en Argel, entre 1575 y 1580, el más importante es la epístola o carta en verso, y de tono muy personal, que Cervantes envió en 1577 a Mateo Vázquez cuando era ya un auténtico hombre de poder de la Corte. Y sabemos que Mateo Vázquez guardó esa carta entre los papeles con algún peso en su biografía.

En torno a sus 20 años, Cervantes puede haber hecho sus primeros pasos formativos en alguna de las academias de Alcalá, o como asistente a las clases particulares de Ambrosio de Morales. Allí reside ahora el primer hijo de Felipe II, el infante Carlos, cada vez más alejado de su padre, y más enfermo, con servidores personales como el poeta y censor Pedro Laínez. Entre su guardia privada figura también un poeta prestigioso que ha abandonado ya la poesía, Francisco de Figueroa, que además mantiene correspondencia personal y una estrecha amistad con Ambrosio de Morales (porque fue alumno, años atrás, de su academia particular en Alcalá).

En su sentido más lato, hay otra corte que se compone de numerosas y entrecruzadas casas nobiliarias, rancias o más nuevas. Rodean al rey, asesoran, influyen y constantemente exhiben la opulencia de su poder. También para eso están los hombres de letras, para servirlos y auxiliarlos escribiendo informes y memoriales, cartas y borradores de cartas, incluso para galantear con versos propios o ajenos y rivalizar en justas poéticas, academias y congregaciones literarias y refinadas. Existen las de palacio, evidentemente, y algunas tienen entre sus miembros a la más alta nobleza, como la que se reúne cerca de las dependencias del infante Carlos, la llaman la «alcobilla» porque gira en torno al duque de Alba, hasta que marche a Flandes entre 1567 y 1568 a imponer tanto la doctrina contrarreformista de Trento como el terror contra los rebeldes calvinistas (y contra el criterio, por cierto, de la hermana de Felipe II, Margarita de Parma). Y todavía funciona en la Corte otra tertulia con su grupo de habituales en torno a Diego Hurtado de Mendoza. Aunque no hay lista de socios que nos auxilie, por ahí anduvieron sin duda servidores del propio infante Carlos como Pedro Laínez, Francisco de Figueroa, Luis Gálvez de Montalvo, y por supuesto el cardenal Diego de Espinosa, que empieza ahora el mejor momento de su trayectoria cortesana, y quizá asomase algún otro joven menos previsible que estos formales empleados de la corte.

Poco tiempo permanecen Rodrigo y los suyos en Alcalá, aunque sí la otra hermana mayor de Miguel, Luisa, porque se hace monja en el convento de la Concepción con 17 años. Pero los demás se van a Madrid con su padre, y allí se instalan hacia 1566 —Cervantes tiene 19 años—. Es en Madrid donde Andrea ha buscado una segunda boda o un segundo compromiso que la saque de pobre sin que prospere el enlace. Con 23 años acepta de Juan Francisco de Localdelo (o Locadelo, que de las dos formas lo nombran) una donación «irrevocable» legalizada y formalizada a 9 de junio de 1568. Se la ofrece para que ella tenga «con que se poder casar y honrar» lo mejor posible, sin impedimentos de nadie, ni de hermanos ni de otros parientes, ya que —dice Localdelo, o Locadelo—, «estando yo ausente de mi natural en esta tierra», porque es italiano, «me ha regalado y curado algunas enfermedades que he tenido», tanto ella como su padre Rodrigo, y ha hecho «por mí en mi utilidad otras muchas cosas de que yo tengo obligación de remunerar y gratificar».

Y lo hace de veras y en forma generosa de acuerdo con un inventario que rematan trescientos hermosos ducados de oro y abren «siete piezas de tafetanes amarillos y colorados, que entre todos hay treinta y seis piernas». Esa donación suena sobre todo a una separación amistosa o acordada, y allí comparece el recuento de ropas ricas y atavíos señoriales, el ajuar de casa con sus platos y sus jarras y sus saleros, varias basquiñas y varios jubones, uno «de tela de oro carmesí», con seis «cofias de oro y plata», y hasta ocho colchones de Ruan con sus sábanas, sus alfombras y su caja de peines «buena de ver», además de un «espejo grande» donde mirarse mientras se peina, se viste y se desviste, todo ofrecido por «las causas susodichas y por otras muchas buenas obras que de ella he recibido», según dice el donante, aunque en este tramo ya no sale por ningún lado el padre de la muchacha. También van en el lote, por cierto, una vihuela que debió sonar en manos de su padre Rodrigo y «dos escritorios, el uno de Flandes y el otro de taracea» y aun una «escribanía de asiento». Es imposible no adivinar a su hermano pequeño Miguel, que ya no tiene nada de pequeño, sino 20 años, metiendo las narices y sus barbas rubias en la vida de la mayor o al menos en la escribanía, en uno de los escritorios o en los dos.

Ejercicios manuales

No es del todo invención porque en algún sitio ha tenido que escribir Miguel el primoroso soneto que dedica al nacimiento de la infanta Catalina Micaela, en octubre de 1567, como si este muchacho hubiese encontrado algún enlace o alguna posibilidad de poner el pie en la corte, en la periferia de la corte o en sus proximidades. A sus treinta y tantos años, Alonso Getino de Guzmán ya no está en Sevilla con la compañía de Lope de Rueda sino en Madrid y encargado de las fiestas públicas que celebran en la ciudad el nacimiento de la criatura. Y quizá ha sido él quien ha sugerido o animado al joven a escribir su poema sobre la hija de Felipe II y de su tercera mujer, Isabel de Valois, la «serenísima reina» del soneto de Cervantes, que a los 21 años ha dado a luz a una niña pese a que las abrumadoras virtudes que acrisolan a una y a otra dejan al pobre «ser mortal» del poeta sin palabras para el encomio, y así «le va mejor sentir callando / aquello que es difícil de decirse». No se ven sus veinte años por ningún sitio, pero sí deja ese primer soneto la huella de una escolarización más o menos académica porque el poema entero es un correcto y anodino ejercicio común en la enseñanza de las letras de la época. Madrid tiene desde enero de 1568 nuevo catedrático de Gramática y director en la escuela pública, el Estudio de la Villa, Juan López de Hoyos, y con él debió Cervantes empezar sobre sus 21 años a leer e imitar modelos clásicos, que es como se aprendían las letras y la poesía, y allí pudo empezar en el oficio de leer y traducir del latín, a componer y remedar textos antiguos y modernos.

El tinglado de academias y reuniones literarias se pone a prueba de nuevo este mismo año de 1568, pero no para celebrar el nacimiento de una niña sino para llorar la muerte de la madre en octubre. Y es López de Hoyos el hombre de confianza que gestiona la vertiente literaria y, entre otras muchas cosas, encarga nada menos que cuatro poemas a Cervantes, un epitafio, un par de redondillas castellanas y otro poema más extenso y sustancioso, todo recogido al año siguiente en la *Historia y relación verdadera de la enfermedad, felicísimo tránsito y suntuosas exequias fúnebres*, dedicado al nuevo regente tras la muerte de la reina, Diego de Espinosa. Es ahí donde López de Hoyos alude dos veces al joven, una para llamarlo «mi amado discípulo» y otra posterior «nuestro caro y amado discípulo». Cervantes ha hecho lo posible por esmerarse y en su epitafio asegura que «de la más alegre vida, / la muerte lleva siempre la victoria», aunque nada ni nadie niega, y menos que nadie Cervantes, la «bienaventuranza / que goza nuestra reina esclarecida / en el eterno reino de la gloria».

Los versos se pudieron leer impresos pero antes se vieron en la plaza pública, junto con muchos otros, colocados sobre el «brocado de la tumba» y con «coronas de ciprés en su contorno», como hacían los antiguos para adornar los sepulcros de los reyes y señores, según ha leído López de Hoyos en Lucano. La epístola en que se dirige Cervantes a Diego de Espinosa debió de gustarle al maestro porque elogia su uso «de colores retóricos», y además el encargo consistía en hablar en nombre «de todo el Estudio». Lo hace

Cervantes pero esa epístola dirigida a la primera autoridad política del momento no trata de la muerte sino del poder, y no solo va la queja temblorosa por la muerte de la reina y el dolor de Felipe II, sino el elogio entusiasta del rey y de Espinosa mismo, que también es presidente del Consejo de Castilla en 1565, Inquisidor General al año siguiente y hombre clave hasta su muerte en 1572. El llanto se convierte en alegría al confesar casi confidencialmente, «si no os cansáis, señor, ya de escucharme», y si todavía puede anudar «de nuevo el roto hilo» del poema, el consuelo que todos reciben de saber que en los hombros firmes del cardenal Espinosa queda «la carga del cielo y de la tierra» que ahora abate al rey y así el mal del rey «es menos» y también lo es la desventura general.

Cervantes está cerca de López de Hoyos, y López de Hoyos lo está de Espinosa. Con los años, además, el director de la Escuela ha reunido una considerable biblioteca humanística de quinientos volúmenes (que son muchísimos para la época) que incluyen la obra de Erasmo, también la prohibida por el *Índice* inquisitorial de 1559, como el manual del buen cristiano, el *Enchiridion,* los éxitos populares del tiempo sobre saberes misceláneos, como los *Coloquios* de Pero Mexía o las *Epístolas familiares* de fray Antonio de Guevara, la obra de Luis Vives, clásicos modernos fundamentales como Lorenzo Valla y clásicos grecolatinos que son la base de la formación de cualquiera que haya pasado por la Escuela, aunque sea ya de mayor, como Cervantes (y lo mismo le pasó a su padre, que hizo sus estudios primarios de medicina incluso más tarde, con 30 años): Horacio, Quintiliano, Cicerón, Virgilio con las *Églogas* y la *Eneida,* Ovidio y las *Metamorfosis* al menos, las epístolas de Séneca o los poemas de Catulo o Juvenal. Pero la calle donde está la Escuela seguirá sin empedrar durante muchos años, con Cervantes como usuario asiduo de esa biblioteca, al menos hasta 1569.

Cervantes ha leído mucho ya, ha leído abundante poesía de cancionero y por supuesto ha leído al autor que más le gusta y le gustará el resto de su vida, Garcilaso de la Vega. Es hoy un buen aprendiz de poeta cortesano, que escribe como debe escribir y para lo que debe escribir: el respaldo al poder en ocasión memorable. Pero el momento dulce que vive el cardenal Espinosa no es nada fácil. Mientras todos lloran la muerte de la reina en este 1568 está fraguándose la más potente rebelión de la población musulmana en Granada y la sierra de las Alpujarras, sublevada con razón la noche de Navidad de 1568 contra la orden del año anterior que suspende y proscribe sus costumbres, hábitos, prácticas religiosas y hasta sus formas de vestir. Como cuenta el poeta, diplomático y amigo de Cervantes, Francisco de Figueroa, mientras está al servicio del conde de Benavente en Valencia en 1569, los moriscos siguen actuando «con soltura y desvergüenza, haciendo todavía sus ceremonias de moros como antes». No parece haber servido de nada la nueva legislación represiva, alentados los moriscos además por lo que parece entonces un poder omnímodo del turco infiel en el Mediterráneo, su control de las rutas marítimas, su pletórica y profesionalizada piratería corsaria y sus secuestros rutinarios de población cristiana, raptada en las costas españolas o interceptada en el mar (generalmente con la ayuda local de otros moriscos compinchados).

Espinosa es partidario de abandonar la tolerancia y las contemplaciones y se inclina por el sector duro del poder dispuesto a acabar con ellos, como el duque de Alba mismo, aunque ahora esté en Flandes para contener ahí las conspiraciones protestantes. El capitán general de Granada es entonces Íñigo López de Mendoza, marqués de Mondéjar, partidario de mantener una estrategia conciliadora que facilite la integración musulmana, y seguramente también su tío, Diego Hurtado de Mendoza, que acaba de llegar a Granada en enero de 1569 represaliado por Felipe II, a pesar de su prestigio y de su ancianidad. En julio, mientras agonizaba el infante Carlos, mantuvo en palacio un duelo primero verbal y después armado con un hombre de la corte, Diego de Leiva, a causa de unos versos burlescos que le atribuyen a Hurtado de Mendoza y que son solo una muestra de los muchos que escribe en el mismo tono, burlón y satírico. El caso es grave porque ambos caballeros se refugian en la iglesia para evitar ser detenidos, como cualquier golfo pillado con las manos en la masa. Pero no se salva ninguno de los dos y esa misma noche a Diego de Leiva le ponen «grillos y cadenas», según un testigo presencial, y a Hurtado de Mendoza el rey ordena encerrarlo en el actual castillo de la Mota, condenarlo a una multa primero y después a que «con sus armas y caballos nos sirvieran por toda la vida en una frontera». Esa *frontera* es Granada; lo manda para auxiliar a su sobrino, el marqués de Mondéjar, que allí le encarga el mando de la fuerza militar que ha de reprimir la sublevación.

Sin demasiado éxito, porque apenas cuatro meses después, Felipe II envía a don Juan de Austria con su íntimo amigo el duque de Sesa para aplastar la rebelión con una carnicería universalmente reconocida, en particular entre 1570 y 1571, y una masiva deportación de moriscos al norte de Granada y hacia Castilla en condiciones espantosas. Espinosa inspira y ejecuta esta nueva política represiva hasta su muerte en 1572, mientras Diego Hurtado de Mendoza redacta su crónica testimonial de la guerra de Granada, y el maestro Juan López de Hoyos o el poeta Francisco de Figueroa entonan sus alabanzas póstumas. El prestigio de don Juan de Austria, hermano bastardo y reconocido por Felipe II, cuaja y crece, sobre todo entre jóvenes fervorosos de su misma edad, como Cervantes, que sueñan con ser o parecerse al joven héroe.

A Cervantes empieza a faltarle algo. No veo retórica ni mera imitación en las ansias de pelea de esa epístola a Espinosa cuando confiesa Cervantes la frustración de quien «no ha gustado de la guerra» porque vivir así es como si «Dios del cielo le destierra»; es verdad para Cervantes que «no se coronan en la gloria» más que «los capitanes valerosos, / que llevan de sí mismos la victoria». Aunque no existe aún, el soldado ya está ahí porque los modelos que activan su imaginación son esos poetas y soldados. A estos 22 años no está en el centro, pero sí está cerca del centro; nada prefigura hoy a un joven subterráneo o marginal, ni ausente de toda vida cultural o desconectado de lo que sucede en palacio, aunque no pertenezca a su entorno directo. Algunos de sus amigos sí están ahí, y al menos dos de ellos lo son con seguridad, ambos poetas y ambos cortesanos de oficio, Laínez y Figueroa, y sin duda hay otro más, pero más lejos, que es Diego Hurtado de Mendoza. Ahora él es el más joven, mientras Figueroa y Laínez tienen experiencia de corte e incluso internacional; están familiarizados con la literatura de Italia y han sido miembros de academias en las que se discute y se rivaliza con los versos. Viven en Alcalá, con el infante Carlos, entre 1563 y 1564, cuando acaba de llegar también Mateo

Vázquez al servicio de Juan de Ovando, y Francisco de Figueroa los acompaña como miembro de la guardia personal de palacio con el cargo que llaman *contino,* con casa y sueldo importante de cuarenta mil maravedíes anuales. Ese mismo fue el cargo que tuvo Garcilaso y mantuvo el hijo de Garcilaso.

Porque ha empezado a escribir, claro que escribe, como hacen todos los demás, para ir inventándose la nueva literatura de su tiempo. Al menos Figueroa lo hace desde que fue alumno de Ambrosio de Morales en su escuela de Alcalá y sin duda está al tanto de las novedades. Ninguno de ellos ha dejado de leer a Jorge de Montemayor porque todos saben quién es y qué ha hecho: es portugués y es el primero que publica en castellano una renovadora continuación del invento fundacional de Sannazaro, más de medio siglo atrás, cuando publicó *L'Arcadia* sobre la base de Virgilio como modelo. Ese libro de Montemayor se titula la *Diana,* aparece en 1559 y reúne prosa y poesía a imitación de los clásicos latinos y los italianos nuevos. Se convierte enseguida en el único *long-seller* capaz de competir con la literatura más popular de todas, que son los libros de caballerías. En esta moda nueva y atractiva, los personajes no son caballeros ni magos sino pastores y pastoras que parecen cautivar a todos con su panfilismo simulado. Sería bien raro que a Cervantes no le cayese en las manos esa obra cuando Pedro de Robles acaba de publicar, en 1564, la reimpresión más divulgada del libro, en Alcalá. Cervantes tiene entonces 17 años y la alegría de encontrar en el mismo volumen otras obras que no son de Montemayor pero vienen en el mismo paquete para felicidad de todos: la historia morisca de *El abencerraje y la hermosa Jarifa,* la *Fábula de Píramo y Tisbe* o los *Triunfos de amor* de Petrarca.

Viene a ser poco menos que una antología breve de la mejor literatura de vanguardia, culta y popular y sin desdoro alguno frente a la italiana ni a la latina. El mismo Ambrosio de Morales cree capital la función que la literatura ha de tener en la enseñanza y la formación de los jóvenes. Por eso reprobaba que «tengamos nosotros los españoles en menos nuestra buena poesía, que las otras naciones y sus hombres sabios y santos estiman los suyos». Eso lo escribe hacia 1546, convencido de que después de Boscán y, sobre todo, después de Garcilaso, la poesía española está a la altura de la italiana. Para entonces, Garcilaso lleva muerto diez años pero su poesía por fin circula ya exenta, como el clásico absoluto que es, y sin la compañía de los poemas de Boscán. Cervantes está inmerso en esta fe en la literatura, convencido de esa «divina altivez de la poesía» que, según Luis Gálvez de Montalvo, encarna el *divino* Figueroa, como lo llaman todos, contra la poesía que un teórico de entonces llama de «rateros y de poco vuelo» (aunque la escriban graves dignidades cortesanas y eclesiásticas).

Pero tanto a los soldados como a los poetas les llegan las desgracias sin querer o se buscan ellos solos las borrascas. Quizá por eso no ha podido ni ver impreso Cervantes ese primer libro que lleva sus cuatro poemas y organizó López de Hoyos. Para entonces, en septiembre de 1569, Cervantes está a punto de salir huyendo de la justicia hacia Italia para no volver en mucho tiempo. Cuando vuelva, ya con treinta y tantos años, habrá de rehacer el hilo roto de lo que fue su vida de escritor sin obra y cortesano sin corte.

EL HILO ROTO

El hilo se partió un mal día del verano de 1569, cuando mantuvo una pelea a espada con un maestro de obras llamado Sigura, y no hubo modo ya de enderezar el rumbo en los próximos años, como si su vida cogiese el aire de novela de aventuras, no de las de caballerías antiguas sino de las nuevas, calcada de las historias que imitan al obispo griego del siglo III, Heliodoro, y sus exóticas *Etiópicas*. El descubrimiento de ese manuscrito hace unos veintitantos años ha sido un bombazo expandido gracias a la rápida traducción al italiano y al castellano, todos inmersos como lectores y enseguida como autores en aventuras bizantinas parecidas a las que cuenta el obispo griego, plagadas de largos viajes, amores inmarchitables y castos, crudos naufragios, reencuentros inesperados y resistencia a todas las adversidades gracias a la fe.

Una providencia real ha puesto en marcha a 15 de septiembre la maquinaria de la justicia para que un alguacil «vaya a prender a Miguel de Cervantes» y se proceda «en rebeldía» contra él por estar ausente y «haber dado ciertas heridas en esta corte a Antonio de Sigura». Se le condena con «vergüenza pública» a que «le fuese cortada la mano derecha», además de mandarlo al «destierro de nuestros reinos por tiempo de diez años y otras penas contenidas en la dicha sentencia», que no conservamos o no ha sido hallada. Los alcaldes de la causa contra él, «habiendo sido informados» de que «se andaba por estos nuestros reinos y que estaba en la ciudad de Sevilla y en otras partes, y por ellos visto», ordenan que sea perseguido hasta allí, «y a todas las otras partes, villas y lugares de estos nuestros reinos y señoríos que fuere necesario» para que prendan «el cuerpo del dicho Miguel de Cervantes», y una vez capturado, «y preso con los bienes que tuviere y a buen recaudo», lo lleven «a la cárcel Real de esta nuestra corte» en Madrid.

Por allí no hay rastro de que pasase Cervantes así que escapó —si este condenado Miguel de Cervantes es el nuestro—, entre otras cosas porque sí hay rastro de él un poco más tarde y mucho más lejos que Sevilla, en Italia. Cervantes en su obra posterior explicará no menos de tres veces la diferencia que va de la ofensa a la afrenta: una puede tolerarse porque es involuntaria y hasta puede ser accidental, como las mujeres y los niños pueden ofender y agraviar, pero no pueden afrentar. Eso solo lo puede hacer quien profiere la injuria o la deshonra y la sostiene, con la espada desenvainada, y sin retirar ni la espada ni la afrenta. Me intriga invenciblemente si en esas tres veces está latiendo una forma de la justificación de sí mismo, sin que pueda ni yo ni nadie ir más allá de la conjetura. Es tentador imaginarlo así, justificándose como individuo de honor en la ficción del novelista, pero hay también alguna tentación más que puede hacer a Cervantes ya no víctima solo de su código de honor y época, sino también de su mismísimo apellido. Si tiene razón Astrana Marín, Cervantes puede estar siguiendo ahora el mismo camino que un año atrás, en 1568, ha seguido un pariente suyo, Gonzalo de Cervantes Saavedra, que sale de Córdoba tras batirse en duelo, se embarca con don Juan de Austria y le sigue hasta Lepanto en 1571. Cervantes lo tuvo presente, sin duda, porque años después le elogia ciñéndole «el verde laurel, la verde yedra, / y aun la robusta encina», aunque en los versos deja Cervantes también el aroma de la retranca privada. Le conoce sin duda y de ahí que por mucho que quiera detenerse «en sus loores, / solo sabré deciros que me ensayo / ahora, y que otra vez os diré cosas / tales que las tengáis por milagrosas».

¿Se ha llevado manuscritos y borradores? ¿Se han quedado con alguien los poemas, los sonetos y canciones en marcha, algunas de las églogas a imitación de la moda pastoril, algunos de los romances incluso? Existir, existen porque Cervantes no escribe a sus veinte años únicamente a toque de silbato conmemorativo para bodas, bautizos y muertes, de modo que se los lleve o no, ha ido componiendo cosas porque no cabe imaginar lo contrario, o sería absurdo hacerlo. Lo que vuelve a ser seguro, dentro de lo que cabe, es que Cervantes reclama a su padre, a finales de noviembre de 1569, desde Roma, el certificado de limpieza de sangre que cualquiera necesita para ocupar algún empleo relacionado con la Administración o el servicio a alguna casa noble, como es el caso. Cervantes le pide esa documentación porque está en Roma y necesita probar su condición de ciudadano fiable, hecha abstracción, claro está, de la condena reciente de la que huye. De modo que su padre, Rodrigo, busca los testigos, formaliza las declaraciones y las presenta el 22 de diciembre de 1569. Por supuesto, las declaraciones acreditan que ni él ni la familia son ni moros ni judíos ni conversos ni reconciliados de la Santa Inquisición (es decir, renegados que rectifican), ni tienen la menor causa abierta ni por «el Santo Oficio de la Inquisición, ni por otra ninguna justicia de caso de infamia», lo cual no es del todo exacto, pero no importa. Tanto Alonso Getino de Guzmán como dos italianos con vínculos financieros, Pirro Boqui y Francisco Masoqui, redoblan las seguridades de la sangre y declaran que son «muy buenos cristianos viejos, limpios de toda raíz».

¿Para qué pudo querer esos papeles? La única fuente es el propio escritor. Alude a ello años después, de forma sucinta y muy indirecta en la dedicatoria que redacta para su primer libro, *La Galatea,* en 1584. Allí Cervantes se remonta a los tiempos de su primera juventud, quince años atrás, y dice recordar muy bien, en una incursión autobiográfica fulminante, que estuvo un tiempo en Roma ocupado en el servicio doméstico de un joven eclesiástico, Giulio Acquaviva. En los dos últimos meses de 1568, había residido en España como nuncio extraordinario con motivo de la muerte de la reina Isabel de Valois y conocerlo entonces no es inimaginable. Todavía no es cardenal, lo será a mediados de 1570, tiene la misma edad de Cervantes, y anduvieron en las mismas ceremonias por la muerte de la reina, entre otras cosas porque Cervantes expuso públicamente los poemas que dedicó al asunto siendo el joven amigo de cortesanos como Laínez o Figueroa.

El primer susto con la justicia se lo había llevado de muy niño, a los seis años, con el padre en la cárcel de Valladolid y los bienes embargados. Pero este otro susto a los veinte es peor y más irreparable. Empieza ahora una aventura que no es literaria todavía pero tampoco exactamente deshonrosa; el complemento óptimo de la incipiente vida de las letras es la urgente vida de las armas, como hicieron sus modelos e ideales, y antes que nadie Garcilaso. Algunas otras presencias míticas son también amistosas, como Diego Hurtado de Mendoza, o como los amigos que va a reencontar (o tratar por primera vez) en Italia para hacer lo mismo que él: escribir y combatir por la cristiandad, como Pedro Laínez, Gabriel López Maldonado, Cristóbal de Virués, Pedro Liñán de Riaza o el cronista y biógrafo de Juan de Austria, Juan Rufo. No hay merma alguna de honor en la vida de las armas sino la ruta para conquistarlo de veras.

En la ruta del turco

El relato más hondo y más conmovedor de lo que hace Cervantes desde 1569 llega a través de su única autobiografía, redactada con treinta años, mientras encadena los tercetos de una epístola dirigida al secretario real Mateo Vázquez en 1577. Es en realidad una pura llamada de auxilio: Cervantes lleva ya mucho tiempo fuera y lejos, «en manos del atolladero» de las cárceles de Argel en esta primavera de 1577, «muriendo / entre bárbara gente descreída» y «la mal lograda juventud perdiendo» desde hace dos años. Su juvenil alistamiento en los tercios de Italia, a los 23 o 24 años y quizá en Nápoles y en el verano de 1571, queda ya muy lejos o al menos tan lejos que incluso le parece que «diez años ha que tiendo y mudo el paso / en servicio» de Felipe II, «ya con descanso, ya cansado y laso», aunque siempre imborrable y hasta físicamente tangible el «dichoso día» en que fue contrario en Lepanto «el hado a la enemiga armada, / cuanto a la nuestra favorable y diestro».

No son diez años los que ha pasado en los tercios, pero sí son diez años de vida militar los que asigna Cervantes al protagonista de una novela corta que escribe años después para inyectar en la ficción algunas de las experiencias centrales de su vida, y sobre todo la militar y la de cautivo. Ese protagonista suyo llegará a ser lo que nunca fue Cervantes, capitán, se llama Ruy Pérez de Viedma y emprende la ruta por mar hacia Génova y el norte de Italia. Allí enlaza con los tercios hacia Flandes y baja después de nuevo hacia Nápoles (la mitad sur de Italia es entonces el reino español de Nápoles) para combatir a otro infiel que no es el protestante del norte sino la «morisma» del sur. Y dice el mismo capitán cautivo de la historia que el suyo será «discurso verdadero» al que no llegan «las mentiras que con curioso y pensado artificio suelen componerse».

Ni ese fue el caso de Cervantes ni esa fue la ruta que hizo él, pero sí encontró en los tercios contra el turco en el Mediterráneo un destino y un oficio en defensa de la cristiandad. Y así se define a sí mismo y por su propia voz cuando quiere contarle a Mateo Vázquez qué ha sido de su vida en los últimos años y por qué es un cautivo en Argel en 1577, que «no fue la causa aquí de mi venida / andar vagando por el mundo» con la «vergüenza y la razón perdida», aunque sea verdad que «el camino más bajo y grosero / he caminado en fría noche oscura». El camino lo ha llevado hasta un Argel donde comparte cárcel y cautiverio con muchos de los soldados que conoció en los primeros días de oficio y en las infinitas horas muertas de Nápoles en 1571, mientras se preparaban las naves entre tabernas bien surtidas de comida y sin duda de mujeres, timbas de juego, dados, naipes y seguramente, como cualquiera de ellos, leal al ocio de la milicia, que es el rumor y la fanfarronería, como mínimo. Allí reencuentra a su hermano Rodrigo —que acaba de llegar con la compañía de Diego de Urbina desde Granada—, a su amigo Gabriel López Maldonado, a un hombre de la montaña del valle de Carriedo, Gabriel de Castañeda, o a un toledano, Diego Castellano —los dos han ascendido a alférez en pocos años: tampoco será el caso de Cervantes—. Todos tienen poco más de veinte años, como él cuando se alista, y todos están dispuestos a servir a las órdenes del rey, sí, pero sobre todo del héroe de Granada y «hermano natural» —como lo llama Cervantes— del rey, Juan de Austria. En Nápoles estarán muchos de los que se reencontrarán en el cautiverio de Argel, y a unos y otros los veremos testificar en favor de sí mismos en un trueque de favores común: Cervantes acredita sus estupendas conductas y ellos acreditan la estupenda conducta de Cervantes. No hace falta creer que todos mienten en todo, aunque todos mientan sin duda.

Y desde luego que se acuerdan ellos como se acuerda Cervantes en 1577 de lo que ya casi todos los demás parecen haber olvidado. La victoria de la armada española sobre la turca en el golfo de Lepanto, en 1571, con más de doscientas galeras por bando, fue «la batalla naval» por antonomasia, y aquel día, según cuenta Pérez de Viedma, el capitán cautivo del relato de Cervantes, «fue para la cristiandad tan dichoso porque en él se desengañó el mundo y todas las naciones del error en que estaban, creyendo que los turcos eran invencibles por la mar». Es verdad que apenas logró escapar con treinta naves el capitán general de la mar Euch Alí —tras capturar la nave capitana de los caballeros de San Juan de Malta— para refugiarse en Navarino, al sur de Lepanto, y convertirse en el Uchalí legendario del romancero literario (y del propio Cervantes). Pero lo cuenta como testigo de ficción un capitán que, si se identifica enseguida como el hombre más desdichado de la tierra, es porque lo capturaron los turcos aquella misma noche. Lo que sucedió de veras la tarde del 7 de octubre de 1571 es que cayó una fenomenal tormenta que obligó a las naves cristianas a refugiarse varias horas y seguramente a interrumpir el pillaje implacable de una victoria contra el enemigo jurado. Pero vuelve a decir la verdad Cervantes cuando asegura que «más ventura tuvieron los cristianos que allí murieron que los que vivos y vencedores quedaron», como le sucedió al Cervantes real. Y así se lo recuerda también a Mateo Vázquez, seis años después de Lepanto, apesadumbrado de no quedarse «con los que allí quedaron esforzados / y perderme con ellos o ganarme».

Es verdad que ahí «presente estuvo mi persona», más «de esperanza que de hierro armada», como le cuenta Cervantes al secretario del rey. Y lo que vio en 1571 no lo ha olvidado en 1577 y en Argel, el «formado escuadrón roto y deshecho, / y de bárbara gente y de cristiana / rojo en mil partes» el lecho del mar, desatada la «muerte airada con su furia insana / aquí y allí con prisa discurriendo» en medio de un ruido atronador, el «son confuso, el espantable estruendo», entre gestos y rostros de «los tristes miserables / que entre el fuego y el agua iban muriendo», mientras «los heridos pechos despedían» profundos suspiros «maldiciendo sus hados detestables»: «helóseles la sangre» a los turcos cuando «en el son de la trompeta nuestra, / su daño y nuestra victoria conocían», y desde entonces ya sin reservas «rompiendo el aire claro, el son mostraba» con alta voz ser «vencedora la cristiana diestra», la suya, desde luego, pero sobre todo la de su armada de cristianos, castellanos, venecianos y genoveses.

Pero a su sueño íntimo de gloria se le injertó la pesadilla perdurable porque «yo, triste, estaba / con la una mano de la espada asida / y sangre de la otra derramaba», mientras el pecho «mío de profunda herida / sentía llagado» y la otra mano, la mano izquierda, «estaba por mil partes rompida». Y sí, por supuesto que pesó más entonces el contento «soberano / que a mi alma llegó», vencido el «crudo pueblo infiel por el cristiano», porque así «no echaba de ver si estaba herido» cuando era tan «mortal mi sentimiento / que a veces me quitó todo el sentido», desmayado por las dos heridas de arcabuzazo, «vertiendo sangre aun la herida mayor, con otras dos», al menos hasta abril de 1572, seis meses después de la batalla en la embocadura del actual golfo de Corinto.

Es verdad que ese fue el efecto devastador de la victoria naval la madrugada del 7 de octubre de 1571 y hasta el mediodía: desarbolar el dominio marítimo de la zona y el negocio fundamental del turco en Argel, que era la piratería y los suculentos rescates obtenidos de caballeros y capitanes, además de sepultar la confianza del turco en la imbatibilidad de su poder en el Mediterráneo. La alianza fraguada en los meses anteriores, a lo largo de 1571, entre el Papa, la rica ciudad de Venecia (y sus comerciantes) y el rey Felipe II había servido para descomponer al turco y también para rebajar la amenaza de acoso y conquista del centro de la cristiandad, Roma. Sin embargo, los intereses comerciales de Venecia y los recelos del Papa ante la fuerza militar y política de Felipe II en Europa darían al traste con esa alianza casi de inmediato, apenas un año después de Lepanto. No fue, pues, el principio del fin del Imperio Otomano sino el instrumento de una victoria simbólica que ya casi no sería nada más. Empieza a disolverse la alianza con la muerte, en mayo de 1572, del Papa que la suscribió, Pío V, y muere definitivamente un año más tarde con el acuerdo secreto de paz que firma Venecia con el turco, a espaldas de sus aliados, aunque a nadie incomoda demasiado esa deslealtad veneciana por razones estratégicas y, sobre todo, de política interior.

Pero ni unas ni otras razones atenúan en nada la decepción de muchos soldados de Lepanto —se cuentan cuarenta mil muertos y doscientos mil heridos— que habían sobrevivido en las aguas color de vino de Grecia. En la *Marquesa* murieron cuarenta de los doscientos soldados, entre ellos el capitán, con unos ciento veinte heridos. Al menos a Cervantes y a algunos centenares de convalecientes les compensó don Juan con el aumento de la paga en cuatro ducados a través de una especie de caja B o libro de pagos secretos para su uso discrecional. Y alguno de ellos aclara que vio sin duda que «de la dicha mano izquierda está manco de tal manera que no la puede mandar».

Lo que Cervantes no cuenta a Mateo Vázquez, porque es imposible contarlo bien, es el deplorable estado en que llega a la batalla el domingo 7 de octubre. Con 23 años recién cumplidos va visiblemente afectado por la fiebre y los temblores, de pura enfermedad o de puro mareo, tras haber zarpado una semana atrás del puerto de Mesina, en Sicilia, rumbo este y hacia la costa de Grecia, hasta la isla de Corfú primero y poco después, y algo más al sur, el golfo de Lepanto. Don Juan de Austria había tomado el mando de la armada en Nápoles a mediados de ese agosto de 1571, en ceremonia resonante y de gran aparato, cuando empezaban ya los movimientos de las galeras de uno y otro bando. Con Mateo de Santisteban se ha visto en Nápoles el verano anterior, en 1570, pero «comenzó a conocer» de veras a Miguel cuando están ya asignados a la compañía de Diego de Urbina —la misma que traía a su hermano Rodrigo tras acabar el trabajo contra los moriscos de Granada— y el mismo «día que el señor don Juan dio batalla a la armada del turco en el mar, a las bocas de Lepanto», pero en otra nave. La de Cervantes se llama *Marquesa* y pertenece al genovés Andrea Doria, aunque al mando de ella está Francesco Santo Pietro, encargado con otras galeras de cubrir «el cuerno de tierra» del golfo, muy cerca de los arenales y playas que hay, todavía hoy, al pie.

El mismo día que avistaron de madrugada a la armada del turco, Mateo de Santisteban vio también a Miguel «mal y con calentura», pues «estaba enfermo». Su capitán y compañeros le dijeron que se «estuviese quedo, abajo en la cámara de la galera» y Cervantes que no, «que qué dirían de él». Dirían «que no hacía lo que debía» si se quedaba en la bodega del barco y por eso «más quería morir peleando», pese a la calentura, «que no meterse bajo cubierta». Y el capitán cedió y le mandó con otros doce al «lugar del esquife» o barca auxiliar de la galera situada en el costado de estribor, tras el cuartel de los remeros de proa. Es lugar expuesto y en primera línea de fuego para disparar como arcabucero con esas complicadas escopetas de la época que necesitan acercar al cebo la mecha con la brea encendida. Que «no estaba para pelear» lo cree también otro compañero de la galera, Gabriel de Castañeda, aunque reconoce que Cervantes aseguró «muy enojado» que «ahora no haré menos» que otras veces y según este soldado, pidió al capitán que le «pusiese en la parte y lugar que fuese más peligrosa y que allí estaría y moriría peleando». Por eso «le entregó el lugar del esquife con doce soldados», donde «peleó valientemente como buen soldado contra los turcos hasta que se acabó la dicha batalla».

A Cervantes no le cayeron solo los ducados discrecionales de Juan de Austria sino también las pagas regulares entre enero y abril de 1572, cuando recibe en Mesina, y aún convaleciente, sucesivos cobros de veinte ducados para ayudar a costear la estancia en el hospital. Ni las heridas ni los desmayos metieron en su «propia cabeza el escarmiento» porque desde mayo de 1572 se le destina al tercio de Lope de Figueroa, vuelve a ponerse «a discreción del viento» y volvió a ver ante sí «al bárbaro, medroso pueblo» infiel, de nuevo «recogido, triste, amedrentado / y con causa temiendo de su daño». No se lo aclara a Mateo Vázquez, quizá porque es demasiado obvio, pero está aludiendo a la campaña siguiente y el fracasado intento de tomar el puerto de Navarino donde se ha refugiado el Uchalí, al sur del golfo de Lepanto en la misma costa griega (y por supuesto como parte del inmenso Imperio Otomano). En los meses sucesivos recibirá «a buena cuenta de lo que se le debe» varias partidas de 10 escudos, cuando está ya encuadrado en la compañía de Manuel Ponce de León desde el verano de 1572. Con ella y seguramente con su hermano Rodrigo, lucha en Navarino con graves reservas, por primera vez, contra sus capitanes, aunque al menos las pagas llegan a Nápoles a lo largo de 1573 e incluso cuando «pretende se le deben» 20 escudos más, le creen y se los pagan.

Porque esto es lo que significan los versos de la Epístola a Mateo Vázquez: se desaprovechó en Navarino la superioridad moral y la oportunidad material de acabar con la flota turca, y esa es la primera, dolorosa y decepcionante experiencia militar que recoge su obra, y quizá también la que inyecta una desconfianza inédita en el mando y en las razones del mando para actuar. Aunque hoy sepamos que Juan de Austria aspiraba en esos años a ser señor y rey de un reino propio, y que ese reino había de ser Túnez, entonces quizá sabían solo a medias, o solo unos pocos, las causas reales de las decisiones militares y podían también ignorar las motivaciones íntimas de un bastardo que necesita dignificarse como rey (porque el gran soldado que es ya se lo reconocen todos). El pretexto de combatir en tierra infiel fue siempre seguro, pero el cautivo del relato de Cervantes entiende francamente mal al menos dos cosas: haber desaprovechado la felicísima liberación de los remeros cristianos de las naves turcas gracias a la derrota de Lepanto —los calcula nada menos que en quince mil— y que esa derrota humillante para el turco no haya servido para rematarlos, desarbolar su potencia naval o lograr cuando menos su expulsión de las posiciones adelantadas en el Mediterráneo, tanto en la costa africana como en el mar. Siente el cautivo la «ocasión que allí se perdió de no coger en el puerto [de Navarino] toda la armada turquesca» porque allí todos ellos sabían y «tuvieron por cierto que les habían de embestir dentro del mismo puerto y tenían a punto su ropa y pasamaques, que son sus zapatos, para huirse luego por tierra, sin esperar ser combatidos: tanto era el miedo que habían cobrado a nuestra armada».

Parece saberlo tan de primera mano, que Cervantes ironiza como si hubiese visto los zapatos a punto de ser calzados y echando humo a la carrera. Pero se dilapidó ese miedo y la astucia del turco venció a la pereza o la torpeza del cristiano, o como mínimo de Venecia, más interesada en restituir la paz y el comercio que en acabar con él. Porque si «sintió mucho» el turco la ocupación de Túnez en 1573, supo también usar «la sagacidad que todos los de su casa tienen» e «hizo paz con los venecianos, que mucho más que él la deseaban», según el cautivo del relato. Eso hizo aún más trágica y absurda la defensa, en septiembre de 1574, de Túnez y del fuerte de la Goleta, a un coste de vidas exagerado e innecesario, sobre todo en el segundo caso. Las dos plazas eran demasiado importantes para el turco y aunque la Goleta se tenía «hasta entonces por inexpugnable», su defensa era casi imposible porque se juntaron unos setenta y cinco mil «soldados turcos, pagados», además de «moros y alárabes de toda la África, más de cuatrocientos mil, acompañado este gran número de gente con tantas municiones y pertrechos de guerra y con tantos zapadores, que con las manos y a puñados de tierra pudieran cubrir la Goleta y el fuerte». Por nada del mundo el turco toleraría un enclave cristiano en una zona vital para el control del Mediterráneo y desde luego de la misma costa norteafricana. Y sin embargo, lamenta el cautivo de Cervantes, todavía muchos pretenden que la defensa de aquel fuerte a las puertas de Túnez fue débil o pusilánime por culpa de los soldados, como si ellos hubiesen incurrido en la debilidad de resignarse a perder o renunciar al combate ante la superioridad enemiga.

Fue al revés, y ellos «hicieron en su defensa todo aquello que debían y podían». Nadie imaginó que las trincheras turcas de arena resistirían a ras de agua ni que levantaran con sacos de arena «trincheras tan altas que sobrepujaban las murallas» del fuerte, sin posibilidad alguna de parar a sus tiradores «ni asistir a la defensa». Otros aducen grandes ideas de cómo debía haberse hecho pero solo «hablan de lejos y con poca experiencia de casos semejantes». La auténtica razón de la derrota es que en el fuerte solo había siete mil defensores, y su defensa era poco menos que imposible cuando estuvieron asediándola «enemigos muchos y porfiados, y en su misma tierra».

La verdadera lección que saca Cervantes de la derrota en la Goleta fue moral y no militar porque perderla fue también librar por fin a los soldados del deber de custodiar «aquella oficina y capa de maldades, y aquella gomia o esponja y polilla de la infinidad de dineros que allí sin provecho se gastaban, sin servir de otra cosa que de conservar la memoria» de su conquista por Carlos V, como si hiciese falta «para hacerla eterna, como lo es y lo será, que aquellas piedras la sustentaran». Y por cierto que algo debía de saber Cervantes de primera mano porque en la Goleta había sido gobernador un tío abuelo suyo en 1535, otro Rodrigo de Cervantes, cuando la acababa de tomar Carlos V. Pero ahora, ¿para qué, por qué y a costa de cuánto? La Goleta se perdió y el fuerte también, pero «ninguno cautivaron de los trescientos que quedaron vivos», tras veintidós asaltos turcos, tras veinticinco mil muertes turcas a manos de los cristianos. No quedó ni el general de la Goleta, Pedro Puertocarrero, que hizo «cuanto fue posible por defender su fuerza y sintió tanto el haberla perdido, que de pesar murió en el camino de Constantinopla, donde le llevaban cautivo». Los epitafios que ha escrito otro cautivo que la suerte llevó «a mi galera y mi banco y a ser esclavo de mi mismo patrón», dice Pérez de Viedma, compadecen la indefensión agónica de aquellas tropas y ahí, a Cervantes, se le oye muy de cerca en la prosa, como si hubiera estado en la batalla o como si sintiese haber estado.

En su memoria sentimental de Lepanto pesó siempre más la euforia que la pesadilla pero en la Goleta y su fuerte se ulceró la llaga de un sacrificio humano innecesario a cambio de un pudridero de corrupciones. Siente Cervantes que la memoria de Carlos V no merecía ensuciarse con semejante sacrificio y no queda ya otro consuelo que el de la fe porque ese fue el único válido para esos tres mil soldados que dice el capitán cautivo que murieron, y así, «primero que el valor faltó la vida / en los cansados brazos», caídos «entre el muro y el hierro» y «en vano ejercitada / la fuerza de sus brazos esforzados, / hasta que al fin, de pocos y cansados, / dieron la vida al filo de la espada» turca. Que Cervantes estuviese ahí para verlo es irrelevante (aunque en teoría no estuvo porque su compañía no estaba ahí): lo relevante es que no olvidó la tragedia vivida por compañeros de armas y al cautivo de su historia lo hizo portavoz de la rabia y de la melancolía. Lo que aprende Cervantes de la experiencia militar es que la cristiandad y Felipe II en particular, pero sobre todo el mismísimo Juan de Austria, han subordinado su deber militar y religioso a sus ambiciones particulares, con sacrificio desproporcionado de vidas y ninguna posibilidad real de éxito en conservar Túnez y la Goleta. En noviembre de 1574 firma otra partida suelta más el duque de Sesa como responsable de pagar a Cervantes veinticinco escudos como soldado ya por fin «aventajado»: el lentísimo progreso le ha costado cuatro años, tres heridas, el uso de una mano y el primer desengaño.

Un regreso accidentado hacia 1575

Le queda la última experiencia, que es volver a casa. La decisión está tomada y el permiso concedido en agosto de 1575 porque sus colegas se lo han oído decir en Nápoles. Es posible que una mezcla de desánimo por la parálisis de la lucha contra el turco y la irrelevancia real de los objetivos hayan decidido a Cervantes a dar el paso de volver a casa aprovechando la salida de la flotilla que ha de partir a España, pese a los sucesivos y alarmantes retrasos. El desacuerdo frontal entre el nuevo virrey de Nápoles desde julio, Íñigo López de Mendoza, el marqués de Mondéjar, y don Juan de Austria no facilita las cosas ni alivia el rencor de don Juan, resentido por el insuficiente apoyo que ofreció el virrey anterior, Granvela, para la defensa de la Goleta. Lo que necesita Juan de Austria es dinero, más dinero, pero tampoco encuentra apoyo suficiente en el nuevo virrey, que además asigna como guarda y protección de las galeras que un día u otro saldrán hacia España una compañía de infantería llena de «forajidos» de Nápoles, lo cual no es exactamente el mejor de los planes, ni las naves van «bien apercibidas» para defenderse de los ataques corsarios.

El tiempo apremia ya y la tropa se halla en tal estado que no sufre «más dilación», además de la extrema urgencia de los fondos que deberán llevar a Nápoles las naves que ahora parten hacia España tan fuera de fechas. La situación económica de don Juan y sus tercios raya en la desesperación y hasta el día anterior a la partida de la flota escribe sin desmayo porque ya se ve «sin un real», «tan cargado de hombres y obligaciones que sustentar que ya no sé qué hacer», aparte de ir él mismo en persona a ver al rey a Madrid y «hacerle fe muy verdadera de lo que digo». Pero prefiere mandar la carta con la flota que parte al día siguiente, el 7 de septiembre, y en la que va Cervantes con su hermano Rodrigo (cuando hace una semana que es pública la declaración de quiebra de la Hacienda real).

¿Conoce Cervantes las recriminaciones irritadísimas de don Juan al anterior virrey de Nápoles, Granvela, por el insuficiente apoyo militar que le ofreció para defender la Goleta? O mejor aún: ¿hay alguna relación entre el regreso de Cervantes y la presencia súbita en Nápoles desde ese verano de Íñigo López de Mendoza, el marqués de Mondéjar? Miguel y Rodrigo de Cervantes pertenecen a la familia que logró sacarles a los Hurtado de Mendoza seiscientos mil maravedíes de compensación por el pleito largo y duro que mantuvieron el abuelo Juan de Cervantes y su hija María contra la familia Mendoza hacia 1530. De un hijo natural del duque, Martín de Mendoza, o Martín *el Gitano,* había nacido una niña medio gitana, o *gitanilla,* que se llamó Martina. El pleito lo ganaron los Cervantes y aportó un tren de vida que pronto iría en caída libre, o de camino al impago de deudas y el embargo de bienes de Valladolid en 1552, con el padre de Miguel en la cárcel.

Prefiriese Cervantes volver a España por una razón o por otra, o por todas juntas, lo llamativo es que vuelven los dos hermanos, aunque en condiciones diferentes. Miguel tiene la precaución de recabar la documentación que acredite sus servicios y méritos de guerra con vistas a obtener en España algún empleo en la corte, o quizá incluso seguir en la milicia pero en otro nivel de responsabilidad. Pocos soldados comunes como él, sin apellido ni linaje, podían regresar respaldados por dos cartas de recomendación firmadas por don Juan de Austria y el duque de Sesa, como las que exhibe él todavía en Nápoles ese verano. Su previsión inteligente antes de partir de Italia fue también parte de su ruina futura. Van las dos dirigidas al rey y suplicaban —dice un testigo— «que le diese una compañía de las que se hiciesen en España para Italia, pues era hombre de méritos y servicios». De esas cartas se acordaba también Beltrán del Salto o, mejor, don Beltrán, porque es el único amigo de los años de Argel que lleva el don de los caballeros por delante, y sabe también que Cervantes se ofrecía en ellas como capitán «de una compañía, como persona que lo mereció muy bien» y ahora sin embargo «estropeado» de la mano izquierda. Era mucho peor seguir siendo arcabucero que pensar en una segunda fase de su carrera militar como capitán de compañía.

Pero volver decepcionado y estropeado no significa volver claudicante y derrotado. Cervantes regresa sin renunciar a la batalla y sin interiorizar derrota alguna: retorna más bien obligado (por los muertos, las victorias, las escabechinas y la memoria) a aumentar las fuerzas cristianas contra un poder turco que no deja de mandar y de exhibirse. El propio Felipe II parece tomar una ruta conciliadora con el infiel, y hasta el gran don Juan de Austria prefiere reinar en su propio reino tunecino antes que vencer a la morisma, por mucho que a Felipe II le preocupe la explosiva situación de Flandes, con revueltas muy frecuentes del protestantismo y el calvinismo, además de la presión complementaria de la protestante Inglaterra, con su reina Isabel a la cabeza pero también de la mano del corsario mayor del reino, protegido por ella, que es el hiperactivo Drake.

Embarca Cervantes por fin en Nápoles el 7 septiembre en una de las cuatro naves que zarpan juntas hacia España, tras demasiado tiempo de espera y un punto de impaciencia. La flota seguirá el plan de ruta habitual, bordeando la costa italiana hasta Génova durante la primera semana, para seguir después por Francia y arribar a Barcelona, salvo que hubiese tormenta o percance con los corsarios, y esta vez las cuatro naves viven tormenta y percance. La primera no ha sido tormenta, sino «temporal recísimo» que ha desperdigado a las naves pero sobre todo la *Sol* ha sido «desbaratada de las otras y vuelta gran trecho atrás», mientras busca refugio los tres días de la tormenta en un pueblecito de la costa francesa, cerca de Niza, y escala habitual en la ruta, sobre el 21 de septiembre. Se lo cuenta su secretario Escobedo a Juan de Austria unas semanas después para enterarle de que, en efecto, todo ha seguido saliendo mal, como él imaginaba que pasaría si todo «se resolviese como lleva camino el mundo»: mal.

Y en muy mal estado, «sin artillería» y «con las redes hechas pedazos», se encuentra la galera *Sol,* así que es todavía más vulnerable a las «galeotas ligeras o bergantines» (que son las fragatas de los turcos, dice el fraile Antonio de Sosa) que navegan por todos los sitios «tan sin temor» que es como si «ni más ni menos anduviesen a la caza de muchas liebres y conejos, matando aquí uno y allí otro». Los conejos y las liebres en el mar son «galeotas cristianas, tan pesadas, con tan grande confusión y embarazo», que no hay manera de contrarrestar la ágil maniobrabilidad de los turcos cuando deciden salir de los «puertos y abrigos» donde esperan apostados sin prisa, a «pierna tendida y a placer, aguardando al paso de los navíos cristianos que vienen a meterse en sus manos», a menudo avisados por los franceses en sus costas, y siempre listos para el asalto porque «son tan cuidadosos en la limpieza, orden y concierto» que todo anda en la nave bien estibado «para poder bien correr y prohejar» navegando o remando incluso contra la corriente.

Y mientras la *Sol* trata de llegar «donde estaban las otras tres galeras», llega antes el asalto corsario que todos temen y «dos galeras de turcos» dirigidas por Arnaut Mamí y Dalí Mamí «la entraron» para perderla. Y aunque cuenta el alférez Ximénez, ya a salvo en diciembre de 1575 en su pueblo de Villamiel, que estando cautivos en la galera «se animaron» como «valientes soldados» y lograron matar «a todos los dichos turcos y moros y libertaron la dicha galera que iba perdida», debió ser en la suya porque Cervantes no se salva ni se libera. Los piratas han sabido aprovecharse de la desbandada del temporal pero han combatido para capturar al menos una de ellas, en la que va Cervantes, que se les ha escapado, y por eso cogen antes a otra, en la que va su hermano Rodrigo. Han de capturarlos entonces a ambos, sin duda tras pasar el cabo de Creus, refugiados los piratas de los vientos del norte del golfo de León y apostados a la altura de

Roses, o quizá, pasada ya la ancha bahía, a la altura de Palamós, varias millas más al sur.

A Nápoles llegaron de inmediato las noticias, y es quizá el duque de Sesa, que ha conocido personalmente a Cervantes, quien afina mejor cuando escribe en 1578 que fue capturado «habiendo peleado antes que le capturasen, muy bien, y cumplido con lo que debía», mientras otro testimonio más recuerda que primero cayó cautivo Rodrigo de Cervantes y «de ahí a pocas horas cautivaron a Miguel». Eso es lo que dice Cervantes sin decirlo, cuando exalta en la Epístola a Mateo Vázquez la resistencia y el valor que opusieron tanto él como los demás caballeros, como Hernando de la Vega, que va ahí, como Juan de Balcázar, que también va. Y de eso no hay duda alguna porque todos sabían cómo acaba un viaje en manos turcas. El «brío» del valor no bastó, llegó de nuevo «la experiencia amarga», y «conocimos ser todo desvarío», escribe Cervantes a Mateo Vázquez, como si por un momento se hubiesen creído a salvo del asalto para desvanecerse enseguida la alegría y acabar como cautivos en ruta a Argel en la tercera semana de septiembre de 1575.

2. En las cárceles de Argel

Son muchos quienes ven llegar las naves a puerto con el alborozo del botín inminente porque Argel es entonces una capital de cien mil personas, saturada de cautivos raptados con sus galeras y bienes. Algunos son veteranos de las jornadas de Túnez y muchos otros han compartido los infinitos tiempos muertos de Nápoles a la espera del verano, que es la estación de la batalla. Cervantes no ha estado nunca en Argel pero basta nombrarla para saber que llega al infierno. Ahora lo tiene delante, recién levantada una tercera muralla que funciona «más de parapeto que de muralla», con sus dos torres nuevas, una para el faro que no se enciende nunca y otra para una vigilancia relajada y «de poca importancia» frente al puerto —Argel significa ciudad de la isla—. El foso mayor no pasa de diez o doce palmos con unos cuarenta de altura sobre el mar, mientras las casas ascienden unas sobre las otras por la ladera de la montaña en «cuesta agria». Cuando llega Cervantes están acabando de construir un bastión nuevo para una pieza de artillería traída de Fez, de siete bocas, y otras «cinco piezas de artillería menuda», según cuenta Antonio de Sosa en su *Topografía de Argel*.

En la primera vista y en el principio está lo peor, y Cervantes llega a la vista de la tierra enemiga y ante ella, explica a Mateo Vázquez, «no pude al llanto detener el freno» y sin «saber lo que era, / me vi el marchito rostro de agua lleno», en compañía de Rodrigo y otros tantos soldados y capitanes que despiden para mucho tiempo la vida en libertad. La paradoja se recrudece en la memoria porque Cervantes se acuerda entonces, mientras llega la nave a Argel, de los tiempos en que el «Grande Carlos tuvo / levantada en el aire su bandera», y una cosa y la otra, la derrota de hoy y la derrota de ayer, se confunden en su memoria y, entre ambas, nuevas «lágrimas trujeron a los ojos».

Iba a tener mucho tiempo para despejarse mientras acaba de recibir la orden de soltar los remos y quedar asido con el resto de bogadores «a un cordel o cuerda delgada». Una vez desherrados, o soltado el cepo que los sujeta al banco de la galera, deben recoger los remos y llevárselos al almacén mientras los turcos desembarcan con el botín, la *galima,* para empezar la fiesta con «gran pavonada y gloria muy particular». A Cervantes se lo lleva el capitán de la galera que lo capturó, Dalí Mamí, para encerrarlo en sus baños, porque *bañol* significa en turco cárcel real, o sea, del gobernador de Argel, aunque las hay particulares, como la de Dalí Mamí. Sus condiciones serán las mismas que las de todos, encerrados en una instalación parecida a un patio con dos alturas, una cisterna de agua en el centro y «muchas camarillas» que funcionan como minúsculas celdas o chabolas y tiendas que a veces comparten varios presos «tendidos todos en el suelo, y casi todos o con los pies en algunos cepos metidos, o con grillos y cadenas a buen recaudo». También cuentan con un lugar habilitado como «iglesia u oratorio» porque «nunca faltan sacerdotes cautivos» para celebrar la misa, aunque a menudo deben pagar por asistir a ella.

En Argel malvive una población de al menos veinticinco mil cautivos procedentes de todos los puntos de la cristiandad, «contando los que bogan en las galeras y los que quedan en tierra», como de todos los puntos de la cristiandad proceden los infinitos renegados de Argel. Las calles van «sin orden y sin compostura» pero con detalles que no escapan a Sosa, como la ausencia de ventanas en las casas, precisamente para que no «miren o sean miradas de otros» las mujeres argelinas y tunecinas de una ciudad altamente cosmopolita y superpoblada entonces de moros, turcos y judíos como pocas ciudades (o ninguna) de Occidente. La habitan una combinación ordenada y clara de comunidades y razas como los señoriales baldis, los cabayles —todos pobres y a menudo «pintados como culebras»—, los «infinitos» alarbes, que son puros mendigos árabes, «feísimos» y «en extremo puercos y muy guarros» (pero son precisamente estos «tan lindos galanes y polidos» los que «conquistaron a África y aun a casi toda España»). Y entre los peores están sin duda los mudéjares, que llegan de Granada y de Andalucía, o los tagarinos (que vienen de Aragón, Valencia y Cataluña), y son «en general» los «mayores y más crueles enemigos» de los cristianos en Berbería porque nunca se hartan ni se les quita «el hambre grande y la sed que tienen entrañable de la sangre cristiana»; calcula que son unas mil casas en Argel.

Nada menos que la mitad de su población, calcula Sosa, son renegados, «turcos de profesión», convertidos a la fe musulmana, bien porque «como pusilánimes rehúsan el trabajo de la esclavitud», bien porque les «place la vida libre» y el ejercicio «de todo vicio de la carne en que viven los turcos», bien porque —y son los casos más sangrantes y los que Cervantes rescatará para su literatura—, una vez capturados desde niños en las *razzias* en las costas cristianas, sus amos les imponen desde muchachos «la bellaquería de la sodomía a que se aficionan luego», como es natural, por mucho que a Sosa le saque de quicio ese «vivir a su placer y encenagados de todo género de lujuria, sodomía y gula». Y todo sin recato ni reserva porque es tan natural y tan estimada la sodomía que «las boticas de barberos» son públicos burdeles de muchachos, como en público vomitan sus borracheras «en las barbas de todos», de nuevo pese a la prohibición coránica del alcohol (beben tanto que «ninguno va a comer con otro que no lleve un cristiano que le vuelva a casa»). Lo que es seguro es que a los muchachos los cuidan los turcos más que a sus propias mujeres, visten «muy ricamente a sus garzones» porque «son sus mujeres barbadas» y les sirven «de cocinar y de acompañar en la cama». Es verdad que hacerse turco «de profesión» incluye el rito de la circuncisión, que practica un maestro judío «cortándole en redondo toda la capilla del miembro», mientras el renegado invoca a grito pelado a Mahoma «porque no se puede hacer esto sin sentir muy gran dolor».

En ellos, en los renegados, «está casi todo el poder, dominio, gobierno y riqueza de Argel, y de todo su reino», y por eso son los «principales enemigos» del cristiano, con no menos de seis mil casas en Argel. Al menos a dos de ellas va a sobrevivir Cervantes, primero la de Dalí Mamí, renegado albanés, y después la de Hasán Bajá o Hasán Veneciano, que será el gobernador o virrey de Argel desde junio de 1577 y es un célebre renegado veneciano, capturado de niño por el jefe de la armada, Uchalí, que es hombre con formación cultural y cosmopolita con quien crece Hasán, como secretario y amante reconocido, para convertirse después, con treinta y tantos años, en el cruel gobernador de Argel que todos deploran.

Si hay que creer a Sosa, con la moderación que no pone él en su alegato contra los musulmanes, les gustan los relatos y las historias hasta el extremo de que le deben mucho los cautivos a ese gusto inmoderado por contar historias exóticas y chismes, porque «con esto les alivian el trabajo del cautiverio, haciendo que con las nuevas diviertan el pensamiento e imaginación continua de las cadenas». Buena parte del día lo deben pasar hablando y hablando y hablando, sin perder el hilo, y algunos incluso toman nota de historias, y las vuelven a contar y las registran con tanto escrúpulo como al menos durante seis años hizo Antonio de Sosa para dejar el testimonio más completo, a ratos perturbador, equilibrado e inteligente que existe sobre la vida de Argel y la vida en sus cárceles o baños.

ANTES QUE NADA

Antes que nada, empezar a escaparse con el corazón y la cabeza, día y noche y sin descanso. Porque la servidumbre en la obra pública, la molienda, el servicio doméstico o el acarreo de leña y agua son el destino de esclavitud que a los más afortunados les espera allí. Y los más afortunados, como Cervantes, son aquellos a quienes se asigna un rescate, alto, desde luego, si llevan consigo las cartas que lleva Cervantes. Pero a menudo los precios crecen y crecen con el tiempo, a medida que las fantasías de los turcos sobre la calidad de sus presos incrementan el margen de beneficio de lo que no es una guerra de religión sino una operación comercial o, en todo caso, una guerra económica. Por delante solo hay un plan, que es intentar pasar el menor tiempo posible en la cárcel, aprovechar el régimen de semilibertad en que viven y rezar, en el sentido literal, para que cuanto antes llegue el dinero del rescate o al menos una misión de redención de cautivos enviada desde España que lo aporte. Y mientras tanto mantener la tensión que tan bien define el animoso Pérez de Viedma del relato de Cervantes porque cuando aquello «que fabricaba, pensaba y ponía por obra» no acababa resultando como debía, de inmediato, o «luego, sin abandonarme, fingía y buscaba otra esperanza que me sustentase, aunque fuese débil y flaca». Y seguía intentando la fuga, y con «eso entretenía la vida, encerrado en una prisión o casa» que llaman baño.

Saben todos nada más llegar que el tiempo y la buena suerte son lo mismo: su único aliado. Cada cual administra su capacidad de resistencia para sobrevivir a condiciones que dependen de cada amo y del rescate que piden por cada uno. Cervantes cuenta mucho después, tras su liberación en septiembre de 1580, que estuvo desde el principio en casa de Dalí Mamí «cargado de grillos y cadenas». Las cartas que lleva encima le han salvado de la pura explotación esclava o de ser carne de remero en las galeras corsarias, pero a la vez su amo lo tiene «en mucha cuenta y reputación» y, precisamente por eso, cuenta un compañero de cárcel en la misma casa, lo tiene de ordinario «aherrojado y cargado de hierros y con guardias». Tener así a un hombre relevante, «todo vejado y molestado», sirve para acelerar los rescates, apremiar a los familiares, y librarse cuanto antes «de pasar mala y estrecha vida, como la acostumbran y suelen dar los moros y turcos a las personas semejantes a Miguel de Cervantes».

Él no será de los que bogan en las galeras sino de los esclavos de rescate, que es la base del formidable negocio de Argel, mientras que los remeros son la mano de obra gratuita de la industria corsaria. Unos pueden rescatarse con dineros de la familia y otros pueden rescatarse a sí mismos sublevándose en la galera al primer descuido y liberándose con ella rumbo a las islas Baleares, a Valencia, a Murcia o a Sicilia, que es el arco de la tierra de la cristiandad que tienen más cerca, es decir, muy, muy lejos, aunque no tan lejos como si el cautiverio transcurre en Constantinopla: de allí no se regresa jamás. Pero ni los encierros son totales ni los castigos imprescriptibles porque «si salimos por esas calles —dice Sosa—, qué vemos sino infinitos cristianos muchos y principales cautivos», que de «tan desfigurados y mirrados» más «parecen cuerpos desenterrados que figuras de hombres vivos».

Cervantes ha dado motivos sobrados para estar más vigilado que nadie. De acuerdo con otros cautivos, varios de ellos caballeros, proyecta nada más llegar, para principios de 1576, una huida impracticable pero a la vez muy común. En teoría no cuesta nada localizar a «un moro que a él» y a otros cristianos los «llevase por tierra a Orán», que es plaza cristiana, gobernada por Martín de Córdoba. Con Cervantes emprenden la fuga otros presos sin saber del todo hasta dónde es mortal la ruta que tienen por delante. Según cuenta el esclavo de un drama que Cervantes escribirá recién vuelto, *Los tratos de Argel*, son sesenta leguas y con diez libras de bizcocho, por bueno que sea, apenas se cubre nada, incluso si el fugado ha preparado para meter en la mochila «una pasta de harina y huevos, y con miel mezclada / y cocida muy bien», porque muy poca cantidad da «gran sustento». Y, si no, siempre hay el remedio de las yerbas con sal que también lleva ese esclavo de ficción, incluidos hasta tres pares de zapatos de repuesto y todo a pesar de que no sabe nada del camino.

Y nada atenúa el riesgo real porque recorrerá, lo sepa o no, «en las tinieblas de la cerrada noche, sin camino / ni senda» que le guíe, cuatrocientos kilómetros de desierto hasta llegar a Orán. A Cervantes, y no a su personaje de *Los tratos*, «tras algunas jornadas» en las que apenas habrían avanzado un trecho, los abandona el moro que los guía todavía muy lejos de Orán, sin otra solución que regresar reconcomiéndose todos por la represalia segura y ejemplarizante que les espera, además de volver con «el bramido continuo / de fieras alimañas» metido en el cuerpo, como le pasa a su personaje. El pan se le «ha acabado, / y roto entre jarales el vestido, / los zapatos rasgado, / el brío consumido», apenas no puede ya «un pie del otro pie pasar un dedo», como cuenta el cautivo de ficción al que solo le queda volver, entregarse al amo e invocar a la Virgen de Montserrat, a quien «el cuerpo y el alma» deja a su cargo e implora sin reservas: «enviadme rescate, / sacadme de este duelo». Y le manda auxilio la Virgen, pero no es una flota belicosa sino un león protector, y «ya está claro y llano / que el hombre que en vos confía / no espera y confía en vano». Lo menos que puede pasarle al fugado, sin embargo, es el castigo con vergüenza pública de cortarle no una mano, como en España —que eso los hace inútiles, y a Cervantes lo haría inútil total—, sino las narices y orejas, al menos.

Que tras la fuga frustrada a Orán Cervantes ha sido «mucho más maltratado que antes, de palos y cadenas», como asegura Diego Castellano, es sin duda verdad, y el propio Cervantes aclara que «de ahí en adelante» le vigilan «con más cadenas y más guardias y encerramiento». Esa es solo la primera de las múltiples quejas que oirá en Argel nada más llegar, hacia 1576, el fraile portugués Antonio de Sosa, a quien se queja Cervantes una y otra vez «de que su patrón le hubiese tenido en tan gran opinión que pensaba que era de los más principales caballeros de España y que por eso lo maltrataba con más trabajos y cadenas y encerramiento». Quizá se quejase menos su hermano Rodrigo porque el mismo Sosa asegura que su amo era hombre de mejor temple, «de buen gobierno», y aficionado a los libros, en los que «de continuo ocupaba el tiempo que los negocios le vacaban».

El intento de fuga ha salido mal, como le sale mal a la mayoría de quienes lo intentan por la misma ruta, pero en Argel Cervantes hace un montón de otras cosas, además de seguir pensando en las fugas siguientes de los próximos meses. Hace nuevos amigos, escribe poesía y lee prosa y poesía ajenas, conversa horas y horas con viejos y nuevos amigos, incluidos renegados cultos y turcos locales porque carecen del sentimiento de linaje, y no es «uno más que otro por ser hijo de turco, o de renegado, o de moro, o de judío, o de cristiano», sin sentir rebaja alguna por hablar con un cristiano y cautivo. Y mucho menos si es interesante y menos todavía si lo creen caballero, gran señor, hidalgo o cosas parecidas, como le pasa a Cervantes y todos reconocen en sus testimonios, incluidos los compañeros de cautiverio o, sobre todo, los compañeros de cautiverio. Muchos han visto que a Cervantes lo llaman a su mesa y compañía los numerosos frailes, tanto los cautivos como los que pululan por Argel en misiones de redención, negociando rescates y precios. Y hasta llegan sorpresas como sorpresa grande ha sido encontrar ahí a Luis de Pedrosa, que enseguida reconoce en los hermanos Miguel y Rodrigo a los nietos del antiguo corregidor de Osuna, Juan de Cervantes. Pedrosa y su padre lo tuvieron «por un principal y honrado caballero» al servicio del amo de la villa, el conde de Ureña; de ahí que tampoco dude Pedrosa que Cervantes sea «muy principal hijo-dalgo y persona limpia y bien nacida», queriendo decir limpia de sangre y cristiano viejo.

Está muy cerca de creer lo mismo Bartholomeo Ruffino de Chiambery, que es otro nuevo amigo más, parece italiano pero quizá es francés, hombre de buena formación, y ocupado durante 1576 en contar en poco más de cien páginas sus recuerdos sobre la pérdida, precisamente, de la Goleta y de los fuertes de Túnez. Estuvo ahí, y ahí fue preso como el juez que era. Ha terminado su manuscrito hacia finales de 1576 o enero de 1577, cuando Cervantes lo lee con suficiente interés como para componer esos días un soneto preliminar y convencional. Elogia al autor y confía en su futura buena estrella, «si ya vuestra fortuna y cruel destino / os saca de tan triste y bajo estado», porque sigue en Argel tan esclavo como el mismo Cervantes. Y le haya gustado la obra más o menos, reconoce todavía en un segundo soneto que «nuestro mal se canta / en esta verdadera, clara historia», y esos dos adjetivos son desde luego cervantinos, pero están al servicio de páginas escritas «entre pesados hierros apretado». Cervantes no ha olvidado su formación humanística ni sus clásicos criterios antes de la pesadilla: «verdad, orden, estilo claro y llano», como corresponde a un «perfecto historiador» y excelente seguidor del «gran Livio romano».

Lo más urgente sigue siendo que lleguen a casa, en Madrid, noticias fiables sobre los hijos para empezar las gestiones del rescate con ayuda del Consejo de la Cruzada y las órdenes de redentores. Desde septiembre u octubre de 1576 las cosas marchan en Madrid con relativa rapidez, y tanto su padre, Rodrigo, que tiene ya 70 años, como Leonor, se encargan de gestiones que prosperan bien. Tras reclamaciones y reconfirmaciones, el Consejo sale por fin de dudas y otorga sesenta ducados para rescatar a los dos hermanos, treinta por cabeza. Pero con esa cantidad no hay ni para empezar y la familia ha de buscar el concurso de las órdenes, y eso hacen ya no solo Leonor, sino también las hermanas de Miguel y Rodrigo. El padre no, o no en apariencia, porque Leonor decide sacrificarlo y quedarse viuda por una temporada (luego tachará del documento las palabras embusteras), la suficiente para ablandar el corazón de los frailes y que se encarguen lo mejor posible de los dos hermanos. Y así sucede, porque los frailes de la Merced Jorge Ongay y Jorge de Olivar han llegado a Argel a finales de abril de 1577 con dineros para rescatar a cuantos puedan y seguramente también chucherías para comprar al turco, al que le pirran las «cajas de confite», las ropas caras y los bonetes como pequeñas gratificaciones extras para el buen fin de sus negocios y tratos, o al menos eso cree Pérez Pastor.

A estas alturas saben ya sin duda en casa la complicada estatura señorial y casi nobiliaria que el turco imagina en Cervantes por culpa de las benditas cartas de Juan de Austria y del duque de Sesa. Esa irónica desventura ya no tiene remedio porque a Miguel lo salva de remar en galeras pero a la vez lo condena a un alto precio de rescate. El rescate de Rodrigo, en agosto de 1577, ha costado trescientos ducados pero «no han querido dar» a Miguel «sino por muy excesivo precio»: le creen y le seguirán creyendo hasta el final «hombre de caudal». Miguel se queda en Argel pero no se queda quieto. Acaba de llegar otra nave que los corsarios han capturado a la Orden de Malta, la galera *San Pablo*, y en ella llegan Antonio de Toledo, íntimo amigo de Mateo Vázquez, y con él también Francisco de Meneses. En alguna conversación hubo de saltar la idea de escribir directamente a Mateo Vázquez para exponer en la Corte, de primera mano y de alguien conocido hace años, la desesperación de Argel. Cuando la recibe Mateo Vázquez, en julio o agosto de 1577, Cervantes ve cerca ya el final de los cinco meses de castigo por la frustrada fuga a Orán, cuando ya no está tampoco en Argel su hermano Rodrigo, y cuando en realidad está en marcha la fuga por mar proyectada desde la primavera.

No hay un hombre rebelde en este Cervantes preso de 30 años que escribe al rey a través de su secretario; hay un hombre tranquilo, tenaz y dispuesto a explotar la culpa y la clemencia del poder en favor de desventurados como él y tantos otros miles de cristianos exsoldados, sacerdotes, nobles y caballeros. Las galeras cristianas, como muy bien sabe Cervantes, y muy bien cuenta Sosa, remolonean meses y meses «trompeteando en los puertos y muy de reposo cociendo la haba, gastando y consumiendo los días y las noches en banquetes, en jugar dados y naipes». Las naves corsarias hacen todo lo contrario, y «a placer pasean por todos los mares» sintiéndose «libres y absolutos señores», capturando galeras de Flandes, Inglaterra, Portugal, Valencia, incluidas las capturas en la costa, de donde impunemente toman «muchachos sinnúmero mamando a los pechos de las madres» o muchachos algo mayores, como los dos niños que saca Cervantes en *Los tratos de Argel*, mucho más vulnerables porque «en sus pechos / no está la santa fe bien arraigada».

Si la cristiandad viese, como ven los cautivos, a los muchachos renegar y jactarse de sus nuevos vestidos, el cus-cus sabroso que les dan sus nuevos amos, la sorbeta de azúcar y el estofado de carne y los zumos dulces, entenderían mejor lo que pasa y los «cristianos corazones» serían «en el dar no tan estrechos / para sacar de grillos y prisiones / al cristiano cautivo, especialmente / a los niños de flacas intenciones». Sin duda, tiene sentido contar a pecho descubierto a Mateo Vázquez las habas que se cuecen en Argel y no esconder ante él quién es ahora aquel antiguo conocido de Alcalá o Madrid, por dónde ha pasado y por qué exige del rey y de su secretario una actuación rápida, enérgica y fulminante contra un enemigo que es débil aunque parezca fuerte.

Lepanto ha quedado ya tan avasallado de desastres que es a medias sueño y a medias pesadilla cuando lo evoca Cervantes pensando en conmover al secretario real y amigo lejano. Con treinta años, casi dos cautivo, y mientras sigue con grilletes penando por la fuga de Orán, Cervantes escribe en la primavera de 1577 sin escatimar méritos propios, ni ocultar el estado real en el que se encuentra, ni las razones de ese estado: sus campañas militares, sus heridas, su respeto por la figura de Mateo Vázquez y su asombro por descubrir que esté hoy «en la más alta altura» aquel muchacho «que ayer le vimos inexperto y nuevo / en las cosas que ahora mide y trata / tan bien», al que conoció quizá cuando el sobrino de Juan de Ovando, para quien trabajaba entonces Mateo Vázquez, estaba en relaciones con su hermana mayor, Andrea.

Encadena Cervantes entonces una sarta de elogios que encumbran al séptimo cielo al perfecto y ecuánime cortesano para que, gracias a su intercesión, llegue un día a arrodillarse Cervantes ante el rey y su «lengua balbuciente y casi muda» pueda «mover en la real presencia, / de adulación y de mentir desnuda».

El alegato final de la Epístola resuena directo y firme para exigir la inaplazable intervención real con todo el poder del Imperio en ayuda de los cautivos porque las condiciones objetivas y las religiosas favorecen una acción de poco coste y gran beneficio. Y así espera Cervantes que despierte en el real pecho «el gran coraje, / la gran soberbia» ante la conciencia del ultraje al que le somete un avispero hormigueante de infieles y ladrones, humillándolo a la vista de los cautivos y de sus aliados, incluidos los franceses. Es frágil la defensa de Argel, son muchos, pero débiles y desnudos, sin fuertes verdaderos y, además, tienen miedo y les aumenta el miedo cada vez que ven movimientos navales en la costa española. Y entonces «cada uno mira si tu armada viene / para dar a sus pies el cargo y cura / de conservar la vida que sostiene» porque «solo el pensar que vas, pondrá un espanto / en la enemiga gente, que adivino / ya desde aquí su pérdida y quebranto». Felipe tiene la llave de la cerradura de la «amarga prisión, triste y oscura, / donde mueren veinte mil cristianos», y todos, «cual yo, de allá, puestas las manos, / las rodillas por tierra, sollozando, / cercados de tormentos inhumanos», le ruegan que vuelva «los ojos de misericordia / a los suyos, que están siempre llorando», como hizo él cuando llegó a Argel, dos años atrás: solo esperan que acabe Felipe «lo que con tanta audacia y valor tanto» empezó su padre, Carlos V.

La vulnerabilidad de Argel es muy grande ante una armada ni siquiera descomunal, solo bien preparada y, sobre todo, bien informada de cómo son las guarniciones, dónde están las defensas, cómo funcionan las vigías, cuánto tarda en activarse el sistema de alarma, dónde custodian las armas y los explosivos, y todo eso que día a día van registrando muchos de ellos, su minucioso amigo Sosa entre otros, pero desde luego también él, porque ese registro íntimo y doméstico de la vida en Argel será la munición que explota Cervantes en su literatura y, en particular, en la primera obra que dedica a su experiencia, *Los tratos de Argel*. Por eso, al hilo de una historia sentimental y amorosa sutura sobre todo las experiencias reales propias y ajenas, con una riquísima trama de detalles y meditaciones dialogadas sobre lo vivido. Es literatura comprometida en el sentido pleno de la palabra, es crónica y es testimonio, es alegato ideológico y es autocrítica de cautivo superviviente aunque parezca nada más que un enredo de moros y cristianos, cristianas y moras. La empezase en Argel o ya liberado, es una obra empapada del olor, el dolor, la vida cotidiana y la piedad por quienes sobreviven en condiciones inhumanas y aspiran a la vez a no degradar su condición, ni humana ni cristiana, sometidos a la presión de mejorar sus vidas renegando: quieren ser a la vez justos y piadosos cristianos. No hay contrarreformismo alguno ahí sino un vasto dispositivo de alarmas sobre el daño que causa a la cristiandad, y a veinticinco mil cristianos cautivos, la homicida pasividad del rey ante una presa fácil, asequible y además infiel.

Cervantes ha acumulado ya experiencia suficiente para presionar a Mateo Vázquez y explicarle qué se espera del rey, o qué esperan de Felipe II quienes malviven en ciudad «tan nombrada en el mundo que en su seno / tantos piratas cubre, acoge y cierra». Sabe bien, más allá de la retórica de la humildad y las maneras cortesanas que tan bien practica Cervantes, aprendidas hace demasiados años, que esa carta escapa a todas luces a su modestia. Va quizá incluso más allá de la «flaqueza / de mi tan torpe ingenio», hablando «tan bajo ante tan alta alteza» con el único aval de saber que le mueve un «justo deseo». Pero también intuye «que mi pluma ya os ofende» e interrumpe y termina ahí abruptamente la carta porque «al trabajo me llaman donde muero».

EN UNA CUEVA HÚMEDA Y OSCURA

Rodrigo ya no está a finales de 1577, algunos de los presos más antiguos tampoco, algunos otros amigos han vuelto ya a España y las gestiones en Madrid van esta vez mucho más lentas. La situación se agrava desde el relevo del rey de Argel en junio de 1577. Acaba de llegar Hasán Bajá, de larga experiencia en el mundo turco y de legendaria crueldad en los testimonios de la época, pero al parecer también de formación culta a la europea. Del primer amo de Hasán, el Uchalí, Cervantes asegura en la historia del capitán cautivo que «moralmente fue hombre de bien» y «trataba con mucha humanidad a sus cautivos». Pero al segundo, a Hasán, lo llama «el más cruel renegado que jamás se ha visto». Y a la vista del retrato de Sosa, habrá de serlo, «astuto, entremetido, audaz, atrevido y desenvuelto» además de bisexual o más expresivamente, según otro testigo, «lujurioso en dos maneras». Pero todo ello lo hace potencialmente útil, y no al revés, de acuerdo con un confidente que cuenta a Felipe II que además de semejantes taras, es «muy leído», escribe y lee español y puede por tanto comunicarse con él, si quiere. Y quizá quiso Cervantes, y eso explicaría que algún tipo de tácito acuerdo que ignoramos permitiese la insólita supervivencia del díscolo cautivo.

A cambio siguen sucediendo otras cosas, y entre ellas la llegada de nuevos cautivos que renuevan el paisaje humano de la cárcel del rey Hasán, en la que quizá está ya Cervantes comprado a Dalí Mamí por quinientos escudos. Entre ellos, también ha llegado capturado en agosto de 1577 —cuando acaba de zarpar Rodrigo— un fraile dominico, Juan Blanco de Paz, que es comisario de la Inquisición desde el año anterior en un pueblo que ha disfrutado repetidamente de varios autos de fe en los últimos años, Llerena. También por entonces la amistad con Antonio de Sosa se ha estrechado porque reconoce en él a un fraile tan culto y tenaz como el propio Cervantes. Es portugués, y cautivado mientras iba a hacerse cargo de la vicaría general de Agrigento tras dejar las de Siracusa y Catania.

Cree Sosa como cree Cervantes en la urgente necesidad de intervenir, y por eso su texto se trufa del lenguaje del martirologio cristiano, como en *Los tratos de Argel* afluye el martirio de las vidas de santos: para proteger la fe, sin duda, pero sobre todo para salvar del cautiverio a los miles y miles que allí sobreviven, y muchos de ellos sin las condiciones benevolentes que disfrutaría Cervantes si no anduviese como anda buscándose problemas otra vez. Todo es lo mismo, y el olvido de Argel en la corte es la mejor fábrica imaginable de renegados en serie y conversos a la ley musulmana para salvar sus vidas.

Rodrigo ha viajado a Jávea y después a Valencia para participar en la protocolaria y propagandística procesión de rescatados, pero sigue ahí al menos varias semanas. Además de la alegría, lleva instrucciones de su hermano y otros caballeros implicados en el nuevo plan de fuga. Rodrigo y su colega de libertad, y marinero de Mallorca, Viana, tienen que poner «en orden» y enviar hacia Argel una «fragata armada para llevar a España a los cristianos». Con ellos van las cartas que dejaron Antonio de Toledo y Francisco de Meneses antes de su regreso a España, liberados. Hace meses que varios cautivos han puesto en marcha con el auxilio del jardinero de un señor importante de la ciudad el plan que empieza en una cueva, «no lejos del mar», «hacia Levante como tres millas de Argel» y desde luego «muy húmeda y oscura». Seguramente porque también ha visto Cervantes, como ha visto Sosa, que fuera de murallas «la tierra es blanda y óptima», con «muchas y grandes cuevas que hay en muchos de los huertos y jardines que hay en aquellos collados rededor de Argel». Llevan algunos varios meses encerrados, apenas sin ver la luz del día: unos siete meses, otros cinco y otros menos.

Cervantes quizá se ha sumado solo en la fase final, una vez ha partido ya su hermano hacia Jávea, pero participa activamente y localiza a otro cómplice más que ha de hacer de enlace entre la cueva y Argel para garantizar el avituallamiento y los víveres. Mientras el jardinero vigila la cueva, «siempre en vela mirando si alguno venía», Cervantes procura el «cuidado cotidiano de enviarles toda provisión», y «lo que él no podía, hacía que otras personas cristianas les proveyesen», en alusión al renegado que llaman el Dorador (que se volvió cristiano pero es de Melilla y han vuelto a capturarlo). Él se encarga de «comprar todo lo necesario» con el dinero que le dan los evadidos y llevarlo todo «al jardín disimulada y ocultamente». Un poco antes del día concertado con la fragata de Mallorca, el 28 de septiembre de 1577, Cervantes desaparece también del baño de su amo, ya Hasán (o todavía Dalí Mamí). Se despide de Sosa sin lograr sumarlo a la fuga y se encierra también él, cada uno con «gran peligro de la vida» y de «ser enganchado o quemado vivo, al ser este negocio de mucho escándalo por estar entre enemigos y por ser Hasán Bajá, rey de Argel, hombre muy cruel».

Sobre la media noche del 28 de septiembre de 1577, «conforme a como estaba acordado», llega la fragata mallorquina con intención «de saltar a tierra y avisar a los cristianos» escondidos en la cueva para que «viniesen a embarcarse». Pero no lo hace: ha fallado «el ánimo a los marineros» cuando han descubierto en la noche una barca de pescadores que confunden con «otra cosa de más peligro» y empiezan los moros un griterío de mil demonios que alarma a los cristianos y los pone en fuga. Pero en la cueva no saben nada, aunque haya pasado ya el día acordado y la fragata no llegue, ni saben nada del intento fallido, pero siguen ocultos. Algunos han abandonado, otros enferman y definitivamente todo lo complica la ansiedad o la mala idea de uno de los embarcados en la aventura, el Dorador. Mientras esperan «en la cueva, todavía con esperanza de la fragata», uno de ellos escapa y hace lo que tantos acaban haciendo por miedo o por interés: acude al rey para renegar, decirle «que se quería volver moro» y para probarlo convincentemente los delata a todos y delata quizá a Cervantes, quizá a fray Jorge de Olivar, como «el autor de toda aquella huida y el que la había urdido».

De inmediato, Hasán arma el 30 de septiembre una expedición comandada por el guardián que está a cargo de sus esclavos, Bají, con unos ocho o diez hombres a caballo y otros veintitantos a pie armados de «sus escopetas y alfanjes y algunos con lanzas» para que el Dorador los guíe hasta la cueva y los entregue a todos, incluido el jardinero. Para entonces ya solo quedan seis de los catorce o quince que han empezado la fuga, los prenden a todos y «particularmente» maniatan a Cervantes, a quien Sosa y todos los testigos creen «el autor de este negocio» y el «más culpado» de «aquella emboscada y huida». Pero sobre todo «porque así lo mandó el rey».

Es entonces cuando todos oyen decir a Cervantes «en voz alta», para que los turcos y moros le oigan, que solo él es responsable del negocio y que es él quien «los ha inducido a que huyesen». Debió hablar en la lengua franca común a todos, «que ni es morisca ni castellana ni de otra nación alguna, sino una mezcla de todas las lenguas, con la cual todos nos entendemos». Por supuesto, a Cervantes se lo llevan «maniatado y a pie, haciéndole por el camino los moros y turcos muchas injurias y afrentas», como un nuevo Jesús, mientras son conscientes del riesgo redoblado que hoy corren. A nadie se le escapa que el nuevo rey de Argel desde hace tres meses es «tan cruel que solo por huirse un cristiano, o porque alguien le encubriese o favoreciese en la huida, mandaba ahorcar a un hombre, o por lo menos cortarle las orejas y las narices».

Aunque ya solo está Cervantes con Hasán, le acompaña en su calidad de fraile Feliciano Enríquez, pero todos entienden enseguida que «solo, sin sus compañeros» y todavía maniatado, Hasán le interroga «con amenazas de muerte y tormentos» mientras Cervantes «con mucha constancia» repite una y otra vez que todo ha sido cosa suya y que si Hasán «había de castigar a alguno, fuese a él solo, pues él solo» tiene la culpa de todo, y «por muchas preguntas» que le hacen no nombra ni culpa a nadie más. Gracias a su «buen juicio» ha encontrado el modo de «dar salida a lo que de él el rey quería saber», según otro testigo, de modo que ha ocultado a los implicados y ha librado de una muerte segura a cuantos «le habían dado favor y ayuda», mientras a quienes ya abandonaron los libra de los «grandísimos trabajos» que les habrían caído sin duda. El rey tiene entre ceja y ceja que el culpable verdadero o instigador en la sombra es uno de los redentores más eficaces y más queridos por los cautivos, fray Jorge de Olivar. Cervantes no ha dicho nada pero Olivar estuvo tan verdaderamente implicado en la huida que se veía ya en lo peor. La misma mañana en que Hasán interroga a Cervantes acude a Antonio de Sosa con todo el miedo del mundo y deja con él, por si van mal dadas, «una casulla, piedra de ara, y un retablo y corporales, y otras cosas sagradas, porque temía que los turcos, que otros enviasen a su casa a prenderle, se las tomasen y profanasen». Cervantes acaba de librar al fraile y se acaba de librar a sí mismo «de una buena, porque todos pensamos que lo mandase matar el rey». A quien no libra nadie es al jardinero, al que ahorcan de un pie para que muera «ahogado de su sangre».

Hasán ordena que a Cervantes lo encierren en sus propias cárceles, «tomándole también por esclavo», aunque «después a él y a otros tres o cuatro hubo de volver por fuerza a sus patrones» porque no eran suyos. De esos abusos se ha de nutrir la antipatía general contra Hasán y el alivio de su partida a Constantinopla dos años después. A Cervantes como mínimo le puede caer una de esas palizas con «gruesos palos o bastones», con el esclavo tendido en el suelo primero boca abajo y golpeado después boca arriba en la barriga y los pies, porque «pocas veces ahorcan alguno si no es por algo grave como un asesinato». El castigo sin embargo, para los usos locales, sigue siendo muy benévolo porque Hasán lo encierra durante cinco meses en su baño, «cargado de cadenas y hierros con intención todavía de castigarle». Es raro porque cuando las cosas se ponen feas de veras, Hasán echa mano de los castigos sin contemplaciones. A uno lo acaba de matar «con su mano» y a otro, al mallorquín Pedro Soler, lo ha matado porque «tentó de huir de su patrón para Orán». Por esas mismas fechas ordena «matar con infinitos palos al animoso Cuéllar» porque «tentó con grande ánimo alzar aquella galeota del puerto a media noche y acogerse con otros treinta cautivos», aunque hay otras especialidades más sofisticadas como «colgar las piernas arriba y boca abajo y, con una afilada navaja», al reo le «retajan todas las plantas de los pies y sobre las heridas y llagas profundas le echan sal molida» con un «tan vehemente dolor que ninguno se le puede comparar ni igualar».

Tenerlo encerrado día y noche es el mejor remedio contra la cabezonería de Cervantes, o eso decía Hasán Bajá, que «como él tuviese guardado al estropeado español tenía seguros sus cristianos, bajeles y aun toda la ciudad; tanto era lo que temía las trazas» de Cervantes, según Sosa, además de evitar los riesgos de más evasiones. Pero es inútil. Ha empezado a maquinar de nuevo el modo de buscar ayuda hacia marzo de 1578, todavía «estando así encerrado», dice Cervantes. Y envía entonces «secretamente un moro a Orán» para que entregue nuevas cartas de auxilio y ayuda, quizá como la que ha mandado a Mateo Vázquez el año anterior, quizá más expeditivas y sin tercetos encadenados, al gobernador de Orán, Martín de Córdoba, cautivo él mismo años atrás, y a otros caballeros, amigos y principales «para que le enviasen un espía o espías —cuenta Cervantes— y personas de fiar» para rescatarlo a él y a otros tres caballeros que el rey tiene en su cárcel.

Pero a las puertas de Orán han detenido al moro que llevaba los papeles, lo han devuelto a Argel y, «vistas las cartas y viendo la forma y el nombre de Miguel de Cervantes», Hasán ordena darle «dos mil palos», que no debió de recibir porque estaría muerto. El cautivo capitán de su historia cuenta, cuenta Cervantes, que «solo libró bien con» Hasán «un soldado español llamado tal de Saavedra», aunque todos temieron siempre que acabaría muy mal el Saavedra o, como mínimo, «que había de ser empalado, y así lo temió él más de una vez». Quien muere de veras, otra vez, es el moro porque a él sí manda empalarlo Hasán, naturalmente «vivo, metiéndole todo aquel agudo palo por bajo hasta el colodrillo» para que quede «espetado como un tordo». Podía haber escogido una variante respetable y muy vistosa —como en España se despedaza a los reos o se quema en las hogueras de la Inquisición a personas vivas y muertas—, que empieza por subir al condenado con una polea en un tinglado de madera y dejar caer de golpe el cuerpo sobre un garfio, «o gancho de hierro muy agudo y muy firme», para que quede colgando por cualquiera de los miembros que ahí se ensarte, «y algunas veces de la barba», mientras el público jalea «hartándose de la risa por todas las partes, casas y terrados». Tanto jaleo arman que incluso «aquí, en estas prisiones, claramente los oímos y sentimos», cuenta Sosa. Todo conspira incansablemente en Argel para volver a la «desventurada alma loca, desatinada, sin juicio y trastornada».

Lo cuenta Sosa, pero quien ha estado presente en el suplicio del moro mensajero no ha sido él sino Alonso Aragonés, que es también quien cuenta que la irritación de Hasán con Cervantes lo ha llevado a expulsarlo de su cárcel y «echarlo de entre sus cristianos» para perderlo de vista. Pero también explica que Cervantes se salvó de los palos «porque hubo buenos terceros». Y enseguida desatamos la imaginación para fabular a partir de los relatos y dramas de Cervantes e imaginar que una mora enamorada lo salvó o la bisexualidad reconocida de Hasán lo ablanda sin remedio y le salva la vida para seguir felizmente cosiendo a su esclavo a la infamia...

Pero no sabemos nada, excepto que Cervantes va por los treinta, tiene una mano fea y alguien le protege. Es inverosímil que sean los frailes de la Merced, como fray Jorge de Olivar, porque no es precisamente amigo de Hasán. El secreto puede estar en algún tipo de promesa o de incremento del precio de Cervantes, vinculado quizá a esas insólitas expresiones que usa él mismo sobre los espías que pide a Orán. Un relevante personaje de aquel Argel es Agi Morato, rico renegado de cincuenta años y reconocido intermediario en las negociaciones de paz entre España y Constantinopla. A él alude repetidamente Cervantes en su obra sin fidelidad alguna a la historia verídica, pero sí explotando la dimensión dramática y emotiva de su historia y sobre todo la de su hija, tan guapa «que de belleza el caudal / todo, en ella está cifrado». Cervantes le inventa, con el nombre de Zoraida, una conversión al cristianismo para corregir la historia real e incumplir el destino histórico que tuvo este personaje habitual de la literatura de la época. Otro testigo sabe que Cervantes se salva porque «hubo muchos que rogaron por él» y puede que eso explique la implicación difusa que Cervantes tiene en su último año de cautiverio (y al año siguiente, ya liberado) con algún tipo de misión diplomática, de espionaje o de sabotaje contra el turco de la que no hay modo de probar o asegurar nada, excepto su supervivencia. Algunos de sus personajes tendrán ese papel, como la Andrea que no es Andrea en *La gran sultana,* y es espía para liberar cautivos y dejarlos «a sus anchuras / de la agradable libertad gozando». Hay pocos, sin embargo, que habiendo hecho esto o aquello de alguna gravedad se salven de esta o aquella amputación. A otro preso le acaban de pegar a la frente las orejas, después de cortárselas, y lo han paseado a la vergüenza pública por Argel por querer huirse en una barca desde la huerta de su amo.

Hasta que no llega a Argel la misión que encabeza el fraile Juan Gil, en el verano de 1580, Cervantes no está al corriente de las complicaciones que llevaba su caso en España, aunque sí sabe que su padre sigue «muy pobre» para recaudar nada demasiado útil y, como su madre Leonor, «no tiene bienes ningunos» porque el rescate de su otro hijo les dejó «sin bienes algunos». Algo sí han podido sacar, sin embargo, a lo largo de 1578, porque la hermana mayor, Andrea, «se ha obligado a pagar doscientos ducados», además de hacer mandar otros mil setecientos reales en metálico a fray

Jerónimo de Villalobos, de la Merced, para que se los entregue al mercader que «se ha encargado de rescatar» a Cervantes, Hernando de Torres, aunque sin ningún efecto real (y quizá ha sido una estafa). Y tanto los padres como Andrea, y también Magdalena, se comprometen a aportar lo que falte del rescate cuando se haya efectuado ya, si el precio excede el dinero recaudado hasta ahora. Los trámites se arrastran por Madrid y llegan a manos de Mateo Vázquez en noviembre de 1578. El secretario da su conformidad a la licencia que han pedido para sacar un poco de dinero más y «llevar a Argel hasta dos mil ducados» de mercancías y venderlas allí para pagar el rescate.

Pero todavía en marzo de 1579 Leonor se desgañita para que alguien entienda que si Miguel sigue en Argel ha sido «por el precio excesivo» que le ha puesto su amo «y ser yo pobre» y «no poder allegar el dicho dinero hasta ahora que la Trinidad envía a rescatar cautivos». Entre los nombres de esa misión está por fin el de su hijo Miguel. Por eso, mientras pide una prórroga de la licencia ya concedida, «no es justo que habiéndose hecho esta limosna y por casa tan pía, se me niegue ahora que con esta diligencia se ha de rescatar con brevedad». Si no se «le hace esta limosna» a Leonor, «será causa para que el dicho mi hijo no se rescate porque ninguna posibilidad tengo por haber vendido cuantos bienes» tenía para rescatar a Rodrigo. A estas alturas, a últimos de julio de 1579, una Leonor presuntamente viuda y una Andrea fingidamente huérfana de padre entregan a los trinitarios Juan Gil y Antón de la Bella doscientos cincuenta ducados, más el compromiso de Andrea de entregar otros cincuenta. Con eso y «con la limosna que de la redención se le ayudare, sacarán de captiverio» a Cervantes y «le rescatarán y pondrán en tierra de cristianos, si fuere vivo».

CUARTA Y ÚLTIMA

Sigue vivo Cervantes y sigue todo más o menos igual durante el verano de 1579 excepto quizá la ansiedad que genera el movimiento de galeras que detectan en las costas españolas, con alegría cristiana y recelo turco. Lo sabe de primera mano Cervantes porque está ahí; sabe que el miedo cunde en Argel mientras Felipe II prepara en realidad una armada pensando en la conquista de Portugal, aunque en Argel se estén pudriendo los cristianos y los turcos sospechen que es contra ellos esa armada que puede acabar con su opulento negocio. Pese a todo, quien de veras pudiera tomarse en serio ese afán es don Juan, y don Juan está muerto desde finales de 1578. Hasta los muchachillos moros se ríen y se burlan de los cristianos en Argel, cantando en las barbas de los cautivos «¡Don Juan no venir, acá morir!».

A través esta vez de un comerciante veneciano, Onofre Ejarque, el nuevo plan cambia de nivel y de dificultad, como si el tiempo y la experiencia, o la protección y los contactos con renegados fingidos, más benévolos o cómplices, permitiese fraguar aventuras de auténtico riesgo, o del más alto riesgo. Porque esta vez el plan desafía cualquiera de los anteriores y si fracasa puede ser sin más el final. Ejarque está dispuesto a financiar una fragata de doce bancos que el murciano Abderramán (que antes de renegar se llamaba licenciado Girón) ha de armar y poner a punto. A todos esta vez se les nota la ilusión desde lejos porque «anduvieron muchos días con gran contento, esperando por momentos su libertad». Incluso fray Feliciano Enríquez ha puesto dinero en el proyecto «porque por momentos» siente tener ya «la libertad en las manos», cuando el fraile ha logrado superar los recelos iniciales que sintió contra Cervantes. Otro cautivo le había contado «cosas feas y viciosas» de él y sin embargo, tras inquirir si había de veras «cosa fea y deshonesta que a su persona ensuciase», entendió que era «gran mentira lo que le había dicho aquella persona», y hasta empieza a sentir ese punto de celos mezclados de admiración que el capitán Lopino no oculta tampoco en su primer trato con Cervantes. Hoy los dos le son «aficionados», sin negar que «antes nos daba envidia por su hidalgo proceder cristiano y honesto y virtuoso».

Incluso Sosa ve con buenos ojos esta fuga y se apunta también, y él y otros empiezan a difundir la voz para llevarse a cuantos más mejor. Acaban sumándose hasta sesenta cautivos y entre ellos, por supuesto, «letrados, caballeros y cristianos», pero también tiene Cervantes apalabradas a «otras gentes comunes, hombres de hecho que tenía prevenidos para el remo», además de tantos amigos y compañeros de cautiverio que una y otra vez hablan de lo mismo entre ellos, excitados e impacientes, Pedrosa, Aragonés, Castañeda, Chaves, Villalón, sin poder controlar la cólera cuando descubren dos días antes que el chivatazo esta vez ha llegado de fuego amigo, tan «cerca y a pique de la partida». Ha sido el correoso fraile Juan Blanco de Paz quien ha contado a Hasán la gravedad de la fuga prevista y la relevancia de los involucrados. Las pérdidas económicas serían de escándalo si desaparece de las cárceles «la flor de cristianos que entonces había en Argel», como dice Sosa. A la flor de cristianos no debía pertenecer Blanco de Paz porque está excluido del plan y en pura venganza ha descubierto el negocio, según dicen y como quien dice, por un plato de lentejas, es decir, por «un escudo de oro y una jarra de manteca».

La enemistad que cuaja entonces entre el fraile y Cervantes es definitiva, pero probablemente nace de atrás, cuando llegó Blanco de Paz hace ya dos años, en agosto de 1577. A nadie parece caerle demasiado bien, como «hombre revoltoso, enemistado con todos», incumplidor de sus deberes religiosos y desatento con enfermos y moribundos, «murmurador, maldiciente, soberbio y de malas inclinaciones» para casi todos, y «persona de malos resabios e inclinaciones, además de haber oído decir» algunos que es mudéjar. Pero sobre todo es violento, «andando a puñadas con todos, como lo hizo con dos sacerdotes de misa, que, porque le reprocharon lo que les parecía mal de él, a uno de ellos le dio de coces y al otro, un bofetón». Y si Cervantes «clama y se queja de Blanco de Paz, más que todos los demás», se ha disparado también la ira y la violencia de los otros comprometidos; se oyen a sí mismos prometer que «si Juan Blanco no fuera sacerdote», habían de ponerle «las manos en él y darle su merecido». Algunos le tienen tantas ganas que están «por darle de puñaladas por haber hecho tal cosa», incluidos, por cierto, los mercaderes implicados en el caso. Aborrecen al fraile también cuando amenaza una y otra vez a Cervantes «ciego de pasión», diciendo que «había de tomar información contra él para hacerle perder el crédito» y los respetos que le tienen todos y, en particular, para acabar con «toda la pretensión que tenía» de que «su Majestad le hiciera merced por lo que había hecho e intentado hacer en este Argel».

Uno y otro, Blanco de Paz y Cervantes, se han retirado la palabra pero quien lleva las de perder es Cervantes, sobre todo si vuelven algún día a España y el otro echa mano de su cargo en la Inquisición de Llerena. Empieza a impacientarle la posibilidad de que Blanco de Paz rompa las reglas del juego o abuse de su posición eclesiástica. Cervantes teme, dice confidencialmente Sosa, «que le viniese de aquello algún gran mal», incluida la «pérdida de la vida». Tras la delación a Hasán en octubre de 1579, Cervantes se oculta con ayuda de otros compinchados, pero el miedo de todos a las torturas y a que Cervantes diga lo que no debe y los comprometa a todos, explica que Ejarque lo tenga todo dispuesto «para que se fuese a España en unos navíos que estaban para partir y que él pagaría su rescate». Pero Cervantes se queda y le quita el miedo a que vaya a delatar a nadie porque «ningunos tormentos ni la misma muerte sería bastante para que él condenase a nadie sino a él mismo», según escribe Cervantes en tercera persona en su testimonio de 1580, y lo mismo dice «a todos los que sabían del negocio, animándoles a que no tuviesen miedo, porque» Cervantes «tomaría sobre sí todo el peso de aquel negocio, aunque tenía por cierto morir por ello».

Y por fin Hasán actúa y ordena difundir por «público pregón» su búsqueda y captura con «pena de la vida» para quienes lo oculten, aunque son muchos los implicados que se han escondido ya. No es un riesgo retórico el que corren porque el pregón lo han oído todos, y de hecho uno de los cómplices, Alonso Aragonés, cree que «si el rey le había a las manos no escaparía con vida, o por lo menos sin orejas ni narices, por ser la condición de dicho rey tan cruel y para la Berbería ser el negocio de mucho escándalo». No hay otro remedio que salir del refugio donde está porque «si no aparecía ante el rey haría mucho más daño que apareciendo». A través del arráez que llaman Maltrapillo, que es «muy gran amigo del rey», según Castellano, y es además renegado español, acaba presentándose Cervantes ante Hasán sabiendo perfectamente el interrogatorio que le espera, las amenazas que ha escuchado ya y quizá de nuevo confiado en salir con buen pie hasta conseguir, por segunda vez, «zafar con buenos términos de manos del rey». Y así ha sido, en efecto, porque Cervantes ha mantenido una versión falsa de la fuga en la que ha implicado únicamente a cuatro caballeros, pero los cuatro están ya en libertad.

Sea o no convincente, decide Hasán colgarle «un cordel en la garganta y atar las manos atrás como si lo quisiese ahorcar». Cervantes calla todavía el nombre de los otros inculpados y calla sobre todo los nombres de caballeros «tenidos por sus patrones y amos por gente pobre». De haber «sido descubiertos habrían caído en las manos» de Hasán y eso significaba que «no se rescatarían sino por precios excesivos», como el propio Cervantes, además de que «los mercaderes hubieran perdido sus haciendas y habrían quedado cautivos», por no hablar de que otros hubiesen «corrido mucho detrimento de sus personas», otros más hubiesen sido «muertos a palos» y «con las orejas y las narices cortadas», como acostumbra a hacer «en casos y negocios de menos importancia y calidad, por ser el rey tan cruelísimo y de poca humanidad» o, como siente Pedrosa, su mero «nombre, fama y obras eran asesino de cristianos».

Por supuesto, Cervantes miente, y Hasán sospecha que miente. Los nuevos cinco meses de castigo «con cadenas y grillos» y «muchos trabajos» siguen siendo una pena evidentemente benévola que debió de transcurrir entre octubre de 1579 y febrero o marzo de 1580. Desde ese momento, la buena opinión que tienen de Cervantes se convierte decididamente «en mayor reputación y corona que antes» porque ha cumplido incluso «mejor de lo que lo había manifestado» y «a nadie hizo mal ni daño ni condenó». Incluso desde la prisión ha seguido mandando mensajes que llegan a «todos, uno por uno, de mano en mano», para que se avisasen que «si prendían a alguien, se descargase con Miguel de Cervantes, echándole solo a él la culpa». Es natural que algunos de los amigos que lo tienen «por tan principal y de valor», como el italiano Lopino, capitán con treinta años de servicio, hayan tenido la misma reacción y desde «aquella hora» crean que Cervantes «con razón debía ser galardonado por ello». Por eso Lopino no oculta que «le daba cierta especie de envidia al ver cuán bien procedía y sabía proceder».

El estropeado español

Quizá fuera verdad que aquel tenaz cautivo, lesionado en la batalla y culto, fuera, como quiere Hernando de Vega, de «buen trato y conversación». De lo que no hay duda tampoco es de que la intimidad y las afinidades de Cervantes con Antonio de Sosa incluyen el intercambio de manuscritos y poemas tanto si «se ocupaba muchas veces en componer versos en alabanza de Nuestro Señor y de su Bendita Madre y del Santísimo Sacramento» como si además trataba de «otras cosas santas y devotas», algunas de las cuales «las comunicó particularmente» con Sosa o se «las envió para que las viese». Todavía encerrado en la cárcel, entre finales de 1579 y principios de 1580, Cervantes no deja de carburar ni de leer. Y otra vez acude a él un escritor con otro fajo de poemas, como ha ido escribiéndolos él a ratos y a pedazos. Esta vez se trata de un hombre de su misma edad, cautivo, enamorado y de Palermo, que ha compuesto trescientas interminables octavas destinadas al primer libro de su obra poética, dedicado a su amada Celia.

Cervantes las ha leído, le han interesado y escribe casi cien versos en doce octavas para exaltar al enamorado, pero sobre todo para componer una especie de epílogo a los «conceptos» que Antonio Veneziani «en el papel ha trasladado». Pero Cervantes lo ha hecho saturado y al límite, porque «son tantas las imaginaciones que me fatigan, que no me han dejado cumplir como quería estos versos», demasiado llenos de «las faltas de mi ingenio». Quizá «en tiempo de más sosiego no me olvide de celebrar como pudiere el cielo» y hasta a su Celia. Pero no ha sido desde luego este noviembre de 1579 el mejor momento para escribir sobre uno y otro a la espera de que por fin «Dios nos saque» de esta tierra y, sin embargo, Cervantes ha dado con una rara y precisa síntesis de sí mismo, mientras defiende la literatura que muestre «con discreción un desvarío / que el alma prende, a la razón conquista». Con razón a Francisco Rico le llevan esos versos al centro de la literatura de Cervantes: emocionar con la inteligencia fría del oficio, y así lo dirá Cervantes tantas veces como explique para qué sirve la literatura y cómo se hace: sol y estrella, como Celia es para Veneziani alma y cuerpo, porque la literatura ha de ser día y noche, cielo y tierra, bien y mal.

Apenas unos meses más tarde, en agosto de 1580, los padres trinitarios recién llegados, Juan Gil y Antón de la Bella, han logrado ya mandar a más de cien cautivos de vuelta a Valencia. No va ahí Cervantes pero sí está su nombre en la cartera y enseguida Juan Gil, otro recién llegado, se pone al corriente de lo que pasa porque su trabajo consiste en informarse sobre el terreno, más allá de las ilusiones y esperanzas sobre rescates posibles, rescates imposibles, rescates necesarios y rescates de extrema necesidad, como sin duda lo es el de Cervantes, con el agua y el cordel al cuello desde hace ya demasiado tiempo. Sus redentores están en Argel y también la creciente enemistad con Juan Blanco de Paz. Poco después de frustrar la fuga, en junio de 1580, asegura haber recibido de Felipe II «una cédula y comisión para que usase tal poder de comisión de la Santa Inquisición» y durante los meses de julio y agosto actúa como tal, recabando «muchas informaciones contra muchas personas, y, particularmente, contra los que tenía por enemigos y contra Miguel de Cervantes, con el que tenía enemistad». Pero ni los testigos ni los frailes han visto ninguna de esas cédulas, poderes y órdenes que invoca el fraile de Montemolín, y busca aliados sin hallarlos ni convencerlos. El italiano Lopino no se presta a declarar contra Cervantes, y desde luego tampoco Juan de Balcázar, que es el más humilde de los amigos de Cervantes, no esclavo de rescate como él, sino remero en las galeras, y es el que tantas veces ha de estar ausente, siempre ajeno a las intrigas, siempre fuera de las conspiraciones, porque suele enterarse de todo demasiado tarde, cuando regresa de hacer el corso a cuenta de sus amos.

Pero es el más expresivo cuando sí sabe, como sabe bien y como ningún otro, que Cervantes ha socorrido a muchos «sustentándoles de comer y pagándoles sus jornadas para evitar que sus patrones les maltratasen dándoles palos y otros malos tratamientos». Y es inevitable creerle cuando cuenta que es Cervantes quien socorre «a cinco muchachos que eran renegados de los más principales turcos de Argel» y a quienes les «animó y confortó dándoles aviso e industria para que, yendo de viaje de galeras con sus patrones, huyesen a tierra de cristianos», logrando el sueño de tantos gracias a que «los muchachos eran del arráez de galeotas» y encargados, por tanto, del buen funcionamiento del banco de remeros a base de latigazos (a veces enarbolando el brazo cortado de uno de los remeros, para mayor efecto). Fue de Cervantes «la buena industria y ánimo» para que se salvasen esos muchachos y estén hoy ya fuera de Argel, liberados. De no haberlos auxiliado Cervantes instruyéndolos para la fuga, hoy todavía «serían moros y proseguirían en su mala inclinación y sucederían en los oficios de sus amos, porque tales renegados privan mucho en esta tierra con los semejantes patrones». Cree buenamente Juan de Balcázar que «no solamente hizo un único bien Miguel de Cervantes al encaminarlos para que se volvieran a la verdadera fe de Jesucristo que antes tenían, sino que evitó que permanecieran andando por la mar en corso, martirizando a los cristianos que bogaban el remo, por hacerse bien querer por sus patrones y amos». Por esto, dice, Cervantes «merece premio y galardón», como no hay más remedio que aceptar, también en boca de Hernando de Vega y su convicción de que en Cervantes hay un hombre querido y admirado por sus colegas y por «las demás gentes de la comunidad» y, quizá sí, «por ser de su cosecha amigable y noble y llano con todo el mundo».

Tan seguro es eso como que Blanco de Paz no ha conseguido la obediencia de ningún otro fraile, ni tampoco de los padres redentores teatinos, jesuitas de Portugal, ni por supuesto de los dos frailes mayores de esta trifulca, Juan Gil y Antonio de Sosa, en el caso de este último yendo a verle hasta su misma celda el 25 de julio de 1580. Todos desconfían de esa cédula real que nadie ha visto y ha tenido «dares y tomares» de aspereza creciente; alguno ha visto a caballeros y principales «reprender a Juan Blanco de Paz por lo que hacía, pareciéndoles mal». Otro fraile, Feliciano Enríquez, ha emplazado a Blanco de Paz a actuar en España porque allí «hallaría a los padres inquisidores» para explicarse porque lo que es aquí, en Argel, no está dispuesto a participar en esa información «contra algunas personas». Y si por caso «sabía de algunas personas que tuviesen algunos vicios», el fraile Enríquez le responde que «si los había o no, no se lo quería decir», tan escandalizado él de su conducta y en particular de las amenazas de empapelar no solo a Cervantes sino a todos los demás.

Blanco de Paz había roto las reglas del cautiverio, había aplicado las leyes de la libertad a la vida turbia de la frontera, había saboteado una fuga y no iban a perdonarle ni el rencor ni la intransigencia inquisitorial. Hubiese o no hubiese algo turbio, escabroso o inaceptable —que sin duda lo habría porque sin esa inversión de valores no hay fuga posible—, ninguno de los enrolados respaldó al fraile cuando le descubren investigando sobre las «vidas y costumbres» de Cervantes y anda «sobornando a algunos cristianos, prometiéndoles dinero y otros favores para que depusiesen» contra él «y contra otros». Así «impediría a Miguel de Cervantes decir a Su Majestad lo mal que él lo había hecho al ser traidor y descubridor» del negocio de la fragata y huida. Ninguno de ellos duda de que Blanco de Paz está protegiéndose por «lo mal que él lo había hecho al destruir a tantas gentes».

Cuenta Cervantes que estos nuevos cinco meses de castigo pudieron ser el principio del final. Hasán tuvo la «intención de mandarlo a Constantinopla, donde, si allá lo llevaban, no podría tener jamás libertad». Todos saben que eso es verdad segura, y desde el 23 de agosto de 1580 el auxiliar de Juan Gil ha empezado averiguaciones «con mucha cautela, recato y secreto», para saber «si eran vivos o muertos» los hombres que debían rescatar. Muchos están bogando en el mar o están muertos, han renegado, han desaparecido o son tan desgraciados que, una vez localizados, se ha hecho demasiado tarde y se quedarán en Argel «por haber ya gastado toda la hacienda» de que dispone la misión. Pero es todavía con Hasán Bajá con quien ha de negociar Juan Gil el rescate y el precio de Miguel de Cervantes, en persona, «una y muchas veces». Pero el rey ha repetido «una y muchas veces» que sus cristianos son «hombres graves y que no tenía cristiano que no fuese caballero». A «ninguno de ellos lo daría» por menos de «quinientos escudos de España en oro», y Sosa cree que Hasán elevó al final su precio a «mil escudos de oro».

Pocos nombres de su lista se salvarán, sin dinero de las familias, ni la ayuda del rey, ni la limosna de la redención; no se van a salvar ni Alonso Sánchez de Alcaudete, ni Bartolomé de Quemada, ni Jaime de Latasa, ni Pedro de Biedma, ni Francisco Ruiz ni Pantaleón Portugués ni don Jerónimo de Palafox. A 18 de septiembre encadenan a Cervantes y a todos los demás en el banco de remos de la galera del rey para zarpar a Constantinopla, mientras Juan Gil se afana fuera con mercaderes, apura la «limosna de la redención», la «limosna de Francisco de Caramanchel», la «limosna general de la Orden», los «maravedíes para otros cautivos», hasta cubrir como sea los «dos mil y tantos reales» que faltan para completar «lo que le habían dado los padres», y aun saca de debajo de las piedras otras «nueve doblas» para sobornar a «los oficiales de la galera» de Hasán «que pidieron de sus derechos» por hacer saltar las «dos cadenas y los grillos» que sujetan a Cervantes para que salga ahora entre pálido y destemplado de la galera «el mismo día y punto que el rey alzaba vela para volverse a Constantinopla». No va a remar este 19 de septiembre de 1580 hasta Constantinopla pero casi todo lo demás ha cambiado poco porque sigue siendo «mediano de cuerpo, bien barbado, estropeado del brazo y mano izquierda», y quizá ya algo menos barbirrubio de lo que recuerda su madre.

3. El final de la pesadilla

A Cervantes hoy no le apura volver a España, sino volver blindado y protegido contra sí mismo y contra los riesgos que ha corrido en Argel. Con otro joven liberado, Diego de Benavides, comparte «posada, ropa y dineros» y, sobre todo, ha podido desprenderse de la casaca de preso, de tela basta y de color azul, corta de faldas, con medias mangas y sin cuello. No hay día que no anden juntos Benavides y él, además de compartir mesa con Juan Gil, que precisamente este 10 de octubre de 1580 ha comido en casa con ellos. Para entonces, Cervantes tiene lista la operación a la que ha dedicado las dos o tres últimas semanas, desde que se rescata el 19 de septiembre, y que ha de salvarlo de varias cosas, o al menos de dos: las furias vengativas de Blanco de Paz (que seguirá sin embargo seis años más en Argel) y el desvalimiento de un regreso como lisiado que podría engañar a cualquiera sobre sus verdaderas capacidades o sus méritos de guerra y cautiverio.

Necesita acreditar en su propia defensa y en su propio beneficio su peripecia de los años últimos, como explica el mismo Cervantes en la petición que entrega a Juan Gil ese 10 de octubre, no sé si mientras comen juntos, o antes o después. En todo caso, se trata de obtener, todavía en el mismo Argel, «una información con testigos» tanto de su cautiverio como de su vida y costumbres, «como de otras cosas tocantes a su persona» con el fin de «presentarla, si fuere menester», a la atención del rey para lo de veras fundamental: que nadie dude en el futuro de «las cosas que ha hecho para conseguir su libertad y la de otros» con el objetivo último de que «su majestad le haga merced».

Por supuesto, Cervantes escoge a doce testigos y cómplices que han compartido gran parte de su vida en los últimos años, y redacta sus veinticinco preguntas en forma de microepisodios que narran en tercera persona sus distintos pasos biográficos. Pero además está el problema de Blanco de Paz, y de ahí que las preguntas cuenten sus fugas frustradas, pero también se demora en explicar el conflicto con el fraile y en particular la catadura que le atribuyen todos de principio a fin. Entre el 10 y el 14 de octubre de 1580, todavía en Argel, van compareciendo ante Juan Gil y su notario habitual, Pedro de Rivera, además de Cervantes mismo (me parece), cada uno de los testigos para ratificar, ampliar o matizar cada pregunta (que tantas veces como las respuestas ha visto citadas el lector en el capítulo anterior). Antonio de Sosa es el último porque solo ha podido hacerlo *in extremis* y por escrito por culpa «de mi continuo y estrecho encerramiento en que mi patrón me tiene en cadenas».

Entrega físicamente sus respuestas el 21 de octubre al notario apostólico y al mismo Juan Gil rubrica el documento con fecha de 22 de octubre y corriendo se lo entrega a Cervantes porque dos días después, el 24, zarpa de Argel con destino a Denia, por fin de vuelta a casa, si no hay tormenta ni percance. Y si hay que creer al muy fiable capitán cautivo Pérez de Viedma, empieza el verdadero alivio y la recomposición interior, emocionado Cervantes como se exalta emocionado su capitán ya repatriado, mientras regresa a España con ese «nuevo contento» de «llegar después de luengo cautiverio salvo y sano a la patria». Debió ser verdad para Cervantes, tras cinco años de Argel y casi cinco más de soldado, que ese contento «es uno de los mayores que en esta vida se puede tener». Llega además con amigos y en Valencia sigue con amigos durante poco más de un mes, mientras participa en la procesión obligatoria. Manda de inmediato carta a sus padres este noviembre de 1580 con la noticia de su libertad a través de otro excautivo del mismo amo que Cervantes pero rescatado antes, Juan Estefano, que vive en Valencia, y en Valencia reencuentra también, nada más llegar, a otros amigos con quienes intercambia testimonios de su cautiverio y rescate y sobre todo de lo que «quedo a deber» a Juan Gil, que son más de dos mil reales, y otros mil reales más que Cervantes se comprometió con otros mercaderes a pagar «a cierto tiempo».

Regresará a Madrid en torno a la segunda semana de diciembre de 1580, pero ha tenido mes y medio para rondar por la importante y rica ciudad a la búsqueda de cosas que hace tiempo que no ve ni expuestas ni nuevas, y entre ellas libros y librerías, como la que tiene en la calle Flasaders el también impresor y dramaturgo Joan de Timoneda. En Valencia están por entonces otros escritores con experiencia directa de Lepanto como Rey de Artieda, a quien todos llaman micer Artieda, a punto de publicar la tragedia *Los amantes,* que retoma la ya entonces popular leyenda de los amantes de Teruel. Sin duda habrá buscado a un autor ya muy consagrado a sus cincuenta años, Gaspar Gil Polo, porque Cervantes siente ahora y durante toda su vida gran respeto por su libro de pastores *Diana enamorada,* aparecido quince años atrás. Pero también habrá visto o escuchado a Cristóbal de Virués, que es otro combatiente de Lepanto y también dedicado a la renovación de la tragedia moderna.

Quizá ese entorno le metió dentro las ganas de ensayar el género y probar fortuna con la alta literatura entroncada con Séneca y los episodios históricos y graves. De casa de Timoneda es improbable que no se hubiese llevado también las obras de Lope de Rueda, que edita desde 1567, porque Timoneda es otro entusiasta y escribe en su prólogo a dos églogas de Rueda que fue «único solo entre representantes, general en cualquier extraña figura, espejo y guía de dichos sayagos y estilo cabañero, luz y escuela de la lengua española». Creyó Cervantes que editar a Rueda bastaba para honrar a Timoneda, aunque también lo ha leído a él. Sin duda se va a llevar para Madrid, si no lo leyó mucho antes, un ejemplar de *El Patrañuelo* con los relatos y facecias amenas y vagamente realistas que le gustan a Timoneda, inspiradas a menudo o claramente cerca de esa narrativa italiana de Boccaccio que leen todos. Es seguro también que ha leído su romance sobre Numancia y su héroe Viriato porque a Cervantes le va a llegar el tema hasta el centro de su mejor vena teatral, precisamente para empezar a dar cuerpo a la trágica y alta historia del asedio de Numancia. El teatro empieza a ser el género natural de todo escritor entonces, aunque es verdad también que hoy todo está abierto, mientras vuelve a casa, se instala en Madrid y retoma papeles y borradores abandonados hace años.

El laberinto doméstico de 1580

Cuando regresa Miguel con 33 años también sus dos hermanas son mujeres con la vida hecha. Andrea es madre desde hace quince años, que son los que ahora tiene Constanza de Ovando, mientras Magdalena ha pasado por sus propias complicaciones. Ambas comparten en este 1580 experiencia adulta algo baqueteada y quizá también tristona, cuando cuenta Andrea, la mayor, 36 años, y está Magdalena a punto de hacer los 30. Ninguna tiene a estas alturas esposo duradero o estable pero sí una retahíla de problemas y a veces de auténticas pesadillas, mientras persiguen a caballeros que no asumen sus compromisos, quizá porque todos saben que son compromisos destinados a no ser cumplidos. Han vivido en una zona peligrosa o acechada, sin seguridades vitales de por vida ni siquiera a menudo para pasar el día, tan altamente pendientes de la suerte y del azar de sus méritos como holgadamente las clases nobles disfrutan de sus apellidos y linajes, de sus cargos hereditarios por definición, de sus altas rentas y vastas propiedades.

A ese mundo no pertenece ni pertenecerán ni Cervantes ni sus hermanas ni es tampoco el de su padre. Probablemente cuando vuelve su hijo mayor, Rodrigo de Cervantes ha abandonado la práctica de médico de primeros auxilios o practicante, es ya intermediario improvisado o gestor de negocios ajenos, de poca fortuna y escasa rentabilidad. Las hermanas carecen de rentas o títulos, y basta eso para que todo tome un color azul oscuro tirando a negro. Lo supiese o no Cervantes, cuando él y su hermano pequeño se enrolaron en los tercios de Italia hacia 1570, diez años atrás, ellas siguieron en Madrid y a ambas se les multiplicaron los líos (mientras su hermana Luisa progresaba adecuadamente en el convento de Alcalá). Pero es seguro que a los padres en septiembre de 1574 les resultó difícil devolver doce ducados de plata que debían al ropero Hernando de Bárcenas (para antes del día de Navidad de ese año). Y fueron estos agobios u otros parecidos los que obligaron a la mayor, Andrea, que tenía veintipocos entonces, a hacerse con los servicios no de uno sino de tres procuradores, entre ellos Andrés de Ozaeta, para pleitear con un «don Pedro Puertocarrero sobre ciertos maravedíes y joyas», y es hijo del gobernador de Túnez.

Quizá no salió malparada del pleito porque entre 1573 y 1575 mantuvo contratada a una criada, ni tampoco podía ser muy apurada la situación de Andrea cuando alquila en 1577, de San Juan a San Juan, como era habitual, unas casas en la calle de la Reina tocando con Baños, en Madrid. También a Magdalena le falló su caballero, y ya con 22 años, en junio de 1574, le reclama ella los quinientos ducados comprometidos a don Alonso Pacheco Puertocarrero, que es hermano del anterior (e hijo también del Pedro Puertocarrero que está a punto de perder la vida después de perder Túnez en 1574). Ella ya firma Magdalena Pimentel de Sotomayor pero no sabemos por qué, aunque quizá se trate del apellido que toma ella de un amante anterior y también incumplidor. En todo caso, a sus 19 años se encuentra en la misma situación, y el padre y ella logran que Puertocarrero asuma desde su finca de Jerez de los Caballeros, cerca de Badajoz, su compromiso, pese a difíciles negociaciones y renegociaciones que terminan en apariencia cuando Alonso Pacheco confía en pagar en cosa de cinco meses, si consigue que el rey le dé licencia «para descascar y cortar algunos alcornoques que tengo en las mis dehesas». Pero ese mismo día, Alonso se compromete también a pagar, no a Magdalena sino a Andrea, quinientos ducados por el precio de un «collar grande de oro, joyas, un *agnus dei*», en transacción que probablemente encubre una relación ajena a la costura y próxima a la tradición familiar.

Tampoco eso estabilizó las cosas, y un nuevo amante de Magdalena, Fernando de Lodeña, se encoge también e incumple el acuerdo de compromiso. Pero este caso es más amargo: él le debe a ella trescientos ducados. Pero cuando ella fue a reclamárselos tras la ruptura de ambos, y ya casado él, prefirió «no enojar» a su nueva mujer y negó la deuda. «A solas», sin embargo, declara

Magdalena, «me dijo que me prometía que mientras él viviese de darme todos mis alimentos». Y si muriese antes él, «me dejaría con qué viviese» a cambio de que ella firmase por escrito no deberle nada, aunque ambos supiesen que no era verdad. Contra su voluntad, pues, Magdalena firmó, y esa es la deuda que va a arrastrar hasta el mismísimo escritorio del notario que registra su testamento muchos años después, dispuesta todavía a sus sesenta años a avergonzar al arrugado caballero que no pagó en su momento y no pagará después la deuda que él mismo reconocía tener con ella. Son unos buenos trescientos escudos y para entonces el encargado de cobrarla será un ya anciano Miguel.

Nada es nunca agua pasada, por supuesto, pero ahora, cuando Magdalena y Miguel acaban de reencontrarse en Madrid a finales de 1580 o principios de 1581, ella está implicada en una nueva relación, aunque esté también ya en fase de liquidación. Su nuevo comprometido con marcha atrás, Juan Pérez de Alcega, ha renunciado desde el verano a su compromiso y ella le denuncia ante el vicario general de Madrid (es un criado de la reina Ana de Austria). Por supuesto, él no sabe nada de nada porque «decíades que yo os había dado palabra de casamiento y pretendíades pedir que yo fuese condenado a que me desposase y velase en haz de la Santa Madre Iglesia con vos». Lo reconoce, sí, pero el objetivo es que ella lo libere a él del acuerdo a cambio de cien ducados al contado (que le entrega materialmente en noventa y tres escudos de oro con valor de cuatrocientos maravedíes cada uno) y otros doscientos en el curso del año (el primer plazo a ocho meses vista, y a cuatro más el siguiente).

Las dos hermanas de Cervantes van a pasar gran parte de la vida con él en los próximos años. Los veremos envueltos a todos en suficientes problemas como para entender que constituyen una familia normal y complicada, que suele moverse por las ciudades, sobre todo Madrid y con el tiempo Valladolid, en casas relativamente grandes o como mínimo con espacio para muchos. Pero entre esos muchos no va a haber ni maridos ni esposos de las dos hermanas, pero sí asiduos visitantes de ellas (o de sus servicios de costura). Del hermano más pequeño, Juan, se pierde casi del todo el rastro muy pronto y Luisa, o Luisa de Belén, se ha salvado en este mismo 1580 de la «enfermedad del catarro» que ha diezmado la población de Alcalá y también a su convento.

EL PASADO INAGOTABLE

Esta vez el regreso a Madrid no es el regreso a la corte porque la corte está ocupada en la anexión de Portugal por la vía de la ocupación militar y el acoso marítimo. Aquellas naves que tanto asustaron a la morisma en el verano de 1580 no iban destinadas a Argel sino a Lisboa, porque la tentación de Portugal ha crecido desde la muerte, en enero de 1580, del sucesor del desventurado don Sebastião, asfixiado de calor cerca de Tánger, en 1578. El conflicto dejará de resolverse por vías de consanguinidad (porque tras la muerte de Henrique, Felipe II es heredero legítimo) y pasará a resolverse por las armas desde mayo ante la rebelión de un sector de la nobleza portuguesa liderado por el prior do Crato. En agosto las tropas comandadas por el duque de Alba ocupan Portugal y, aunque la anexión es completa, no terminará hasta el juramento de fidelidad de la nobleza portuguesa (o lo que queda de ella tras el desastre de Alcazarquivir).

Cuando empieza Cervantes a hacerse cargo del nuevo Madrid, a principios de 1581, el rey emprende viaje desde El Escorial en marzo, con la corte detrás, para instalarse en Tomar a la espera de la coronación en abril. Cervantes no va a tener más remedio que acudir allí a ofrecer sus servicios. Su evidente familiaridad con el turco puede ser útil en las negociaciones para pacificar el Mediterráneo, mientras Felipe II atiende a Portugal, estabiliza las peligrosísimas finanzas de los años anteriores, sigue intranquilo las inestabilidades de Flandes y solo avizora, de momento a la distancia, la posibilidad de emprender algún día la campaña de conquista y sometimiento del otro enemigo y hereje irreductible, es decir, la Inglaterra protestante de la reina Isabel y su pirata Drake.

Pero todavía no es el momento, y al menos en abril o mayo de 1581 Cervantes ha viajado a Portugal y sin duda a Lisboa, con ella en la memoria desde entonces porque Lisboa misma es ciudad oceánica y poblada de naves y de todo tipo de exotismos y mer-

cancías traídas de *além-mar,* de las Indias, pero también de Oriente y sus dos océanos. Y en Lisboa o en Tomar ha logrado Cervantes
hacer efectiva su familiaridad con el mundo musulmán. Por una
u otra vía consigue que Felipe II le asigne una misión inconcreta
y quizá a medio camino entre la diplomacia y el espionaje: ha sido
él mismo quien ha testificado apenas hace unos meses, todavía en
Argel, que pidió al gobernador de Orán y a otros señores cristianos
que mandasen espías para liberarlos. Y a Orán y a Mostaganem,
muy cerca, viaja enseguida como quien «va a ciertas cosas de nuestro servicio», entre finales de mayo y junio de 1581. Le abonan los
primeros cincuenta ducados para los gastos y a la vuelta ha de
esperar los cincuenta ducados restantes, que proceden de la venta de «las mulas que sirvieron en la artillería de nuestro ejército»,
y cobra Cervantes cuando ha desembarcado ya en Cartagena. Habrá durado todo apenas un suspiro porque recibe la segunda mitad de la paga de manos de Juan Delgado, al que ha tenido que
corregir Cervantes sobre la marcha mientras hacía su apunte contable, justo cuando escribía «vecino de Cartagena, digo estante en
Cartagena», que es lo que acaba de puntualizar Cervantes a 26 de
junio, y a punto de volver a Tomar, donde sigue la corte ese año
todavía y es posible que también Cervantes hasta fin de año, buscando salidas que no llegarán como quisiera, pero no inactivo ni
ajeno a los amigos que escriben y que leen.

Cervantes está pendiente ya de vuelta en Madrid, desde finales
de 1581 o a principios de 1582, del resultado de la visita que hizo
a un miembro del Consejo de Indias, Antonio de Eraso, y de la
resolución de su solicitud para ocupar un oficio a punto de con-
vocarse. A la altura de febrero, sin embargo, las noticias son de-
cepcionantes aunque no del todo negativas. Ya sabe que el rey ha
decidido aplazar la dotación de la vacante que él pedía pero le
queda aún el remedio de esperar la nave de noticias «o carabela
de aviso» que suele traer las novedades de la administración de
las Indias. Se lo cuenta él mismo a Antonio de Eraso por carta
porque quizá podría intentar lo mismo que ha hecho un amigo,
Juan de Mestanza de Ribera, que ese mismo año es fiscal de la
Audiencia de Guatemala y, como su tío Andrés desde hace veinte
años en Cabra, será enseguida alcalde allí.

De la carabela Cervantes espera «alguna vacante» nueva porque «todas las que acá había —le cuenta a Eraso— están ya proveídas», como acaba de saber a través de un secretario del Consejo, Balmaseda, que «con muchas veras sé que ha deseado saber algo que yo pudiese pedir» sin que de momento las cosas avancen demasiado. De ahí que se haya decidido a escribir directamente a Eraso para que ponga el interés posible en su caso y también para que «entienda que no soy yo desagradecido», dice Cervantes de sí mismo, adelantando alguna forma de compensación por los desvelos del consejero de Indias. Cervantes apenas puede poner de su parte una futura dedicatoria de alguna obra en marcha, la pura buena voluntad y una firma al pie rubricada con trazo amplio y floritura muy ensayada, casi fastuosa, y sin su segundo apellido. Y aunque no será Eraso el destinatario de la obra que tiene entre manos, enseguida Cervantes retoma el hilo y le recuerda lo que ya sabe Eraso, porque se lo dijo personalmente días atrás, y es que todavía «me entretengo —dice Cervantes— en criar *A Galatea*, que es el libro que dije a Vm. estaba componiendo». En cuanto esté ya «algo crecida irá a besar a Vm. las manos y a recibir la corrección y enmienda que yo no le habré sabido dar», donde seguramente ofrece de forma tácita la dedicatoria de la obra antes que la esperanza real de que eche un vistazo al manuscrito.

La reanudación de su vida en libertad ha sido la reanudación de la lectura y la escritura, y también la búsqueda de hilo y aguja para volver a suturar la vida del presente con la vida del pasado, aunque no haya habido ruptura entre el que fue y el que ha vuelto. Por eso algunos de los poemas que reparte por *La Galatea* en marcha suenan tan inconfundiblemente iguales a los poemas que escribió para Antonio Veneziani en 1579, y a la vez por eso resuenan otras lecturas que está haciendo para ponerse al día en Madrid. O que hizo ya en Nápoles, sin que sepamos si las tiene consigo en casa, si ha recuperado el uso de la imponente biblioteca del maestro Juan López de Hoyos, que todavía vive, si compró los libros o si vive de préstamos y manuscritos que circulan de mano en mano.

Lo que no va a quitarle al posible borrador de diez años atrás es lo que tenía entonces de novela de la actualidad de 1568-1569, con personajes disimulados como Francisco de Figueroa o como Pedro Laínez y seguramente alguno más, como Pedro Liñán de Riaza, ni va a rebajar lo que tiene de miscelánea de prosa descriptiva y narrativa, microensayos dialogados y muchos más versos de lo que es habitual. Le ha gustado demasiado desde siempre escribirlos como para dejarlos fuera, y por eso incluye en su libro el doble de versos que cualquier otra novela heredera de la *Diana* de Montemayor. La ruptura íntima más poderosa de Cervantes no llega con la experiencia vital del soldado y el cautivo, sino con la memoria vivida de la experiencia del soldado, el cautivo y la exclusión del tafetán dorado de la corte, cuando dentro de unos años, más allá de los cuarenta, patee caminos y encadene a caballo una venta con otra venta, una ruta con otra por Andalucía, y todavía de camino hacia su propia literatura.

AMIGOS ACTIVOS

A la vuelta de Orán sabe sin duda que Pedro Laínez se casó en Madrid con Juana Gaitán en junio de 1581, y que a pesar de todo las cosas no van del todo mal. Es verdad que Laínez lleva más tiempo que él en Madrid, porque volvió con Juan de Austria en 1576, pero es verdad también que no le dieron la vacante de «despensero mayor» que había pedido. Poco después, Cervantes ha de conocer a la joven Juana de 20 años y de origen mozárabe, que se ha casado con un hombre que casi le triplica la edad y que además ha renunciado a la sustanciosa pensión que años atrás le asignó Felipe II por sus servicios al fallecido infante Carlos. A cambio, sin embargo, su nombre aparece una y otra vez como miembro estable de la corte para la aprobación de libros, que es una especie de informe de censura que debían llevar todos los impresos desde hacía veinte años. Miente Laínez cuando asegura en este junio de 1581 que ha aprobado «libre de pasión» el libro de un buen amigo que leyeron todos con interés casi morboso, *El pastor de Fílida*. Lo ha escrito Luis Gálvez de Montalvo, que es noble de familia, y esa historia no se borró nunca de la cabeza de Cervantes porque está entre las más estruendosamente celebradas en su obra posterior, cuando la trata de «joya preciosa» y mientras él mismo activa su propio relato de aventuras sentimentales y cortesanas en *La Galatea.*

El pasado no se agota tampoco aquí y para entonces, entre 1581 y 1582, siguen los reencuentros con excautivos y amigos, como el que sin duda ha vivido con Sosa, rescatado a finales de julio de 1581 por una cantidad desaforada (casi tres mil escudos de oro, con cuatrocientos que ha puesto su hermana). Como les pasa a todos, también Sosa debe «casi mil quinientos escudos a mercaderes, cuyos intereses van corriendo cada día», como explica con aprensión. Por eso pide a la Cámara de Castilla desde Madrid al menos «una saca de cueros» hasta número de ocho mil y si puede ser «en pelo», aunque también él tendrá que renegociar ese permiso. Aunque pronto a Sosa ya todo va a darle un poco igual: cesa como vicario general en Agrigento al año siguiente y poco después muere, tras haber dejado al cuidado de algunos amigos los papeles dispersos y a medio organizar de la *Topografía de Argel.* A Leonor de Cortinas, por cierto, también le ha tocado una vez más renegociar su permiso para comerciar con Argel, ahora gracias al mercader valenciano Juan Fortuny, en agosto de 1582, mientras despide una hora antes o después a su hijo Rodrigo, enrolado en la compañía de Lope de Figueroa para conquistar las islas Azores y frenar la piratería de Drake contra las naves que llegan de las Indias, todo bajo el mando del marqués de Santa Cruz, Álvaro de Bazán.

A veces el pasado asoma tan bruscamente que parece pura alucinación. Al menos dos libros más de entonces tocan muy cerca a Cervantes, mientras él retoma los hilos de *La Galatea,* encadena episodios de *Los tratos de Argel* y empieza a imaginar otras dos obras de temple más alto, trágico y heroico, pero tan patrióticas como lo son las otras dos, *La Numancia* y *La conquista de Jerusalén por Godofre de Bullón.* Quien ya ha terminado su manuscrito es el vanidoso y fanfarrón Juan Rufo porque, a la altura de marzo de 1582, Pedro Laínez da su aprobación entusiasta a la biografía militar de Juan de Austria en la represión de Granada y en Lepanto. Según Rufo, escribe *La Austríada* por encargo del mismo Juan de Austria, pero no ha encontrado todavía el dinero para editarlo, pese a que lo pide aquí y allí, incluido el cabildo de Córdoba del que es regidor e incluido también Felipe II un poco más tarde. A Rufo se le ha ocurrido que «de los bienes del señor don Juan, o por otra vía cualquiera, le mande hacer ayuda de costa para la impresión». Todos saben que estuvo en la *Galera Real* con Juan de Austria en Lepanto y ahora le harán compañía en el libro un nutrido grupo de cómplices de aventura y literatura, y, por supuesto, también Cervantes. Cuando por fin se edite al año siguiente *La Austríada,* irán con ella los poemas de los amigos junto a las mismas cartas en que pedía el auxilio económico a Felipe II: figuran ahí un rico de casa como Luis de Vargas Manrique, un aragonés tan recomendable como Lupercio Leonardo de Argensola, un muchacho tan joven como Góngora (Rufo le dobla la edad pero los dos son de Córdoba, y el padre del joven es racionero de la catedral), y desde luego también está ahí Cervantes, dispuesto a exaltar la «venturosa, levantada pluma» de Rufo, atrevido hasta ocuparse de «la empresa más alta» que «el mundo pudo dar», y ni siquiera Tito Livio alcanza a Rufo en versos donde «nadie llegará donde llegaste». Cierto que el alto tema o la emoción misma embargan a Cervantes y el verso se le enquista y ahueca; llega incluso a retomar el juego de palabras que ha utilizado no sé cuántas veces ya entre el celo y el cielo, y entre esas veces están los versos de 1579 a Antonio Veneziani y su Celia terrenal.

Pero hay amigos especiales, además de prolíficos, y algunos lo son tanto como un autor de grandes respetos y notable éxito, Pedro de Padilla, que va ya por su tercer libro de poemas extenso en apenas un par de años, y eso, por entonces, es una rareza casi extravagante. No ha dudado Cervantes en escribir su soneto elogioso para este *Romancero* de 1583 en que «se contienen algunos sucesos que en la jornada de Flandes los españoles hicieron», justo en el momento en que Padilla ha decidido cambiar de vida y hacerse fraile carmelita. Posiblemente el mismo día en que entra en religión, el 6 de agosto, celebra Cervantes felicísimo el paso que acaba de dar su amigo con las redondillas que dedica a quien «ha muchos años que ha hecho / con sano y cristiano pecho / cristiano matalotaje» (o aprovisionamiento), convencido de que en su nueva vida Padilla arderá «en amor divino, / donde nuestro bien se fragua».

Está tan orgulloso de la decisión de Padilla que acepta escribir otro poema más para los preliminares del libro que canta esa nueva experiencia vital como fraile carmelita, *Jardín espiritual.* Y hasta un tercer poema de Cervantes llega a ese libro porque ha aceptado la propuesta de Padilla de colocar al final del tomo un apartado expresamente dedicado a san Francisco de Asís, que sospecho devoción compartida y particularmente cervantina. Lo abre un poema del autor, le sigue el de Cervantes y de nuevo van amigos y cómplices, y entre ellos el compañero de fatigas de Cervantes, Gabriel López Maldonado, como van también y como era de esperar poemas de Pedro Laínez y del joven más prometedor y brillante que corre por ahí ahora, que es Lope de Vega, y que asoma aquí y allí en las proximidades de este grupo en estos años.

Quizá tampoco es enteramente casual que en el inventario de bienes que hallaremos en casa de Cervantes dentro de un par de años haya una tabla con la imagen de san Francisco, que es precisamente lo que describe Cervantes en su soneto mientras elogia el ingenio del pintor «cuando pinta al desnudo una figura / donde la traza, el arte y compostura / ningún velo la cubra artificioso», como si estuviese repitiendo de otro modo la misma consigna de transparencia y claridad que hemos oído ya en otros versos suyos, casi remotos, escritos en Argel. Para entonces, cuando Laínez y Rufo han visto ya frustrados sus destinos americanos, también ha ido olvidándose Cervantes de la carabela de avisos. Están todos muy cerca del momento que nadie espera pero será decisivo para este grupo de amigos durante el verano.

Cerca del señor Ascanio

Cervantes no solo lee y escribe para los demás porque escribe y lee también para sí mismo, mientras retoma los papeles que dejó en barbecho, a media marcha, cuando era un joven de veinte años y hubo de vivir lo que vive el noble protagonista de la novela corta que está escribiendo para *La Galatea.* También él hubo de partir hacia Italia y seguir «ausente de la amada patria por ciertas questiones que allá le sucedieron, que le forzaron a venir a esta ciudad» (es lo que le sucede a su personaje, Timbrio). Precisamente hasta que ciertas cuestiones que le sucedieron le forzaron a salir de España hacia Italia en 1569, Cervantes había sido un joven con estudios que asiste, escucha y quizá comparte versos y amores de poetas y cortesanos algo mayores que él, como Figueroa y Laínez, o de su misma edad, como Gabriel López Maldonado, o más jóvenes como Luis Gálvez, o Luis de Vargas. Y todo eso empezó a recrearlo en un libro que no sabe bien lo que será tampoco ahora pero se parecerá mucho a la *Diana* de Montemayor, que sigue siendo el éxito absoluto de los últimos veinte años, innumerables veces reeditada desde 1559. Ese es el formato óptimo para encajar la multitud de versos y prosas, de relatos y meditaciones que ha ido imaginando y quizá escribiendo en todos estos años de ausencia y aventura.

Sin embargo, hay también algunas novedades imprevistas que parecen muy próximas a este Cervantes que tiene amigos en la corte o en la periferia de la corte. Varios de ellos han empezado a tratar con sorprendente familiaridad a un joven italiano que estudia en España desde casi su infancia, conoce bien el español y compone alguna vez directamente en esa lengua poemas de galanteo y juego cortesano. Es hijo de la muy noble familia de los Colonna y llega a España en 1576 con su hermano Fabrizio y su importante y respetado padre, Marco Antonio Colonna: fue el jefe militar de las tropas del Papa en la Santa Liga para luchar en Lepanto y acaba de ser nombrado virrey de Sicilia (de hecho, Pío V es primo de Marco Antonio Colonna). Su hijo Ascanio ha estudiado en Alcalá dos años y otros cinco en Salamanca, hasta 1583, dedicado a su formación eclesiástica hasta doctorarse en Teología y los dos derechos, Civil y Canónico. Hubo de coincidir allí con otro alumno entonces, Luis de Góngora, y con fray Luis de León y Francisco de las Brozas, *el Brocense*, como excepcionales profesores. Uno de los compinches de Góngora ha terminado además, casi como servicio público y de propaganda política, una de las tres traducciones que hay en marcha en este momento de *Os Lusíadas*, de Camoẽns: se llama Luis Gómez de Tapia, y Góngora ha estampado su elogioso soneto a una traducción que va dedicada precisamente a Ascanio Colonna.

Desde principios de 1584, a sus 23 años, Ascanio Colonna se instala de nuevo en Alcalá con una activa vida social y eclesiástica, como transparenta un extenso espistolario que ha permitido a Patricia Marín Cepeda asegurar que allí fraguó una amistad duradera con los dos hijos de la defenestrada princesa de Eboli, Rodrigo de Silva, que es duque de Pastrana, y Diego de Silva, que enseguida será conde de Salinas. Si Alba encarna entonces la visión militar y represiva de los conflictos internacionales, avalada por las múltiples masacres propias y de alguno de sus hijos, hasta 1579 la oposición a esa política en el entorno de Felipe II estuvo definida por la influencia sobre el rey de la princesa de Eboli y de Antonio Pérez. Pero solo hasta que el propio Felipe siguió el criterio de Mateo Vázquez y dejó de confiar en ellos o empezó a desconfiar firmemente y ordenó detener por insubordinación tanto a la misma princesa de Eboli como a su aliado y amante, Antonio Pérez, el 28 de agosto de 1579 a las 12 y a las 11 de la noche, respectivamente, y en sus respectivas casas.

Sin embargo, varios de los secretarios y escribientes que estuvieron ligados a la de Eboli y a Antonio Pérez en los buenos tiempos se han recolocado tras la debacle de 1579 y trabajan ahora para la familia Colonna, próxima también a otro de los enemigos de Alba, el duque de Medinaceli. Incluso el delator y enemigo declarado de ese grupo desde entonces, Mateo Vázquez, ha buscado en este mismo 1583 la simpatía y la cordialidad del joven e inminente cardenal Ascanio Colonna. Desde junio de 1583 firma sus cartas a Colonna sumando su alto apellido al suyo propio, y ahora se llama Mateo Vázquez de Lecca y Colonna porque, según él, ha demostrado en un complejísimo y fantasioso árbol genealógico su parentesco con la casa Colonna.

La estrella de Ascanio Colonna es sin duda ascendente en la etapa que vive en Alcalá, entre 1584 y diciembre de 1586. Es un evidente foco de atracción para cortesanos o aspirantes a cortesanos en busca de servir a un señor culto y joven como lo es Ascanio Colonna, emparentado con lo mejor de la Italia de su tiempo y también de la histórica (porque estos Colonna son los mismos que protegieron a Petrarca y hasta su tía abuela Vittoria Colonna es la misma que recibía en casa a Miguel Ángel para hablar de pintura y arte mientras el portugués Francisco de Holanda tomaba nota afanosamente, o eso finge hacer en sus *Diálogos de Roma*).

Nada en esa alta carrera disparada hacia el cardenalato excluye a la poesía ni al amor ni a las mujeres, y en ese terreno el auxilio de los poetas a los agobios amorosos es irremplazable. Quien cumple estupendamente esas funciones con Ascanio es Luis Gálvez de Montalvo desde el verano de 1583. Acaba de hacerse su secretario y le manda una y otra vez pruebas de poemas para las múltiples amantes sucesivas y simultáneas del eclesiástico y teólogo con el fin de que las remate (las pruebas de poemas, evidentemente) o las acabe de pulir, a veces cambiando el nombre de la amada el propio Ascanio Colonna. Y con él bromea Gálvez con tono de camaradería y chismes sobre otros amigos, Juan Bautista de Vivar o Pedro de Padilla —para hablar mal de él—, además de chivarse de las manías del obispo de Valladolid, que reprueba a «los maridos que dan licencia a sus mujeres para cuatro horas de comedia y para sola una de misa», cuando según él debería ser al revés. Para esos casos Ascanio firma, como es lógico, con su nombre pastoril, Arcano, porque en este juego de cartas, poemas, amantes y servicios cortesanos Luis Gálvez de Montalvo es Siralvo, Luis de Vargas escoge como sobrenombre bucólico Lisardo, Pedro Fernández de Navarrete se bautiza como Menandro mientras Lenio transparenta a Pedro Liñán de Riaza y Juan Bautista de Vivar, el menos noble y quizá el más amigo de Ascanio Colonna, se pone el de Bireno. Y al menos desde este mismo 1584, hasta el hermano del conde de Alba de Liste, Antonio de Toledo —aquel que llevó desde Argel hasta las manos de Mateo Vázquez la Epístola de Cervantes—, se acerca a Colonna, cuando ingresa fugazmente en el convento de San Bernardo y se le ofrece entonces como capellán, sin éxito.

Pero ni la fantasía de los nombres ni la proximidad al doctor en los dos derechos resuelven de veras los problemas de casi ninguno de ellos y, desde luego, no resuelve tampoco los de Cervantes. Tiene todo el aire de llamarse Lauso en esa familia cortesana, mientras su afán mayor es ahora, al menos en lo literario, acabar el libro en marcha sobre pastores y caballeros que tiene adelantadísimo. Cervantes está dejando el libro salpicado de la presencia de Colonna en su vida. Me parece poco casual que entre las peripecias que inventa para la aventura amorosa y viajera que atraviesa la novela, a Timbrio lo sitúe precisamente en el puerto de Gaeta, en el reino de Nápoles. Fue ahí donde se reunió la flota del Papa para la batalla de Lepanto, y el mando de esa tropa era de Marco Antonio Colonna, aunque todo lo demás sea invención, o relativa invención. Porque ese buen tiempo que lleva la nave de regreso a España tiene aire de crónica íntima, «sosegado el mar, quietos los vientos, las velas pegadas a los árboles y los marineros sin cuidado alguno, por diferentes partes del navío tendidos, y el timonero casi dormido por la bonanza que había», tan propicia a los versos y el ensueño literario del poeta que también es Timbrio porque allí, «sentado en el castillo de popa», empezó a cantar con el laúd.

Si no fuera por el laúd, improbable en un hombre con la mano izquierda averiada, la pacífica estampa marina parece contener en sí el testimonio limpio de tantas horas de navegación en calma como tantas otras borrascosas habrá vivido Cervantes. Pero ha vivido lo contrario también y decide armarle lo que todos sospechamos que sucederá de un momento a otro, el asalto de varias galeras corsarias que ni quitan ni ponen en el avance de la intriga pero proyectan en el relato la vivencia del terror al asedio turco. Las naves las comanda en el relato el mismo que lo atrapó a él, Arnaut Mamí, y sin que el cuento tenga que reflejar lo que sucedió en la pérdida de la galera *Sol* en 1575, el cuento se beneficia de lo que sucedió a Cervantes en la captura de la galera *Sol* por los corsarios, con tormenta, desbaratamiento de naves, combate, derrota y apresamiento final. Pero todo empieza por donde empieza todo casi siempre, por el miedo, ese miedo que asalta a Timbrio cuando evoca un episodio que «desmaya la imaginación cuando de él se acuerda la memoria», como se está acordando la memoria de Cervantes mientras escribe el relato.

Gran parte de las aventuras de las novelas breves que Cervantes escribe ahora, y va a seguir escribiendo hasta su vejez, se parecen a esta. Tienen su misma vocación de aventura minuciosamente narrada, cautivadora y en el límite de lo verosímil porque lo verosímil lo mide la consistencia material de las causas y los efectos, además de la lealtad convencional a una tradición de aventura donde los reencuentros existen, las casualidades se producen, lo inaudito tiene sentido lógico y los ensueños se cumplen, aunque parezca poco realista o incluso fantástico. Cervantes ha leído ya en estos primeros años ochenta ese deslumbrante descubrimiento que fue el hallazgo cuarenta años atrás del manuscrito griego (y su rápida traducción al español desde 1554) de la *Historia etiópica* de Heliodoro. La lección de este remoto obispo del siglo III, trufada de casos y relatos semejantes, de aventuras de héroes castos y peregrinos hacia Roma, ha sido profunda e indeleble, y es el más alto modelo de las letras actuales. O dicho como lo dice Lope de Vega, es «poesía en prosa» que pide paciencia porque «no se da a entender, / con el artificio griego, / hasta el quinto libro» y desde entonces ya «todo se deja entender» como historia amorosa para «divertir el pensamiento» de las preocupaciones de amor, dice en *La Dorotea,* aunque «enciende más que entretiene».

Cervantes dota a esa aventura fantasiosa y a ratos delirante del realismo dramático que pide la emoción sostenida, como la tendrán tantas otras que ha de escribir en torno a caballeros y damas de lealtades incombustibles, resistencia milagrosa a la adversidad, peregrinos infatigables en fastuosos viajes rocambolescos que los llevan de algo parecido a Islandia o Groenlandia hasta Lisboa, y de Lisboa hasta Roma, como habrá de suceder en la novela en que invierte Cervantes las últimas energías al final de su vida, *Los trabajos de Persiles y Sigismunda.*

El celofán del cortesano

Es literatura de aventuras y de héroes y es literatura que gusta a los nuevos, a la vanguardia europea, pero desde luego está fuera de las órbitas recomendables para la buena formación y mejor sociedad. La lista de moralistas que deploran el gusto de tantos por los libros de aventuras caballerescas o sentimentales es interminable, como interminable es la lista de vituperios contra la poesía amorosa, clásica, reciente, italiana, castellana o intermedia, da igual, porque no es educativa sino mero entretenimiento, no enseña buenos ejemplos sino malos y es, además, terriblemente tentadora, como saben todos los frailes y curas que la denuncian y recusan.

Pero en literatura ni todo vale ahora ni todo valía entonces y los escrúpulos de Cervantes van por otro sitio: van contra la insensatez y contra lo pura y racionalmente imposible, en posición de alarma muy vigilante mientras encadena causas precisas para los avatares de sus personajes. También así sobrelleva el disfraz pastoril que sabe él mismo forzado y artificioso y cuyas costuras procura tensar aquí y allá hasta a veces reventarlas por vía de burla irónica y autoparódica de un bucolismo que resulta tan poco creíble —entre caramillos, zampoñas y arpas—. Una y otra vez saca la cabeza Cervantes en *La Galatea* para avisar de que también él reconoce la quebradiza consistencia de tanto aparato bucólico.

Pero es una lealtad escogida como modelo superior, más culto y parte de la nueva literatura. Cervantes recuerda desde el prólogo el reproche que muchos le hicieron a Virgilio por haber levantado el estilo en unas *Bucólicas* más que en otras, pero está fuera de lugar y además lo blinda a él mismo porque ha hecho algo parecido. Virgilio le quita el miedo a «haber mezclado razones de filosofía entre algunas amorosas de pastores» porque, aunque sea verdad que en la vida real los pastores «pocas veces se levantan a más que a tratar cosas del campo, y esto con su acostumbrada llaneza», su libro es literatura y no crónica agropecuaria. Por eso advierte «en el discurso de la obra alguna vez» (pero en realidad lo hace muchísimas veces) que muchos «de los disfrazados pastores de ella lo eran solo en el hábito» que la moda pastoril les ha echado encima, con gusto de Cervantes pero también con el escrúpulo de clarificar la inverosimilitud del método: es una convención literaria. Fuera de eso, lo que pueda fallar «en la invención y en la disposición» nacerá solo del juicio de buena fe del lector y de la buena «voluntad del autor, que fue agradar, haciendo en esto lo que pudo y alcanzó».

Pero la buena voluntad no sirve de nada para remediar la indiferencia pasiva y hasta hostil de unos tiempos en que «en general, la poesía anda tan desfavorecida». Apenas nadie respeta esta «ocupación de escribir églogas», sobre todo aquellos que viven tan dentro de sí mismos y su «inclinación particular» que desestiman todo lo ajeno a ella y lo tienen «por trabajo y tiempo perdido». Es lo contrario de lo que sucedía antiguamente, o «en el pasado tiempo», cuando «los estudios de esta facultad» merecían el respeto de todos o, como mínimo, el respeto de los pocos. Cervantes se viste de severo e ingenuo defensor de las sutilezas de la literatura pastoril contra la turba indiferente, y es también el desdeñoso y señorial autor —sin ironía, sin humor, sin risueño escepticismo, con la inocencia a flor de piel— que enumera «los más que medianos provechos» que trae su cultivo. Y el primero es el enriquecimiento de su propia lengua al «enseñorearse del artificio de la elocuencia» para que después pueda emprender «empresas más altas y de mayor importancia». Su ejemplo podrá liberar a los demás y abrir «camino para que a su imitación los ánimos estrechos» entiendan «que tienen campo abierto, fértil y espacioso» por el que «con facilidad y dulzura, con gravedad y elocuencia», puedan «correr con libertad, descubriendo la diversidad de conceptos agudos, graves, sutiles y levantados que en la fertilidad de los ingenios españoles la favorable influencia del cielo con tal ventaja en diversas partes ha producido, y cada hora produce en la edad dichosa nuestra». Resuenan las razones de fray Luis de León (como le resuenan a José Montero Reguera), cuando por entonces explicaba su deseo de «mostrar que nuestra lengua recibe bien todo lo que se le encomienda, y que no es dura ni pobre, como algunos dicen, sino de cera y abundante para los que la saben tratar».

El Cervantes que planea hacia nuestro tiempo no es ese, sin embargo, sino el que enlaza en este prólogo varias meditaciones perplejas y unos cuantos tópicos. Pero está él, está quien tiene las escribanías y cajones atiborrados de manuscritos y borradores y a la vez el corazón compungido de dudas y reservas bienhumoradas, sin saber qué pueda ser peor, si precipitarse a la aventura de publicar demasiado rápido, o al revés. Y si al final y sin «razón para ser confiado, he dado muestras de atrevido en la publicación de este libro», no es porque esté seguro de nada —«tan diferentes las humanas dificultades, y tan varios los fines y las acciones»—, sino porque entre el «deseo de gloria» que tira de unos para «comunicar el talento que del cielo» han recibido y el «temor de infamia» de otros, ha escogido vencer lo segundo. Ha preferido el riesgo de someter lo escrito al «juicio del vulgo, peligroso y casi siempre engañado», como dirá hasta el final de su vida. Pero a quien desdeña burlonamente de veras Cervantes es al obsesivo que, «de puro escrupuloso, perezoso y tardío», no acierta jamás a acabar de «contentarse de lo que hace» y tiene «solo por acertado lo que no alcanza», protegiendo de las miradas de los demás lo que escribe.

Esas son palabras de quien ya se ha decidido hace tiempo a ofrecer «el fruto de su ingenio y de su estudio a los que esperan y desean ayudas y ejemplos semejantes para pasar adelante en sus ejercicios». Para evitar la temeridad, «no he publicado antes de ahora este libro», pero para evitar la cobardía ya no quiso «tenerle para mí más tiempo guardado», porque en el justo medio está el bien, aunque también porque «para más que para mi gusto solo» lo ha compuesto. No ha habido precipitación alguna porque el autor «apenas ha salido de los límites de la juventud» —no más de 37 años—, pero la «inclinación a la poesía» la ha sentido siempre. Desde antiguo, los libros de pastores le han gustado a él y a todos: su heterogeneidad innata combina pensamiento, narración y poesía, y es parte de la identidad del género a la moda italiana que abrió Sannazaro a principios de siglo, y a la española remoduló Jorge de Montemayor a mediados de siglo.

Esa literatura bucólica y elegante, reflexiva y morosa se adapta a las mil maravillas a la dispersión innata de Cervantes como persona y escritor, la que mejor acoge la tentación de la digresión, el juego de exhibir a otros y exhibirse a sí mismo disfrazado y a veces sin disfraz, como sucede en *La Galatea* y en parte del teatro que escribe en estas mismas fechas. Sus pastores meditan y debaten en coloquios y ensayos en pequeño, mientras recitan églogas y cantos entre varios de ellos, además de encajar una considerable variedad de sonetos, canciones, coplas, octavas y otros metros ajustados a cada personaje y a cada momento. No pierde el hilo aunque sí pierda de vista a este o aquel nombre, o confunda este o aquel detalle de sus intrincadas historias sentimentales. Pero siempre son «mancebos todos, y todos enamorados, aunque de diferentes pasiones oprimidos», es decir, con diferentes angustias y dolencias amorosas. Y «todos amigos y de una misma aldea, y la pasión del uno el otro no la ignoraba», sino que todos se reúnen para contárselas exhibiendo sus habilidades como amantes y como poetas. Porque es entre sus aldeas y cabañas por donde peregrinan sin cesar pese a que la más extensa y hermosa descripción de esas riberas del Tajo que tanto elogia no la redacta Cervantes con el Tajo a la vista sino con la vista puesta en un texto ajeno que le gusta tanto que decide copiarlo en el suyo. Lo ha encontrado en un repertorio de cartas entre caballeros cultos y *nobilissimi homi, et eccellentissimi ingegni,* editado en Venecia en 1559 o 1567. Y aunque lo que el caballero italiano retrata es el lago de Garda, Cervantes traduce con cuidado y pone la página en su sitio para retratar al Tajo.

Va en ese libro, pues, la experiencia de soldado y de preso, la experiencia vivida y retales de realidad diferida en la ficción. Con la misma veracidad meditada reproduce en *La Galatea* el drama de los compromisos incumplidos de hombres que abusan de su posición de poder y abandonan a la desventura a demasiadas mujeres, aparece la literatura como preocupación central y aparece la maltrecha autoestima de las letras españolas como reivindicación de un escritor que ha defendido a la cristiandad con las armas y lo hace ahora con las letras. Están los temas de un escritor con fervor de patria y conciencia de autoría, en ese primer libro acabado a considerable velocidad entre 1581 y 1583. Y una y otra vez el protagonismo recae sobre dos escritores que por pura convención son también pastores, Tirsi y Damón. Ambos encarnan desnudamente a dos cortesanos de «celebrados escritos» y «famosos y conocidos en todas las riberas del Tajo»: Figueroa y Laínez.

Entre la pastoril caterva todos les reconocen como ilustres autoridades, y hasta alguno de ellos confiesa con ironía cervantina que «no puedo dejar de admirarme» de ver que entre ovejas «se pueden aprender las ciencias que apenas saben disputarse en las nombradas universidades». Y sin duda, será así, porque lo que Tirsi (o Figueroa) tiene que decir calca a la letra ideas y extensos pasajes que Cervantes ha tomado de los diálogos de León Hebreo y sobre todo de Mario Equicola, en la edición de 1554 de su *Libro de natura de amore.* Ante ambos pronuncian los demás pastores discursos y versos, y ellos dirimen pleitos y justas poéticas o interceden en las trifulcas de los otros pastores, como si estuviésemos asistiendo en realidad a los encuentros y charlas ordinarias de las academias y tertulias de amigos y escritores, en salones de casas señoriales o en las tabernas frecuentadas por actrices y autores, como la que tiene cerca de casa Cervantes y a la que acude con tanta regularidad que allí queda atrapado un pedazo de su vida. O como las que ese jovencísimo muchacho que es ahora Quevedo ha vivido y recuerda más tarde, mientras redacta una versión primeriza del *Buscón* y sitúa de memoria y sin pensárselo mucho, a bulto, en la calle y en los corrillos, o quizá trasteando en alguna de las treinta librerías que tiene Madrid entonces, a los poetas de auténtico renombre en estos años como Vicente Espinel o Alonso de Ercilla, como Liñán de Riaza o Pedro de Padilla, como Francisco de Figueroa o Pedro Laínez.

Su libro va trufado de bromas y alusiones, ironías y guiños particulares invisibles hoy para nosotros, pero que no lo rebajan a chismografía refinada. No es un romance cualquiera repentizado en la venta, la fonda o la academia de amigos ni es solo comidilla entre cortesanos; es libro de prosas y versos que encaja en el centro de las expectativas de la corte culta y la alta moda literaria, con protagonistas que son reconocidísimos poetas de su tiempo. Al menos tres poemas que pone en boca de Tirsi son de Francisco de Figueroa, aunque fuesen inéditos cuando Cervantes los menciona. Otro guiño más que permitía a todos identificar quién y de quién hablan los enigmáticos seudónimos pastoriles, aunque ya a Laínez se le escapó la posibilidad de disfrutar del eco literario de su magisterio. Cuando Cervantes está terminando, Figueroa hace mucho que ha dejado de escribir poesía y vive retirado en Alcalá, y Pedro Laínez está a punto de morir, o muere, mejor dicho, mientras concluyen los lentísimos trámites de edición de *La Galatea*.

TERROR Y TEATRO

A Cervantes tampoco se le borró de la memoria lo que había escrito en 1577 a Mateo Vázquez. Buena parte de los versos los tiene tan presentes que los recupera para ponerlos en boca de un personaje de ficción, o casi de ficción, en *Los tratos de Argel* mientras derrama las mismas lágrimas que derramaba Cervantes al llegar cautivo a Argel y con las mismas palabras. Se llama Saavedra, «soldado cautivo», y Saavedra será el sobrenombre del héroe de otra comedia, *El gallardo español,* como el capitán cautivo del relato de Cervantes se acuerda también de «un tal de Saavedra» que tanto hizo «por alcanzar libertad» pero «jamás le dio palo, ni se lo mandó dar, ni le dijo mala palabra» su amo Hasán Bajá.

Precisamente porque el pasado no se borra, la urgencia total y primera para el Cervantes salvado en el último minuto de volar a Constantinopla a remo es salvar a quienes allá quedan, defender las razones de piedad cristiana y emergencia humanitaria que los asisten. Pero también ofrecer la información y los argumentos que impidan que los turcos naveguen «a la ligera, / listos, vivos como el fuego», y en cualquier momento dispuestos a todo, sin los prejuicios estamentales y religiosos que inhabilitan a los cristianos y que tan bien conocen y aprovechan los moros. El aprecio de la honra lo tienen los cristianos «en tal extremo / que asir en un trance el remo / le parece que es deshonra», se lee en *Los tratos,* y así los moros ruegan al cielo con toda la razón que dure indefinidamente «esa honra y ese engaño» y que «nunca salga de su pecho, / pues nuestro provecho / nace de su propio daño».

Conviene que todos sepan en esta España que batalla por conquistar Portugal, qué sucede y qué se sufre en Argel y conviene que se sepa cuanto antes porque «yo he venido a referiros / lo que no pudisteis ver», como dice uno de los personajes, inmediatamente antes de haber atrapado en una escena de costumbres lo que otros muchos «dicen, y yo he visto». Porque a Cervantes le persiguen durante años y años —hasta el final de su vida— las escenas una y mil veces vistas del tráfico de esclavos a cargo de pregoneros que ofrecen a sus «perritos», a sus «perrazos» o a la «vieja y su embarazo», mientras los padres y madres cautivos oyen a sus hijos clamar por seguir «con vos aquí / madre, que voy no sé dónde», y otra vez oyendo «¿dónde me llevan sin vos, padre mío y madre mía?» a niños que serán carne de cama y de renegado. A esos «tiernos años» esta «inicua gente» y «fabricadora de engaños» fomenta el olvido inmediato de todo, «de Dios, de mí, de ti», sobre todo en el muchachito «más bello y más lozano» cuando un amo confiese, al primer golpe de vista, que «enamorado me ha / el donaire del garzón». Y aunque el padre despida al niño con la angustia de pedirle lo imposible y que no, que «no las amenazas, / no los gustos y regalos, / no los azotes y los palos, / no los conciertos y trazas, / no todo cuanto tesoro / cubre el suelo» mueva al niño nunca a «dejar a Cristo / por seguir al pueblo moro». Hasta que llega la amenaza que descompone al público ante el que se representa la obra, porque imaginan de inmediato qué quiere decir el personaje cuando habla del «mancebo cristiano al torpe vicio / dedicado de esta gente perra».

Estremecido ha quedado el gentío ante la escena, pero sin respiro asiste a otra igual de dramática. Empieza otra historia también basada en hechos reales, y también desgarradora, en torno a un sacerdote cautivo mil veces abofeteado por el perro moro, con las manos «de dos sogas retorcidas / con que atrás se las asieron» —como a Cervantes cuando le sacaron de la cueva—, mientras con el cordel puesto al cuello seis moros se entretienen probando «cuánto pueden tirar de él» —como a Cervantes cuando lo conducen ante Hasán—, hasta ponerlo ante una corona de leña y encenderla acercándolo solo «para que se ase y no se abrase», mientras el aire arde y «vase arrugando el vestido / con el calor violento» y atizado el fuego por el viento «busca lo más escondido», que es la carne. Cuando ha abrasado la lana «os quiere abrasar el cuero», hasta que «poco a poco resuelve / el santo cuerpo en ceniza», y allí queda el despojo en la costa «quemado y apedreado».

Las cosas que pasan cada día aparecen en *Los tratos de Argel* porque es noticia cotidiana el saqueo o el secuestro de cristianos en las costas. Nadie se acostumbra a la accidentada vida de los pueblos de la costa mediterránea, y tantos y tantos casos de saqueos los conocen porque se cuentan en romances y en el teatro y porque los han visto. Ni siquiera el bucólico cuadro de *La Galatea* impide a Cervantes contarlo como experiencia vivida por uno de los personajes, Silerio, que evoca sin saber bien cómo contarlo que cerca de Barcelona, en un pueblo de la costa, de golpe «la miserable tierra comenzó a arder con tanta gana» que parecían las piedras el combustible para el fuego. A «la luz de las furiosas llamas se vieron relucir los bárbaros alfanjes» y las «blancas tocas de la turca gente» que las «puertas de las casas derribaban y entrando en ellas, de cristianos despojos salían cargados», incluida la «fatigada madre» y su «pequeñuelo hijo, que con cansados y débiles gemidos, la madre por el hijo y el hijo por la madre preguntaba», y «alguno sé que hubo que con sacrílega mano estorbó el cumplimiento de los justos deseos de la casta recién desposada virgen y del esposo desdichado». Una desatada fuerza de «fiera y endiablada canalla» lo asalta y lo arrasa todo en el pueblo de la costa catalana en busca de un botín desprotegido y suculento, «abrasadas las casas, robados los templos, desfloradas las vírgenes, muertos los defensores» hasta que, a la luz de la primera madrugada, «sin impedimento alguno se volvieron a sus bajeles» los turcos y se lo llevaron todo del pueblo, «dejándole desolado y sin gente», mientras el resto despavorido ha huido a las montañas. Los protagonistas se salvan porque así son las peripecias folletinescas de las novelas de aventuras, incluso salvará a alguno un «valeroso caballero catalán» sin nombre, que es bandolero y es mejor persona que los jueces en quienes «pudo tanto la malicia» que, «sin más averiguaciones», sentenciaron a muerte a Timbrio.

Que no se le va de la cabeza la experiencia de Argel es completamente seguro porque es el día a día del superviviente. Mientras escribe y reescribe su teatro o esa historia que irá a parar al fin a *La Galatea,* lo hace como instrumento de presión política contra el infiel y contra la pasividad del rey. Esa es la consigna de casi todos quienes estuvieron ahí. Tampoco Juan Gil abandona a sus víctimas. En octubre de 1581 pidió al Consejo de Castilla que destinase a rescatar cautivos al menos una parte «de los maravedíes que hay retenidos en la Casa de la Contratación de Sevilla», procedentes de «bienes inciertos de difuntos que traen de Indias», y calcula que podrían llegar hasta unos «cuatro o cinco mil ducados». Cervantes está sin duda de acuerdo y por eso actúa también él como propagandista de la causa de los afligidos y abandonados pero con otros medios: literatura de batalla.

La bendita suerte salva a los buenos de todas las adversidades habidas y por haber mientras van y vuelven de Italia, y Cervantes ensaya todas las estrategias imaginables para suspender el ánimo del lector con la intriga y a toda costa. A veces no solo se vale de la irrupción de un personaje mientras otro cuenta su historia, sino que corta de golpe los primeros versos de un soneto que alguien empieza a recitar. Como todos y todo el rato se cuentan incansablemente sus vidas, a nadie importa dejar suspendidos a los oyentes (dentro de la ficción pastoril y fuera, en la realidad de las lecturas en voz alta de su tiempo) a la espera de volver a respirar quince páginas más adelante cuando se recupera el hilo roto y el soneto continúa. Y enseguida serán Timbrio y Silerio o las hermanas Nísida y Blanca quienes cuenten sus peripecias mientras todos se desmayan de gozo al reencontrarse, a veces se desmayan incluso simultáneamente, y derraman antes y después lágrimas sin cuento. Todos narran y escuchan mientras traban un organismo armónico poblado de vida real y sentimientos reales, tamizados por el bucolismo a la moda en que unos y otros pastan con el ganado, sestean bajo los robles, beben aguas cristalinas y tocan la zampoña, el arpa y el caramillo, porque hablan mientras cantan y cantan mientras hablan, todos con su soneto, su canción o sus octavas a punto, y todos ansiosos por oírlos porque, propiamente, en ese libro no sucede otra cosa que contar y escuchar cuentos en verso o en prosa.

También es cosa de Cervantes que Nísida esté muy lejos de ser la boba de Coria previsible porque es todo lo contrario. Es una de las mujeres «discretas», es decir, inteligentes y veraces, que esparce Cervantes por sus libros y su teatro, y es la misma que deplora las suspicacias de tantas damas relamidas, que a menudo más que «graves y honestas» son, en realidad, «melindrosas, enfermedad de que no escapa la mayor parte de damas de esta ciudad», que es Nápoles, como deplora la misma Nísida el absurdo de tanto poeta quejumbroso cuando «mal puede remediar nadie la necesidad que no llega a su noticia, ni cae en su obligación procurar saberla para remediarla». Mejor reeducar a los caballeros y amantes y que dejen de quejarse «de no ser querido», porque «el amor es y ha de ser voluntario», ni «debe el desdeñado quejarse de su amada sino de su ventura», o de su fealdad, o de su terquedad o de su halitosis, pero no de que ella no halle en él «partes tan buenas que la muevan e inclinen» a quererle. Eso no está en la mano ni de las pastoras ni de nadie (tampoco de los padres o, mejor, menos que en las de nadie, en las de los padres).

Sobre eso discuten con ganas enloquecidas en el libro, contra la dañina naturaleza de los celos, porque nada «fatiga tanto el enamorado pecho como la incurable pestilencia de los celos», en expresión que Cervantes repite varias veces y que explica que el romance del que estuvo siempre más orgulloso trate precisamente de los celos, recogido y reproducido en numerosos romanceros y florilegios años más tarde. No esconde el orgullo por el poema que recrea una escena perfectamente romántica donde una cueva «profunda, lóbrega, oscura» es «propio albergue de la noche, / del horror y las tinieblas», con el crujido de las cadenas y «unos ayes luengos, tristes». En las «funestas paredes», en los resquicios y las quiebras de la piedra, «mil víboras se descubren y ponzoñosas culebras», y en la entrada «tiene puestos, / en una amarilla piedra, / huesos de muerto» encajados para formar letras que anuncian que la cueva es «la morada / de los celos y sospechas».

Las mujeres de Cervantes son fuertes porque sus vidas son muy frágiles, como lo son las de sus hermanas, aunque tanto Andrea como Magdalena han sido ya a estas alturas, mientras concibe sus personajes y narra sus historias, varias veces víctimas de lo mismo que le pasa a alguna en *La Galatea*. Está con ellas sin reservas, o con la única reserva de no ser melindrosas ni comediantas, sino claras y transparentes en sus quereres y desdenes. A veces son sus propias desconfianzas las que acaban impacientando a los caballeros que las aman porque el tema de Cervantes no es la libertad de la mujer sino la libertad de la razón y el deseo. A eso insta Cervantes en estos relatos sentimentales y pedagógicos, casi didácticamente concebidos para remediar desastres irremediables y matrimonios absurdos condenados a pudrirse. Su tema es el de la libertad de la mujer para amar o no amar a quien la corteja incansablemente, el repudio de la venganza sangrienta del honor y la condena de la violencia física, la violación, una y otra vez, como recurso corriente y natural del varón rechazado. Cervantes hace irrumpir en esa arcadia ideal la subversión más íntima del género en forma de dos puñaladas arrabaleras y revanchistas, y eso sale a las primeras de cambio de un relato que empieza con el canto de un pastor desesperado del desamor de una pastora, Galatea.

Lleva dentro este libro las dosis de Cervantes que esperamos aunque estén mitigadas, y a ratos sepultadas, por el estilo pastoril y la peripecia misma: el secreto está en el respeto al «santo yugo del matrimonio» que logra «templar la demasía que puede haber en el amor natural», sin que Cervantes esté diciendo nada que no crea él. Pero nadie puede cumplirlo si las cosas se hacen mal, y por eso Galatea cambia de acera, o cuando menos de pasto, cuando la asedian pastores pegajosos, ni está desde luego dispuesta a seguir los planes de un padre «cebado de las riquezas del extranjero pastor» con el que quiere casarla. Ni la magia ni la mentira resolverán el problema, como equivocadamente hacía la *Diana* de Montemayor al final, porque Cervantes repudia ese artificio que falsifica la insensatez de los padres mientras ellas se preguntan secretamente: «Severo padre, ¿qué haces?», condenadas a la desgracia que Galatea sospecha en un matrimonio forzado que «lo primero que hace es anublar nuestro sentido y aniquilar las fuerzas de nuestro albedrío, descaeciendo nuestra virtud de manera que apenas puede levantarse, aunque más la solicite la esperanza». Esta Galatea de veinte años es muy rubia y muy guapa pero es sobre todo muy lista, y si «los ruegos y astucias no fuesen de provecho alguno» para parar a su padre, Elicio podrá «usar la fuerza y con ella ponerla en su libertad», porque la libertad es de Galatea.

Cuando de golpe el lector sale de la ficción y se para, sospecha que el atractivo para su público tuvo mucho que ver con el vivísimo cotilleo cortesano que resuena al fondo, impreciso y a ratos transparente, como si todos supiesen quién es quién en semejante *pastoría,* por decirlo con el invento de Gálvez de Montalvo que Cervantes tomó de *El pastor de Fílida.* Y por supuesto, muy a menudo los guiños son descarados hacia personas reales y conocidas, incluido el mismo Cervantes, a quien es difícil no adivinar tras la máscara de Lauso y su particular papel en esta obra, casi como si fuese la contrafactura masculina de la Galatea, y asombra a todos rendidamente enamorado, ya la voluntad no «tan exenta como solía» y maravillados «de ver la libre condición suya en la red amorosa envuelta». Y aunque nadie sabe cómo es ella, porque Lauso «apenas de sí mismo fiaba el secreto de sus amores», algo sabremos.

4. En la víspera del éxito

Año, año y medio con mala suerte, es lo que habrá de esperar desde finales de 1583 para tener en las manos por fin los pliegos impresos de su libro para que cada cual decida o no encuadernarlos como mejor le parezca. Espera los múltiples trámites administrativos él y los esperan los amigos involucrados en la misma red de relaciones en que figurará Cervantes ya con ventaja, gracias a esa ejecutoria de hidalguía literaria que será, cuando aparezca, libro tan comprometido y casi exaltado como *La Galatea*. Ha metido en esas páginas muchas de las ideas y lecturas del grupo en el que se siente cómodo, retrata sus discusiones y convicciones y usa el mismo lenguaje y maneras que usan para escribirse cartas y poemas, intercambiar billetes y noticias, apodándose con los nombres de pastores como si fuese la cosa más normal del mundo.

Les ha abducido a todos esa recreación atildada y quebradiza, estilizada y elegante de un mundo artificial. Se sienten respaldados por los clásicos antiguos y los italianos modernos en su devoción por el bucolismo, incluidos los debates filosóficos. Cervantes ha ido sumergiéndose en casi todos en los últimos años, y hay en *La Galatea* múltiples rastros. Las ideas del neoplatonismo lo empapan a él como empapan la cultura del humanismo del XVI: es casi el catecismo cultural y sentimental que identifica una forma de entender la existencia como perfeccionamiento por la vía del amor y con el amor como aliado, erótico y vital, no solo como desahogo sexual sino concebido y elaborado como ascensión a una plenitud

111

que es siempre esquiva pero es también posible y es, además, la más deseable. Desde la retórica del amor que impone el *Cancionero* de Petrarca y sobre todo difunde universalmente la nueva poesía en romance que lo imita —toscana, castellana, catalana, francesa— del xvi, y en España sobre todo Garcilaso, se urde la forma de unión de la idealidad cristiana con la pagana. Desde 1502, Sannazaro enseña en el bucolismo virgiliano una vía de actualización cristiana que funde ambas tradiciones y tranquiliza cualquier escrúpulo religioso (o casi) y lo hace además combinando doce églogas en verso con sus doce prosas.

Cervantes maneja entonces, como los maneja cualquier hombre culto de su tiempo, a tratadistas prestigiosos y modernos como Pietro Bembo y León Hebreo, a quienes Cervantes copia sin disimulo, pero también a muchos otros escritores que difunden las formas de convivencia que han ido cuajando en modelos de ciudadano y caballero en *El cortesano* del amigo de Garcilaso, Baltasar de Castiglione, y que perduran hasta estos años de la primera madurez de Cervantes. Los ha leído sin duda como ha leído el *Galateo* de Giovanni della Casa, o quizá su adaptación al español en 1582, de Lucas Gracián Dantisco (y uno de estos días tendrá que aprobar en censura el original de *La Galatea* de Cervantes), como ha leído al capitán Jerónimo de Carranza en su libro de 1582 sobre la filosofía de las armas y su destreza (y de él dice que hace «amigas pluma y lanza»), como ha leído a Mario Equicola y su *Libro de natura de amore,* muy conocido desde su primera edición en Venecia, en 1525. En la novela un vibrante discurso vitupera desde el incesto entre hermanos —que aunque se sabe malo, «no por eso sabemos retirarnos de él»— hasta la pura violación del amante que «muda estilo y procura alcanzar por malos medios lo que por buenos no puede». Pero la base de ese discurso está tomada de Pietro Bembo y *Gli Asolani* que Cervantes traduce muy literalmente durante varios párrafos, y también a Cervantes se le pegó a la memoria, como a tantos otros poetas de su tiempo, el archiconocido verso de Serafino de' Ciminelli, *el Aquilano,* que cita aquí y en algún otro lugar —«et per tal variar natura è bella»—, oportunísimo en este libro y en la misma mentalidad literaria de Cervantes.

Cerca de los 40 años, los hombres de su edad conducirán este ciclo hasta el final del reinado de Felipe II, en torno a 1600, y allí vivirán Cervantes y los suyos la quiebra definitiva, la extinción simbólica de esos modelos, la degradación de un mundo que hoy es relativamente estable y seguro, ordenado y claro, y de eso hablará años después su obra desatada.

La verdadera ciencia de *La Galatea*

Ahora Cervantes es todo lo contrario, un exaltado de las letras del presente como lo ha sido de las armas, un exaltado de la nueva literatura, del valor consistente y perdurable de lo que hacen ellos y han hecho otros en los últimos años con los nuevos lenguajes y las nuevas ideas. Él y los demás viven el ansia y la prisa por dignificar la literatura en español y en italiano, precisamente porque ninguna de las dos son las lenguas del saber y la verdad —que sigue siendo el latín—. La lengua común de la calle habrá de ser también la lengua elegante y culta del entretenimiento y el ocio, de la dispersión y la holgura del tiempo. Es lo que su tiempo va a leer en el libro: el elogio más completo y rotundo de la literatura primero, y de la literatura contemporánea después, a través de versos y relatos que cuentan las vidas y amores de varios poetas disfrazados de pastores.

Por eso ha metido dentro del libro la lista de Calíope con su propuesta cerrada de canon de la literatura española hasta casi el día mismo en que escribe. Aunque hoy no nos parezca tanto lo que a él le parece tantísimo, ha escogido con cuidado la fórmula para hacerlo sin estridencias. En uno de los capítulos del libro, funde dos cosas distintas: los inventarios y repertorios elogiosos comunes a la literatura pastoril (de damas o de ríos) y a la vez los listados de poetas celebrados por otros autores. Lo hicieron ya en castellano hace ya tiempo la *Diana* de Montemayor, la continuación de Gil Polo en su *Diana enamorada,* en honor a los poetas de Valencia. Apenas un par de años atrás, Luis Gálvez de Montalvo ha hecho lo mismo en *El pastor de Fílida* o, en términos más serios y académicos, más atrás Jerónimo de Lomas Cantoral en su *Canto Pinciano* en 1578.

Pero Cervantes exagera como nadie, exagera casi como soldado, y redobla y multiplica el número de escritores que menciona, octava tras octava, como multiplica los anodinos retratos de tantos de ellos. Muchos carecen de obra entonces y siguen sin ella hoy, pero sirven para engordar una lista destinada a exaltar la literatura nueva con más de cien nombres de autores vivos y aunque finge no tener preferencias, hace todo lo contrario y destaca a los que tiene por «blancos y canoros cisnes» frente a «los negros y roncos cuervos», o los falsos poetas, ignorantes de la «ciencia de la poesía» que es la literatura. Cervantes se fía de ellos solo porque «darán testimonio sus obras» y no su fama, y es quizá la manera más madrugadora y convincente que ha encontrado para decir que lee hasta los papeles que encuentra por las calles, cuando en las calles apenas había papeles, pero los que había los leía.

A veces conoce muy bien a los poetas de los que trata, a veces solo de oídas, a veces son solo amigos personales, con guiños privados y amistosos, y otras veces exhibe nada más que cálculo y oportunismo y sitúa en buen lugar a quienes viven «no en esta vuestra España», como dice la musa, sino «en las apartadas Indias a ella sujetas». Entre ellos van nombres anónimos pero tan bien colocados como lo está el correo mayor del Perú, o Juan de Mestanza de Ribera, que es fiscal de la Audiencia de Guatemala, o el hijo del corregidor de Arequipa, y alcalde desde 1582 de la ciudad, o, mejor aún, el embajador en Portugal en 1578 y miembro de una academia literaria que cuenta con el duque de Alba. Han emprendido la ruta de las Indias que él ha intentado, y otros intentaron también, como Mateo Alemán o como Juan Rufo, para hallar ahí una forma de prosperidad que aquí parece imposible.

Cervantes exhibe en una lección abreviada los saberes humanísticos que le adornan como soldado con muchas horas vividas en la biblioteca de López de Hoyos, o acarreando infolios de casa a la Escuela y de la Escuela a casa. Es verdad que hubo de hacerlo sujeto a las condiciones de todos, entre ellas buscar a trasmano los libros que desde 1559 figuraban en el *Índice de libros prohibidos* (en torno a setecientos libros prohibidos, un tercio de los cuales están escritas en español) del inquisidor Fernando de Valdés, siguiendo el *Índice* de Roma. Incluyó cosas previsibles tras el cerrojazo contrarreformista, como casi toda la obra de Erasmo, pero también tan inocuas como lo que llaman «textos poéticos» que usen citas de las Escrituras «en sentido profano», o ya directamente cosas tan disparatadas como la mismísima *Diana* de Montemayor, la inofensiva pero festiva obra de Torres Naharro o las ingeniosidades de Juan de la Cueva (y también las sobredosis de realidad del *Lazarillo* o de erotismo y atrevimiento del *Cancionero general*). Y todavía habían de llegar nuevas constricciones, sobre todo tras el final del Concilio de Trento en 1563 y su munición ideológica contra el auge del protestantismo y el calvinismo por todos los sitios (incluido desde luego Flandes). Desde 1564 el *Índice* registraba los libros tolerados con pasajes cepillados.

Con Cervantes recién vuelto de Argel, las cosas habían mejorado muy poco. Los dos gruesos tomos del *Índice* de 1583 y 1584 incluyen libros prohibidos del todo y libros expurgados, donde apenas un ocho por ciento de los dos mil trescientos son en lengua romance. De entrada, suena a pura declaración de guerra a la cultura europea desde Rabelais a Tomás Moro, de Maquiavelo o Juan Luis Vives y Dante, y hasta hubo ganas de suprimir del todo los expurgados más que nada para, como dice uno de los inquisidores, «forzar a que se leyesen libros de provecho o de historias verdaderas». Pero a nadie se le ocurre que ese muchacho no patease a los veinte años las librerías de Roma y de Nápoles porque allí no llegaban las órdenes de embargos de almacenes y barcos, ni menos las cuadrillas de familiares del Santo Oficio dispuestos a ocupar las librerías, de buena mañana, como en Sevilla, y todas a la vez, para evitar chivatazos y requisar libros sin contratiempos. Y si es verdad que fueron muchas las restricciones a la circulación de libros o a la mera posibilidad de estudiar fuera de España, Cervantes hubo de recorrer en el extranjero librerías y academias mientras apacienta las horas de estabulación militar en Nápoles, año tras año entre 1571 y 1575.

Porque lo que es seguro es que está muy bien informado no solo de las funciones de las musas, sino de lo que ha sido desde la Antigüedad hasta hoy «la maravillosa y jamás como se debe alabada ciencia de la poesía». Con la poesía en sentido estricto por delante, viene a ser ese el modo de abarcar a las ciencias humanas, el teatro, la sabiduría moral, la historia sagrada y la historia normal. Incluye también los clásicos absolutos para ellos y para nosotros, Homero y Virgilio, Propercio, Horacio y Catulo, los nuevos autores en lengua romance y en latín, como Petrarca y Dante. Pero también ya el difundidísimo y copiadísimo Ariosto y su poema sobre los amores de Roldán y Angélica (y cincuenta mil cosas más porque son casi cuarenta mil versos en su versión final de 1532) del ciclo carolingio *Orlando furioso*. El inventario de los autores alcanza hasta el presente en «esta patria vuestra», con «el agudo Boscán y con el famoso Garcilaso», o Cristóbal de Castillejo y Torres Naharro o Fernando de Acuña, que acaba de morir, y Francisco de Aldana, que también él acaba de morir en la batalla de Alcazarquivir, en 1578, con toda la nobleza portuguesa y parte de la española.

Todos están muertos ya pero todos los demás están vivos y son los protagonistas absolutos. Lo está Alonso Martínez de Leyva —situado en primer lugar porque iba en la flotilla que volvía de Nápoles cuando capturan a Cervantes—, y lo está la nómina casi al completo del servicio de censura oficial, con Alonso de Ercilla, Lucas Dantisco, Pedro Laínez, además de sus íntimos más verdaderos, como López Maldonado, Luis Gálvez de Montalvo, Luis de Vargas o Pedro de Padilla. Y aunque algunos son promesas inciertas, como Cristóbal de Mesa, parece casi puro recochineo que salga un García Romeo, básicamente por hermosear el mundo con su belleza, sin que nadie sepa nada de su obra pero es «dignísimo de estar en esta lista».

Sin capricho alguno y con plena convicción, esta ninfa en llamas (y las antenas de Cervantes) sitúan a dos amigos quince años más jóvenes que él. Como a nadie, a Lope de Vega le encaja la «experiencia / que en años verdes y en edad temprana / hace su habitación» y a la vez posee ciencia que solo se alcanza «en la edad madura, antigua y cana». Esa es «verdad tan llana» que en ninguno se ve como en él, y por «si acaso a sus oídos llega, / que lo digo por vos, Lope de Vega», de nuevo con una invocación personal que aleja el comedimiento ceremonioso que tantas veces deplora Cervantes. Lo mismo vale para el cameo de Luis de Góngora, «un vivo raro ingenio sin segundo», que apenas tiene veinte años y con cuyo «saber alto y profundo», dicen la musa y Cervantes, «me alegro y enriquezco / no solo yo, mas todo el ancho mundo», seguramente porque se leen ya y recitan sus romances tanto burlescos como de caballeros o de cautivos o de tema morisco a la moda. Los fabrica sin cesar y gustan mucho a Cervantes, como autor él mismo de romances nuevos, aunque no haya quedado rastro o está, sin que sepamos identificarlo en medio del anonimato, en antologías como la que se publica en 1589, *Flor de varios romances nuevos y canciones,* o desde 1600 en las series parciales del *Romancero general.* Tampoco es ni casual ni azaroso que el parnaso sevillano lo cierre un estricto coetáneo de Cervantes, Luis Barahona de Soto, de quien sin duda Cervantes conoce su levantado poema épico inspirado en Ariosto, *Las lágrimas de Angélica* (que aparece al año siguiente, pero Cervantes ha leído ya a este «varón insigne, sabio y elocuente»).

No hay ni va a haber en mucho tiempo otro cuadro más completo de autores de cualquier cosa escrita, y algunas con el alto valor que Cervantes les atribuye, como en Rey de Artieda aprecia su teatro pero también le honra sacando ahí su aventura militar compartida, o como Cristóbal de Virués o, mejor, el capitán Virués. Desde luego no está todo el mundo de acuerdo con este entusiasta de su tiempo, y Cervantes sabe muy bien que el grupo elitista y señorial de Sevilla que se mueve junto a Fernando de Herrera o el maestro de muchos, Juan de Mal Lara, no comparte apenas nada de tanta efusividad crítica. Más bien al revés, y seguramente lo sabe de primera mano porque, sin duda a la vuelta a España, Cervantes se hizo con un ejemplar del mejor libro de teoría y crítica literaria de su tiempo, que es una enciclopédica maravilla de erudición y sutileza que Fernando de Herrera ha dedicado a comentar la poesía de Garcilaso. No mejora nuestros hábitos actuales porque incurre en los vicios de la erudición académica y finge que no sabe que seis años atrás Francisco de las Brozas ha dedicado otra obra a sus propios comentarios sobre Garcilaso (y varias veces se mete con él pero sin mencionarlo ni una sola vez).

Ni Herrera en esas *Anotaciones* ni su prologuista, Francisco de Medina, comparten el gusto banal de Cervantes por tanto poeta mediocre o sencillamente invisible, y menos todavía su entusiasta opinión general sobre las letras en España. Su diagnóstico del presente es tirando a cicatero y avaro. Medina cree que «se hallarán tan pocos a quien se deba con razón la honra de la perfecta elocuencia» que no hay donde hallar hoy nombres de valor. A los dos los incluye Cervantes, por supuesto, en la lista de Calíope, sin ocultar para el altivo y también divino Herrera que «será de poco fruto mi fatiga, / aunque le suba hasta la cuarta esfera», y a Medina le reconoce la elocuencia de Cicerón y de Demóstenes y la «ciencia alta y divina», consciente pues de las alturas en las que se mueve Sevilla.

Cervantes hila menos fino que los sevillanos ilustres. Con un entusiasmo desconcertante está dispuesto a defender las letras españolas a la vista de tan «raros y altos espíritus», y por eso promueve en la ficción de *La Galatea* la convocatoria anual de un homenaje a Diego Hurtado de Mendoza —fallecido en la realidad histórica en 1575— que sirva para difundir la honra de «los divinos ingenios que en nuestra España viven hoy». Lo verdaderamente grave ha llegado a Cervantes de primera mano tras tantos años rondando por Italia. Empieza a ser cada vez más intolerable una opinión ofensiva, y es que «siempre ha estado y está en opinión de todas las naciones extranjeras que no son muchos sino pocos los espíritus que en la ciencia de la poesía en ella muestran que le tienen levantado».

La realidad es exactamente al revés, como ha comprobado al rastrear a fondo desde su regreso de Argel a finales de 1580 qué es lo que se está haciendo, lo consagrado y lo que está en marcha, apurando a veces los argumentos inmoderadamente, pero a la vez convencido de lo que afirma porque «cada uno de los que la ninfa ha nombrado —explica el sacerdote semipagano Telesio, que oficia el réquiem por Hurtado de Mendoza, y podría encubrir a Ambrosio de Morales— al más agudo extranjero se aventaja». Nadie tendría ninguna duda no solo si en el extranjero prestasen un poco de atención, sino, sobre todo, si en España misma la poesía y los saberes humanísticos en general tuviesen otro crédito y otro respeto público, y si «en esta nuestra España se estimase en tanto la poesía como en otras provincias se estima».

La incuria española hace que «los insignes y claros ingenios que en ella se aventajan» apenas puedan hacer otra cosa que escribir para ellos mismos y entre ellos mismos difundir sus versos, en sus academias y tertulias literarias, en las tabernas habituales de comediantes y actores y actrices, apenas «sin osar publicarlos al mundo» o al resto de los españoles. Conocen demasiado bien el desinterés cósmico en el que van a caer y la «poca estimación que de ellos los príncipes y el vulgo hacen». A nadie le interesa nada, a pesar de haber tanto valioso como en el resto de las naciones. Quizá sea castigo dictado por los cielos y «no merece el mundo, ni el mal considerado siglo nuestro, gozar de manjares al alma tan gustosos». Habla a la vez un entusiasta con fiebre patriótica y literaria y habla también un agudo crítico de la inconsistencia cultural de los señores y del pueblo llano, incapaces de apreciar la variedad de su propia literatura y la sutileza de los mejores, cuando está a punto de arrancar, pero apenas lo ha hecho, la tempestuosa máquina de hacer versos y teatro que arrebatará enseguida a mayores y a chicos, a niños y a ancianos, a mujeres, muchas mujeres, y a casi todos los señores. Lope de Vega está a punto de despegar o lo ha hecho ya para pasmo de todos, empezando por el mismo Cervantes.

La realidad de la ficción

Aunque nada parece real en este libro, todo lo es; lo es de modo casi confesional porque la idealización bucólica no está reñida con la crónica de lo vivido. No excluye la vida empírica ni la reprobación de la corte fraudulenta ni la condena de algunas mujeres (y sobre todo de los obtusos padres de algunas mujeres), pero la viste y la disfraza de arcadia pacífica y deliberativa. Disfruta Cervantes de un lugar destacado, como autor que estrena teatro, prologa la obra de los otros, comparte horas con escribientes y censores oficiales (como Espinel, Laínez o Padilla), a pesar de que se sienta incómodo en el intrincado laberinto de la corte y las facciones de palacio. Seguramente no ha sido de veras un horizonte activo o profesional de Cervantes, o nada de su obra permite detectar la propensión tempranísima de un Lope de Vega —que desde ya es secretario de duques y marqueses— aunque sea una decena larga de años más joven que Cervantes, o quizá precisamente por eso. La canción de Lauso contra las servidumbres de la vida cortesana tiene aires veraces cuando repudia sus normas de pleitesía y falsedad porque él no «muestra en apariencia / otro de lo que encierra el pecho sano». La «rústica ciencia / no alcanza el falso trato cortesano», ni está dispuesto a parecerse al «ambicioso entremetido, / que con seso perdido / anda tras el favor, tras la privanza / sin nunca haber teñido / en turca o mora sangre espada o lanza», como no sabemos que haya hecho Lauso pero sin duda sí Cervantes. En él pone en juego algo más que un alias poético porque es en realidad lo más parecido a una máscara para sus propios sentimientos, quizá también porque Cervantes es casi siempre el mayor, el más viejo, el que se reúne casi sistemáticamente con autores de veintipocos cuando él ya tiene treintaymuchos y saca su primera obra en 1585: le faltan dos para los 40 de alguien que se acerca peligrosamente a la edad provecta.

Las contrariedades que vive Lauso tienen al trasluz vivencias de Cervantes filtradas en la ficción. Es el mismísimo Cervantes, no Lauso, quien en estas fechas de 1583 acaba de conocer a una muchacha de apenas veinte años. Se llama Ana de Villafranca y se ha instalado desde principios de año como tabernera en un nuevo local que ha promovido ella con su marido, Alonso Rodríguez, auxiliados por unos amigos vinculados al ramo. No sabemos si es guapa o fea, buena o mala, pero estuvo ocupada como sirvienta de un alguacil hasta que tres años atrás, a los 16, su padre la casó con este Alonso, tratante de vinos mucho mayor que ella pero con menos dineros. Vivieron desde entonces en unas casas de la familia de ella en la calle de Toledo, en la zona del Rastro, quizá dedicadas a los servicios de «mancebía» y prostitución, según Maganto Pavón. Ahora acaban de abrir la taberna de la calle de Tudescos y a Cervantes y a ella también se les acaba de complicar la vida desde noviembre o diciembre de 1583, cuando ha de ser evidente el embarazo de la muchacha y el hijo que espera para abril. Será una niña, la niña Isabel, pero solo muchos años después, con la muerte de la madre, sabremos que Miguel de Cervantes se hace cargo de ella a través de su hermana Magdalena y se hace llamar desde entonces Isabel de Saavedra.

A Cervantes le está apremiando la vida directamente. Quizá ha compuesto este o aquel romance o soneto u octava que amasa estas emociones, pero sospecho que también ahora, a finales de 1583, corta y pega, tacha, suelda y recompone el final de *La Galatea,* y en forma abrupta y como interpolada parece entonar un extraño canto a la felicidad del desengaño o al consuelo de saber la verdad y dejar de vivir en la cuerda floja de las medias verdades, los flirteos y las medias mentiras. Con ecos de Garcilaso que retumban por todas partes, defiende Lauso su libertad frente a las apariencias y que «llame mi fe quien quisiere / antojadiza y no firme», sin importarle que hablen de él «como más le pareciere» a cualquiera. Pueden decir que fueron «fingidos / mis llantos y mis suspiros» porque todo muda y «el gusto nos convierte / en pocas horas en mortal disgusto», y «nadie habrá que acierte / en muchos años con un firme gusto». No es eso lo que le preocupa, ni si le llaman o no «vano y mudable», sino haber recuperado la autonomía y ver por fin «exenta / mi cerviz del yugo insano» de un falso amor: «sé yo bien quién es Silena / y su condición extraña, / y que asegura y engaña / su apacible faz serena», como resulta que también lo sabe Damón (o Laínez) y alguno más, aunque casi ningún otro «le entendía por ignorar el disfrazado nombre de Silena».

Damón sí conoce «el término de Silena y sabía el que con Lauso había usado, y de lo que no dijo se maravillaba» porque apenas ha hecho otra cosa que lamentar «cuánto más se estimara / de Silena la hermosura, / si el proceder y cordura / a su belleza igualara». Su inteligencia es cierta (por eso la llama discreta, que no quiere decir silenciosa y calladita) pero «empléala tan mal» que ahoga y estropea su hermosura. Y el bueno de Lauso se para y avisa de que no está hablando desde el resentimiento o la venganza —eso le desataría de mal modo la lengua—, sino que «hablo de engañado / y sin razón ofendido». Ni cuestiona la honra de ella ni le ciega la pasión, porque «siempre siguió mi lengua / los términos de razón» y puede confirmar, aunque no le crean los demás, y aunque casi nadie sepa de quién habla, que «sus muchos antojos varios, / su mudable pensamiento» la convierten cada vez más en adversaria incluso de los más amigos. Habrá que decidirse por una causa o por la otra. Si «hay por tantos modos / enemigos de Silena», está claro que «o ella no es toda buena, / o son ellos todos malos».

Cervantes sale directamente en defensa de Lauso porque la mismísima Galatea habla sin saber de lo que habla y se equivoca. Imagina que Lauso es como cualquiera, uno más de quienes «convierten el amor que un tiempo mostraron en un odio malicioso y detestable». Pero no tiene razón. Galatea «saliera de este engaño si la buena condición de Lauso conociera y la mala de Silena no ignorara». Lauso ha recorrido el ciclo amoroso desde el elogio de la libertad sin amor, el entusiasmo de la atadura amorosa súbita y por sorpresa, y al cabo llega el canto de la restituida libertad gracias a la franqueza de la amada que confiesa querer a otro y no ser lo que parecía. Su mejor amigo en el libro y en la realidad, Laínez, desconfía y recomienda prudencia a Lauso, recela de la euforia de Lauso sintiéndose tan libre, y le emplaza a verse seis días después para tasar su estado, mientras Lauso celebra una y otra vez el fin de su locura, agradece los desdenes de ella que le abrieron los ojos a él, y hoy está «reducido a nueva vida y trato: que ahora entiendo que yo soy ahora quien puedo temer con tasa, y esperar sin miedo». También «libre y señor de mi voluntad», porque ha deshecho en su interior «las encumbradas máquinas de pensamientos que desvanecido me traían». Tampoco Tirsi está muy seguro de la mudanza de Lauso porque conoce demasiado bien a Silena, y sabe «de sus acelerados ímpetus y la llaneza, por no darle otro nombre, de sus deseos», además de que es tan mudable que sería «aborrecida» de todos si no la salvase su hermosura, que no la salva.

Nada hay seguro en esta sarta de conjeturas, cierto, pero encubrir narrativamente peripecias sentimentales verídicas está en la matriz de los libros de pastores. Cervantes es fiel a Jorge de Montemayor cuando explica que en la *Diana* se tratan «cosas que verdaderamente han sucedido, aunque van disfrazadas debajo de nombres y estilo pastoril», como saben todos que detrás de la historia de Gálvez de Montalvo hay una historia cortesana de altos vuelos. Tampoco Lope de Vega disparata cuando cree que esa Galatea de Cervantes es tan real como real es la Diana de Montemayor, que era «dama natural de Valencia de don Juan, junto a León», según él y según muchos otros, todavía viva años después de publicarse la novela del portugués. Cervantes está dirimiendo en su libro cosas semejantes y también un desengaño amoroso que ha metido con calzador hacia el final de la obra, en una especie de interpolación que rompe la secuencia de temas y relatos que iban llevando dulcemente hacia el final de la pastoral poética, con la única intriga de si a Galatea la va a dejar en paz su padre, y si sus amigos la liberan o no del pastor rico y lusitano.

UN MUERTO EN EL VERANO DE 1584

Cervantes está donde tiene que estar, mezclado con los nombres más conocidos y mejor colocados de su tiempo, con este libro ya aprobado y a punto de aparecer, y pulula como uno más en la corte literaria de un verdadero señor, Ascanio Colonna. Está con ellos y entre ellos, también cuando el azar o las conspiraciones o las venganzas de golpe se ponen de parte de todos, en el verano de 1584. El 1 de agosto muere repentinamente el padre de Ascanio Colonna, alojado en casa del duque de Medinaceli, que ha sido uno de los más críticos enemigos de la política militar represiva del duque de Alba en Flandes años atrás. Marco Antonio Colonna viajaba hacia Madrid para recibir instrucciones de Felipe II, sin que se conozcan hoy ni las razones exactas del viaje (terminado su segundo mandato como virrey de Sicilia) ni tampoco las causas de la muerte. Pero Marco Antonio Colonna andaba entonces en líos con la mujer de otro noble, quizá temperamental, y su figura estaba muy directamente conectada con otra enemiga de Alba, la princesa de Eboli, la misma que escribe a Felipe II, razonablemente despechada, sobre la «desvergüenza de ese perro moro que Vuestra Merced tiene en su secretaría», y el perro moro por esta vez no es ni corsario ni turco sino Mateo Vázquez.

Esa muerte lo cambia todo para Ascanio Colonna desde agosto de 1584 porque había muerto también su hermano mayor, Fabrizio, en la campaña de Portugal en noviembre de 1580. Y eso significa que sin haber previsto semejante precipitación, queda el joven

Ascanio, de 24 años, como heredero titular de la casa Colonna, aunque siguiese durante muchos años sin cargo relevante en la corte ni fuera de la corte. Y cambia para él pero cambia todo también para aquellos que han estado en su entorno el último par de años al menos, y ya son muchos los que hemos recontado, y entre ellos Luis Gálvez, que este mismo agosto de 1584 escribe «una elegía al triste suceso que ahora lloramos», como le cuenta al propio Ascanio, y el suceso es la muerte de su padre Marco Antonio.

Cervantes dispone desde hace unos meses de las aprobaciones legales ya tramitadas para publicar su libro de pastores. Al escribiente del Consejo Lucas Dantisco le pareció en febrero de 1584 un «libro provechoso, de muy casto estilo, buen romance y galana invención» y apenas días después ratificó la aprobación en nombre del rey Antonio de Eraso, que había intentado ayudarle en 1582 a encontrar algún empleo. También ha decidido ya Cervantes qué hacer con esa autorización legal porque el 14 de junio de 1584 acuerda con el «mercader de libros» Blas de Robles en Madrid la venta del privilegio de la obra y se lo entrega para que por fin lleve el original revisado y aprobado a la imprenta de Juan Gracián, en Alcalá. Cervantes lo ha titulado *Los seis libros de La Galatea* y han acordado también este junio el importe de la venta, que no es poco —mil trescientos treinta y seis reales— aunque no se los paga de una vez. Blas de Robles reconoce que «en realidad de verdad, no obstante lo contenido en la dicha escriptura, yo le resto debiendo doscientos y cinquenta reales» que le pagará a finales de ese mismo septiembre, «llanamente en reales de contado».

También a Cervantes han llegado sin duda las noticias sobre la nueva posición de Ascanio y seguramente ve ahí al azar de cara. Decide entonces, si no lo había hecho ya, dedicar *La Galatea* a ese joven señor al que conocen todos los amigos, que acaba de situarse como cabeza de una familia de peso y de quien supo hace quince años, cuando estuvo en Roma al servicio de otro joven noble italiano, Giulio Acquaviva, y le hablaba entonces, «como en profecía», de Ascanio Colonna cuando Ascanio no podía ser más que un niño de nueve o diez años.

Eso es lo que recuerda Cervantes en su dedicatoria, escrita este agosto o septiembre de 1584. Recuerda él también al padre y «haber seguido algunos años las vencedoras banderas de aquel sol de la milicia que ayer nos quitó el cielo delante de los ojos, pero no de la memoria de aquellos que procuran tenerla de cosas dignas de ella, que fue el Excelentísimo padre de V. S. Ilustrísima». La decisión de ponerse, por tanto, bajo la memoria del padre de Colonna y «los famosos hechos del tronco y ramos de la real casa de Colonna», como «yo me pongo ahora», dice Cervantes, es firme, convencida y nada precipitada. Y si además sirve para «hacer escudo a los murmuradores que ninguna cosa perdonan», mejor todavía, ya que quizá la muerte del padre sigue alimentando todo tipo de sospechas o teorías conspiratorias. Nada de lo cual, sin embargo, ha rebajado el valor que asigna a Ascanio Colonna y que es, de hecho, lo que «me ha quitado el miedo que, con razón, debiera tener», al atreverse de una vez a dedicarle «estas primicias de mi corto ingenio». Y lo hace a sabiendas de que, como sabía también Lope, la presencia de Ascanio en España, tanto en Alcalá como en Salamanca, prueba largamente que ha sido «norte por donde se encaminen los que alguna virtuosa ciencia profesan, especialmente los que en la de la poesía se ejercitan».

La niña Isabel

Es verdad que la muerte de Marco Antonio Colonna pudo ser solo el empujón final y que la decisión anduviese ya en su ánimo antes de que Ascanio se convirtiese en el cabeza de la familia. Pero no habrá costado nada empujar también a otros tres amigos a escribir los sonetos encomiásticos que el libro debe de llevar. Los tres se han esmerado, pero Cervantes ha ido sobre seguro porque de los tres puede fiarse: a uno porque lo ha visto pelear con él en Lepanto, Gabriel López Maldonado, y a los otros dos porque están cerca de la corte literaria que pulula en torno a Ascanio Colonna. De ellos ha de hablar Cervantes una y otra vez bien, ahora y después, y al menos dos son protagonistas disfrazados de la obra y bien informados de su pasado. Lo está Luis Gálvez de Montalvo, que ha visto representada *Los tratos de Argel* y es el más explícito al contar que «la tierra estuvo / casi viuda sin» Cervantes mientras anduvo fuera de la cristiandad, y hoy es feliz ya de nuevo porque «cobra España las perdidas musas» que han auxiliado a Cervantes a escribir *La Galatea*. Poco más o menos eso mismo es lo que cree o dice creer también Luis de Vargas ante los reflejos de «los dioses celestiales» y sus «dones inmortales» que ve en la obra de su amigo, desde Jove y Diana hasta Mercurio, Marte o Venus. Y aunque no le ha pedido poema alguno a Vicente Espinel, ha escrito por su cuenta y como amigo seguro una octava que recuerda también *Los tratos* de Cervantes, y evoca el hado adverso que lo arrojó «al mar sin propio amparo / entre la mora desleal caterva / y no impidió que su ingenio raro» diese muestras «de divina lumbre».

No parece que Cervantes se haga cargo de la niña que nace en abril de 1584, que sigue con su madre y el esposo tratante, tabernero y asturiano. Ha sido bautizada en presencia de la madre, Ana de Villafranca o Ana Franca, y del marido, Alonso Rodríguez, aunque un error en la partida parroquial lo llama Juan Rodríguez. Todavía Ana de Villafranca tendrá una niña más, Ana, un par de años después, cuando la familia parece prosperar y se muda la pareja con las dos niñas, Isabel y Ana, a otras casas en Madrid también. Muy cerca de las mismas fechas de su nacimiento en abril, Cervantes ha vuelto a tratar con Juana Gaitán, joven esposa de Pedro Laínez desde hace cuatro años y con familia en un pueblecito de Toledo, Esquivias, a seis leguas y dos o tres horas a caballo de Madrid. Juana acaba de enviudar de Laínez pero quizá no ha quedado del todo viuda porque solo dos meses después está ya casada con Diego de Hondaro, joven otra vez de 20 años que ha estado cerca de la vida de la pareja y ha sido testigo incluso del testamento de Laínez. Lo que parece seguro es que Juana no incumple el deseo de su marido de editar tras su muerte el *Cancionero* «con la cubierta negra» que Laínez ha ido primorosamente recopilando, según el inventario de los bienes que hereda Juana, además de contar con «un escritorio de Alemania» y también «otro libro de verso y prosa de *Engaños y desengaños de amor*», desde luego, de lo más oportuno al caso.

Después del verano, Cervantes puede que sepa o puede que no sepa que Juana ha dejado de ser viuda y se ha casado con el joven de Esquivias. Pero es seguro que se ha puesto de acuerdo con ella para acudir a Esquivias en septiembre y formalizar como testigo la designación de un procurador que se haga cargo de las gestiones ante el Consejo de su Majestad para publicar el *Cancionero* de Laínez. Cervantes lo conoce bien hace muchos años; ha citado poemas suyos como los han citado otros en sus obras, y está a punto de publicar *La Galatea*. Ahora queda solo dar a los poemas de su amigo el empaque que nunca llegarán a tener porque el *Cancionero* seguirá inédito, pero su historia se arrastra como buen propósito durante los próximos quince años.

En Esquivias Juana Gaitán tiene familia y aparece y reaparece su apellido. El lugar ha ido perdiendo población en los últimos años y hoy no llega a los trescientos habitantes, con su centenar de jornaleros y otras tantas familias con más recursos, aunque apenas una treintena larga de hidalgos. En algunos las pretensiones de alto linaje se ven en los escudos de armas de las fachadas y fantasiosos hechos memorables como caballeros, algunos además con dineros. Menos fantasiosa parece la calidad de los vinos que hacen, sobre todo el blanco, del que se acuerda varias veces Cervantes (aunque a ratos suena a ironía privada), y ahí vive no en mala situación Juana Gaitán con Diego de Hondaro. Tampoco es enteramente mala la posición que disfruta otra familia del mismo lugar, los Salazar Vozmediano. La mujer que Cervantes acaba de conocer en Esquivias pertenece a la rama menos potentada de la casa y tiene, por supuesto, 20 años, o casi. Ha quedado huérfana de padre a principios de año, en febrero de 1584, y se llama Catalina.

Ni ella sabe bien qué es lo que ha heredado porque tampoco ha sabido contar su padre en el testamento con demasiada claridad las deudas que tiene o deja de tener, aunque regenta unas casas o, al menos, unos aposentos en unas casas de Toledo, entre el Tajo y el convento de los Jerónimos. Sí sabemos que la muchacha tiene dos hermanos menores y se llaman uno Francisco de Palacios y el otro Fernando de Salazar. Ella en realidad se hace llamar de unas trescientas o cuatrocientas maneras distintas en los papeles, Catalina de Vozmediano, Catalina de Palacios, Catalina de Salazar y Palacios y varias otras combinaciones más. Tiene de veras 19 años y Cervantes el doble cuando se casan el 12 de diciembre de 1584, en Esquivias, poco después de que Cervantes llegase allí para tramitar en septiembre la publicación del *Cancionero* de Laínez y apenas otros siete meses después de nacer la niña Isabel.

Y puede que desde entonces y en los próximos dos o tres años Cervantes viva en Esquivias rodeado de las cosas que formalmente incluye la dote de ella. Lo que acaba teniendo a mano y en casa son unos cuantos majuelos o parcelas de cultivo, también «un huerto cercado, con su puerta y cerradura, que dicen el Huerto de los Perales, con los árboles que tiene, que alinda con el arroyo que viene de la fuente y la callejuela que sale a la iglesia». La casa en que viven está en la calle que conduce directamente a la iglesia, de mucho paso y muy céntrica, donde oficia de clérigo el tío de Catalina, Juan de Palacios, que es el mismo que los ha casado. Y entre los múltiples enseres que habrá ahí, con sus cofres, cofrecillos y arcas y arquetas, todos con sus cerraduras y sus llaves, dos escaleras, una grande y una pequeña, hay también «Dos niños Jesús, con sus ropitas y camisitas», dos tablas con imágenes de la Virgen, otra con el mismo niño Jesús y otra con san Francisco de Asís, tinajas, tinajitas y tinajones, y una cuna que la pareja no va a usar, o al menos no para mecer a un niño propio.

El rey, la fe y el teatro

Han pasado bastantes cosas por en medio, incluidas algunas engorrosas gestiones económicas que Cervantes ha asumido por encargo de Juana Gaitán y su reciente marido, Diego de Hondaro. Pero se nos escapa el sentido de estas operaciones que llevan a Cervantes de un sitio para otro en muy pocos días, gestionando cantidades importantes de dinero a cuenta de otros. Se ha de poner en ruta quince días antes de su propia boda, para estar en Sevilla el lunes 2 de diciembre. En compañía de dos hombres de teatro, Tomás Gutiérrez y Gabriel de Angulo, acepta una importante cantidad de dinero, nada menos que doscientos mil maravedíes, que equivalen a algo más de quinientos ducados, que parecen corresponder a la gestión que hace Cervantes por cuenta de Hondaro con el compromiso de trasladar o hacerse cargo del dinero primero en Sevilla y después en Madrid. Y a 5 de diciembre de 1584, una semana antes de casarse, Cervantes recibe un pagaré por ciento ochenta y siete mil maravedíes que otorgan Diego de Alburquerque y Miguel Ángel Lambias, y veinte días después, y ya casado, recibe en Madrid diecisiete mil maravedíes, cuatro días después otros seis mil y pico, y finalmente, el penúltimo día del año, mientras se declara vecino de Madrid, teóricamente sin serlo ya, recibe lo que faltaba para cubrir la letra que llevaba de Sevilla hasta los ciento ochenta y siete mil maravedíes.

Parece no ser otra cosa que el gestor de cuentas ajenas, pero al menos parece también que por fin su libro va a salir de la imprenta, tras emitir Várez de Castro (con algún grueso error) la fe de erratas, y tras este ir y venir a Sevilla con la boda en medio. Quizá para entonces, en este 28 de febrero de 1585, Blas de Robles ha decidido como dueño del privilegio desde junio del año pasado que debía cambiarse el título para asimilarlo a la mayoría de libros de pastores y libros de caballerías y titularlo con el anuncio de su continuación, *Primera parte de La Galatea, dividida en seis libros*. Cervantes tenía otra cosa en la cabeza porque lo había titulado *Las seis partes de La Galatea,* pero puede que no tuviese ocasión de intervenir o puede que le diese igual el cambio de título. Lo que dice en el prólogo es que en caso de que su obra no acabe de satisfacer los gustos de todos, o apenas responda «a su deseo», no tiene inconveniente en ofrecer otras obras «para adelante, de más gusto y de mayor artificio». Yo sospecho que además de apelar a la rutina de amabilidades de los prólogos está pensando también en quitarse de encima la obligación, casi monopolística por entonces, de seguir tratando de pastores y pastorcitas. O ha descartado ya lo que al final de *La Galatea* —acabada hace año y medio— pudiera parecer una continuación inminente. Apenas reaparece en su obra un solo pastorcito o pastorcita como no sea para someterlos a un tratamiento de choque inequívocamente burlón y paródico, aunque siga prometiendo una continuación hasta el final de su vida, pero a saber qué iba a ser esa continuación en manos de ese señor.

Además, no deja de resultar muy llamativo que el poema que Cervantes escribe ahora para el *Cancionero* de un buen amigo,

Gabriel López Maldonado, parezca un quiebro o hasta una palinodia sorprendente de su propio estilo y maneras. Cervantes va en buena compañía porque escriben también para ese *Cancionero* los de siempre, Padilla y Luis de Vargas y Pedro Liñán de Riaza y Vicente Espinel. Pero es Cervantes quien dedica dos poemas al elogio del libro y de Maldonado porque la complicidad es vieja, a pesar del horrendo juego de palabras sobre lo «bien donado que sale al mundo» este Maldonado, con tantas ciencias y discreción que «me afirmo en la razón / de decir que es bien donado». Pero es otro el poema más desconcertante, porque según Cervantes su amigo trata cosas de amor con otros modos y otros aires, «sin flores, sin praderías / y sin los faunos silvanos, / sin ninfas, sin dioses vanos, / sin yerbas, sin aguas frías / y sin apacibles llanos», como si estuviese asumiendo una autocrítica a su propia *Galatea* o como mínimo el principio de una distancia ante esos lenguajes y en favor de una ruta menos profusa en aparato bucólico. Resuena bien fuerte esta vez el eco del Cervantes que elogiaba, tantos años atrás, la claridad de la lengua y el verso, el estilo limpio y llano, en una literatura volcada en «agradables conceptos, / profundos, altos, discretos, / con verdad llana y distinta».

En todo caso, al mismo tiempo que llega, en marzo de 1585, la tasa de tres maravedíes por pliego para poner a la venta *La Galatea*, llega también la oportunidad de seguir sacando cosas del escritorio y ensayar su inventiva literaria lejos de la prosa y los versos bucólicos. Encuentra Cervantes en Madrid a un empresario de teatro importante que le encarga y paga un par de títulos. Una de las obras ha de estar lista en el plazo de quince días, *La confusa*, y otra habrá de llegar a manos de Gaspar de Porres un par de meses más tarde, para la Pascua florida de ese año, pero con ocho días de adelanto para que la compañía tenga tiempo de estudiarla. El título nos regresa de nuevo a la actualidad del pasado, *El trato de Constantinopla y la muerte de Selim,* pero solo tenemos el título de una y otra obra. Como es natural, a nadie se le ocurrió entonces imprimir ninguna de las dos porque no son texto para leer sino para ver, recitar y representar aquí y allá, si hay suerte, por un plazo siempre breve, pero desde luego sin la menor previsión de gastar dinero en una operación tan cara como imprimir un libro.

A Cervantes le queda para mucho tiempo el orgullo de la buena fortuna comercial, según él, de *La confusa*. De momento, Gaspar de Porres le da cuarenta ducados: veinte los recibe ahora, el 5 de marzo de 1585, y veinte a la entrega de las obras. Si fallase Cervantes y no entregase a tiempo, habría de indemnizar a Porres con cincuenta ducados, además de obligarse a no recolocar ninguna de las dos obras en los próximos dos años (y si lo hiciese habría de devolver los cuarenta ducados). Hace apenas cuatro o cinco años que existe el famoso y popular corral de la Cruz —con Alonso Getino de Guzmán como colaborador en su reciente remodelación— y allí representa en estos años sus obras el empresario y director de la compañía Gaspar de Porres (o *autor*, que es como los llaman entonces), así que igual se estrenaron allí. El recuerdo que conservó Cervantes de la primera es entusiasta y entregado y a ella vuelve tan tarde como a sus sesenta y tantos años, orgulloso porque además de no ser «nada fea, / pareció en los teatros admirable, / si esto a su fama es justo se le crea». Y aunque está exagerando alegremente, de acuerdo con el tono festivo e irónico del lugar en el que escribe eso, Cervantes fue un hombre feliz de teatro.

Por fin *La Galatea* está ya a la venta en la librería de Robles, en Madrid, tras un tiempo inusualmente largo de edición. Pueden ser muchas las causas de ese retraso, pero la primera y normal es la económica, la falta de agilidad del destinatario para aportar el coste de la impresión. En este inicio del verano de 1585 su padre Rodrigo apenas habrá tenido tiempo de tener en las manos el libro porque el 8 de junio, resignadamente «echado en la cama de la enfermedad que Dios nuestro señor fue servido de me dar», está ya muy débil y a punto de morir. Tampoco es el mejor momento para comprobar los detalles de la portada del libro de su hijo. Cervantes ha pedido estampar como emblema en la portadilla el escudo de armas de la familia Colonna con la columna Trajana en el centro y una fantasiosa corona (fantasiosa porque ningún Colonna ha sido rey), aunque se quieren emparentados con los orígenes de Roma y con la más excelsa tradición; de ahí el lema de Tito Livio que en latín dice *Frangi facilius quam flecti* y Cervantes habrá traducido a su padre con algo parecido a «Quebrarse antes que doblarse», pero desde luego en el peor momento para Rodrigo.

Se muere sin merma de confianza hacia su batalladora mujer Leonor de Cortinas. Todo lo deja «a su albedrío y voluntad», incluido el lugar donde enterrarlo y las misas que haya que celebrar, aunque un minuto después se arrepiente, o le arrepiente el fraile que le asiste espiritualmente, y puntualiza que «quiero que me entierren en el monasterio de Nuestra Señora de la Merced desta villa». Fueron mercedarios quienes rescataron a Rodrigo y están presentes como testigos del testamento dos de sus frailes, además de dos «empedradores, estantes en esta corte». Y con las licencias de Argel y las deudas contraídas y las viudedades fingidas, es natural que diga Rodrigo que no recuerda ni la dote que aportó ella ni sepa muy bien en qué estado se encuentran sus finanzas, de manera que dicta que sea ella quien lo decida todo, aunque asegura no dejar deuda alguna. Pone como albaceas, por cierto, tanto a su mujer como a su consuegra desde hace seis meses, y deja a Miguel heredero universal con el resto de los hermanos, incluido todavía el hermano pequeño Juan y excluida Luisa (porque es monja y no puede heredar). Y una semana después de firmar por su mano el testamento, muere el 13 de junio Rodrigo de Cervantes con 76 años.

La tentación de la tragedia que pudo incubar Miguel en Valencia años atrás, recién llegado a tierras cristianas, y desde luego más tarde en Madrid, ha encontrado una vía de salida nueva en la historia y sus episodios trascendentes. Cervantes encuentra dos temas pintiparados para explotar su vena literaria más solemne y elevada. A través de la tragedia, ratifica el compromiso con el Imperio y con la cristiandad, aunque pueda a la vez recelar de este o aquel abuso. Puede incluso que deplore masacres como las que conmocionaron a todos a finales de 1576 (con el saqueo integral de Amberes, pero él estaba en Argel) o, sobre todo, como las que cuentan las noticias que llegan en este verano de 1585 también de Amberes. Alejandro Farnesio ha recuperado el control de Flandes en el último año tras el edicto que en 1581 había depuesto a Felipe II. *La destrucción de Numancia* que está escribiendo Cervantes ahora no tiene nada que ver en ese asunto, pero es la historia de otro sitio o asedio exterminador y más o menos histórico. Es sobre todo la crónica fundacional del Imperio actual de Felipe II: en la aniquilación de los numantinos a manos romanas reside el origen heroico y mártir del dominio global de la España de hoy, como explican dos personajes de la obra desde el principio, para que nadie se espante ni crea que va a asistir a una tragedia depresiva y catastrofista.

Al revés, habrá consuelo futuro para esa derrota legendaria y remota, según el personaje que habla por boca de España misma —vestida como «doncella coronada con unas torres y trae un castillo en la mano»: Castilla— y también según el muchacho que hace de Duero «vestido de río», dice la acotación. Habrá consuelo porque la autodestrucción de una Numancia que es España misma, cercada por el histórico Escipión Emiliano, será ejemplo y estímulo para hazañas futuras y, entre ellas, la venganza contra los romanos a través del saco de Roma en 1527. Tras los ritos nigrománticos e inútiles (porque como siempre en Cervantes eso son «ilusiones» y cosas con «poca ciencia»), serán las mujeres quienes propongan su propia autodestrucción «antes que vernos de enemigos deshonradas», y deciden sacrificar a sus habitantes, quemar el pueblo y a sus bienes en una gran hoguera e incluso «descuartizar luego a la hora / esos tristes romanos que están presos» (aunque en este caso para mitigar el hambre atroz que pasan con esa comida «extraña, cruel, necesitada»). Cervantes busca contrapesar el tono a menudo grave y declamatorio de la tragedia con escenas breves y diálogos muy coloquiales, íntimos y vivos, sobre la desesperación del hambre o el dolor amoroso de la pareja de amantes que ha aplazado su boda por el sitio de los romanos o la captura tras sus filas de «algún poco de bizcocho ensangrentado» en «una cestilla blanca», mientras mueren de inanición unos y otros, niños y mayores.

Cervantes escribe como un imperialista confeso aunque sea a la vez la tragedia de un escritor atento a la dimensión privada de las decisiones. Por eso a Cipión lo hace reflexivo y prudente, cauto e industrioso, pero no quedará ni un miserable cautivo que entregar a Roma como testigo de su victoria: «por quitar el triunfo a los romanos, / ellos mismos se matan con sus manos» y por eso el sarcasmo es cierto, pues «quitado te han el triunfo de las manos». Cipión deplora la carnicería porque no se siente ni se tiene por vencedor arrogante e injusto con el vencido. Confiado en la astuta estrategia del cerco, negó la clemencia que pedían los negociadores numantinos y, ya contra las cuerdas al final de la obra, ofrece una clemencia inútil al único que queda, Viriato. Pero es demasiado tarde, «pues no hay en quién usarla», excepto el propio Viriato, y no va a aceptarla y nadie va a poder tasar el valor del pecho de Cipión «para vencer y perdonar nacido». Por eso al tirarse de la torre Viriato, Cipión sabe que «con esta caída levantaste / tu fama y mis victorias derribaste» para mayor gloria de España. Todo habrá sido, como la fama «pregonera» explica al final, la prueba segura del «valor que en los siglos venideros / tendrán los hijos de la fuerte España, / hijos de tales padres herederos»: están delante todos ellos, escuchando la tragedia, sean cortesanos o plebeyos.

La tragedia íntima de Cipión será vencer sin victoria a una Numancia abrasada porque en el martirio colectivo está la semilla del futuro. Con ella busca Cervantes la sacudida emocional que infunda en los ánimos el orgullo de proceder de aquella estirpe remota y contagie de su ejemplo al presente para fortalecer la fe en sí mismos. Por fin hoy, de aquella desdichada y desunida España, «esclava de naciones extranjeras» y de sus «discordias» interiores, llega un futuro que es la actualidad en que «serán a una corona reducidos» los «reinos hasta entonces divididos» e incluso se unirá a ella «el jirón lusitano», como acaba de suceder en 1580.

Y es por aquí por donde ha querido verse alguna forma de crítica a los desmanes salvajes que en Flandes han hecho los españoles con larguísimos y brutales asedios que acaban con arrasamientos, como el que Farnesio acaba de acometer sobre Amberes en agosto de 1585. Cipión sospecha que el silencio en Numancia no presagia nada bueno porque el valor de los numantinos le «forzó con razón» a «triunfar dellos con industria y maña, / pues era con la fuerza imposible». Pero su autodestrucción va a convertir «en humo y en viento» las «ciertas esperanzas de victoria», como si de veras pudiese Cervantes estar filtrando este mensaje y denunciar el absurdo de masacres que no benefician a nadie, como no beneficia a España la difusión de las noticias de las salvajadas de sus tropas, mal avitualladas, mal pagadas y mal acondicionadas (y por eso tantas veces dedicadas a la rapiña y al pillaje).

Cervantes está acompasando de nuevo su teatro con la actualidad literaria más experimental al escoger un tema que era común al romancero pero que nadie había puesto en teatro todavía. Además, ha decidido hacerlo bajo la forma de la alta tragedia, como algunos otros están ensayando ahora, como Rey de Artieda o Cristóbal de Virués o, en particular, Juan de la Cueva, que ha representado varias en Madrid y Sevilla entre 1579 y 1581. Y aunque puede no haber asistido Cervantes a las representaciones, las habrá visto en el tomo que publica con catorce *Comedias y tragedias* en 1583. Pero en cualquier caso se ha documentado a fondo en otras obras cultas, porque ha acudido flagrantemente al menos a la *Corónica General de España* que Ambrosio de Morales ha publicado en 1574, como ha encontrado la leyenda de Numancia entre las más populares divulgadas por el romancero, también el de Joan de Timoneda con la recreación del personaje de Viriato.

Pero el teatro no es un cuento puesto en diálogo sino un escenario y unas tablas y unos disfraces. Es otra cosa, es teatro de verdad, con escenografía y montaje y efectos especiales, incluidas algunas innovaciones que tanto él como otros empiezan a ensayar. Entre ellas está la necesidad de reducir los cinco actos de las obras a cuatro o incluso a tres, como acabará imponiéndose y como hará Lope casi desde el primer momento, aunque es verdad que actores y directores y empresarios solían hacer lo que les convenía, adaptaban y cortaban textos o fundían escenas y hasta actos, y de ahí que haya versiones conservadas de obras que tienen tres o cuatro actos (como sucede con *La conquista de Jerusalén por Godofre de Bullón*). Otros también ensayan la incorporación a escena de lo que Cervantes llama figuras, es decir, personajes que son alegorías como esa España coronada de torres que antes hablaba en *La Numancia* y que a menudo usa para fijar y marcar la ruta del sentido fuerte de las obras. El rito nigromántico precristiano tampoco sería lo mismo sin el ruido que ha de hacerse «debajo del tablado con un barril lleno de piedras y dispárese un cohete volador», como pide Cervantes, y tampoco tendría la misma vivacidad la escena de *La conquista de Jerusalén* en la que dos personajes aparecen con «dos cestas llenas de pelotas de pez y resina» y «una o dos escobas en la mano untadas todas con pez» porque su propósito, como dice uno de ellos, es que les «pegues / por todas partes el fuego» contra el armamento enemigo. Y como eso era mucho para mostrarlo en escena, Cervantes sugiere que salgan de las tablas y quemen dentro «algún ramo seco que haga llama por un rato». Por eso también, por vistosidad y pedagogía, las figuras del Hambre tendrán que salir a escena «con un desnudo de muerte y encima una ropa de bocací amarillo, y una máscara amarilla o descolorida», mientras la Enfermedad irá «arrimada a una muleta y rodeada de paños la cabeza».

El héroe sigue, pues, en pie en el horizonte literario de Cervantes, exaltado católico y heredero de las hazañas de otros caballeros que merecen su propio cuento y drama. Cervantes acaba de leer otra novedad aparatosa e italiana, quizá solo una parte o la totalidad del poema que empieza a difundirse desde 1576 pero íntegramente solo desde 1581. Desde entonces está en boca de todos, todos lo leen y lo imitan, como han imitado y seguido las huellas del *Orlando furioso* de Ariosto o de la *Arcadia* de Sannazaro. Ahora la rabiosa novedad es la *Gerusalemme liberata* de Torquato Tasso y los quince mil interminables versos de su poema épico. Hasta tres traducciones va a haber en marcha de inmediato, una de ellas, por cierto, de Luis Gálvez de Montalvo. Haya leído los quince mil versos o no, lo ha hecho en italiano pero escoge solo una parte como base argumental de su drama *La conquista de Jerusalén* para combinar íntimamente emoción, ideología, literatura y propaganda, con la misma elevación de la poesía épica y heroica pero ahora un poco más todavía porque toca casi a la historia sagrada. Toma de Tasso el enredo sentimental pero también algunas de las escenas más vistosas de la obra, como el espectacular ataque incendiario a la maquinaria de guerra enemiga y el duelo entre dos protagonistas, cristiano cruzado y combativa mora, que ignoran ser quiénes son. Lo que tampoco sabemos es quién pudo hacer el papel femenino porque desde junio de 1586 se prohíbe en la corte que las mujeres actúen sobre las tablas (de ahí que Cervantes, para *La Numancia,* aclare que las figuras alegóricas pueden «hacerlas hombres, pues llevan máscaras»).

Lo que es seguro es que se estrena *La conquista de Jerusalén* en la primavera de 1586 porque uno de los actores que está estudiándola dejó en algún lugar la anotación de que «empezó a ensayar» el papel el «sábado de la Trinidad» de ese año, «sin saberse muy bien» su texto, y se pondrá en escena «el día del Corpus primero venidero», como era usual, y cuando ya Cervantes vive a medio camino entre Toledo, Esquivias y Madrid porque no están lejos. Hace bien en tomárselo en serio este actor porque no hay broma alguna en este drama que no es tragedia porque acaba bien y los cruzados cristianos conquistan Jerusalén. Pero trata de altos caballeros y nobles propósitos, abundan los muertos y la estrofa corresponde muy a menudo al estilo elevado de la octava y los tercetos, destinados a un público cortesano y culto a quien nada hay que contar en torno al asunto de la obra. Se trata más bien de disfrutar emotivamente de un episodio del pasado más alto de la cristiandad, la primera cruzada que lidera entre otros Godofredo de Bouillon por orden del papa Urbano II, enviada a Jerusalén para conquistarla, en 1099, a los infieles musulmanes porque «el sepulcro santísimo de Cristo», con «pies sacrílegos le hollaba / el pueblo infame en mil errores visto».

Y eso cuenta el drama, «honrosas / y cristianas empresas» con personajes históricos como el mismo Godofredo, como Tancredo o como Pedro el Ermitaño para evocar en la España caliente de 1586 el origen de todo, el primer momento del combate contra «la bárbara sangre descreída», aunque esta vez haya que invocar la cristiana sangre de Francia e Italia, y no la española. Al final regresa al escenario la figura de la mismísima Jerusalén, y ya liberada por los cristianos siente en torno, revoloteando sin parar, al Contento, que es un «mancebo honesto y muy bien aderezado, con alas en los pies y en los brazos y en la cabeza» y que «nunca ha de estar sosegado en un lugar», dice Cervantes en la acotación. Por en medio, el lector ha asistido a alegatos ideológicos de pura propaganda en torno a la urgencia y la inminencia del asedio, el dolor de los cristianos dentro de la ciudad, el campamento a las afueras, las negociaciones frustradas, la firmeza cristiana, los previsibles equívocos y disfraces, los amores súbitos y el martirio de dos fieles atados a una columna (sin poder darse las manos y ni siquiera un beso de despedida).

Todo está sometido a la heroica conquista del Santo Sepulcro de Jesús porque es obra de propaganda ideológica sin la menor reserva y con plena convicción, incluido el repudio a la milagrería falsificadora y devaluadora del verdadero milagro que es la fe, como tantas veces en Cervantes, e incluye también otro personaje femenino potente y autónomo, belicoso y finalmente pura heroína, aunque la anécdota concreta de la historia de Clorinda no viene de Tasso sino que ambos, Cervantes y Tasso, la toman de las ya bien leídas aventuras *Etiópicas* de Heliodoro.

Usa y abusa de nuevo de las figuras alegóricas, tan explícitas como la mismísima Jerusalén, que antes del revuelo del Contento sale a escena al principio «en hábito de vieja anciana, con unas cadenas arrastrando de los pies», mientras la Esperanza le anuncia el fin de su sufrimiento con la llegada de los cruzados y de Godofredo como «cabeza y guía» de ejemplar y santa austeridad. Cuando quieran nombrarlo rey de Jerusalén, ya tomada, Godofredo acepta el honor pero rechaza la corona que todos le ofrecen y piensa que «de rey podré el decoro / guardar sin esta pompa que desprecio», sin «púrpura ni oro», porque en la humildad «pongo / mi riqueza mayor y mi tesoro» y así, «descalzo y sin corona, / entrar en la ciudad santa dispongo», y se descalzan todos con él camino al Santo Sepulcro.

En ninguna de las tres obras que conservamos de esta etapa —*Los tratos, La Numancia* y *La conquista de Jerusalén*— hay rastros de la volatinería imaginativa de la comedia de entretenimiento, de capa y espada y puros equívocos sentimentales porque, aunque los haya, están sumidos en otro ideal más elevado y menos juguetón. No sabemos el recuerdo que le quedó a Cervantes de estas obras pero sí sabemos que de algunas de ellas se acordó muy bien hasta el final de su vida, y entre ellas están esas tres, pero también otras que nadie editó ni a Cervantes se le ocurrió hacerlo porque ya estaban estrenadas. Y entre «otras muchas de que no me acuerdo», el Cervantes anciano menciona *La gran Turquesca,* que habrá de ser de tema morisco, o *La batalla naval,* que habría de tratar de Lepanto, o *El bosque amoroso* o *La bizarra Arsinda,* de las que no hay noticia alguna pero tomarían su materia de los ciclos carolingios y artúricos habituales en el teatro y el romancero del tiempo.

Y aunque todas ellas, de «no ser mías, me parecieran dignas de alabanza», la mejor es otra que tampoco tenemos, *La confusa,* que había de ser, según cuenta Cervantes muchos años después, de las «de capa y espada» y «bien puede tener lugar señalado por buena entre las mejores» de ese tipo. Y debió ser sin duda de las que justifican su amor al teatro como profesión y oficio, cuando el poeta disfruta «con grandísimo gusto» viendo salir a «mucha gente de la comedia, todos contentos» y agradecidos al escritor. Es verdad que otras veces el desengaño es insoportable, cuando «no hay quien alce los ojos a mirar al poeta», ni siquiera «los alzan los que la recitaron, avergonzados y corridos» del desastre porque nadie sabe exactamente cómo funciona esto del teatro. En el fondo, «las comedias tienen días, como algunas mujeres hermosas», así que «esto de acertarlas bien, va tanto en la ventura como en el ingenio». No hay modo de prever qué funcionará ante el público, qué le conmoverá o qué espera del poeta. «Comedia he visto —asegura este Cervantes ya anciano— apedreada en Madrid que la han laureado en Toledo», y no por esa «desgracia» hay que dejar de componerlas porque bien podría «ser que, cuando menos lo piense, acierte con alguna que le dé créditos y dineros».

Dineros no sabemos que fueran muchos pero crédito sí tuvo alguno, porque *La confusa* al menos se siguió reponiendo incluso años después de su muerte, y otros más se acordaron de él, y entre ellos Lope, que imita descaradamente *Los tratos de Argel* en una obra suya, *Los cautivos de Argel,* pero también la evoca Agustín de Rojas en las crónicas y rutas de su *Viaje entretenido,* y remonta a casi la Antigüedad el papel de Cervantes como pionero seguidor de la novedad de Juan de la Cueva al meter «figuras graves, / como son reyes y reinas» en las obras, sin renunciar a ese juguete dramático que llamaron entremés. Van «entre los pasos de veras / mezclados otros de risa», y porque «iban entremedias / de la farsa, los llamaron / entremés de comedias». Pero es verdad que a Cervantes lo sitúa el autor en un pasado prescrito, de cuando «usaban / cantar romances y letras» con sus ya desfasadas «cuatro jornadas, / tres entremeses en ellas, / y al fin con un bailecito / iba la gente contenta». En otros tiempos posteriores, «las cosas ya iban mejor», dice Agustín de Rojas, con vestuarios más ricos, tres jornadas y «comedias de apariencias, / de santos y de tramoyas», incluidas las «farsas de guerras» con caballos en el escenario y una «grandeza / nunca vista hasta este tiempo», que es el «tiempo dorado» que culmina los años de renovación de la comedia, en pleno triunfo del arte nuevo de hacer comedias de Lope. Otros tiempos.

MÁS BURLAS QUE VERAS

Pero ahora, en estos años de plenitud y afirmación de Cervantes, entre 1583 y 1586, las cosas están sin duda muy bien encarriladas y a varias bandas, con una novela de moda protegida por un buen señor, con varias obras de teatro estrenadas por encargo, más otras en el telar, y de estilos distintos, además de una cercanía al mundo del teatro incluso física, aunque esa intimidad acabe trayendo más de uno y de dos problemas de alguna entidad. Conoce personalmente a Gaspar de Porres pero conoce también a otro importante empresario con compañía propia, Jerónimo Velázquez, casado con la actriz Inés Osorio. Y ha sido ella quien ha acudido a tres amigos en agosto de 1585 para que actúen como testigos de una transacción sobre unas casas que tienen ella y su marido en la calle de Lavapiés. Y dado que no sabe escribir pide a uno de ellos, Miguel de Cervantes, que firme por ella, aunque bien podía haber pedido el favor a Lope de Vega, de haber estado entonces en la corte. Lope acaba de entrar como autor fijo de la compañía de Velázquez, y también ha empezado a frecuentar inmoderadamente aquella casa de Lavapiés porque a Lope le gusta la hija de la pareja, Elena Osorio. Con ella tiene un largo y complicado enredo que dura varios años, y él seguirá vendiendo su obra a Velázquez hasta que la ruptura con ella, quizá forzada por la familia, encolerice a Lope y lo lleve a los brazos, por decirlo así, de Gaspar de Porres, el otro importante empresario de entonces, además de contar toda la historia sin mucho disimulo en una estupenda novela que empieza ahora pero solo retoma mucho más tarde, *La Dorotea*.

Con ellos está en tratos también Cervantes en estos años y han de encontrarse con frecuencia unos y otros, él con libro nuevo y contrato de teatro nuevo, en los círculos literarios viejos y alguno de los nuevos, como la Academia Imitatoria que acaba de fundarse en Madrid pero que dura un año apenas. A todos entretiene y divierte esta moda del romancero literario y de autor, y no tradicional o popular (aunque a menudo tome sus temas), reactivado y remodelado con frescura, a veces morisco, a veces pastoril y muchas veces de burla y maledicencia. Y a todos les gusta hacerlos y escucharlos y difundirlos como parte de la actividad natural del escritor, a Lope, a Góngora por supuesto, sin duda también a Juan Bautista de Vivar —que los dedica con sorna cómplice a Ascanio Colonna— o a Luis de Vargas y al mismo Cervantes. Todos salen citados y levemente burlados en las páginas de *La Dorotea,* además de los habituales Rufo, Riaza, Ercilla, Padilla, todos. Son tantos que no solo incluye Lope a «este Lope que comienza ahora», sino que parece «que en sola una calle de Madrid» haya más de los «que ahora decís que escriben en toda España» (y aun «hay tantos que quitan el sol, y todos piensan que son famosos»), y entre los pocos que cita este Lope por sus títulos está Cervantes y *La Galatea.* No todos se pueden permitir lo mismo que el rico de familia, Luis de Vargas, con las comedias, según Lope, «que por su entretenimiento gusta de hacerlas», porque Lope, en cambio, las hace para ganarse la vida, como el propio Cervantes, mientras no logre ser ni secretario ni escribiente de nadie.

Por esos años tiene Cervantes ganada la fama de romancista satírico al nivel de cualquier otro, Lope incluido. Cuando Cervantes ya no está en Madrid, la corte está muy exaltada ante las salvajadas que Lope ha hecho circular recién llegado de Toledo en diciembre de 1587, y el mismo 29 varios alguaciles lo detienen en el corral de la Cruz y se lo llevan «preso. ¿Por qué? Por lo del romance», según el testigo del juicio que seguirá, Amaro Benítez, y precisamente sobre Elena Osorio y sobre su madre Inés: «las infamaba de putas y otras cosas feas». En realidad, la infamada es la familia completa del empresario Velázquez, incluidos su hermano abogado Damián y su hermana Ana. Si Inés ha hecho de *madame* de su hija Elena, Ana Velázquez puede retirar a la familia entera porque «ganaba por todos» y le atribuye «minuta de muchos galanes que decía la habían servido», y ella aseguraba que nadie la «cocaría con cualquier dinero que no se echaría con él», entre otras cosas porque es —según el romance que toca ya en la jácara— «puta después de nacida, / puta antes y después».

Todos han visto los romances de mano en mano, incluso el propio Lope confiesa haberlos visto en casa de un amigo, porque esa sátira, «que está hecha en versos macarrónicos», la «habían echado por las aberturas de las puertas» de casa del licenciado Moya. Pero jura y perjura que no es suyo porque «aunque es verdad que entiende latín —según declara Lope mientras le interrogan— y le sabe hablar, nunca ha hecho versos latinos ni macarrónicos», cosa positivamente falsa como saben todos sus amigos y hasta sus vecinos, que le han oído una y mil veces jactarse de hacerlos. En este caso llevaba seis meses anunciando, como han oído en el corral del Príncipe o en el «juego de los trucos en la casa de Ruiz, en calle de las Dos Hermanas», que iba a por la familia entera. Y es de tiempo atrás que «ha dicho mucho mal de aquella casa» en Lavapiés, queriendo «hacer lo posible por perjudicar» a los Velázquez para «quitarle los compañeros» y poetas que trabajan para la compañía y «procurando que se vayan con otros comediantes», como hará él, que se va entonces con Gaspar de Porres.

Lope no se arredra y hay que condenarlo dos veces a un mismo destierro sucesivamente ampliado hasta los diez años, «a cumplir en el plazo de 15 días» y si lo incumpliese la pena sería «de servirlos en galeras al remo y sin sueldo». Y por supuesto la condena incluye no pasar «por la calle donde viven las dichas mujeres», sobre todo después de querer enredar el proceso con un falso romance que no le encuentran en la cárcel real donde sigue encerrado hasta febrero de 1588, a pesar de haber ido de 10 a 11 de la noche del día 5 los alguaciles a buscarlo a la celda, cuando estaba ya «acostado y desnudo en la cama» y lo sacaban a él al «patio de la cárcel» con camisa y capa, pero con un frío de meseta cruda. De la cárcel por fin se lo lleva hacia Valencia Gaspar de Porres, con quien pacta la entrega de dos obras al mes desde los lugares por donde pare, que serán muchos. No hay duda, como dice uno, de que «parecía verdaderamente el lenguaje y discurso de Lope de Vega», porque lleva el testigo muchos versos oídos de Lope. Y aunque en las dos primeras caras del pliego con los dos romances, en castellano y en latín macarrónico, se disimula la letra, desde la tercera carilla «se echa muy bien de ver ser propia de mano» de Lope esa sátira, una más de las muchas que hace tanto en latín como en romance.

Pero el argumento definitivo lo pone Luis de Vargas con el punto de jactancia cínica que da la buena familia y que asegura el crédito de Cervantes como romancista burlón. Es Luis de Vargas quien no tiene reparo en afirmar que esas sátiras solo pueden ser de «cuatro o cinco», incluido él, que no ha sido; Vivar, que no está; Liñán de Riaza, que tampoco, y si Cervantes está ya entonces, a finales de 1587, en Sevilla, solo puede ser de Lope, como todos saben que es. La buena memoria de Cervantes no se extingue con la vejez y cuando se acuerde de algunos de sus romances más celebrados, como el de los celos, «que es aquel que estimo, / entre otros que los tengo por malditos», no puede evitar que el recuerdo atraiga junto a los buenos también los envenenados y malditos, por la vena satírica e hiriente que Cervantes aborrece de mayor pero exprime a fondo en esta ya madura juventud, y todos conocen y reconocen, tan lejos de los artificios pastoriles y las endechas lamentosas.

Pero la frontera del humor y la burla irónica queda lejos de la sátira, sin nombre o sin sujeto explícito, como han hecho las que él ha leído en manuscritos de Diego Hurtado de Mendoza o de Francisco de Figueroa, horacianas y bienhumoradas, inofensivas pero divertidas, como ha leído los usos del humor en Bandello y en Boccaccio y algunos otros. Lo creerá toda su vida, cuando recomiende la sátira sin saña, que «murmures un poco de luz y no de sangre», que «señales y no hieras, ni des mate a ninguno en cosa señalada» porque «no es buena murmuración, aunque haga reír a muchos, si mata a uno». Pero de joven me temo que ha incurrido en algunas de ellas, maliciosas y fáciles de escribir, resultonas y siempre exhibicionistas del talento para el vituperio y la vejación, que es el talento más fácil que existe. No ha pasado por sus manos solo la literatura nueva y de vanguardia europea, sino la española, aunque a este Cervantes le encajan hoy menos de lo que le encajarán dos obras maestras absolutas de la Europa de su tiempo, ambas empapadas de un humor casi antitético, como *La Celestina* primero, muy a finales del siglo xv, y el *Lazarillo* después, a mediados del xvi.

En esta primera madurez, ambas obras colisionan con la idea de nobleza inmaculada y altura literaria que reclama Cervantes a la literatura seria, tiran por tierra los edificios artificiales y delicados de la bucólica, de la aventura sentimental casta y santa, y ni siquiera contienen inflamación patriótica alguna sino más bien lo contrario: son casi la perversión misma de la literatura como imitación de lo mejor y lo más noble. Para este Cervantes de hoy, que aprende lento y se va quitando poco a poco jirones de sus hábitos de soldado contra el turco y el infiel, son en exceso rupturistas para las formalidades que gasta la corte y para la poesía que a Cervantes le gusta cuando escribe en serio, y no solo para entretener las horas entre amigos. Y en serio ha descrito su ideal de la literatura sin mancha, la que defiende en *La Galatea* la musa que comparece ante los pastores para aleccionar a todos y aleccionar a los lectores y oyentes sobre la calidad de la literatura española del presente, moderna y del día, con su lista de cien autores vivos que no son solo poetas líricos, sino humanistas y hombres de letras, además de soldados, juristas o médicos. Por eso esa lista ha incluido el elogio público que nadie ha hecho todavía por escrito de fray Luis de León, a quien sin contemplaciones Cervantes asegura que «reverencio, adoro y sigo» (cuando la Inquisición acaba de procesarlo por segunda vez, tras cinco años de cárcel en Valladolid) y en quien «cifro y recojo todo cuanto / he mostrado y he de mostraros».

Los años no han hecho todavía de Cervantes el escritor que ve dos cosas a la vez y en ambas aprecia o rescata sus dosis de verdad y de belleza. Para eso necesita aún desarbolar la arboladura de las teorías y desestabilizar la estabilidad de las ideas recibidas, empezar a fiarse del instinto en libertad para librarse de la prístina claridad de sus presupuestos, difuminar los contornos, rebajar las aristas y dejarse arrebatar sin miedo por la sospecha intuitiva de que a menudo incluso lo más simple se hace complejo, el mejor afán de lo justo se hace daño irrevocable y la razón sustanciosa se hace insustancial sin remedio.

La conquista de la ironía llega más tarde. Hoy solo existe como guiño y recurso auxiliar y secundario en este Cervantes trufado de convicciones y de normas estéticas, con el mapa del mundo dibujado e incapaz todavía de disfrutar de veras de esas dos majestuosas incursiones en la visión desencantada de la realidad humana que son *La Celestina* de cien años atrás y el *Lazarillo,* medio siglo antes. Ambas son además muy populares y leídas; en los pedidos que reciben de América los libreros suelen ir numerosos ejemplares de las dos (aunque siempre son muchas más las *Dianas* que se embarcan hacia las Indias). Y libros de caballerías, que vienen casi todos de ese tiempo también, pero son otra cosa, son historias alocadas y exageradísimas para disfrutar con aventuras exóticas, amores para toda la vida, casi siempre castos, y grandes hazañas que los más chicos y hasta demasiados adultos —desde Carlos V hasta Teresa de Jesús, pasando por el mismo Cervantes, por supuesto— les hacen fantasear con vidas explosivas y perfectas, dotados de superpoderes para arreglarlo todo en un santiamén, y vivir vicariamente una vida imposible y semifantástica, o solo de papel. A Laínez incluso se le ocurría regalarle a la Filis de su *Cancionero* «un *Amadís* en toscano», pues «en el siglo nuestro / su memoria / no menos viva está que en el pasado», y más aún la «alta fama que ha dejado de leal amador» y «firme enamorado».

Muchos, muchos de los lectores las toman a pies juntillas como historias verdaderas porque así lo dicen sus autores una y otra vez, siempre aduciendo un manuscrito descubierto y secreto, un archivo o un papel que avala indubitablemente la veracidad de lo que cuenta. Esas historias no tienen nada de perturbadoras aunque tampoco enseñen propiamente nada demasiado bueno —llenas de imposibles, de desvaríos y fantasías sin orden ni concierto—. Son inofensivas y mero ocio, y a menudo mero vicio, aunque a veces estén tan bien hechas como el *Amadís de Gaula* o el *Tirant lo Blanc,* y menos las infinitas sagas, subsagas y series que continúan las historias rocambolescas y felices de caballeros de otro tiempo y para otro tiempo. Ya no existen caballeros como esos en la España de finales del XVI: desaparecieron hace lo menos un siglo y pico.

Son las otras obras, las más lúcidas y depresivas, las que de veras le resultan perturbadoras, desórdenes insumisos y no lecciones útiles y prácticas del saber: en el primer caso, *La Celestina,* porque el acento trágico y desolado inunda un mundo egoísta y sin orden providencial ni sagrado, y en el segundo, el *Lazarillo,* porque la

ficción de una autobiografía veraz, que es por supuesto falsa o apócrifa, hace de ese librito la novela más sabia y más rara de su tiempo, fingiendo real lo que es ficticio y haciendo creer que cada
episodio de la vida de Lázaro es genuinamente verídico sin serlo,
mientras hilvana anécdotas y cuentecillos que vienen de la tradición escrita y oral para trazar una peripecia convincentemente
única y verídica, pero inventada. Hay en ambas, y por razones
distintas, un desorden, o una subversión del orden, que a Cervantes todavía le perturba y ante cuya evidencia fulgurante y, a la
vez, desconcertante, reaccionará a su modo, años después, cuando
invente un personaje que es otro puro desorden ambulante, un
disparate que combate con armas que no combaten nada, pero
con muchas letras para explicarse. Entonces ya sabrá también Cervantes que las razones para combatir la nueva realidad mundana
y humilde y degradada y sin héroes ni horizontes míticos o legen-
darios pueden ser tan engañosas como las armas que usa don
Quijote para derrotar a una realidad impertérrita: irónica sin remedio ni lamento ni elegía depresiva. Pero hoy el héroe sigue
siendo héroe y no todavía lo que será, héroe y orate a la vez.

5. Diez años de resignación

Las cosas en su vida parecen haber cambiado de golpe sin que haya cambiado nada muy de veras. El inglés Francis Drake piratea cada vez con más atrevimiento y más cerca de las costas españolas, en Flandes los reveses tienen pinta de ser irreversibles y de seguir sangrientamente, Cervantes disfruta de las camas, las arcas y las arquetas de la casa de Esquivias, sin renunciar en Toledo o en Madrid a los corrales de comedias, ni a escribir y escuchar los romances de moda, en corrillos, ventas y casas, con amigos próximos todavía a Ascanio Colonna, y ahí seguirá Cervantes, al menos si nada se tuerce.

Además, en la casa de Esquivias, espaciosa, con patio y huerta, no parece haber graves tensiones ni por la diferencia de edad con su mujer (el doble), ni por la confianza que inspira Cervantes a su suegra. Algo habrá aliviado el nuevo yerno, además, el enconamiento en que viven las dos familias del pueblo, los Salazar de Catalina y los Quijada, ricos hidalgos con escudo de armas y dueños de la mitad del pueblo. Unos y otros habían llegado incluso a las manos diez años atrás, cuando un Salazar soltó un bofetón a un Quijada llamándolo judío, aunque en realidad solo estaba casado con una judía. Pero también era teniente de alcalde y metió al Salazar en la cárcel a la vista de todo el pueblo, mientras lo llamaba «bellaco desvergonzado» (además de acuchillarle la cara tiempo después). El odio eterno entre las familias, ampliamente emparentadas entre sí, duró para toda la vida, como una y otra

147

vez reaparecía la historia de un antepasado Quijada, Alonso Quijada, que murió setenta años atrás con la cabeza ida de tanto leer libros de caballerías y creyéndose incluso un nuevo caballero andante, al menos según decían en casa.

Otros negocios han sido más seguros y por fin la suegra decide relevar a su hermano, Juan de Palacios y cura de Esquivias, como administrador de sus bienes, y lo hace en el mismo acto y día en que Cervantes confirma formalmente la aceptación de la dote acordada cuando se casaron en diciembre de 1584, dos años atrás, y aporta la suya (unos habituales cien ducados). Se compromete también Cervantes a proteger y conservar esas propiedades y bienes, y en caso de muerte (u otra causa de separación cualquiera) lo restituirá todo en el acto. Tras estas seguridades, la suegra le encarga la gestión del patrimonio desde este agosto de 1586, incluidos los majuelos y las casas que ella tiene en Esquivias, en Toledo, «y otras partes». Y por primera vez vemos a Miguel de Cervantes firmar un papel con su segundo apellido, Saavedra, aunque con una rúbrica entre tímida y casi desmayada.

En medio están llegando noticias poco esperanzadoras de cara al futuro. Parece que por fin Ascanio Colonna, después de casi diez años en España, se decide a regresar a Italia. Se lo ha dejado entrever a Luis Gálvez, mientras le propone acompañarle en el viaje de vuelta como secretario personal, y en diciembre de 1586 esperan ya en Barcelona las naves que los llevarán a Génova. Se lleva Ascanio Colonna también a Pedro Fernández de Navarrete, otro amigo más de la Salamanca de hace años, pero se quedarán aquí otros tantos amigos del mismo círculo, Juan Rufo, Luis de Vargas o Juan Bautista de Vivar. Ese viaje no tiene solo el valor de un cambio de destino profesional; parece llevarse consigo parte de las esperanzas y expectativas de varios de ellos, como si algo estuviese acabando o entrasen entre todos en una nueva fase de sus vidas, con Ascanio Colonna ya a las puertas de ser nombrado cardenal en Roma, a los 27 años, y como si los demás hubiesen de empezar a planificar a toda marcha nuevas vidas sin reservas de seguridad ni garantías de nada.

Tampoco las tiene Cervantes, desde luego, pero no le acabo de imaginar en el papel de Juan Rufo (que tiene su edad) o de Vivar (que es mucho más joven) para actuar como actúan ellos o escribiendo como escriben ellos en sus cartas de auxilio y socorro. Rufo busca como sea que la Cámara de Castilla le dé el «título de cronista o algún entretenimiento moderado con casa de aposento». En realidad, estaría bien cualquier otra cosa que se les ocurra y que a él lo libere «de las incomodidades en que se halla, causa de que pierda el tiempo, que es su mayor aflicción». Pero tendrá que volver a Córdoba a recuperar el oficio de tintorero que tenía su padre (y a perder abusivamente dinero jugando a las cartas: los últimos cincuenta ducados de los quinientos que recibió como auxilio de Felipe II asegura habérselos pulido jugando). Tampoco a Juan Bautista de Vivar le salen las cuentas, y pide auxilio a Ascanio Colonna para que mire por él y redacte cartas «para el de Chinchón, y el de Melgar, y el de Asculi, y del Lemos y Mateo Vázquez», cuando tiene a la «mujer preñada en cinco meses, sin ayuda ninguna de sus padres, porque él está preso por unas fianzas y yo con muy poca salud y menor refrigerio». Y es que «esto no tendrá fin», cree Vivar en marzo de 1587, hasta que no sea el cardenal en persona quien escriba una carta al rey y otra «carta muy encarecida a Mateo Vázquez». Sin apuros vive Luis de Vargas pero le espera una crisis religiosa que lo llevará a meterse soldado al año siguiente, como teme que tendrá que hacer Luis Gálvez tras haber metido la pata por gracioso, ya en Roma y al servicio de Colonna: «maldito sea el día en que tan inconsideradamente yo envié aquella burla a España», le escribe al cardenal, cuando anda de veras apurado, «con un solo cuello de camisa y dos espuelas izquierdas» sobre un «rocín matado».

Bien pudiera haber escrito a Cervantes desde Roma noticias parecidas a las que ha mandado por carta a Diego de Silva, hijo de la princesa de Eboli, contándole la impresión del bullicio inmundo que es Roma, «todo estragado y malo de suyo», con las «cárceles llenas de españoles» por la muy comprensible enemistad italiana contra ellos (porque ocupan más de la mitad de Italia), además de campear por la ciudad unas doce mil «putanas, casadas y por casar». Y si la sodomía se practica en Roma sin el menor recato, como en una nueva Argel cristiana, Gálvez al menos mantiene sus compromisos patrióticos y acaba de escribir nada menos que tres sonetos para una de las traducciones de *Os Lusíadas*, además de estar seguro de que su versión en coplas castellanas de la recentísima *Gerusalemme liberata* de Torquato Tasso (que tan bien ha sabido aprovechar ya Cervantes en *La conquista de Jerusalén*) «sale cual jamás salió traducción en el mundo». Un desgraciado accidente hacia 1590 acaba con su vida, y en el mismo accidente comienza la ruina de otro amigo más de Cervantes. A Antonio Veneziani el desplome de la pasarela que mató a varias personas en Sicilia le dio óptima materia para la vena satírica en un poema que lo lleva a la cárcel de Palermo y muere poco después, en 1593.

O no ha quedado rastro o Cervantes no redactó nunca cartas de auxilio y socorro con el tono descarnado de las de Gálvez, de Montalvo, de Juan Rufo, de Juan Bautista de Vivar, ni tampoco hay testimonios ni restos náufragos de borradores de poemas y cartas amorosas para el cardenal Ascanio (o el pastoril Arcano) para seducir a su Lisarda en Madrid (o doña Luisa), mientras Juan Bautista de Vivar presta su propia correspondencia para mezclar en ella las cartas de vuelta de doña Lisarda desde España al cardenal Arcano en Roma.

Quizá a estas alturas de 1587, la posibilidad de una colocación cerca de la corte o en casa de un señor importante es solo pesadilla o es solo pasado: las reservas con la vida de la corte y los hábitos de la corte están registrados (aunque sea un tema tópico de la época) en *La Galatea*. Cervantes no abandona el asunto y quizá como último recurso, quizá como asidero a algo que pueda ser útil, escribe un nuevo soneto precisamente para un libro sobre *Filosofía cortesana moralizada*. Es obra de Alonso de Barros y va dedicada al ya mandamás Mateo Vázquez (o mandamás junto al otro importante secretario real que es Juan de Idiáquez). Por ser Vázquez «un centro de los negocios de esta monarquía, lo entenderá mejor que otros». Barros está seguro de que sabrá sacar el mejor partido posible de su manual de supervivencia en la selva cortesana, construido como instrucciones del juego de la oca, de casilla en casilla, con dos condiciones indispensables para culminar las *pretensiones* de cada cual, como las llama Barros. Con los desórdenes de la fortuna se cuenta siempre, pero más allá de ella, lo indispensable es conocerse bien a uno mismo y no desdeñar la adulación como parte de la propia disciplina de trabajo. Cervantes ha leído poco a poco el libro porque su soneto (el otro es de otro habitual, Liñán de Riaza) copia casi a la letra la lengua del libro para recomendárselo al «que navega por el golfo insano / del·mar de pretensiones» y en él «verá al punto» el hilo «del cortesano laberinto» para salir bien librado y no naufragar, como sospecho que está a punto de pasarle a él. A estas alturas me temo que Cervantes (que acaba de cumplir cuarenta años) está ya un tanto escamado, por mucho que el libro de Barros cuente un «juego alegre» en «dulce y claro estilo», y quizá consciente de que se ha equivocado de bando, o que los bandos se confunden y entremezclan sin remedio y sin fortuna.

Pero el contacto con Alonso de Barros no es accesorio ni poca cosa porque es otro hombre nacido en la corte, aposentador real desde hace muchos años (precisamente el cargo al que aspiraba inocentemente Juan Bautista de Vivar), y también su hermano hace números como contable (o contador) para la Hacienda real. Ambos están claramente alineados cerca de Mateo Vázquez, que es enemigo jurado de lo que queda del poder de la princesa de Éboli y de Antonio Pérez (todavía preso en Madrid) y los hijos de la de Eboli, tan amigos y confidentes de Ascanio Colonna. Pero ya no está en España y no se ha llevado a Cervantes con él a Italia, y quizá también ya da todo bastante igual porque las cosas están moviéndose por debajo y sigilosamente, a las puertas de una empresa que puede dar un giro importante a la vida de todos. Puede que Alonso de Barros esté o puede que no esté bien informado de los secretos de la corte, pero como experto que es en la filosofía cortesana es bien probable que sepa algo de la tentadora serpiente que culebrea en el despacho de Felipe II desde el año anterior o, en realidad, desde hace ya varios años.

El sueño de la victoria

Aunque el asunto tiene aire de secreto total, ni lo fue ni podía serlo porque al menos desde 1583 existe un plan escrito para acabar con la «mujer hereje que tanto mal ha causado en aquel reino», y el reino aquel es evidentemente Inglaterra. La idea y la fórmula es del marqués de Santa Cruz en plena euforia, tras ocupar la isla Tercera de las Azores, en agosto de 1583, y cuando sueña con emprender una nueva campaña militar, más ambiciosa, definitiva, necesaria, y de forma tan inmediata que detalla al rey incluso los presupuestos ya calculados. Álvaro de Bazán piensa en más de quinientas naves (el doble que Lepanto) y en todo lo necesario para el avituallamiento de las naves, incluidas seiscientas toneladas de «bizcocho» que deberán suministrar los virreyes de Sicilia y Nápoles «en buenas naos artilladas y bien aparejadas», además de la necesidad imperiosa de «comprar mucho trigo a esta cosecha», es decir, al final del verano de 1583.

Ese plan que entonces fue desechado discretamente por Felipe II va a ser reactivado, también por supuesto en secreto, desde enero de 1586, porque Santa Cruz no renuncia a echar a la hereje, ni Drake deja de interceptar naves de las Indias y saquear las costas españolas, ni el inglés deja de alborotar en Flandes. Por eso el marqués se permite ya hablar «con tanta libertad como aquí lo hago» para pedir no «una guerra defensiva», sino de conquista, y conquistar por fin Inglaterra. La novedad esta vez es que Felipe II contesta a los quince días, ese mismo enero de 1586. Igual que hace seis años parecía que la armada se preparaba contra los turcos pero iba contra Portugal, hoy siguen sin estar en la cabeza de nadie los cristianos de Argel, y la armada nueva finge ahora proteger las costas hispano-portuguesas de los corsarios ingleses. Pero en la práctica va destinada a la conquista de Inglaterra «con sumo secreto» y un descomunal presupuesto de casi cuatro millones de ducados. La operación está en marcha.

De momento, sin embargo, a Cervantes sabemos que los números y las cuentas se le dan bien. Se ha hecho cargo de papeles y encargos de su suegra, también de alguna importante gestión económica relacionada con Diego de Hondaro y Juana Gaitán, mientras escribe sus historias para el teatro y otras historias prefiere concebirlas como relatos breves contados a menudo a la italiana, al estilo de Mateo Bandello y sus populares relatos de entretenimiento y picardía. Alguno le reprochará a Cervantes después esa confusión de géneros, como si sus comedias fuesen en realidad novelas breves y sus novelas breves pudiesen ser comedias para el teatro, quizá porque es verdad que todos hablan en la narración y en el teatro hablan sin remedio. A Toledo viaja con frecuencia para gestionar pagos y alquileres de las casas que tiene allí la familia de Catalina y es ciudad plagada de casas con los blasones de la rama rica de la familia en la que Cervantes acaba de entrar, los Salazar y Quijada. Allí ha ido más de una vez a cobrar los alquileres que la suegra tiene en algunas casas, ha tenido que ir también a pagar una deuda menor del padre de su mujer, fallecido pocos meses antes de conocerla. Y también porque es tanto o más atractiva que Madrid, que solo tiene la corte. Toledo es más populosa y más ciudad, más bulliciosa y activa, y hasta por ahí anda desde abril de 1586 el Greco con sus 45 años, pintando la capilla de Santo Tomé con el entierro del conde de Orgaz (bajo condiciones tan precisas como pintar «un cielo abierto de gloria» encima de la escena), y existe una conocida taberna, del Sevillano, que Cervantes conoce porque la saca en una de sus novelas pero, sobre todo, porque es lo más lógico y natural.

Menos lo es, sin embargo, lo que ha decidido hacer en este viaje de hoy a Toledo, a finales de abril de 1587, porque ha ido solo y en parte al menos lo va a dedicar a gestionar el documento que otorga plenos poderes a su mujer para gestionar cuanto hiciese falta en su ausencia, incluidas cartas de pagos, «como si yo las diese y otorgase» estando presente. Ante la presencia de un sobrino de su mujer como testigo, Gaspar de Guzmán (él mismo escribano de los temibles guardias de la Hermandad Vieja de Toledo), lo firma Cervantes el día 28 con el esmero que no pone el escribano y una letra pequeña, apretada, de grafía aniñada y sin soltura, por mucho que lleve (o precisamente por llevar) de nuevo el segundo apellido con una rúbrica raquítica y sin brío. Casi diría que es una firma falsificada o imitada por alguien, aunque el documento sí hable por él sin duda, y aunque el nombre de ella siga bailando casi como siempre. Aquí la llama al revés de como la había nombrado hace nada más que seis meses y es ahora Catalina de Salazar y Palacios cuando ayer fue Catalina de Palacios y Salazar.

Es la misma en todo caso, pero Cervantes o se va ya a otro sitio o no piensa volver a Esquivias con su mujer, sin que sepamos si hay una separación disimulada o pactada, si lleva mucho tiempo o poco en Toledo cuando firma ese documento sin su mujer, «que estáis ausente», ni si ha residido él en las casas que tiene la familia en Toledo y que él ha ido a cobrar. Lo que cuesta menos de explicar es su presencia en la ciudad en esos días de finales de abril: la comitiva que conduce las reliquias de santa Leocadia desde un pueblecito de Flandes hasta su destino en la catedral de Toledo ha hecho noche en Esquivias el viernes 24 porque las esperan el sábado en Toledo. El domingo 26 por la mañana la familia real, con Felipe II a la cabeza, asiste a misa y traslada en persona los restos de la santa y mártir hasta la catedral.

En Toledo han tirado la casa por la ventana porque es la patrona de la ciudad y nadie pierde la ocasión de celebrarlo. Incluso al premio de poesía que convocaron seis meses atrás se han presentado tantos poetas como se presentan hoy a los premios de poesía, nada menos que cuarenta y tantos: quince salen premiados con saleros de plata que valen ciento doce reales u ochenta, según. Lo importante de veras es menos lírico, y es que están en Toledo el rey y su familia, hospedados, como alguna otra vez, en el palacio que heredó hace unos diez años Luis de Vargas. Podía no estar en esta memorable ocasión pero resulta improbable, dados los sucesivos aplazamientos y ajustes de agenda que exigió la visita real. Y es también chocante que el privilegio para publicar una obra más del incansable Pedro de Padilla vaya firmado por el rey ese mismo sábado 25. Y tanto Cervantes como su amigo Liñán de Riaza escriben sus sonetos al libro del ya fraile Padilla sobre las *Grandezas y excelencias de la Virgen señora nuestra*. El de Cervantes es desmayadísimo y lo remata casi a ras de suelo recurriendo como tantísimas veces a la misma rutina sobre el poeta que causa «admiración al griego, al tusco espanto», es decir, de punta a punta.

Pero nada tiene de rutinario en cambio lo que sucede este abril de 1587, porque está definitivamente en marcha la nueva armada que prepara el rey, y de ahí puede salir algo útil. Los planes han de avanzar a toda marcha pero todo va demasiado lento, y algunas actividades inglesas parecen incluso sabotajes. De hecho, desde que la reina Isabel de Inglaterra decapitó a la católica María Estuardo, tres meses atrás en este mismo 1587, el alboroto y la irritación católica han aumentado y posiblemente el «sumo secreto» se habrá desvanecido, o ampliado sustancialmente, como ha sido creciente la impunidad que gasta Drake. Ya no solo captura naves de las Indias o apoya a los rebeldes en Flandes, sino que ataca sin complejos ciudades y puertos. A finales de este abril de 1587, casi treinta de sus naves sin bandera se han plantado ante Cádiz para bombardear, saquear y quemar naves y almacenes entre el 29 y el 30, sin que llegue a tiempo el auxilio de gentes de Sevilla o Jerez de la Frontera. El castigo económico de esa incursión es grave porque Drake se lleva consigo casi veinte naves españolas y sigue su ruta corsaria por el Algarve y hasta Cascais, ya en Portugal. Hubieron de enterarse todos con retraso de varios días, ya muy pasadas las fechas de exaltación católica por las reliquias de santa Leocadia en Toledo, y Cervantes firmaba entonces, con su sobrino Gaspar de Guzmán delante, la carta de poderes para que Catalina de Palacios pudiese hacer y deshacer mientras él no estuviese en casa.

EL NUEVO COMISARIO

No hay razón alguna, o yo no la encuentro, para imaginar a Cervantes reticente o inconforme con la nueva empresa católica contra la protestante y prepotente Inglaterra y sus bárbaros piratas. De hecho, solo encuentro razones para imaginarlo bien dispuesto y disciplinado, cumplidor, obstinado y a la vez exigente con las infinitas demoras, las falsas excusas, los retrasos injustificados y hasta las amenazas violentas que habrá de ir recibiendo en cada pueblo que recorra en los próximos meses, desde el verano de 1587. Porque en algún momento entre abril y septiembre, Cervantes ha obtenido el cargo de «comisario del rey» para recabar, almacenar, moler y transportar el trigo que necesita la armada para llenar sus barcos con los inmundos bizcochos que comerá la flota de guerra que ha de zarpar el próximo enero de 1588.

Hay prisa real, por tanto, aunque no todos parecen tenerla porque el Proveedor General designado por el rey para esa misión urgente ha delegado a su vez en un representante en Sevilla para empezar los trabajos. Es Diego de Valdivia, juez o alcalde del crimen de la Audiencia de Sevilla, que actúa desde este septiembre como jefe superior inmediato de Cervantes y a quien ha visitado recién llegado a Sevilla aunque no sabemos cuándo llega a la ciudad (pero sí que Felipe II recibe informes sobre ese Valdivia calificándolo de medianía «en todo»). Cervantes ha debido emprender el viaje bastante antes de septiembre porque el trayecto desde Toledo es largo (cuando no existe la ruta por Despeñaperros sino el camino de la Plata, o camino real de la Mancha), con numerosas ventas intermedias, algunas tan conocidas y populares que tienen sus propias recreaciones literarias. Puede durar en total algo más de diez días a razón de ocho o nueve leguas por día, y la legua son unos seis kilómetros en carruaje o en caballo de postas. Solo hasta Córdoba, que era etapa obligada, hay cincuenta leguas, y unas veintipico hasta Sevilla, según la ruta escogida, aunque todos evitaban la más corta porque es también la que pasa por Sierra Morena y sus bandoleros.

Todos creemos que Cervantes ha ido a alojarse a una posada de postín y señorial —donde se alojan los duques y duquesas, de Alba, de Osuna, etc.—, con al menos dos pisos y situada frente a las escaleras de la catedral, en la calle de Bayona entonces. Y con derecho de admisión reservado para rechazar a los apestosos arrieros, porque, según explica Cervantes años después, la fonda de Tomás Gutíerrez «no es mesón sino casa de posadas como las hay en Madrid, honradas y principales, donde posan príncipes y duques y condes y caballeros y jueces y otras personas principales». Allí no hace falta protegerse el estómago con la comida preparada por el cocinero de cada señor que se hospedase, como era usual, ni acarrear la propia cama. Menos ha de extrañar aún que Tomás Gutiérrez, a quien conoce Cervantes al menos desde un par de semanas antes de casarse en 1584, haya ido dejando el teatro para concentrarse en «gobernar su casa». Por «ser honrado como lo es», dice Cervantes, «se acompaña con la mucha gente principal y le dan a su lado mesa y silla donde quiera que esté». Digo que lo creemos todos porque Tomás Gutiérrez aparece una y otra vez en transacciones, préstamos y cuentas saldadas entre los dos, aunque solo de una se deduce con claridad que tenga que ver con el alojamiento que regenta en Sevilla, una ciudad que ha crecido y ha cambiado a marchas forzadas. O con la marcha forzada de una creciente opulencia que la ha modernizado en los últimos veinte años como ninguna otra ciudad española, de arriba abajo, o casi, con sus buenos cien mil habitantes de todas las razas y trazas, otra vez muy por encima de Madrid, solo parecida a Lisboa, y por donde pasa en régimen de monopolio el tráfico comercial de las Indias. Desde hace unos pocos años es ya por fin caudaloso gracias a una especie de sistema de acuerdos de España con la banca genovesa beneficioso para ambas partes hasta final de siglo.

Cuando llega Cervantes, pongamos hacia finales de agosto de 1587, se están acabando de construir una aduana que parece un templo con su imponente bóveda y la mismísima puerta de Triana, además de haber desecado la pestilente laguna que había donde hay ahora la alameda de Hércules. Y aunque levantan otro convento, lleva diez años en marcha el que fundó Teresa de Jesús en 1576, se construye una nueva universidad y hasta le suben entonces un piso a la Giralda. Sevilla es el nuevo poder del centro de operaciones comerciales y mercantiles más importante del sur de Europa. También la misma opulencia la ha degradado (la opulencia degrada indefectiblemente) al ser foco de atracción de todo tipo de buscavidas, ganapanes, desesperados y fugitivos, incluidos quienes aspiran a cumplir desde allí el difícil viaje a las Indias, Mateo Alemán espera al menos desde 1582 salir de Sevilla y viajar a las Indias, sin éxito, aunque convencido de que está a punto de zarpar. Cervantes y él son exactamente de la misma edad, los dos nacidos en los mismos días de septiembre de 1547 y en los dos la escritura se aplaza a la edad madura porque primero tienen que ganarse la vida, Alemán como contador público también desde hace varios años, además de haber estudiado en Alcalá de Henares unos pocos meses de 1566 y de haber vuelto a Alcalá a intentar rematar sus estudios de medicina, sin conseguirlo del todo, cuando Cervantes andaba entre Madrid, Alcalá y Ascanio Colonna.

Con el juez Diego de Valdivia habrá de negociar Cervantes en Sevilla una y otra vez el reparto de los municipios y villas más complicadas o más resistentes o más simplemente pobres. Con él negocia los complicados pagos a los auxiliares y sus propios gastos de alojamiento y manutención (dado que él cobrará una vez terminada la saca de trigo y aceite, y en realidad cobrará a medida que vaya habiendo dinero). La primera comisión que encargan a Cervantes lo lleva a la ciudad de Écija, que no es pobre sino todo lo contrario: es ciudad importante entonces, a quince leguas de Sevilla y al menos tres días de viaje a caballo, por supuesto amurallada, con foso, con fuente de cuatro surtidores y enormes ninfas decorativas (y con el rollo de piedra a la entrada como suplicio común de la época). Va a pasar un tiempo aquí Cervantes, y tendrá que volver una y otra vez, mientras se da cuenta de algunas cosas que no sabe y que explican el poco caso que hacen a las solemnidades firmadas que trae el nuevo comisario Cervantes. La ley de la tierra parece inmune a las atribuciones del comisario para «ordenar prisiones, embargos, secuestros de bienes, aprehensión de bagajes, carros y carretas y lo demás anejo a ello y dependiente» para lograr el objetivo real: recabar trigo y aceite para las galeras de la armada.

Al menos ha coincidido en Écija con un amigo que acaba su mandato como corregidor (que es nuestro alcalde), al cabo de una semana y media, Cristóbal Mosquera de Figueroa. Tiene la misma edad que Cervantes y es nada menos que antiguo auditor general de las galeras, algo así como el responsable de los juicios rápidos a pie de guerra, y quien impartió justicia y mandó ajusticiar a quien hiciese falta tras la toma de las Azores en 1583, junto al marqués de Santa Cruz. Cervantes lo elogió sin esmerarse en *La Galatea* y tanto si hubiese visto como si no la octava ya publicada en el libro, Mosquera de Figueroa está escribiendo por encargo del mismo marqués, Álvaro de Bazán, la crónica vivida de aquella conquista. En ella menciona expresamente a Rodrigo de Cervantes como uno de los dos o tres primeros soldados que se echaron al agua pese a la resaca del oleaje, con la nave embarrancada en la arena. Andando sobre ella como «si subieran por el aire» llegaron los soldados a tierra «mojados, corriendo agua salada por las ropas y las armas»: por eso después el marqués «aventajó» a Rodrigo, sin duda contentísimo también por los tres días de saqueo que les concede Felipe II y sin que sepamos si participó en las reyertas de los soldados «en materias de las presas que hubiesen en el saco». Es el mismo Mosquera de Figueroa quien cuenta todo esto en su *Comentario en breve compendio de disciplina militar* y quien ordena levantar el cadalso en la plaza de la ciudad, Angra do Heroísmo, y dicta allí un montón de sentencias de muerte contra portugueses, aliados franceses y traidores españoles (con sus respectivas sentencias a galeras y otras penas menores).

Cervantes no regatea entusiasmo guerrero en un poema que dirige a Álvaro de Bazán, que ha sido mando de Lepanto, no manco, y muere unos meses después del encuentro entre Cervantes y Mosquera de Figueroa. Al marqués se dirige Cervantes para elogiar a uno y a otro por la «justa prevención del cielo» que ha hecho que «a un tiempo ejercitases tú la espada / y él su prudente y verdadera pluma». Contra quien sea, incluida la envidia, «tu fama, en sus escritos dilatada, / ni olvido o tiempo o muerte la consuma», con un verso final que resonará más de una vez en la obra de Cervantes.

Antes o después, de camino a un sitio o a otro, se hace previsible imaginar a Cervantes acudiendo a ver a gente que hace tiempo que no ve, y que ahora está mucho más cerca que en Madrid, en Toledo o en Esquivias. Su tía Catalina es ya subpriora en 1587, del convento de Jesús Crucificado en Córdoba, donde ha de haber familia más o menos lejana de Cervantes, y su tío Andrés sigue como en los últimos mil años como alcalde de Cabra, con un hijo, Rodrigo, decidido a hacerse soldado para la misma campaña contra Inglaterra que ha dado trabajo a Cervantes. Se ha comprado incluso ese vestido vistoso y coloreado, como de papagayo y por eso lo llamaban así, que tanto les gustaba llevar, o al menos llevaban todos. Es verdad que algunas de las noticias que corren pueden alimentar la fantasía morbosa del más romo novelista, porque a la hija de la segunda mujer de Andrés de Cervantes, Elvira Rodríguez, le ha asestado su marido unas cuantas puñaladas y muy malherida ha acudido al alcalde de Cabra para testar porque «perdonó a Rodrigo Alonso Cobo, su esposo, las puñaladas que le había dado en la calle de Priego, junto al convento de Nuestra Señora de Concepción, ayer tarde a puesta de sol, viniendo de la plaza de ver la procesión de la octava del Señor», aunque a esas alturas el animal ha huido ya (aunque a los pocos meses está en casa de nuevo).

Y más lejos, en Esquivias, a su suegra no le han asestado puñalada alguna, pero está mayor, y aunque no está grave decide hacer testamento el 17 de noviembre de 1587. Deja como heredera a su hija, aunque es ella misma quien explica que su madre le prohíbe «la enajenación y venta de» los bienes que hereda (pese a la amplia confianza que mostró hacia Cervantes un año atrás, antes de irse) y esto «por dos respetos, y el uno para que no se pudiere valer de ellos el dicho mi marido, y el otro, en caso que no tuviese yo hijos» (que no va a tener). No sabemos si ha viajado en algún intermedio o no a Esquivias o a Madrid, aunque en algún momento ha sabido que estaba ya a punto de publicarse un tratado muy técnico y especializado sobre, literalmente, «enfermedades de los riñones, vejiga y carnosidades de la verga y urina». Es obra sin duda de mérito de un viejo amigo de la familia, Francisco Díaz, que fue testigo del bautizo de su hermano Rodrigo, y ahora dedica esta obra al médico personal de Felipe II. De él había hablado ya Cervantes en su canto tumultuoso de Calíope y ahora vuelve a hacerlo en un soneto que se imprime al final del tomo, en una hoja sin numerar, entre el índice de nombres y las erratas. Lope de Vega pone al frente del tomo también su propio soneto, aunque no parece tomarse tan en serio al autor como se lo toma la buena fe de Cervantes, esforzándose por hallar las analogías entre las venas urinarias «de salud llenas, / contento y risa del enfermo lloro», y las venas líricas que por una vez coincidirán con el saber del médico que logra, de «una deshecha piedra, / mil mármoles, mil bronces» que cantará la fama.

Los embargos del trigo del año pasado están todavía por cobrar y sin tiempo casi de poner los pies en Écija, el cabildo de la ciudad denuncia su desamparo ante la escasez que padece y las malas cosechas del año, que además son verdad, porque no fueron buenas en varios años sucesivos ni en Écija ni en Andalucía. Ha crecido la pauperización del medio rural, sobrecargado de tributos estatales, señoriales y eclesiásticos. España no es en conjunto un país pobre, aunque esté llena de pobres, y Cervantes propone al pueblo un reparto equitativo de la saca, excluido lo que sea «para comer y sembrar», requiere la presencia misma de Valdivia, pero el éxito es relativo porque la requisa a la Iglesia le cuesta a Cervantes una excomunión del obispo de Sevilla. No era medida excepcional entonces y funcionaba como recurso intimidatorio para proteger los intereses de la Iglesia. Ni siquiera se encarga él mismo de quitarse de encima el problema y delega en un subordinado el 24 de febrero de 1588 para que en el obispado de Sevilla «me manden absolver remotamente» de «la censura y excomunión que contra mí está puesta» por «haber yo tomado y embargado el trigo de las fábricas de la dicha ciudad».

De momento, el papel le cuesta un real, mientras en Écija sigue almacenándose el trigo a la espera de que llegue el dinero para pagarlo (y a riesgo de que se pudra almacenado). Teóricamente, según las instrucciones que recibe, debería ir a «diferentes moliendas y otras partes para hacerlo moler y labrar bizcocho» y para ello, en Écija, «tomará y embargará los bagajes, carros y carretas que fuere necesario de cualesquier partes y lugares que sean, pagándoles lo que justamente hubiere de haber por su trabajo y acarreo», además de «compeler y apremiar a los molineros» para que en este tiempo «no puedan moler otro alguno de personas particulares», todo para «provisión de los galeones del Rey Nuestro Señor y de las demás naos de armada que por su mandado se van aprestando y juntando este presente año para cosas de su real servicio». Tiene Cervantes la obligación de «avisarme —dice el Proveedor General Antonio de Guevara, ya incorporado al trabajo— muy a menudo del trigo que fuere recibiendo y moliendo, y cómo acude en harina cada fanega de él y la cantidad que cada día moliere y del despacho y aviamiento de la dicha harina y de todo lo demás que se ofreciere tocante a lo suso dicho», incluida, por cierto, la contratación de aquellas «personas y trabajadores» que pudiese necesitar, aparte del ayudante que ya lleva Cervantes entonces, Miguel de Santa María.

Pero en julio de 1588 Écija se siente con el agua al cuello y pide no dar nada más hasta que no paguen las sacas anteriores porque «la necesidad de los vecinos es de manera que la tienen muy grande de ser socorridos con su dinero». Y es que a menudo cuesta Dios y ayuda la saca de trigo o de aceite o de ambas, y Cervantes ha de acabar metiendo en la cárcel a varios de los vecinos rebeldes, mientras en Castro del Río no tiene más remedio que meter «preso a un hombre que dicen ser sacristán de la villa», según explica Cervantes. Le cuesta una segunda excomunión, dictada desde

Córdoba, cuando todavía está vigente la primera de Sevilla. Para solventar el caso mandó también a otro encargado, su primo Rodrigo de Cervantes, que reaparece varias veces como ayudante porque ha rectificado el primer impulso de hacerse soldado y sigue en Cabra con su padre.

Si Cervantes cumple la comisión que lleva, «está claro que todo perecerá» en Écija. La pelea no cesa, y aunque «no se sacara ningún pan este año, la esterilidad y necesidad de él es de manera que no tiene la ciudad con qué sustentarse ni hacer la sementera». Es tanta la urgencia que el corregidor que ha relevado hace unos meses al amigo de Cervantes en Écija ordena que «despachen al mensajero a la mayor furia que se pudiere» con el fin de impedir el desafuero. Cervantes «apretaba» tanto que lo mandan a renegociar con Antonio de Guevara para que «suspendiese la saca del pan de esta ciudad» o, al menos, «la moderase, de manera que no se hiciese vejación ni molestia a los vecinos», incluida la liberación «en cuanto fue posible, como está dicho, a los labradores pobres». Pero algo vuelve a fallar porque según el concejo de Écija, a Cervantes, «pareciéndole que era poca cantidad lo que se había repartido, no quiso pasar por ello».

Cervantes ha cumplido todos estos meses entre 1587 y 1588 sus funciones: le saca a una «viuda de Espinel» sus buenas arrobas de aceite, como otras pocas a «Valderrama hijo». Mejor le ha ido a tres leguas de Écija, en el Pago de los Madroñales, donde gobierna «doña Juana Manrique» y, entre el escribano que apenas aporta treinta y una arrobas y el doctor Madrid que pone otras setenta y ocho, no llegan ni a un cuarto de lo que pone «el doctor Gonzalo Hernández, médico». Y así una infinidad más de confiscaciones que acaban yendo a parar al responsable de custodiarlas en Sevilla, y todo ello calculado incluyendo el alojamiento que ha tenido que sufragar a finales de marzo de 1589 de sus ayudantes Miguel de Santa María, Simón de Salazar (que cobra la mitad) y él mismo, en unas casas en Écija de Francisco de Villacreces desde diciembre de 1588 (ciento cincuenta reales por dos meses y medio entre de 1588 y 1589), contadas también las «echaduras», o trigo estropeado, contado el detalle de cada trasporte a «los molinos desde diversos cortijos a razón de ocho maravedíes por fanega y legua», contado el acarreo de las fanegas «desde las casas de donde se sacó a los almacenes», después desde «la cilla a los almacenes», con otros gastos menudos como la «medición», el «zarandeo» y la deuda de doscientos cuarenta reales de plata a un arriero por el acarreo de doscientas veintisiete arrobas de aceite, junto al de tantos otros con fanegas destinadas a «las aceñas y vuelta a llevarlas a los almacenes convertidas en harina», más el coste de la molienda misma con el salario de sus ayudantes, que es responsabilidad suya, y vigilar «el pesado del trigo», más el alquiler de los almacenes y otros dispendios que se han ido «en palas, esteras, ondas y aceite» para las lámparas y los testigos de los «ensayos» del peso, a razón de ocho reales por ensayo, pagar al «escribano o notario» Torralba «por ocho días en que se ocupó de embargar trigo en los cortijos» y también a los auxiliares de romana y de acarreo, y a ganapanes y arrieros.

Nada ha sido fácil porque varias veces ha de hacerse cargo de «un cerrajero que fue conmigo —explica Cervantes— a los cortijos del campo y descerrajó algunos aposentos donde había trigo». Tuvo que alquilar hasta «cuatro candados para los almacenes», además de otra romana, y como es natural, tinta y papel para tanta cuenta, con el coste de los escribanos y las infinitas «cartas de pago» que extiende mientras despacha los correos a Sevilla, que hay que pagar también, aunque no es él quien asienta físicamente los números en los registros y las cuentas pero sí quien les da su conformidad sin advertir a menudo los desajustes y errores y alcances, además de «otras cosas muchas más que no asenté», tanto antes como después de las funestas noticias que llegan sobre el destino de tanta gestión, todos inmersos en la más memorable batalla que vieron los tiempos.

EL VICIOSO LUTERANO

Por fortuna tanta saca viene protegida por la «vara alta de justicia» que lleva Cervantes, apremiado a hacer «todo ello a toda prisa sin perder hora de tiempo», cuando Felipe II ha apremiado ya también a su yerno, el marqués de Medina Sidonia, para echarse al mar cuanto antes, en febrero de 1588, y llevar al éxito a la «grande» y «felicísima» armada. Parte por fin en junio hacia Inglaterra tras múltiples retrasos y ya fuera de las fechas óptimas. A finales de julio las naves están pasando por La Coruña y Finisterre, y solo para entonces, al parecer, obtiene algo de liquidez Cervantes para pagar parte de las sacas y cobrar un tercio de su salario. Falta mucho todavía para remunerar por completo los embargos, a la altura del 8 de septiembre de 1588, cuando los rumores y los mensajes empiezan a ser inquietantes; algunos han oído ya hasta la orden desesperada de Medina Sidonia como jefe de la armada para que «se remediasen como pudiesen» las naves perdidas en el océano. La información es insegura y difusa y la más segura y precisa no se va a tener de veras hasta que vayan llegando a Santander y otros puertos algunas de las galeras de la armada desde finales de agosto, y quizá llegue también pronto el sarcasmo inglés sobre una presunta Armada Invencible. A principios de septiembre, una relación impresa en Sevilla habla todavía de la «felicísima armada», a pesar de la cantidad de navíos que se han ido a pique ya, en torno a treinta, desbaratados por naves inglesas que se lanzan incendiadas contra las católicas, y por las tormentas que han obligado a retirarse a las dos flotas con graves daños y pérdidas para ambas. Al menos parece que han caído las que comanda Drake, incluida su propia nave.

Pero las noticias llegan con lentitud exasperante mientras ceban todos los malos augurios. Es lo que le pasa a Cervantes, para quien no pasa el tiempo a suficiente velocidad y escribe ahora una canción de espera e impaciencia de noticias, o al menos con la celosa esperanza de disipar «el confuso rumor de nuevas malas» para que «esta preñez» de hoy muestre cuanto antes «un fin alegre» de la empresa. Todavía habla solo de «ajenas menguas», en particular del «pirata mayor de Occidente», para que vea al fin «inclinada la frente / y puesto al cuello altivo y indomable» el yugo católico. No ha visto esa nueva batalla naval ni habrá sabido nada de ella en realidad, de forma directa o segura, pero sin duda sí ha estado en otras que llenan las nueve estancias de la canción y llenan el mar «de hombres desmañados» y el aire de «cuerpos impelidos / de las fogosas máquinas de guerra», cuando «las aguas su color cambiaron / y la sangre de pechos atrevidos / humedecieron la contraria tierra». Unos navíos huyen y a todos «se aparecen las sombras de la muerte», aquí «mil cuerpos sobreaguados, y en montones / confusos otros nadan», cuando ya ven «rotas antenas, jarcias rotas, / quillas sentidas, tablas desclavadas» en medio «de los gemidos excesivos / de aquellos semivivos / que ardiendo al agua fría se arrojaban» para morir en el fuego.

La canción de Cervantes todavía va dictada por la fantasía o el sueño de la victoria, «seguro el triunfo y gloria / y que ya España canta la victoria». El cielo cambiará «por nuevas de alegría / el nombre de canción en profecía», cuando «en espaciosas / concertadas hileras» marcha «nuestro cristiano ejército invencible» y «cruzadas banderas victoriosas / al aire con donaire tremolando» (en verso que da otro temblor) avanzan y el tambor «engendra y cría / en el cobarde pecho valentía» o apaga o trueca «el temor natural». El pasado de la batalla y la memoria del soldado alimentan esta canción de ansia y quizá el ejemplo de los capitanes «de la gloriosa / estirpe de sus clases ascendientes», quince años atrás y en otra batalla naval, sirva para que aspiren «a conducir la más dudosa hazaña», la más «insegura o incierta», para que todo vaya a un mismo fin: «¡mirad, que es vuestra madre España!». Y mientras luchan y navegan ellos, ella «llora vuestra ausencia larga, / contrita, humilde, tierna, mansa y justa, / los ojos bajos, / húmidos y tristes, / cubierto el cuerpo de una tosca sarga» hasta «ver en la injusta / cerviz inglesa puesto el suave yugo» y así vencido «el vicioso luterano».

A las noticias borrosas les siguen las naves que regresan derrotadas y las peores noticias se confirman día a día, desde el norte y pronto desde toda la península, con la vuelta de una flota que ha quedado disminuida, dañada y derrotada. Incluso Felipe II da orden el 13 de octubre a los obispos de suspender las rogativas para proteger a la armada «del temporal recio y deshecho» que la desbarató tan malamente que «se pudiera esperar con razón tener peor suceso». Van llegando las naves, se las espera, no se sabe por dónde van pero llegan y con ellas náufragos rescatados. Quizá tiene razón el papa Pío V, aliado de Felipe II, cuando desiste de seguir financiando la operación, convencido de que el rey «consume tanto tiempo en consultar sus empresas que, cuando llega la hora de ejecutarlas, se ha pasado el tiempo».

Cervantes, sin embargo, no duda de su armada porque no ha sido derrotada por la fuerza «de la contraria diestra» sino «por la borrasca incontrastable / del viento, mar, y el cielo que consiente / que se alce un poco la enemiga frente». Pero solo un poco, un amago de resistencia, un esfuerzo inútil condenado pronto a la nada, puro espejismo y mero contratiempo fugaz para quienes «vuelven confusos, no rendidos», y acatan el destino de una vuelta «desordenada» porque «no se excusa lo que el cielo ordena». Pero nada más, y es solo un revés a la espera de «la vuelta / del toro para dar mortal revuelta / a la gente con cuerpos desalmada» y entonces, y ya por fin, recomponer armas y bagajes, esfuerzos y energías para volver a hacerse a la mar y vengar la mala fortuna. A veces el cielo se despista, pero «no es amigo / de dejar las maldades sin castigo» y, como el león con la cola pisada que se revuelve y se sacude, y solo en la venganza piensa de sí mismo y de los demás, así reaccionará el católico, «único es su valor, su fuerza inmensa, / claro su entendimiento», decidido de nuevo al «justo y vengativo intento».

Es el canto aprensivo contra las noticias reales y contra la impotencia ante una realidad que no es la que ha de ser; es la canción ahogada en fantasiosa esperanza de victoria para exigir revancha, o la revancha que satisfaga las expectativas de quienes han estado soñando y actuando en favor del Imperio, de la fe y de Felipe II desde cualquier puesto o lugar, incluida la requisa de trigo y aceite para la flota. Por eso invoca en una segunda canción inmediata a Felipe, «segundo en nombre y hombre sin segundo». A la vista de los «puertos salteados / en las remotas Indias apartadas» y las naves en casa «abrasadas» por los «piratas fieros» —es el recuerdo del saqueo de Cádiz y de la piratería de Drake de abril de 1587—, ha de hacer el rey «que se intente aun lo imposible». Igual que él patea pueblos y pelea arrobas y fanegas, fanegas y arrobas para alimentar a la armada, Felipe tiene derecho a más: «Pide, toma, señor, que todo aquello / que tus vasallos tienen se te ofrece / con liberal y valerosa mano». Y no es retórica ni gratuita semejante entrega, ni va un chiste disimulado (porque solo tiene una mano práctica). Interioriza Cervantes los sentimientos de desamparo y vive

en la conciencia de quienes regresan derrotados pero no vencidos. Y hoy, lanzados por «un deseo / justo y honroso», de nuevo
«os imagino ahora y veo / entre el viento y el mar que contras-
tastes». No duda de la «común opinión de gente sabia» que promete revancha segura y venganza justa porque «cuanto más ofende / el malo al bueno, tanto más aumenta / el temor del alcance de
la cuenta», en metáfora que deja huella directa del oficio y el
compromiso de quien se pasa la vida entre números y requisas,
temiendo alcances e impagados, sumando, restando y cuadran-
do balances.

Pero no quedará todo así. Nadie debe olvidar, y el pirata menos
que nadie, que la razón está del lado bueno y «el que debe, paga».
Y «al sumar de la cuenta, en el remate / se hará un alcance que
la alcance y mate». A mí también me parece espantosa la metáfora
de contable profesional pero a él le debió de parecer adecuadísi-
ma, y hasta un guiño a los amigos y auxiliares que van con él, con
el mismo espanto y desconcierto de quienes llevan tantas leguas
recorridas para un resultado tan desazonante y depresivo como
ver las invencibles naves vencidas y retiradas. Y a pesar de volver a
las andadas una vez más (para que el cielo acuda en ayuda del
justo celo), nada valioso se ha conseguido nunca sin esfuerzo,
cree todavía este Cervantes inauditamente inocente, descoloca-
do, desconcertado, viejo reservista estropeado hoy en tareas auxiliares, retirado de la primera línea pero hombre de fe en las
armas y en el cielo que cree todavía que «en la justa ocasión» y
«en la porfía / encierra la victoria su alegría». Debió culminar todo
de otro modo, debió compensar «los bríos y los brazos españoles», de «vuestro bravo, varonil semblante», debió acabar todo
bien y dar así sentido a tantos muertos anónimos y alguno ilustre.
Pero hoy nada ha sido como debiera ser y queda solo el aliento
débil de un sueño que irá pudriéndose con el tiempo.

Dudas

Es más que probable que Cervantes empiece a pensar en cambiar
de aires, o al menos a intentarlo. Posiblemente está ya al tanto de

los rumores (fundados) en torno a su jefe Guevara y el equipo que asigna, gestiona y custodia las comisiones, las sacas y los pagos. Empieza a pensar seriamente en un cambio de destino tras cerrar una primera tanda de cuentas con Écija, hacia junio de 1589, y con más certeza tras rendir cuentas de nuevo de todas sus comisiones en febrero de 1590. Además, a las pésimas noticias simbólicas y sentimentales de la armada se le habían unido pésimas noticias empíricas y contables. En las mismas fechas que escribía esas dos canciones, entre septiembre y noviembre de 1588, se reactivaron las denuncias de Écija y en particular de Luis de Puertocarrero. Reabrió la causa contra él por ese exceso de celo recaudador que el cielo ha dado a este Cervantes contrariado que, pese a todo, no ha perdido el sentido del humor ni tampoco la paciencia. Le acusan de haber sacado del pueblo más trigo del acordado, que es la manera de insinuar el delito común de traficar con excedentes que vendería por su cuenta y para su propio beneficio. Cervantes parece muy seguro de sí mismo y hasta ironiza sin disimulo cuando piensa en «ahorrar al dicho regidor [Puertocarrero] el trabajo» de la investigación, entre otras cosas, porque «se va haciendo en menoscabo del crédito de mi persona y de la fidelidad con que he usado y uso mi oficio». Y propone que sean los vecinos, uno a uno, quienes declaren las cantidades embargadas para probar que no ha rebasado ni de lejos el reparto de cargas y «para que, con menos escándalo, se cumpla el servicio del rey nuestro señor y los vecinos no se quejen de los ministros que conmigo asisten a la dicha saca».

Por fortuna, hacia junio de 1589, Cervantes parece estar cerrando cuentas, rematando asuntos y haciendo limpieza general, ya terminada su tercera comisión. El mismo día 26 despacha un montón de gestiones particulares y domésticas —aunque ante cuatro notarios diferentes—. Para empezar, el responsable de la posada de la calle de Bayona, Tomás Gutiérrez, lo libera de «las cuentas que con vos he tenido y de la posada que os he dado», a través del compromiso de un tal Alonso de Lerma de pagar los dos mil ciento sesenta reales que debe Cervantes (porque a su vez se los debe a él). Parece convertirse también entonces en «fiador y principal pagador» de una mujer, Jerónima de Alarcón, para que ella pueda seguir viviendo hasta diciembre de ese 1589 en las mismas casas en que reside ahora, al precio de cinco ducados al mes, que se supone que paga Cervantes, residente en el mismo barrio o colación de la Magdalena. Pero el mismo día 26 todavía deja lista una gestión más, que es el préstamo de urgencia que Cervantes entrega a «su ayudante y compañero en la molienda» Miguel de Santa María para «socorrerlo» con mil seiscientos reales de plata que le adelanta de un sueldo que Cervantes no ha cobrado en su totalidad, ni de lejos. Y sea por una causa o por otra, ese mismo día entrega también al mismo ayudante un poder para gestionar todo lo relacionado con «las cuentas de la molienda de trigo» de Écija, quizá porque vuelve a casa o al menos sale de Sevilla para una temporada.

Pero para poco tiempo, porque desde principios de 1590 está ya embarcado en nuevas requisas, aunque siga buscando fórmulas que las agilicen, como ha intentado ya en Écija y vuelve a intentar en febrero de 1590 en Carmona, aportando algo de imaginación y otro poco de justicia compasiva, y quizá incluso atraído doblemente por la leyenda del príncipe negro, converso al cristianismo que allí vive desde la derrota de Alcazarquivir, donde pierde a su padre y a su tío, y sin duda la confianza en estar en el lado bueno de la historia tras aquella masacre, Maluch Muley. Después de que la ciudad reclame que saque el aceite de «otros lugares» y no se lleve «el poco que hay en ella», les propone que sean ellos quienes decidan cómo asignar el reparto «para servicio de la armada de su majestad», que ahora está en La Coruña reparándose. Para «evitar las quejas que se suelen recrecer de sacar más cantidad al pobre que al rico», y «por no tener noticia de quién» pueda tener más reservas, les pide ayuda aunque solo se acojan a la propuesta nueve vecinos. Además, la oferta no nace del nuevo Proveedor General, Pedro de Isunza, sino de su propia iniciativa porque los recelos del pueblo se comprenden: ha habido que sustituir a toda prisa al investigado y sospechoso Antonio de Guevara con su equipo entero e Isunza se ha llevado la sede del servicio al Puerto de Santa María para alejarlo de la tóxica Sevilla.

Una firma en marcha

Por eso la oferta al cabildo de Carmona va contenida en una carta a iniciativa propia, autógrafa, escrita con caligrafía rápida, sin florituras y ceñida, rematada con una rúbrica que carga las tintas de nuevo en lo que Cervantes tiene ahora por su auténtico apellido, Saavedra. Es el lugar donde recae la relevancia gráfica y ampulosa de la rúbrica, como si ese *Migueldecerbantes* que escribe así, de corrido, con b y casi todo junto y sin mayúscula en *cerbantes*, fuese nada más que el prefijo de su nombre, que parece empezar en la ese de un Saavedra que escribe siempre en la línea siguiente, con la ese suelta y en una mayúscula destacada. Ese Saavedra es el apellido que ha prestado ya a varios de sus personajes, casi siempre los buenos y nobles cristianos que remedian males (pese a las apariencias), como en el drama *El gallardo español,* aunque a los ojos de los ciegos y obtusos parezcan traidores o renegados (y al que lo insinúa, Cervantes lo acribilla al final de la obra). El gallardo español es un tal Fernando de Saavedra que se disfraza de musulmán («el otro yo», como dice él) para resolver un lance de honor y que al final confiesa arrepentido «el mal que hice» impulsado por el «honrado pensamiento» de correr ciego a contestar un desafío, aunque eso implica desobedecer la prohibición del gobernador de Orán, Alonso de Córdoba, porque prevalece su sentido del honor antes que la obediencia militar.

Esta obra ha hablado del derecho a la desobediencia y al engaño por causa de honor íntimo y con fin legítimo, emplazado todo en la defensa de Orán que no vivió Cervantes pero leyó en la *Descripción general de África,* de Luis del Mármol. Y este Cervantes que coquetea con su experiencia real como el caballero Fernando de Saavedra es nada menos que «Atalante de su España» y es tan «espanto» y «asombro de toda la Berbería» que de él se enamoran las moras hasta «de oídas»; incluso una de ellas se pregunta bajo qué estrella habrá nacido tal cristiano para que «aun de quien no es conocido / los deseos atropella», mientras otra deja las cosas en su justo punto porque no es la hermosura de Saavedra el secreto sino «la fama de su cordura y valor», porque la otra, la hermosura, «es prenda que la quita / el tiempo breve y ligero».

Pero no sabremos de veras nunca su historia real porque es historia demasiado larga y enredada como para contarla entera. Asoma ahora el Cervantes confidencial que promete y aplaza una vez más su relato real, como sucede en la historia del capitán cautivo Pérez de Viedma para decir lo mismo, que «no es este lugar / para alargarme en el cuento / de mi extraña y rara historia, / que dejo para otro tiempo» que no va a llegar pero tampoco descarta. Quizá tiene noticas ya de lo que hacen tantos soldados con peripecias complicadas como la suya y puede que sepa que algunos las cuentan en autobiografías más o menos verídicas, o que se dicen tales, como ha ido contando ya por escrito sus peripecias uno que se llama Jerónimo de Pasamonte. No sería ningún disparate que Cervantes estuviese al tanto de un manuscrito cuya primera parte su autor ha hecho ya circular en Madrid en torno a mediados de los años noventa, y los dos se han conocido con poca simpatía mutua (estuvieron ambos en Lepanto y en Navarino, y tienen edad parecida).

La trama heroica no es una historia de amor sino sobre todo una historia de honor porque exalta la virtud interior frente a la conducta aparente de su protagonista Saavedra, como si necesitase Cervantes restituir el orden moral y verídico de las cosas reales a través de la ficción, aunque sea una obra un tanto abrupta y premiosa, con suturas muy visibles. Pero ese atropellamiento es el canal para contar, con datos fidedignos y personajes reales, las cosas que pasan en esas ciudades remotas y sus luchas de frontera, como las ha visto él: «esto de pedir para las ánimas del purgatorio es cuento verdadero, que yo lo vi», como defiende una acotación. Está presentando al personaje más ambiguo y potente de la obra, un Buitrago bufonesco, glotón y bocazas, vestido «entre pícaro y salvaje». Su atrevimiento golfo lleva a Cervantes a sacarlo al final de la obra para cerrarla con un bromazo salvaje. Amenaza ahí con renegar si la comida no es buena porque el miedo «cesa todo en no comiendo» y suelta la lengua contra el que le azuza para que reniegue con insultos llanos y rectos —«hijo de puta», «hi de poltrón»—. Pero ya el capitán Guzmán despide la obra porque «llega el tiempo / de dar fin a esta comedia, / cuyo principal intento / ha sido mezclar verdades / con fabulosos in-

171

tentos», incluidas acciones que están dejando de ser insólitas, como sacar a escena a un personaje a «caballo, con lanza y adarga» o escudo y efectos especiales vistosos.

Cervantes sabe que está probando un modo nuevo de hacer comedias de moros y cristianos, cuando todavía esas comedias no son la moda que serán, o está empezando en el mismo momento incierto de composición en torno a estos años. Además, no todos pueden hacerlo habiendo pisado aquellas tierras de verdad, como ha hecho él en su embajada a Orán de diez años atrás, y desde luego como ha hecho él en Argel. De ahí que no haya nada extravagante en que Cervantes esté inventándose tramas de ficción sentimental ensartadas con tramas de cronista de lo que ha visto y vivido. Y puede ser, como tanto le gusta recordar, uno de los primeros que lo ha hecho, y eso repetirá años después. Si el joven prodigio Luis de Góngora había hecho ya algo parecido en dos romances estupendos de 1585 y 1587, emplazados en Orán sin haberlo pisado, con más razón Cervantes llevaría a las tablas la acción ficticia y sentimental de la aventura de caballeros en la frontera lejana de África.

INTENTOS BALDÍOS

Apenas una semana después de recibir, en mayo de 1590, una parte del abultado salario que le deben, llega al Consejo de Indias su segundo intento para buscar alguna salida segura hacia América, tras la tentativa frustrada de 1582. Quizá porque da por terminada esa etapa, quizá porque ha de buscar remedio a otro problema práctico que asoma cada vez más gravemente ahora. A estas alturas, ha quedado en suspenso el reparto y la asignación de las nuevas comisiones con las que se gana la vida porque se investiga la veracidad de las acusaciones contra Antonio de Guevara y su equipo por malversación de fondos y fraude generalizado. Cervantes seguramente tiene ya prisa de veras. El expediente que ahora llega al Consejo de Indias el 21 de mayo de 1590 (aunque no se gestiona hasta una semana más tarde) contiene una petición formal de empleo. Es tan formal que debió encargar a un amanuense que copiase la carta porque va encabezada con un *cerbantes,* con una ese final alargadísima que nunca usa, y menos todavía un *Sahavedra* que desfigura su apellido con la hache intercalada. En todo caso, resuena en su texto y por segunda vez una petición de auxilio, aunque aséptica y hasta neutra. Cervantes siente la evidencia del desajuste entre el oficio que desempeña y sus méritos reales, aunque en ningún lugar en esa solicitud mencione ser autor de libro de verso y prosa alguno ni tampoco menciona el tiempo que dedica al teatro ni las obras que ha estrenado y que sigue escribiendo.

Pero sí acompaña a su petición de un cargo en las Indias la documentación más completa posible sobre sus méritos militares arrancando desde tiempo inmemorial, cuando vivían los héroes que ya han muerto, Juan de Austria, el duque de Sesa, y hasta Álvaro de Bazán, marqués de Santa Cruz. Lo que pide Cervantes con cuarentaypocos es lo que piden todos, obtener del presidente del Consejo de Indias el favor o la gracia de «uno de los oficios» disponibles tras exponer su expediente militar, sin alabanzas sobreactuadas y casi a toda prisa, dando por hecho que su experiencia militar no es nada excepcional sino común a tantos y tantos militares, cautivos, excautivos o simplemente soldados de profesión como su propio hermano. Rodrigo, además, ha seguido peleando en los últimos diez años, en las Azores y en Flandes, mientras Cervantes se buscaba el sustento por Andalucía. Aunque la carta no lleva fecha, sí la lleva la respuesta que a 6 de junio despachan los miembros del Consejo con las iniciales rubricadas a toda prisa como asunto de trámite. La respuesta es tan clara como rutinaria al aconsejar que «busque por acá en que se le haga merced» en lugar de aspirar a un viaje que muchos desean y pocos obtienen, y mucho menos sin otros méritos que los estrictamente profesionales de soldado antes y comisario de abastos ahora, sin aportar nada sustancioso que ayude, facilite, propicie, inste y hasta obligue a conceder el oficio.

Desestiman la petición, y posiblemente Cervantes sentiría que desestiman los argumentos de un expediente que es ya abultado y no tan del todo vulgar. Ha adjuntado la carta de Sesa de julio de 1578 (donde calcaba el contenido de la que se quedó en Argel), las declaraciones ya antiguas de los doce testigos de los años de Argel y finalmente la petición formal de Cervantes, aunque a ratos vayan sus méritos de la mano de los de su hermano, todavía soldado en 1590. De ahí que utilice una equívoca primera persona del plural para explicar su historia mezclada con la de Rodrigo, «en las jornadas de mar y tierra que se han ofrecido de veintidós años a esta parte», lo cual es en realidad el doble del tiempo que Miguel ha dedicado a las armas y al cautiverio. Sí es verdad que, «particularmente en la batalla naval», fue herido y perdió la mano, y «al año siguiente fue a Navarino y después a la de Túnez y la Goleta», y «viniendo a esta corte», con las cartas que sabemos —cuenta Cervantes—, fue cautivo «él y un hermano suyo que también ha servido a V. M. en las mismas jornadas, y fueron llevados a Argel donde gastaron el patrimonio que tenían en rescatarse y toda la hacienda de sus padres y las dotes de sus hermanas doncellas» —dice fantasiosamente—, «las cuales quedaron pobres por rescatar a sus hermanos, y después de libertados fueron a servir a V. M. en el reino de Portugal y a las Terceras con el marqués de Santa Cruz», lo cual es otra manera equívoca de decir que él, en efecto, acudió a Lisboa en busca de trabajo y su hermano fue uno de los soldados que tomaron la isla Tercera en la fase final de la conquista de las Azores. Y «ahora, al presente, están sirviendo y sirven» uno en Flandes como alférez, se entiende que Rodrigo, y «Miguel de Cervantes fue el que trajo las cartas y avisos del alcaide de Mostagán y fue a Orán por orden de S. M.», de lo cual hace ya casi diez años. Después ha servido en Sevilla «en negocios de la armada por orden de Antonio de Guevara». Y en todo este tiempo, hasta este mayo de 1590, «no se le ha hecho merced ninguna». Lo cual quiere decir que el empleo que tiene de comisario de abastos no es una merced sino un vulgar oficio. Lo que pide es un cargo relevante, y no una mera ocupación fatigosa, conflictiva y al cabo auxiliar.

Apenas lleva tres años desempeñando su trabajo por pueblos y ciudades, pero no es lo que esperaba obtener a su vuelta hace diez años, ni lo que las heridas, los méritos y los respetos de don Juan de Austria y el duque de Sesa creían que merecía. Los dos están muertos desde hace ya diez años, está muerto incluso el marqués de Santa Cruz, Álvaro de Bazán, y en un año más no va a quedar ni Alejandro Farnesio, ni siquiera ya tampoco su posible auxilio Antonio de Eraso. Y por supuesto en las letras faltan tantos ya como en las armas, porque hace mucho que algunos de los amigos que anduvieron intercambiando versos y florituras años atrás no están ya tampoco. Casi no quedan testigos de su pasado pastoril ni de su vida de soldado y cautivo y rescatado: murió Laínez en 1584 y apenas cuatro años después han muerto también Francisco de Figueroa y Antonio de Toledo, tras su paso fugaz por el convento. Empiezan a morirse incluso hombres cercanos y todos más jóvenes que él, porque muy a principios de la década de los noventa han muerto o mueren Luis Gálvez de Montalvo, Luis de Vargas, Juan Bautista de Vivar, y hasta Antonio Pérez y también su archienemigo Mateo Vázquez.

Del turco y el moro tampoco se acuerda ya nadie desde hace mucho tiempo. Por muy verdad que sea que hay cuatro oficios en las Indias que están vacantes, y por mucho que se estime Cervantes en «hombre hábil y suficiente y benemérito», dispuesto a «acabar su vida como lo han hecho sus antepasados», al servicio del rey, no va a ser para él ninguno de los puestos vacantes, todos ellos relacionados con las cuentas y la administración de Hacienda, tanto la «Contaduría del Nuevo Reino de Granada» (que es aproximativamente nuestra Colombia) como la gobernación «de la provincia de Soconusco de Guatemala». Ni siquiera valdrá como contable o «contador de las galeras» de Cartagena de Indias ni vale tampoco para ser lo que casi cualquiera es, un miserable «corregidor de la ciudad de la Paz», y eso que con «cualquiera de estos oficios» Cervantes «recibirá muy gran bien y merced».

Visto el resultado frustrante, un par de meses después, y quizá como medida de precaución ante otra posible salida profesional que ignoramos, el 14 de julio de 1590 Cervantes extiende un poder a su hermana Magdalena y a su mujer Catalina («de Salazar y Palacios»), ambas «vecinas de la villa de Madrid», y por tanto no de Esquivias, para que hagan el uso que convenga de él. Quince días más tarde le reclaman que amplíe esos poderes también a quienes ellas dispusiesen como sus sustitutos y «cuando les pareciere». Es un documento habitual para quienes esperan zarpar hacia las Indias, como quizá confía en hacer todavía Cervantes este verano de 1590, aunque sea sin oficio, y en el que cuenta con algo de dinero, o está a la espera de tenerlo mientras llegan los atrasos, al menos a la vista del dispendio que se permite en la subasta de una biblioteca particular. Acude a ella acompañado, por cierto, de Agustín de Cetina, que es el encargado de pagar a los empleados del servicio de abastos, y adquiere por dieciocho reales «cuatro libritos dorados, de letra francesa», y por otros treinta más, que son realmente muchos, una *Historia de santo Domingo,* sin duda encuadernada y que usará como mínimo para documentar una comedia.

La Galatea se había vendido en los últimos cinco años a un precio irrisorio al lado de estos otros, cuatro reales y pico, cuando con un par de reales más se compran unos cinco litros de leche o tres docenas de huevos. El sueldo de un albañil no pasaría de los dos o tres reales al día y el de un pastor trashumante, que no es el peor, no llegaría a los trescientos anuales. El suyo como comisario no es opulento pero desde luego tampoco tiene nada de miserable, a pesar de que cobre con múltiples retrasos entre diez y doce reales por día trabajado, y a pesar de que los riesgos del empleo sean altos y los percances continuos, con vecinos, con regidores, con corregidores o con jueces que examinarán inventarios, certificados y entradas y salidas hasta buscarle con los años algún problema grave y tocarle de cerca el gravísimo problema de otros.

No llegó el empleo de Indias, lo sabe desde el principio del verano de 1590, cuando todavía le queda por rematar la parte más oscura y peligrosa de su trabajo y en la que los errores se cuelan, las enmiendas no se recuerdan, las cuentas se retoman hasta que cuadren y siempre hay un alcance o desfase cuando debe ponerse a hacer el balance final que le toca hacer en este agosto sevillano de 1590. En eso consiste la «declaración jurada del aceite que se sacó de Marchena y Écija» en 1588, y lo mismo «del trigo que saqué y fue a mi cargo» en 1587, 1588 y 1589 y «de las moliendas» y de los «gastos de la dicha molienda» (y aparte va «la cebada que saqué para socorro de estos arrieros»). Y, en efecto, y como era de prever, los expertos han detectado pequeños errores en los cómputos de arrobas y fanegas e incongruencias mínimas en las sumas y los sumandos. Pero esa es solo la primera parte, porque como se lee en el documento alguien avisa, «Ojo», porque «después de haber presentado esa relación», que llegó en diciembre de 1590, vuelve a «presentar otra de todas las comisiones que había tenido y él lo hizo, y conforme a ello se feneció la cuenta». Con ella, por tanto, resuelve a 20 de octubre de 1591 su relación con las comisiones encargadas por el Proveedor General Antonio de Guevara, jura «a Dios en forma que en ella no hay fraude contra la Hacienda» y firma con otra ostentosa rúbrica colgada del Saavedra.

Con problemas nuevos de dinero, pero todo ha seguido igual en 1591, cuando en primavera pide un adelanto a Agustín de Cetina a cuenta del sueldo que le deben, que son en torno a unos tres mil reales. Pero pide dos mil y pico maravedíes menos de los que debería pedir, quizá destinados al soborno que facilite el adelanto, por cierto cuando a Guevara y a sus colaboradores los han metido ya en la cárcel en el Puerto de Santa María. Desde ahí se le asignan a Cervantes nuevas comisiones, y también ahí se designan nuevos ayudantes que tampoco dan abasto para tanto territorio y acaban haciendo el golfo como uno «que embargaba bestias de carga y las soltaba por dineros que le daban», según cuenta el proveedor de entonces, Isunza. Pero es el mismo Isunza quien exige no mezclar a unos y a otros y no confundir a esos golfos con quienes se han hecho cargo de ese servicio hace tiempo y sin reparos, como Diego de Ruy Sáenz, Bartolomé de Arredondo, Gaspar de Salamanca Maldonado o Miguel de Cervantes Saavedra, porque «a ninguno de estos hallará embarazado el corregidor de Córdoba en cosa que sea hurto o cohecho», cuando ha empezado ya la investigación contra la cúpula anterior.

Con el nuevo Proveedor General, Pedro de Isunza, las comisiones se encadenan desde finales de abril de 1591, y vuelta a empezar. Al menos el año 1592 transcurre también entre fanegas y arrobas por Jaén, Úbeda o Baeza, donde pone Cervantes en práctica el método que no le dio demasiado buen resultado en Carmona, pero que quizá tranquiliza la conciencia de este comisario de abastos que sabe ya positivamente que los rumores sobre la venalidad de sus jefes son ciertos. No consta que llegase Cervantes a forzar las puertas de los silos, como sí hizo algún ayudante en Teba, Málaga, en febrero de 1592, pero pronto descubriría que estaba implicado en la red de fraude a la Hacienda que ha caído ya, tras recorrer hasta mayo Linares o Villanueva de Andújar, o Villacarrillo o Villanueva del Arzobispo.

Las rutas siguen multiplicándose por numerosos pueblos, como Aguilar o como Montilla, donde pacta con los vecinos directamente y rehúye al concejo dadas antiguas experiencias complicadas ahí, aparte de que la comidilla del pueblo tiene que ver con dos brujas, las Camachas y el mesón de la Comadre en la misma calle de los mesones que usará Cervantes como escenario y episodio central de una de sus novelas, el *Coloquio de los perros*. Ambas murieron hace tiempo pero están vivas en los romances y en la tradición oral del pueblo, que las recuerda y evoca a menudo porque se les atribuye el hechizo capaz de convertir en caballo a un caballero, y quizá hubo de residir allí Cervantes, en Montilla. Peor parado sale de Castro del Río porque sobre septiembre llega la condena del juez para que devuelva trescientas fanegas, o en su defecto los reales que cuestan (catorce reales la fanega), además de una multa extra de seis mil maravedíes. Lo más probable es que Cervantes haya pasado varios días en la cárcel y tras apelar al juez lo suelten a mediados de septiembre, como se deduce de un documento hoy perdido. Dan ganas de fantasear desatadamente sobre lo que debió pensar y escribir entonces, qué entremés de jueces o qué comedia debió ir fraguando mientras entraba y salía de los juzgados con diligencias interminables sobre las sacas y los excesos. Lo acusaban de practicar lo que practican abusivamente y regularmente muchos de los encargados de estas comisiones, es decir, de requisar primero y revender después la rapiña para su propio provecho.

CONTAR Y CONTAR

La vida de Cervantes ha sido y seguirá siendo un contar y contar sin descanso, contar arrobas y fanegas, contar vecinos y deudas, contar maravedíes y contar sacos, contar trolas y contar con otros aunque nada debería hacer pensar que se ha quedado sin tiempo para contar historias por escrito, escucharlas a otros, pensarlas mientras cabalga de un sitio a otro y duerme una y otra vez en ventas, casas ajenas, posadas y lugares improvisados, enterándose de las mil y una maneras que esas gentes tienen de sobrevivir, de pasar el rato, de engañarlo y entretenerlo y hasta de matarlo. Tampoco la ausencia de datos debe hacer pensar que Cervantes ha abandonado el teatro o la literatura porque a sus cuarenta y tantos años apenas las ha vivido como profesión: fueron sobre todo instrumento y medio de acceder a la secretaría de algún gran señor, y eso hoy ya no existe o se ha volatilizado. La literatura no es una profesión, aunque sí lo sea la escritura para el teatro como industria masiva del ocio y con la consideración social de una industria masiva del ocio. En realidad, es ahora, en plena faena de comisario de abastos, cuando puede ensimismarse y concebir la escritura como otra cosa, como ocupación sin otra finalidad más que la literatura misma, escribir prosa o verso o la prosa dialogada de las historias que fabula e imagina, sobre todo cuando de nuevo las salidas profesionales sigan bloqueadas.

Desde luego es mala pata, pero el enredo de Castro del Río, entre agosto y septiembre de 1592, ha sucedido cuando acaba de recibir un encargo, después de mucho tiempo, para escribir teatro. Es el primer contrato que suscribe, o nos consta que suscribe, después de trotar en los últimos cinco años por Andalucía. Cualquier día de estos, además, tendrá el gusto de encontrarse impreso, aunque anónimo como siempre, en la *Flor de varios romances nuevos* con al menos uno de los suyos, que es el de los celos, editado este año 1592 en Sevilla, y sin duda ya plenamente empapado de las novedades de la vida nueva, del trato con arrieros y ganapanes, ventas y pícaros, concejos y regidores hartos de prestar servicios para armadas hundidas y de sacas que no cobran, pegado a la vida desaforada de su ciudad de los últimos años y con amigos muy difuminados pero que están ahí, como el escultor nacido en Alcalá pero instalado en Sevilla desde antiguo, Juan Martínez Montañés, y a la vez tan próximo al teatro como lo está Tomás Gutiérrez, que nunca ha abandonado del todo el contacto con las tablas y los decorados y recibe aun algún encargo para *atrezzo* en Sevilla por estos años. Cervantes sigue cada día más atrapado por la riqueza imprevista de una lengua en marcha y cambiante, desasida de rigores formalistas, despojada del menor decoro porque va por su cuenta la lengua de la calle, como en los tugurios donde se juega en Sevilla. En la calle Sierpes, que es la misma calle donde está la cárcel real, se amontonan puerta con puerta las casas de juego de Sevilla, y en particular la más conocida, de Pierres Papin, a quien llama Cervantes en una obra «señor de las baronías de Utrique», porque es un mundo plenamente familiar a un escritor con el oído pegado a la calle, a las tabernas, a los modismos y fórmulas coloquiales, a los giros de cada jerga y cada gremio, incluida la más refinada delincuencia, los tahúres, los porteadores y sus trastadas y otros pobladores del núcleo moderno de una Sevilla turbia y delincuente.

Nada menos que seis son las comedias que ha contratado a 5 de septiembre de 1592, en plena refriega de Castro del Río, con el empresario toledano Rodrigo Osorio por trescientos ducados en total, que es cantidad muy alta y nada común para nadie, ni siquiera para Lope de Vega (aunque cobre alguna vez esa cantidad). Es posible que el cargo de comisario de abastos tenga algo que ver con esos emolumentos, quizá también la posible amistad con un contador importante como Cristóbal de Barros, el hermano del jurista y autor de las filosofías cortesanas moralizadas y los proverbios morales, cuando ya presumiblemente ha escrito varios cuentos (que son nuestras novelas cortas), entre ellos la historia del cautivo Ruy Pérez de Viedma, quizá piensa también el *Rinconete y Cortadillo* o *El celoso extremeño*. Parece que deja por entonces el barrio de la Magdalena de Sevilla y regresa a la fonda de Tomás Gutiérrez, y por mucho que haya vivido entre cuentas y rutas, estas sí de veras rústicas y pedestres, no ha vivido fuera del mundo o sumido solo en el laberinto de fanegas y arrobas. Ese empresario teatral, como hizo Porres hace ya años, ha vuelto a confiar en él o Cervantes ha confiado suficientemente en sí mismo como para comprometer seis obras de una tacada «en los tiempos que pudiere» y «de los casos y nombres que a mí me paresciere», dice el contrato de Cervantes, «para que las podáis representar, y os las daré escritas con la claridad que convenga, una a una, como las fuere componiendo, con declaración que dentro de veinte días primeros siguientes», a contar desde el día «que os entregare cada comedia, habéis de ser obligado» de ponerla en la escena.

Pero hay más, porque si la obra pareciese «una de las mejores comedias que se han representado en España, seáis obligado de me dar y pagar por cada una de las dichas comedias cincuenta ducados» y hacerlos efectivos «el día que la representardes o dentro de ocho días». Si incumpliese Osorio, «se ha de entender que estáis contento y satisfecho dellas, y me habéis de pagar por cada una dellas los dichos cincuenta ducados, de cualquier suerte que sea, aunque no las hayáis representado». Y si por aquellas imprevistas rachas de escritura feliz, «os entregare dos comedias juntas, para cada una dellas habéis de tener de término para representarla los dichos veinte días, y se han de contar sucesivos unos en pos de otros, y yo tengo de ser creído con solo mi juramento y declaración en cuanto haberos entregado las dichas comedias», con la posibilidad de «poderos ejecutar por el dicho precio de cada una dellas» aunque no las represente. A cambio, Cervantes se calza definitivamente los zancos y asegura que «si habiendo representado cada comedia pareciere que no es una de las mejores que se han representado en España», le absuelve de la obligación «de me pagar por tal comedia cosa alguna, porque así soy con vos de acuerdo y concierto».

¿Escribió, no escribió? Alguna debió salir de tanta comedia fabulosamente insuperable, pero ni lo sabemos ni podemos más que conjeturar cuál pueda ser de las que imprimió muchos años después. Es verdad que el momento se hacía complicado porque recién soltado de Castro del Río, su jefe superior, el Proveedor General Isunza, le pide auxilio por escrito y en persona con alarma que hoy nos parece justa. Cervantes ha de acompañarlo a Madrid a finales de noviembre de 1592, apenas dos meses después de firmar este contrato, para comparecer en su defensa el día 1 de diciembre en la corte. El problema grave ahora está en el tejado de Isunza, a quien acosan desde el verano para que pague de su propio dinero el trigo de las tercias de Teba, en Málaga, y hasta el rey ha dictado que le embarguen los bienes. Y tanto Isunza como Cervantes se van a Madrid para tratar de remediar el asalto y que libere el rey a Isunza del embargo y disipar así las sospechas que pesan sobre su superior (y seguramente sobre Cervantes), dado que la cúpula anterior del servicio vive en estos meses un juicio colectivo por abusos de poder.

Quizá Cervantes actúa como subordinado o quizá de grado y confiado, pero declara de forma contundente en favor de Isunza ante el Real Consejo de la Guerra. Niega la acusación que pesa sobre el alto cargo según la cual «el trigo acopiado para el real servicio se vendió para particulares aprovechamientos» y expresamente desmiente haber revendido nada ni él ni Isunza. Tampoco es justo, añade Cervantes, que de Isunza «se diga cosa semejante, ni que aquel sea injustamente molestado» y menos lo es que «por una simple petición del delator, sin otra información alguna, sea creído, y más contra tan fiel criado» como ha sido Isunza, y firma Cervantes en carta autógrafa (y con el Saavedra entintado de energía y con la rúbrica colgada del final). Y ya de vuelta de Madrid, sin embargo, las cosas siguen muy enredadas porque siguen reclamándole a él certificaciones y pruebas de sus sacas, pagos, cargas y cargos. La impaciencia es grande porque en Écija, el 15 de diciembre de ese año, 1592, consta que vuelven a dejarlo libre de la cárcel «bajo fianzas», como si lo hubiesen encerrado y lo soltasen cuando aclara, para que «constara a los señores contadores que estaban tomando cuentas a Cervantes», que «se había presentado en el Real Consejo de la Guerra» en defensa de Isunza.

Gana el pleito pero se muere Isunza en cosa de seis meses. Cervantes se ha librado otra vez pero el juicio contra Guevara está acabándose como todos sospechan que va a acabar para él y para sus ayudantes. Esta vez todo ha ido tan en serio que podían haber ahorcado a Cervantes de veras y no fingidamente o por amenaza de un cordel puesto al cuello, porque a los encausados en el juicio empiezan a ahorcarlos desde el 22 de diciembre. Habían fingido continuadamente el envío de provisiones a África y sus presidios, falsificando la documentación de los fletes mientras se quedaban con esas partidas presuntamente arruinadas por un naufragio, una borrasca o un asalto corsario. Aunque es verdad también que según los testamentos que redactan horas antes de sus muertes, todos consignan cantidades considerables de ducados que el rey les debía. A Guevara no lo ahorcan porque ha muerto tres meses antes de la sentencia.

El relevo en los cargos llega a Isunza también. Le sustituye un hombre de la etapa de Guevara que se ha salvado, Miguel de Oviedo, como Cervantes ha seguido en los primeros meses de 1593 en ruta por Andalucía, esta vez Morón de la Frontera o la villa de Osuna en la que anduvo su abuelo (y quizá ande por ahí ahora el amigo que en Argel se acordaba de Juan de Cervantes, Luis de Pedrosa), o Puebla de Cazalla. El cobro de estos servicios de marzo y abril de 1593 se lo encarga Cervantes, según papeles recién exhumados, a Magdalena Enríquez, seguramente dedicada a la industria del bizcocho para galeras (y posiblemente, imagino, emparentada con otro colaborador habitual de Cervantes en estas tareas, Luis Enríquez, que este mismo año 1593 asume varias comisiones).

De inmediato cae otro encargo, ahora para embargar cuanto pueda en doce leguas a la redonda de Sevilla ese verano, a la vez que Cervantes se busca un procurador para llevar los asuntos que tuviere pendientes antes y después, sin que se resienta, o no de momento, el trato fluido y frecuente con el posadero y comediante Tomás Gutiérrez. Ha acudido con buen sentido a Cervantes para que le auxilie en un caso irritante: la Cofradía del Santísimo Sacramento de Sevilla se ha permitido rechazar su solicitud de ingreso, posiblemente porque lleva sangre judía. Cervantes se lo toma en serio y defiende a su amigo y probable socio en transacciones y quisicosas —compras de ropa en las que están los dos, préstamos, aplazamientos de pagos—. Aparece Cervantes no como mero testigo del buen hacer del posadero sino investido de una rara solvencia profesional en un autorretrato que es todo lo contrario del currículum militar de dos años atrás, cuando pedía un puesto en Indias y no mencionaba su vocación teatral ni literaria. Ahora es todo lo contrario, y expone su parecer como experto conocedor de ese mundo para demostrar que Tomás Gutiérrez tiene méritos sobrados para entrar en esa cofradía sevillana.

También es verdad que ese junio de 1593 Cervantes fabula varias cosas. Se llama vecino de Madrid, también natural de Córdoba y «estante en Sevilla», lo cual es casi rizar el rizo, pero seguramente sirve para multiplicar su fiabilidad como testigo de la limpieza de sangre de Tomás Gutiérrez, que es cordobés. De no ser hombre de sangre purísima, Cervantes «lo supiera y no pudiera ser menos por ser hijo y nieto de personas que han sido familiares del Santo Oficio de Córdoba», como lo ha sido al menos su abuelo Juan de Cervantes. Aunque a saber si la referencia a Córdoba tiene algún otro fundamento más veraz, porque allí reside desde 1580 un pariente suyo, de los muchos Cervantes que hay en Córdoba, que es Gonzalo de Cervantes Saavedra. Le conoce sin duda Miguel porque lo elogió por boca de Calíope en *La Galatea*, está casado en 1581 y es también padre, como Miguel, de una hija fuera del matrimonio a la que llama Isabel de Cervantes. De ella se hizo cargo un hermano de Gonzalo de Cervantes, y algo le gustaría escribir también a este pariente cordobés porque en 1590 quiso imprimir un tomo de *Varios discursos* que nunca publicó, y el único poema que se conoce va muy a ras de suelo para prologar cosa de tanta sustancia como *El perfecto regidor* de Juan de Aguayo y Castilla.

Lo urgente ahora es testificar en favor de Tomás Gutiérrez para resarcirlo de la humillante exclusión de la Cofradía. Y ahí comparece Cervantes como experto en algunas materias, «persona estudiosa que ha compuesto autos [sacramentales] y comedias muchas veces» —dice de sí mismo— y conoce bien los cambios que ha vivido el teatro en los últimos años, quizá cada día algo más disperso y heterodoxo. En su origen, «en los tiempos antiguos», no se tuvo «por infames a los representantes», aunque sí es verdad que los había. Pero no eran comediantes y actores como los actuales sino «mimos y pantomimos, que era un género de gente juglar que en las comedias servía de hacer gestos y actos risueños y graciosos para hacer reír a la gente». Y son ellos quienes pueden cargar con razón con la mala fama porque «estos eran los que eran tenidos en poco», sin que esa opinión afectase a «los que representaban cosas graves y honestas». Y eso es exactamente lo que ha hecho a lo largo de su vida «el dicho Tomás Gutiérrez», y cuando «ha representado públicamente ha sido siempre figuras graves y de ingenio, guardando todo honesto decoro», de manera que «no debe ser tenido en menos sino estimado en más». Fuese bien o mal la defensa, tiene razón Astrana Marín en escamarse de que Tomás Gutiérrez desaparezca de los papeles relacionados con Cervantes desde ahora.

Y sin que sepamos tampoco si acudió o no al entierro de su madre, Leonor de Cortinas ha muerto sin dejar testamento el 19 de octubre de 1593 en la calle de Leganitos, en Madrid, donde vivía en un alquiler medio, ni mucho ni poco, de cincuenta ducados al año. Pero sí sabemos que sigue de nuevo otro inagotable y mareante itinerario que hasta febrero de 1594 lleva a Cervantes de Coria hasta el Puerto de Santa María o Paterna para obtener desde las cien fanegas de La Palma del Condado a las miserables diez de Manzanilla, todas con sus recibos y asientos y percances menores o mayores, hasta que entrega la liquidación de sus cuentas en Sevilla sin contratiempos. Seguramente está volviendo a Madrid desde junio de 1594 ya que nada hay que hacer con el sueño de «pasarse a las Indias» como lo que son, «refugio y amparo de los desesperados de España, iglesia de los alzados [o sea, estafadores], salvoconducto de los homicidas, pala y cubierta de los jugadores a quien llaman *ciertos* los peritos en el arte [o sea, tramposos], añagaza general de mujeres libres, engaño común de muchos y remedio particular de pocos», según dice en el cuento *El celoso extremeño*. Puede que el pariente de quien toma su segundo apellido, Gonzalo de Cervantes Saavedra, fuese alguna de todas esas cosas pero, en todo caso, sí ha logrado zarpar en 1594 a esas malditas Indias, aunque nunca llegue a pisarlas porque su nave naufraga a un paso de la Habana.

Impagados

Cervantes sabe lo que va a hacer a Madrid porque ha sido destituido ya Miguel de Oviedo, y con él cesados todos los comisarios anteriores, y todos quiere decir incluido Cervantes. En los últimos años se ha ganado la confianza de un hombre ahora próximo a Felipe II, Agustín de Cetina, que es contador del rey y ha sido pagador frecuente en Sevilla y relacionado con Cervantes: los hemos visto comprar juntos libros de segunda mano a precios de escándalo. Ha tratado con él en operaciones anteriores y es seguramente Cetina quien le recomienda para un nuevo empleo, todavía un poco más humillante que el carnaval de embargos y sacas en que lleva sumido los últimos siete años. Desde agosto de 1594, Cervantes será el cobrador del frac de la época, encargado de recabar en el reino de Granada los impuestos atrasados, las tercias y alcabalas (existe desde siempre la alcabala, que es impuesto importante, pero ha aumentado su recaudación por las urgencias financieras de Felipe II y grava la compraventa de cualquier mercancía por debajo de un teórico diez por ciento, que sigue siendo mucho).

Ese nuevo empleo tiene una responsabilidad mayor y Cervantes necesita acreditar una solvencia económica no del todo segura porque no es capaz de ir más allá de los cuatro mil ducados. Lo avala un financiero habitual de operaciones parecidas, Francisco Sánchez Gasco. Pero también es insuficiente y ha debido completar como fianza, apurándolo ya todo, tanto sus bienes personales como los de su mujer Catalina. Obtiene por fin la confirmación en su nuevo cargo de cobrador de impagados el 13 de agosto de mano de un prestigioso economista, Pedro Luis de Torregrosa, que ha respaldado la primera obra que en España explica en qué consiste la contabilidad por partida doble (y, dos años después, le encarga el rey que introduzca en las cuentas reales ese sistema más eficiente: calcular con el debe y el haber a la vista).

Por delante Cervantes tiene dos millones y medio de maravedíes que en Granada se adeudan a la Hacienda pública y deberá cobrar por encargo de Agustín de Cetina. Y tiene también tres cucharas de plata nuevas: las acaba de ganar en el concurso que festeja en el convento de Santo Domingo, de Zaragoza, la canonización de san Jacinto. Sus insulsas coplas reales glosan una redondilla en honor del santo. Con ellas ha obtenido el primer premio de uno de los siete convocados, sin que vaya a ganarse el cielo con ellas, aunque la «luz jacintina», dice ahí Cervantes, «tiene el cielo y tierra llenos», y servirá de medicina para mitigar la ira, «que en su juicio profundo / ve que ha menester el mundo», al menos según dice la tradición desde Plinio.

La mayor parte de las deudas del año anterior, un tercio del total de los dos millones y medio de maravedíes, las acumula el Tesoro de la Casa de la Moneda de Granada, junto a otra interminable ristra de pueblos y pueblecitos con deudas e impagados, desde Abuela de Granada hasta Loja, Guadix, Almuñécar, Motril,

Salobreña o ya Vélez-Málaga. A todos ellos va a tener que viajar en los dos meses finales del verano de 1594, con un sueldo que mejora el de comisario de provisiones (pero sin dietas, es decir, sin gastos de alojamiento y viaje, que ahora corren de su cuenta) y la obligación de enviar la recaudación al tesorero del rey Pedro María de Tovar. Desde septiembre emprende la ruta por esos pueblos sin demasiados problemas, excepto en la parte del león. El tesorero de Granada dice que no hay deuda o que ya se pagó cuando tocaba (bueno, y lo mismo dicen también Almuñécar, Salobreña y algún otro), lo cual pone en flagrante riesgo su sueldo de doce reales diarios porque sale del prorrateo de todos los cobros en razón de los días que dedique. Pero hasta el 8 de octubre no cuenta al rey los problemas que encuentra, y solo entonces pide autorización para revisar libros de cuentas y un plazo más amplio de tiempo, porque va con retraso y aún le queda ir hasta Ronda y luego Vélez-Málaga. Sin respuesta del rey todavía, tan tarde como el 17 de noviembre, en que vuelve a insistir, el funcionario de Málaga le asegura no tener con qué pagar su deuda pero le firma una letra por la mitad del importe que podrá cobrar a finales de noviembre, el 25, en Sevilla.

Le cuenta Cervantes al rey las dificultades para ese cobro pero no dice expresamente que posee esa letra para cobrar la mitad del importe, y aquí va a empezar el laberinto de una ruina, por negligencia, por olvido o por mala fe. No hay modo de sacar el agua clara en el enredo que empieza ahora y que perseguirá a Cervantes más allá de 1608 (aunque no sabemos la conclusión porque volaron los papeles del archivo que los custodiaba). Pero esa omisión seguirá ahí, por mucho que el rey conteste, ahora sí, quince días después, para apremiar a Cervantes a cobrar lo que adeudan todos, recordándole el origen de su propio salario y el deber de acometer «todas las ejecuciones, prisiones, ventas y remates de bienes que convengan». Tuviese el pundonor de hacer bien las cosas o no lo tuviese, ha sido sin duda un incordio grande el regateo descarado que ha hecho Diego Mates en Ronda, donde Cervantes logra cobrarlo casi todo, pero el tal Diego Mates prueba, con la razón de su parte, que debe veinticinco mil maravedíes menos de los que le exige Cervantes.

Pero al menos ha cobrado ya la letra de Málaga, unos cuatro mil reales, y retoma el mismo camino anterior para cobrar lo que deben, ahora con la nueva instrucción del rey en sus manos desde diciembre. Teóricamente, ya solo queda la otra mitad de Vélez, que son otros cuatro mil reales (algo menos de ciento cuarenta mil maravedíes), porque el corregidor, por su cuenta, ha logrado cobrar la deuda del Tesoro de Granada. El problema saltará tres años después, cuando la inspección de Hacienda descubra y reclame a Cervantes un desfase de casi ochenta mil maravedíes (aunque debían de ser casi noventa mil). Quizá en pleno ataque de terror añadió casi diez mil maravedíes, intentando rebajar la diferencia aportando su propio sueldo, aunque siguen faltando ochenta mil maravedíes de Vélez-Málaga. Pero no había documento que probase que había cobrado solo la mitad porque no lo contó en su carta al rey de 17 de noviembre. Solo dijo que «por estar la tierra apretada y los receptores no poder cobrar de los arrendadores, me he contentado de tomar cédulas del dinero para Sevilla que me lo darán dentro de ocho días», sin aclarar que la cédula cubría solo la mitad y no el total. Si no se aclara el asunto, Cervantes puede quedar a deber a la Hacienda el equivalente a su salario durante dos años.

Pero ese espanto todavía tardará un tiempo en llegar, cuando algún inspector detecte que las cuentas no cuadran. De momento, o no pasa nada, o Cervantes finge que no pasa nada, y actúa con la natural diligencia de cualquier recaudador que ha de transportar a Madrid lo recaudado en mano y en metálico. Ha de hacerlo sobre la primavera de 1596 y el bulto o el fardo o la caja pesaría en torno a veinticinco kilos, calcula Alfredo Alvar, en monedas de mal llevar que sumarían en torno a doscientos cincuenta mil maravedíes (o unos siete mil cuatrocientos reales). Lo normal era contratar los servicios de un banquero, como hace él con Simón Freire de Lima, y lo óptimo era acertar bien para no esperar un desfalco o una bancarrota, literalmente, pero va a ser eso exactamente lo que le va a pasar a Cervantes para empezar a digerir un nuevo espanto, después de tantos sustos.

O, mejor dicho, dos espantos: uno es el personal que le espera y es aún incierto, pero otro real y durísimo. Lo ha vivido la ciudad de Cádiz este julio de 1596 con el saqueo indiscriminado de las tropas inglesas durante tres semanas. Habrá visto salir a las tropas desde Sevilla en auxilio de los gaditanos, pero quizá les falta temple o a él le falta ya convicción y hasta fe en mandos y capitanes, demasiado incapaces y probadamente débiles, entre otras cosas porque al mando de las tropas ha ido el mismo duque de Medinaceli que desarboló una costosísima armada. Tampoco algunos de sus capitanes parecen el mejor capital para semejante empresa. Tras tantos sustos como lleva Cervantes, sabe bien que las tropas que están mandando en auxilio de los gaditanos al «vulgo, y no el inglés, espanta». Más parecen miembros de las cofradías de Semana Santa y sus compañías de comediantes que lo que «los soldados llaman compañías», tan cargados van de «plumas» que ni consiguen ni conseguirán nada: «en menos de catorce o quince días, / volaron» ya grandes y pequeños, «pigmeos y Golías» y en Cádiz no quedan ingleses que combatir ni que espantar porque llegan tardísimo. Todas las amenazas proferidas por el bramido del becerro —porque Becerra se llama el capitán satirizado— sirvieron para poco porque «al cabo, en Cádiz», e «ido ya el conde» de Essex que acaba de saquearla, las tropas de Becerra se toman «con mesura harta» y sin riesgo alguno la entrada triunfal con el «gran duque de Medina» delante, en un Cádiz asolado. Todo parece una parodia de auxilio militar, y hasta Becerra lleva mal nombre sin querer, o de él abusa Cervantes usándolo como base de un bromazo grueso. El sarcasmo contra el triunfo de las plumas y las vistosidades se adueña del poema entero, sin paliativos ni reservas, sin redimir en nada a las tropas absurdamente entrenadas y vestidas para acudir en defensa de una ciudad arrasada y desocupada después.

Cervantes ha dejado atrás algunas cosas entre peleas con los concejos, estrategias de regidores ricos, denuncias infundadas y quizá con algo más sencillo y directo: la pura cotidianeidad agostada y agobiante de la mayoría de una sociedad rural apremiada a entregar sus reservas y, a la vez, consternada ante el fracaso y la inutilidad de sus sacrificios. Los impagados parecen ya no ser solo las deudas de los municipios sino las mismas esperanzas e ilusiones puestas en un conjunto de ideales, de aspiraciones, de convicciones, que una y otra vez entran en bancarrota o al menos en crisis de confianza y credibilidad.

El desengaño empieza a trocarse en sarcasmo sin atenuantes y los problemas de cada día amenazan con hacer lo mismo. Otro engaño, u otra falsa apariencia, vuelve a adueñarse de todo. Sobre todo cuando ha llegado ya a Madrid para entregar la recaudación cobrada en los últimos meses que ha de trasladar, desde Sevilla, Simón Freire de Lima. Pero el banquero no aparece por Madrid ni da señales de vida, en realidad da largas por carta y ahí empieza la espiral del pánico porque el tal Freire le reenvía a un colega también en Madrid que naturalmente se desentiende de ese dinero o ese giro que le endosa Freire. Dice desconocer la deuda, y enseguida el mismo Freire deja de contestar las cartas de Cervantes, que decide regresar a Sevilla para comprobar en persona la situación del banquero y «en el ínterin que pasó esto, había quebrado y faltado el dicho Simón Freire de Lima, y alzádose» con sesenta mil ducados. Se ha fugado con la caja y una auténtica fortuna ha desaparecido, y con ella la recaudación de Cervantes y, por supuesto, su sueldo.

Pero también su libertad está ahora en riesgo real e inmediato. El responsable del dinero, aunque el desfalco sea del ladrón bancario, es él, y por eso se apresura a escribir al rey para probar documentalmente que esa cantidad procedía del cobro de las deudas a Hacienda. Tras una bancarrota, el primero que cobraba de lo embargado al banquero, o de lo que quedase tras la quiebra, era el rey. Y el rey accede a su petición y ordena al juez de Sevilla Bernardo de Olmedilla que cobre de los bienes que puedan embargarse de Freire (si no hay «embargos por deudas más antiguas» que la de Cervantes) el total de lo que falta y lo mande por cuenta y riesgo de Cervantes a Pedro María de Tovar hacia principios de agosto de 1595. Pero debió quedar muy poco del saqueador porque es el mismo Cervantes quien manda más de un año después desde Sevilla a su hermana Magdalena y a un viejo conocido, Fernando de Lodeña, casi el total de la deuda, cerca de seis mil reales, sin que haya modo de saber de dónde saca el dinero que les envía, aunque sí queda el caso cerrado en noviembre de 1596 a través del juez de la Audiencia de Sevilla, Bernardo de Olmedilla, y de forma oficial en enero de 1597.

Pero como si fuera una espiral de despropósitos es en enero de 1597 cuando en Hacienda echan de menos los justificantes de la mitad de la deuda de Vélez-Málaga. Como Cervantes no está en Madrid, citan a su mujer, Catalina, y también a su fiador, Francisco Sánchez Gasco. Y es el fiador poco fiable quien reclama al rey que Cervantes venga de Sevilla a dar explicaciones a la corte porque «él tiene en su poder los papeles» para dar cuenta de los dineros que reclama Hacienda, es decir, la totalidad de los dos millones y medio de maravedíes que debía recaudar. El rey accede el 6 de septiembre de 1597 y ordena al juez de la Audiencia de Sevilla, Gaspar de Vallejo, que obtenga garantías de que Cervantes «dentro de veinte días se presentará en esta corte a dar dicha cuenta y pagará el alcance que se le diere», la millonada que acabo de mencionar. Y si no diese esas garantías, «le prenderéis y enviaréis preso y a buen recaudo a la cárcel real de esta mi corte a su costa», es decir, yo entiendo a la cárcel real en Madrid. Desde luego, no había modo de recabar fianza para esa enorme cantidad, así que el juez Gaspar de Vallejo, en lugar de llevarlo a Madrid, lo retiene en Sevilla, como autorizaba a hacer implícitamente el rey, y Cervantes ingresa a principios de octubre de 1597 en la inmensa cárcel nueva de Sevilla, terminada hace unos veinte años, a la entrada de la calle Sierpes, cuando tiene cumplidos los cincuenta años pero no tiene nada parecido a la cantidad que le reclaman.

El disparate es grande porque no le reclaman una parte de la cuenta sino la cuenta completa de los dos millones y medio que, como dice él, está «imposibilitado de poder dar», y eso es lo que explica primero de buenas maneras y ya en la cárcel, a 1 de diciembre de 1597 (y firma con rúbrica pero sin el segundo apellido), y después, fuera de la cárcel, con el tono sublevado y sentencioso de quien no solo no debe sino que le deben a él gran parte del salario que sigue sin cobrar, «en mucha cantidad de maravedíes de sus salarios, que no se le han pagado» y reclama al rey que «se los mande pagar». Lo más urgente es disipar el error en que ha incurrido la Audiencia de Sevilla al calcular su fianza sobre una deuda o un alcance que no existe por esa cantidad, aunque sí por una mucho menor. Por eso el rey reconoce en diciembre de 1597 que Cervantes «me suplicó que pues la cantidad que él debía era muy poca, mandase dar mi carta para que dando la dicha fianza en cantidad de lo que esto fuese, le soltárades de la cárcel y prisión donde estaba, para que pudiese venir a esta mi corte y fenescer la dicha cuenta o que sobre ello proveyese como la mi merced fuese». En Hacienda alguien se ha dado cuenta del error y en efecto el rey confirma que «tan solamente tiene por satisfacer y dar cuenta» de la deuda de casi ochenta mil maravedíes que quedaron sin justificar hace tres años en Málaga. Y ordena que si Cervantes da fianzas de que puede pagar, lo suelte el juez para que acuda a Madrid en el término de treinta días, antes de fin de año.

No sabemos qué sucede después, ni si sale de inmediato o no de la cárcel, ya en diciembre. Sí es seguro que tres meses más tarde, a 31 de marzo de 1598, lo han soltado porque por entonces empieza a recabar la documentación para aclarar las sacas de los años 1591 y 1592 (bajo el mando de la cúpula ahorcada) y da explicaciones precisas y detalladas. Esos papeles «no los tiene consigo sino en Málaga, donde entendió que había de dar sus cuentas», aunque una parte de ellas las tienen otros colaboradores y se dispone a ir a buscarlas si hace falta, o a pedir por ellas porque «está pronto así a presentar su relación jurada y dar sus cuentas». Ahora Cervantes parece actuar de otro modo, o con una razón agravada y agraviada. Va a ir a Málaga y va a empeñarse en sacar de donde sea esos papeles porque no es él quien está en deuda con Hacienda sino Hacienda con él. Y como «dejó sus papeles en Málaga», si los inspectores se los piden, «dice, enviará por» ellos, «pues sin ellos no puede hacer relación jurada». Pero lo que quiere explicar y «sabe es que antes alcanza en salarios que ser alcanzado en nada», entre otras cosas, dice Cervantes, porque «ya se sabe cuán puntualmente d[a] sus cuentas».

No hay modo de averiguar si supo entonces que la madre de la niña Isabel, Ana de Villafranca o Ana de Rojas, acababa de fallecer en Madrid, en mayo de 1598, ya viuda de su marido desde hacía años, en el domicilio de la calle de San Luis donde viven desde 1586. Eso deja a las dos niñas, Isabel y Ana, en el puro desamparo y seguramente explica que la familia de Rojas se haga cargo de ambas, al menos de momento.

Y así termina esta historia, con un episodio de cárcel de entre tres y cinco meses a caballo de 1597 y 1598, motivado por un error judicial en el cálculo de una deuda que no existe por la cantidad enorme que le reclaman sino por la ausencia de un justificante o la ausencia de un cobro (la mitad de la deuda de Vélez-Málaga), y seguramente también con una parte de mala pata. Un mes después está ya en Málaga, ha recuperado papeles y entrega, a finales de abril de 1598, la relación de cuentas que le siguen pidiendo sobre las sacas de cinco años atrás. Firma la última hoja dos veces: la segunda sirve para validar de su mano las múltiples enmiendas menudas, de cuentas, fechas y cantidades, que hormiguean en el documento.

6. Literatura latente

El asalto de la vejez no ha llegado solo sino confabulado con el asalto de una realidad nueva, entre la murga de las cuentas y el frenesí de papeles y recibos, del desaliento por batallas diarias a ras de suelo y celda; está hecho de padecer la vulgar codicia del defraudador o la inmoralidad de los mandos más próximos, de la admiración ante el ingenio ajeno y ante el lenguaje inventado y reinventado tanto en la calle como en las audiencias como en los libros, curiosísimo de cada variante y cada matiz, de cada retruécano y de cada invención chistosa y banal, sutil y deslumbrante, pegado a la vivencia de una prisión desaforada y a las secuelas morales de pelear contra la prepotencia judicial o la incertidumbre sobre cuentas pendientes que pueden estar mal hechas o puede haber aprobado equivocándose.

Pero los registros mentales que empezó hace diez años sobre la literatura de su tiempo no se han detenido y el escáner sigue captando quién y qué escribe, igual que capta bajas que a ratos tienen la fuerza simbólica que arrastra algo más que a un muerto. Se ha muerto ya también, aquí, en Sevilla, Ambrosio de Morales (a quien saqueó para escribir años atrás *La Numancia*) y se ha muerto, sobre todo, Fernando de Herrera, uno de esos poetas para quien ningún elogio colmaba la vanidad, como explicó Cervantes en la octava que le dedicó en *La Galatea*. Ahora lo siente con más razón todavía, mientras escribe un soneto candeal y melancólico, casi depresivo y dolido por dentro y por detrás de las formalidades retóricas del epi-

195

tafio: la voz de una nueva perplejidad empieza a resonar de otro modo. No queda llama ya viva, no queda nada de la hermosa mujer que cantó Herrera con el nombre de Luz. Quien había subido a las alturas de la mejor lírica, quien «subió por sendas nunca usadas» y con «culta vena» cantó «libre de toda humana pesadumbre», quien disfrutó de la estima envidiable desde «donde nace a donde muere el día», hoy ya también, como casi todo, parece condenado a ser «ceniza de su ardiente llama» y yace ya «debajo de esta losa fría», tan fría como las expectativas civiles y políticas de un Cervantes que interioriza e intima con el escarmiento, con el desengaño y la aproximación a otra luz con mayúsculas disminuidas y menos vistosas, menos necesitadas de la fantasía de victoria alguna y menos atrapadas en su propia idealización, ya contaminada de la ácida corrosión rutinaria de una vida que envejece con cincuenta años, trabajando sin descanso, cada vez con más muertos en la memoria y cada vez con menos nombres vivos que lo emplacen de nuevo en el centro de su tiempo.

Y como si hiciese falta confirmar de algún modo la intuición de vivir ya en la sombra de otro tiempo, otro muerto más se suma a la volatilidad de todo. También el inmortal e invicto Felipe II muere vencido la madrugada del 13 de septiembre de 1598 con el aparato con que mueren los reyes imperiales. El luto decretado es oficial, según recoge una crónica de la época de Francisco Jerónimo Collado, para que nadie «osara no traer luto por su rey» durante muchos días, además de prescribir que cada pueblo y ciudad, según sus posibilidades, hiciese las exequias lo «más honrosa, costosa y sentidamente que pudiese». Sevilla podía y pudo mucho desde el momento en que su cabildo decide el 18 de septiembre construir «el túmulo con la mayor grandeza y aparato que fuese posible», prohibida ya por descontado toda manifestación festiva, sea música, baile, teatro o poesía que no estuviese al servicio de las honras fúnebres del rey.

El tumulto de Sevilla en 1598

Y Sevilla pone en marcha desde el 1 de octubre las obras en medio de la nave de la catedral, donde se «plantó el túmulo», a la altura del crucero principal y entre los dos coros. Es enorme: cuarenta y cuatro pies de lado y cuatro mástiles clavados en los ángulos para levantar los varios pisos que va a tener, tan alto «que llegó a lo íntimo de la iglesia con tres cuerpos», hecho «a manera de una torre sobre cuatro columnas muy gruesas con sus arcos», según cuenta un testigo que estuvo ahí, Francisco de Ariño. A los ocho altares y las cuatro puertas principales se suma una columnata y otros cuatro obeliscos gigantescos en memoria de las cuatro reinas y esposas de Felipe II (aunque mucha de la piedra parece mármol, solo lo imita). Entre la multitud de esculturas, hay dieciocho de un amigo con quien Cervantes ha tenido tratos en Sevilla, Juan Martínez Montañés, que anduvo ese mes y pico trabajando a destajo en «esta gran máquina de suntuoso túmulo». Y aunque la luz entraba por dos de las puertas de la catedral, hicieron falta mil doscientas hachas de cera, «amarillas grandes», y ocho cirios blancos, «muy grandes», para rodear la base. A media arroba cada uno, sale un total entre una cosa y la otra de quinientas setenta y cinco arrobas de cera, sin contar los miles de velas y cirios más pequeños y el inesperado disgusto del nuevo rey, Felipe III, por semejante dispendio como afea a todos por carta, y en particular al Santo Oficio de la Inquisición, ya tan tarde como el 29 de diciembre de 1598.

Porque a esas alturas, tres meses y medio después de morir Felipe II, todavía no se han celebrado en Sevilla sus exequias, cuando su cuerpo lleva un montón de tiempo en la lóbrega cripta excavada en el monasterio de El Escorial, junto a sus cuatro esposas. Había causa, desde luego, porque Sevilla entera no hablaba de otra cosa que de la fenomenal trifulca que vivieron las autoridades eclesiásticas y civiles justo al iniciar la ceremonia fúnebre prevista para los días 25 y 26 de noviembre, recién acabado el túmulo. El choque público y violento entre el cabildo de la catedral y los jueces de la Audiencia de Sevilla dejó consumir en vano durante horas tanta cera que «se gastó más de quinientos ducados», que es la mitad (o la cantidad completa, según) del rescate de Cervantes en Argel. Desde entonces, «la ciudad estuvo murmurando sobre el caso» hasta que el rey Felipe III dirimió el conflicto ya a 29 de diciembre para reprobar a unos y a otros por el exagerado dispendio de tanta cera quemada para nada, puro humo.

Y ese mismo día 29 de diciembre, cuenta Francisco de Ariño, se escucha recitar en alta voz desde el interior de la catedral el soneto más famoso y más blasfemo que Cervantes ha escrito ni escribirá nunca, «Voto a Dios, que me espanta esta grandeza», como si glosase no solo el túmulo impresionante sino también la infinita espera de unas exequias que no llegan hasta tan tarde y tan flagrantemente devaluadas por quisicosas, mezquindades y serpentinas formales. «Estando yo en la Santa Iglesia», dice Ariño, leyó el poema un «poeta fanfarrón», y aunque le pareció de oídas que era una octava, era en realidad un soneto con tres versos más añadidos como estrambote. Y ni yo ni nadie cree que fuese Cervantes quien recitase su soneto plantado ante el túmulo pero sí imagino a uno cualquiera repitiéndolo, leído o memorizado a partir de una de las múltiples copias manuscritas que circularon entonces para entretenimiento de todos, mientras pasaban los días sin honrar al rey muerto y seguía la jocosa comidilla sobre los conflictos y las ínfulas de los poderes.

Cervantes ha sido feroz porque en absoluto nos suena hoy ese *voto a Dios* con la violencia ofensiva y casi obscena, «inconsiderada y fanfarrona» que tenía entonces, según el mayor lexicógrafo del reino, Sebastián de Covarrubias. Lleva dentro el lenguaje forajido de presidiario que ha sido Cervantes unos pocos meses atrás en la cárcel de Sevilla, y tampoco el quinto verso mitiga la dureza arrabalera al encadenar otro feroz juramento «por Jesucristo vivo» que emplaza al soneto en su propio registro: el más coloquial y popular, en boca de un soldado curtido y malhablado, pero a la vez tan superado por la opulencia del túmulo sevillano que echa mano de la ironía para ponderar que «cada pieza / vale más de un millón» y desde luego «es mancilla / que esto no dure un siglo». Y no se sabe bien si ha de durar un siglo más la espera en Sevilla por las honras fúnebres, o basta con el mes y medio que llevan esperando. Casi está uno por creer y hasta por apostar a que «el ánima del muerto, / por gozar de este sitio, hoy ha dejado / el cielo», como le pasaría a cualquiera, e incluso igual prefiere el muerto quedarse a vivir en esa urna como muerto contento antes que seguir en «el cielo donde vive eternamente». Incluso parece querer darle la vuelta a la inscripción que el túmulo lleva grabada en latín, *Non est hic, nam regnat inter superos,* que en castellano diría algo así como «No está aquí, pero reina entre los santos». La retranca irónica y socarrona se despliega ante tamaña maravilla y tanto alarde de fantasía de mármol, alabastro e imitaciones de mármol y alabastro «porque, ¿a quién no suspende y maravilla / esta máquina insigne, esta braveza?». Pero la socarrona admiración del soldado que «daría un doblón por escribirla» se corta en seco ante la despojada ingenuidad, la desprotegida transparencia de una voz nueva que asiste al espectáculo sin anteponer reservas, sin dudas, sin distancia y sin mala fe, como el valentón que es, aplomado y desafiante, incapaz de soportar la nube irónica del soldado viejo ante la fanfarria. Por eso el valentón rebota contra la mirada irónica del soldado viejo y, para quitarse de encima la duda que flota detrás de tanto elogio, reta a quien ironice o rebaje con dobles sentidos el monumento, así que, sí, «es cierto lo que dice vuasé, mi s[eñor] soldado, / y el que dijere lo contrario, miente».

El valentón se la juega para detener el pasmo zumbón que ha detectado difuso e inconcreto pero real, audible, en la ponderación exagerada y risueña del túmulo. Pero se la juega solo lo justo, y empieza el botarate una retirada cinematográfica y lenta, soltada ya la bravuconada, no vaya a ser que deba defender de veras con la espada tanta majestuosidad, y así «caló el chapeo, requirió la espada» sin sacarla —porque eso sería saltar de la grave ofensa a la gravísima afrenta—, «miró al soslayo, fuese, y no hubo nada», como si casi nada quedase ni vaya a quedar de todo aquel aparato.

A muchos les quedó y nos queda la resonancia de otro verso feliz y anterior que Luis de Góngora usó para cerrar otro famosísimo soneto. Debajo de este de Cervantes late otro de Góngora donde adivinaba el final de toda belleza, convertida «en tierra, en humo, en polvo, en sombra, en nada», como en todo eso acabará convertido el túmulo cuando se desmonte el aparato funerario y no quede de él nada más que la memoria del tronío y el teatro. No es de extrañar que a otros poetas de lengua retorcida y brillante, como el conde de Villamediana, se les pegase el mismo verso, no el de Góngora sino el de Cervantes, porque lo repite calcado —«miró al soslayo, fuese, y no hubo nada»— en otro soneto también sarcástico sobre las virtudes y, sobre todo, los vicios de una dama que acaba de pisar la corte, como si acudiese Villamediana al modelo de Cervantes para repetir la escena callejera y cotidiana del soldado espectador irónico y escéptico del túmulo (que es Cervantes) y el botarate a quien pone nervioso la festiva ironía y reacciona mal y puntilloso, con el arrebato del desafío en falso. Tan inconsistente y trivial es el disfraz del suntuoso túmulo como la arrogancia faltona y flamenca del fanfarrón, cera quemada para nada, puro humo.

A otros lectores se les ocurrió copiar también el soneto, y hasta dieciocho copias sobreviven (no hay nada comparable en el resto de la obra de Cervantes). Y sin embargo, Francisco Jerónimo Collado no debió considerar oportuno publicar en su crónica la sátira del túmulo (y la evocación tácita de la trifulca en la catedral), no porque no la conociese, evidentemente, sino porque estaba ahí fuera de lugar. Collado abandona el libro de donde toma la enloquecida minucia de pesos, medidas y materiales, que es el *Libro de la planta, traza, gastos y lo demás que la ciudad hizo en esta máquina,* y reserva el espacio final de su propia crónica para copiar algunos poemas que «se pusieron sueltos, y unas décimas que compuso Miguel de Cervantes, que por ser suyas fue acordado de ponerlas aquí. Síguense». Transcribe cuatro poemas: las décimas (que no son décimas sino quintillas) de Cervantes, dos sonetos de Miguel de Herrera y otro más aparece rotulado en mayúsculas como Soneto, sin nombre de autor y copiado a renglón y página seguida tras las décimas expresamente atribuidas a Cervantes por Collado.

El soneto es anónimo pero creo que es de Cervantes. Lo transcribo completo porque hace mucho tiempo que se descartó como suyo, no se incluye en las ediciones de su poesía y el lector, por tanto, no lo tendrá a mano. Pero es suyo, aunque lleva más pegas el soneto porque el copista (Collado o el manuscrito del que lo toma) se saltó el segundo terceto y en cambio sí mantuvo los dos versos finales del estrambote, como sucede con el soneto famoso, y uno y otro son dos extravagancias ingeniosas que popularizó desde entonces Cervantes con el más famoso y más blasfemo. En este de ahora repite Cervantes su habitual juego con celo y cielo, al final, pero sobre todo repite una expresión exclusiva de Cervantes o que nadie usa en su tiempo más que él, «el vicioso luterano» como enemigo católico. La había acuñado diez años atrás, en la primera canción de impaciencia ante las noticias de la armada, pero la retoma ahora con una sílaba amputada por error de transcripción: «tuvo en su mano / el freno del vicio luterano». Evidentemente, falta la sílaba que el copista se ha saltado (ha de decir «vicioso») para completar las once del endecasílabo. Lo copio yo también entero, tal como está en el mismo libro donde están las décimas o quintillas, en la página 220 de la *Descripción del túmulo y relación de las exequias,* editada en Sevilla por la Sociedad de Bibliófilos Andaluces en tirada de trescientos ejemplares, en 1869 (y accesible en la red). Cosa distinta es que el soneto se entienda mal porque faltan o el primero o el segundo terceto (seguramente, el segundo). Va el soneto mutilado:

> Ocupa breve término de tierra
> la majestad del gran Philipo Hispano.
> Ayer poco era el mundo al sobrehumano
> poder que hoy tan poco espacio encierra.
>
> Vivió, buscando paz, continuo en guerra,
> murió para vivir, tuvo en su mano
> el freno del vicio[so] luterano,
> y al común enemigo el brío atierra.
>
> Fue en las naciones confusión y espanto,
> desde el primero clima hasta el postrero,
> y al fin dejó de ser felice y santo.
>
> Su fama, el alma, el cuerpo, el celo, el nombre,
> al mundo, al cielo, al suelo, a su heredero.

Cervantes encadena varias paradojas para componer una alabanza no precisamente muy exaltada, ni tampoco demasiado clara, pero me inclino a entenderlo como la consignación de un regreso a la caducidad de la tierra y sus vanidades contingentes tras haber vivido la gloria inmortal y la emoción de tantas naciones amedrentadas. Cervantes escribe todavía bajo el efecto desengañado de la suntuosidad funeraria y barroca, y tampoco esta vez desaprovecha otra inscripción latina más en la memoria o ante los ojos. Junto a la que he mencionado antes, había otra más en el túmulo de la catedral de Sevilla. Ponderaba en latín melancólico *Quam brevis urna capit? cui brevis orbe erat,* como si, en castellano, nadie saliese del asombro de lo pequeña que es la urna en que cabe aquel para quien fue pequeño el mismísimo orbe entero. Y quien seguramente es incapaz de salir del desengaño material y monumental es el propio Cervantes, aunque ahora sea por la vía senequista, y también cristiana, de la percepción profunda del sinsentido de un túmulo grandioso y una vida entera reducida hoy a la nada, aunque sea una nada aparatosa. No hay aquí sátira alguna de Felipe II ni de sus luchas y sus bríos, aunque no se oiga tampoco ya el latido exaltado y patriótico de antes ni asome el orgullo soldadesco ni siquiera honorífico.

No lo hay tampoco en las décimas que desde que las transcribió Collado han sido aceptadas como de Cervantes, sin ser tampoco nada del otro mundo. Pero sí contienen otro indicio, otro síntoma o un punto más en la línea imaginaria de inflexión que está viviendo mientras casi todos van muriendo a su lado. Llegado ya «el día, / gran rey, de tus alabanzas», vuelve a invocar, como hace Cervantes desde sus primerísimos versos de sus veinte y sus treinta años (cuando lloraba la muerte de Isabel de Valois o lloraba su suerte ante Mateo Vázquez), «la humilde musa mía» que ahora se atreve otra vez a decir «palabras humanas» que «oyen orejas divinas», ya pisando «las perlas finas / de las aulas soberanas», sin broma alguna sobre si se queda Felipe II en la urna o prefiere vivir la vida eterna del cielo como lo que es, «padre de las religiones / y defensor de la fe», además de acumular las virtudes que por todos lados en el monumento han ido exaltando al rey muerto.

Porque es verdad para Cervantes que tantas virtudes tan «en su punto / en tu pecho se hallaron» que reunieron «el poder y el saber junto» y «jamás no te dejaron, / aun casi el cuerpo difunto», y así, «bueno en vida, bueno en muerte / y bueno en tu sucesor», Cervantes está poniendo en décimas lo mismo que ha escrito en el soneto que tiene el terceto amputado. No es un descreído de Felipe II, «que fuiste el rey más humilde / y de mayor gravedad», y si es verdad que quedan «las arcas vacías, / donde se encerraba el oro / que dicen que recogías» —y algo sabe este diligente cobrador de atrasos recién excarcelado—, es también verdad «que tu tesoro / en el cielo lo escondías».

Aunque a todos nos gustaría con locura leer ironías y sobreentendidos envenenados, con el cielo no se juega o, mejor, Cervantes no juega con el cielo, ni ahora ni después. No hay asomo de irreverencia, o yo no lo veo, cuando Cervantes despide al rey «en los serenos / Elíseos campos amenos» porque allí «para siempre gozarás» lo único que queda tras una vida colmada, «sin poder desear más / ni contentarte con menos»: la plenitud del cielo que le espera, blindada en la intimidad de Cervantes por la memoria, por la guerra y por la fe. Las ironías y las duplicidades Cervantes las explaya a ras de tierra, de tejas abajo, como decían entonces, salvada sin reservas la razón mayor de una vida, un rey y una fe.

Ya es más dudoso, sin embargo, si Cervantes acudió o no a las honras fúnebres, por fin celebradas el 30 y 31 de diciembre de 1598, aunque no haya quedado rastro ni de los sermones que se pronunciaron, ni de las justas poéticas que se convocaron y en las que pudo concursar Cervantes con algunos de estos versos, pero, sin duda, no con el soneto gamberro. Apenas cuatro días más tarde, el 4 de enero de 1599, la ciudad se adecenta para festejar la otra ceremonia pendiente, la coronación de Felipe III, mientras la gente se lanzaba a la calle en busca de las monedas nuevas que reparten las autoridades, con la imagen acuñada del nuevo rey. Entre los que corren detrás de ellas está el cronista Francisco de Ariño, que consiguió una, pese a perder «por ella una daga muy buena» que dio «por bien empleada».

Ante tanta hiperactividad funeraria y celebratoria siguió destilando mala uva su soneto, sin duda el que mayor éxito iba a tener en toda su vida y al que no olvidó tampoco Cervantes, anciano y socarrón, cuando lo evocaba como «honra principal de mis escritos», y cita el primer verso porque no hace falta más para saber qué soneto es. Pero solo fue un chiste amargo, una escena de jácara y despropósito, escrito desde el estómago y la sorna del viejo soldado que ya solo ve humo en la suntuosidad hueca del monumental túmulo. El asalto de la vejez ha llegado confabulado con otros asaltos más para trenzar a la vista los mimbres de un escritor recién nacido, como recién hecho, sin la antigua credulidad juvenil e ilusa, sin la inocencia a flor de piel. Cervantes ha ido haciendo del escarmiento y la experiencia el estímulo celebratorio que enciende sus nuevas historias, instalado a sus cincuenta años ante el espectáculo autónomo e inabarcable de la realidad redescubierta. La madurez lo ha liberado de sí mismo y ni es ni será nunca el escritor que escribe siempre el mismo libro sino el escritor de muchos libros que siempre son él. Es otra cosa ya, como si el tono y el ánimo de Cervantes cobrasen latentemente la virtud de hacer luz y a la vez sombra, y todo a sus ojos se desdoblase e ironizase apaciblemente, empezando por sí mismo y la descomposición programada del inquietante católico y soldado y español y escritor de una sola pieza que ha sido.

La vigencia del pasado

Puede que Felipe II mantuviera hasta el fin, como quiere Cervantes, la unión de saber y poder pero eso no impidió que dejase sin teatro al país seis meses antes de morir, en mayo de ese mismo año de 1598, porque prohibió las representaciones teatrales. Obedecía así el malsano criterio teológico de varios frailes hasta que, poco después, dispuso el nuevo consejero y auténtico valido de Felipe III, el duque de Lerma, otro funcionamiento más permisivo y a la vez restrictivo. Como cuenta Lope en *La Dorotea,* desde entonces las comedias «las censura un secretario y las aprueba el Real Consejo», de modo que todas se estrenan bajo «las condiciones que tocan a nuestra santa fe y buenas costumbres».

Precisamente por eso puede recrear Cervantes un viejo tema en forma nueva, con un título casi calcado del que tuvo la primera versión, *Los baños de Argel.* Porque él sí ha estado ahí, termina la obra recordando que «no de la imaginación / este trato se sacó, / que la verdad le fraguó / bien lejos de la ficción». Y por estar bien lejos de la ficción, pareciéndolo tanto, conviene mantener viva la memoria de un sufrimiento cristiano y masivo que no acaba y seguir poniendo ante los espectadores sangre real y dolor verdadero en las escenas de un «cuento / de amor y dulce memoria». El cuento de verdad, sin embargo, «dura en Argel» pero es bueno «que verdad y historia / conmueven al entendimiento» mientras conmueven también al corazón, como lo hace esa obra que pierde como literatura de agitación y propaganda lo que gana en textura dramática y densidad literaria, sin la urgencia de la denuncia ni la impaciencia de contarlo todo que sí tenía en *Los tratos*. Su experiencia en bruto estuvo embutida a presión en ella, recién vuelto a casa, y por eso salió una obra compulsivamente testimonial. Pero diez o quince años más tarde, retoma tramas y personajes y fragua una obra con el amor y el humor entreverados en el drama de la violencia. Sigue siendo verdad, tantos años después, que «conmigo traigo el dolor» pero «el mal, con callar, se hace mucho mayor». Su base fue verdadera porque distingue muy bien Cervantes las obras en las que domina la voluntad de noticia y aquellas otras en las que domina la vocación de fantasía, por decirlo como lo decía Torres Naharro y sabía muy bien Cervantes. Ya no es el excautivo que escribe sino alguien de cincuenta años que ha digerido e instalado en el corazón de su literatura la experiencia vivida, hoy expuesta con la seguridad literaria aprendida y con la inventiva liberada de la fidelidad a los hechos.

Suena a fantástico y a plenamente verídico, igual que suena a caso rumiado lentamente el dolor del padre que se lleva en la fuga «un paño blanco ensangrentado, como que lleva en él los huesos» de su hijo en *Los baños*. O desde el jardín de Agi Morato (que es personaje histórico) avistan las naves que vienen a rescatarlos en la oscuridad del mar y las «centellas» de ellos responden a las suyas, ya se oye «el son / manso de los santos remos» de la barca, ya es el «viento favorable» y, por supuesto, ella «ya no Zara, / sino María me llamo». Está usando la autoridad de la experiencia para probar la ficción y «aun hoy se hallarán» en Argel «la ventana» desde donde Zara lanza la caña a los cristianos para comunicarse y financiar la fuga de todos pero también «el jardín» desde donde se fugan. Manda ella, por supuesto, y ella tira la caña, ella financia la fuga («tenía las llaves de todo»), ella pone el jardín de la finca de verano de su padre Agi Morato y ella pone una de las escenas más hermosas de Cervantes, con un desmayo fingido para no levantar sospechas ante su padre, y por eso «no quiso quitar —cuenta el capitán cautivo— el brazo de mi cuello, antes se llegó más a mí y puso su cabeza sobre mi pecho, doblando un poco las rodillas, dando claras señales y muestras que se desmayaba, y yo asimismo di a entender que la sostenía contra mi voluntad».

Hoy recrea Cervantes el pasado con la libertad con la que recreará la delincuencia de Sevilla, la charla verídica de dos perros sin milagro alguno, el tráfico de delitos y putas o la memoria legendaria de héroes de ficción pasados por la túrmix del humor paródico en *La casa de los celos*. Y por eso tampoco hay reparo alguno en usar otra figura real, fray Juan Blanco de Paz, para modelar al siniestro, abusivo, soez, ladrón y amoral Sacristán de la obra, sin que pierda los rasgos de personaje cómico: come «carne en los días vedados» porque, como dice él alegremente, «no hay aquí teologías». Y hasta el pobre anciano que va a perder a sus dos hijos se enfrenta con él para afearle que si don Juan de Austria «venido hubiera, / vuestra maldita lengua / no tuviera ocasión de decir» lo que dice. Hace tiempo que el impulso dominante dejó de ser la denuncia porque hoy ha metabolizado como materia literaria su pasado.

Por supuesto que asalta a su propia vida cuando se lleva a Chipre y la caída de Nicosia los amores entre moras y cristianos de *El amante liberal*, con sus dosis de raptos y cautiverios, y sospecho que también se lleva con él la hostilidad contra el pusilánime afeminado y temeroso de «descomponer la afeitada compostura» de un galán. Ya no hace historia y crónica sino literatura emplazada en un pasado heroico, entreverado todo de fábula y verdad, aunque sea completamente verdadera la «disformísima y alta montaña» en que desembarcan los fugados de la historia de Pérez de Viedma. Como buenos cristianos, están besando el suelo de acogida porque esa tierra es la misma Vélez-Málaga que pisa sin besarla Cervantes entre 1597 y 1598, recabando papeles y recibos que lo absuelvan de culpas entre fabuladas y verdaderas.

Lo que sigue siendo un misterio es qué hacer con esos cuentos de amor y de historia trágica con final feliz. Si las aventuras de los caballeros de los libros suceden en países imaginarios y exóticos y las del griego Heliodoro suceden en lugares todavía más remotos y más inimaginables, a muchos de los cristianos que en la realidad leen y escuchan estos relatos les han sucedido cosas en verdad todavía más extraordinarias, como al mismo Cervantes. Pero aunque lo parezca, no es la Virgen María quien garantiza el éxito de una fuga sino la astucia y la valentía, la paciente previsión, la inteligencia práctica, y también la determinación de la fe para hacerlo cueste lo que cueste, como a algunos les ha costado la vida y a alguna le ha costado perder al padre abandonado en una cala de la costa norteafricana, como hace con dolor y con amor Zoraida. Los milagros de los relatos no existen pero tampoco las aventuras pueden trufarse con embustes tan desajustados a la realidad y tan fuera de toda lógica que estropeen el cuento. Eso no sería mostrar «con discreción un desvarío / que el alma prende, a la razón conquista», sino entonar canciones de cuna para niños y beatas y no lo que hace él: ensamblar a una historia verdadera otra amena y emocionante. El rescate nunca es milagroso; el milagro es soportar el cautiverio y saber irse con Dios.

CERVANTES SE VA

Lope de Vega ha crecido como escritor y como persona en los últimos años, anda rematando su propio libro de pastores, *La Arcadia*, trufándolo de episodios vividos cerca del duque de Alba, y hasta Alonso de Barros vuelve a pedirle un poema. Años atrás estuvieron juntos, Lope y Cervantes, al frente de su *Filosofía cortesana moralizada* pero ahora Barros ha preferido para sus *Proverbios morales* a Lope también pero no a Cervantes, sino a un sevillano que hace años que también hace cuentas para la Hacienda y también escribe. Tampoco él pudo viajar a las Indias cuando quiso hacerlo Cervantes, en 1582, y tienen la misma edad. Mateo Alemán, de hecho, escribe tanto que lleva ya mucho tiempo a la espera de publicar un gordísimo novelón que pasará censura este mismo año de 1598 para regocijo de todos. Lo disfruta también Alonso de Barros (y su hermano Cristóbal, que es alto cargo de Hacienda), que devuelve el prólogo a Alemán con otro suyo para abrir *La vida de Guzmán de Alfarache*, que ya de por sí lleva lo menos tres prólogos del propio autor.

Cervantes los leyó los tres y el resto del libro sin duda. Pero no lo haría en los meses de cárcel de finales de 1597 y principios de 1598 en la calle Sierpes (donde nació Mateo Alemán, donde trabajó el padre de Alemán y donde pasó una temporada el mismo Mateo Alemán). La aprobación de Pedro de Padilla —otra vez Padilla— llega firmada mientras Cervantes está recabando papeles por Málaga, en abril de 1598. Pero empezó a leer ese libro de inmediato porque Sevilla es grande pero a la vez es pequeña, como todo, y sabe Cervantes de este Mateo Alemán que también enreda entre papeles; lee esa historia fascinado y asombrado, perplejo por el originalísimo, rupturista y provocador libro que ha escrito el contador que dejó de serlo unos pocos años atrás. El *Guzmán de Alfarache* se convierte de la noche a la mañana en el libro más popular, exaltado, atacado, difundido y leído de su tiempo, con diferencia sobre cualquier otro en este cambio de siglo y en los años siguientes.

Pero no es exactamente lo que tiene en la cabeza ahora Cervantes, no es lo que él quiere hacer o lo que ha empezado a hacer. Le sobra a este caudaloso y profuso Alemán un tanto de predicación sermoneadora y mucho de un afán redentor que en el fondo lo estropea: demasiado didáctico, demasiado ejemplarizante y demasiado seguro de dónde están los buenos y los malos, los rojos y los azules, los blancos y los negros. Por eso escribe desde una *atalaya,* o incluso él mismo es el vigía que escruta, como dice el subtítulo del *Guzmán.* Pero ese es el último lugar al que Cervantes se subiría para escribir nada desde hace unos años y es improbable que su desprecio por el vulgo alcance las cotas de Mateo Alemán. A Cervantes ha de gustarle poco la sobrecarga doctrinal del libro y de los prólogos aunque le gusten muchas otras cosas, y sin duda entre ellas la velocísima oralidad de la prosa casi hablada, la vitalidad de las escenas, la flagrante capacidad para crear personajes que hablan y viven como hablamos y vivimos los demás, el don de animar sobre el papel las cosas que les pasan, aunque todo el relato sea nada menos que la vida de un pícaro contada por él mismo desde su final desastrado en una galera.

Cervantes se va, o se está yendo. Los síntomas empiezan a no ser solo fruto forzado de la intuición sino pistas fiables de cambios sin visibilidad rotunda todavía, o solo episódica, marginal, pero no aún consistente y prolongada. El desengaño de la hipertrofia del poder no es resentido sino burlesco, pese a la certidumbre también del dolor. Esa percepción es todavía literatura latente y comparece en sonetos y versos, en alguna respuesta destemplada contra Hacienda para aclarar quién debe a quién, y quizá en la semilla difusa de algunos cuentos que no publica todavía pero que tienen aires tan distintos a los anteriores que invitan a imaginar una maduración cebada cerca de la gente, vivida y contemplada como espectáculo adictivo.

Él también tiene historias en marcha, algunas muy terminadas, otras a medias, algunas pensadas para el teatro y después convertidas en cuentos, y es más que probable que se le empiecen a acumular, las escritas y las imaginadas. Y hasta puede estar retomando anécdotas y cuentos pensando en un cañamazo, un eje o un pivote que sirva de hilo aventurero —el viaje remoto y exótico, la peripecia lejana y heroica de la novela griega de Heliodoro— para contar lo que ha visto y vivido, lo que ha ido cuajando en el ánimo poroso de un hombre que empieza a estar de retirada de todo, pasados los cincuenta, y ya casi solo tiene la imaginación como refugio de la lucidez, la piedad, el desengaño y el humor.

Pero lo que antes se desata, porque va desde antiguo con él, es el humor, como le está pasando ahora, mientras ríe a carcajada batiente con la comedia que escribe, descacharrada y enloquecida, pura ficción de ficciones y hecha con la lanza curvilínea y risueña de la parodia bordeando lo grotesco. Hasta Bernardo del Carpio, que es entonces paradigma del caballero español heroico, y muy, muy popular, regresa a España desde Francia en *La casa de los celos* como los personajes de Julio Verne, «por oculto camino / del centro de la tierra», sin preocuparse Cervantes ni poco ni mucho de la verosimilitud ni nada semejante porque está fantaseando sin freno. El juego ha entrado en coordenadas de libertad nuevas; el juego es juego de invención y risa indisimulada y por eso a otro protagonista de esa misma *La casa de los celos,* que es la corte de Carlomagno, Roldán, hay que hacerlo subir una montaña, dice la acotación escénica, «como por fuerza de oculta virtud», igual que ha de haber «llamas de fuego» en el hueco del teatro y una tramoya en uso casi constante, con nubes que suben y bajan y otros efectos al servicio de la pura risa bufonesca y hasta de la sátira gruesa, como ha ido haciendo y seguirá haciendo con personajes secundarios de sus dramas y comedias que a menudo atrapan toda la vitalidad y toda la memoria de las obras, como el Buitrago de *La conquista* o el Sacristán de *Los baños.*

Cervantes está aprendiendo a apreciar virtudes en sí mismo que tenía descartadas o volcadas solo en caprichos, romances y otros juguetes literarios; empieza a sentirse seguro de saltar de la facecia y la burla breve de un romance ocurrente hacia otras obras de mayor envergadura. Apenas ha ensayado todavía esas armas, encorsetado y disciplinadamente fiel a las leyes de la alta literatura tal como la aprendió hace treinta años, cuando era un muchacho obediente a la lógica política y católica de Diego de Espinosa y al magisterio clásico de Juan López de Hoyos con sus prefijados modelos serios. Tanto se atreve ya que hasta juega con la aborrecida magia sin deplorarla ni predicar contra ella porque el reino de la ficción empieza a ser el único reino de este mundo, al menos en *La casa de los celos y la selva de Ardenia.*

No perdona a nadie en ella, y puede hacerlo porque empieza por burlarse de sí mismo tanto en sus antiguas fidelidades pastoriles como en sus muy obvias fantasías caballerescas, y lo hace a través de parodiar la aventura de donde proceden todos los personajes de leyenda que pueblan la suya: Boiardo y su *Orlando enamorado* desde finales del xv y la continuación de Ludovico Ariosto en su *Orlando furioso,* terminado en torno a 1532, para contar, entre infinidad de cosas, la continuación en Roncesvalles de la batalla, teóricamente histórica, contra los moros, y la derrota y muerte de Roldán y del mismo Turpín que contó sus hechos según la leyenda. Son dos clásicos vivísimos y los dos más altos modelos coetáneos de poesía épica, en octavas reales y trufados de las aventuras bélicas y amorosas, inverosímiles y a ratos también abiertamente humorísticas en torno a los personajes de la corte de Carlomagno y sus múltiples historias relacionadas con la materia de Bretaña y artúrica, con los nueve de la fama históricos y fabulados, Arturo, el mismo Carlomagno o el Godofredo de Bouillon a quien Cervantes dedicó ya una solemnísima tragedia con buen fin cató-

lico (e inspirada en Tasso). Bastaba con estar familiarizado con la
literatura culta más común y conocida de su tiempo para saber
eso y jugar con Bernardo del Carpio como degradado arquetipo
de caballero, y así comparecen en esa comedia algunos de los
pares de Francia, como Roldán y Reinaldos de Montalbán, perdidamente locos de amor por Angélica, mientras aprovecha Cervantes dos cantos del *Orlando furioso* en clave claramente burlesca.

Ni es el primero en imitarlos ni el único, incluidos amigos personales como Barahona de Soto, que ha escrito ya sus *Lágrimas de
Angélica,* como Lope jura y perjura que *La hermosura de Angélica* la
empezó en 1588, aunque no la retomase hasta años después. Incluso otra comedia de Lope, *Las pobrezas de Reinaldo,* es también
de fin de siglo, mientras el primer verso de *La casa de los celos* va
tan al hilo como para que Cervantes empiece por un Reinaldos
perplejo e irritado que cree «sin duda que el ser pobre es causa»
de lo que le pasa: que se burlan de él en la Corte por sus vestimen-
tas. Cervantes está retomando personajes de ficción despojándolos
del almidón de la épica —Rolando, Reinaldos de Montalbán— que
hablan y actúan como personajes con agobios y problemas, aco-
sados de dudas y vergüenzas y hasta dotados con el sentimiento
del ridículo o el arrepentimiento, todos desdichadamente esclavos de un amor enloquecedor como cuenta Ariosto.

Se ha acabado hace tiempo la confortable paz del mundo a cara
y cruz, como se han acabado las opiniones tajantes sobre esto y
aquello, aunque las tenga fuera de la ficción. Pero la literatura no
se hace con opiniones tajantes sino con tangentes e imaginación,
con experimentos que convierten a los personajes de las ficciones
más absorbentes y hermosas en juegos de magia y entretenimiento de comedia bufonesca, entremesil, y a menudo hasta directamente procaz, todos dominados por el Amor y sometidos a su
tiranía hasta perder la cabeza, como en el *Orlando furioso* de Ariosto, u otros locos posibles hacia los que cavila un Cervantes que
juega y se divierte mientras construye canales subterráneos entre
sus obras, guiños amistosos y privados. Nada impide en esa bufo-
nada que Angélica sea maga y hermosa, sin duda, pero en un
tramo de la obra llega «con la cara / hecha una suela de zapato»
por culpa de los «crudos aires de Francia», mientras Reinaldos

suelta una retahíla de improperios y desplantes en tono de pura farsa, aunque siempre de tejas abajo porque «nunca pasa mi intención del techo» en plena locura de Roldán. Nunca pierde el tono de la narrativa italiana y amena, aunque sea comedia, y comedia seguramente para un público reducido y enterado que sabe predecir quiénes son y qué hacen en los libros y las leyendas y los romances Rolando (u Orlando), Bernardo del Carpio, Reinaldos o la maga Marfisa. Y todo muy cerca del asunto y tratamiento cómico de otra novela breve que juega con héroes que todos conocen a través del romancero y cuyas historias han circulado mil veces en versos y prosas y en los popularísimos libros de caballerías.

HISTORIAS DE LA CALLE

De esta comedia salen vapuleados tanto el ideal caballeresco como la arcadia bucólica en forma de pastiche humorístico y sin freno, como si a Cervantes alguien lo hubiese grabado en privado escuchando el runrún burlón de un cerebro empapado de fantasías vividas en la lectura, y hasta algunas las ha practicado como soldado en la batalla. Comparece el mismísimo Lauso de *La Galatea* y del romance de los celos mientras Cervantes desconcha a conciencia la barnizada superficie de sus antiguas aventuras pastoriles. Hoy vuelve a ellas para mirarse reflejado sin dejar de sonreír sobre sus buenas intenciones y su candidez artificiosa, tan desastrada ya en su cabeza como la bella, cínica y descarnada Clori, que ama al pastor Rústico y rico en *La casa de los celos* en lugar de escoger a los cultos y cortesanos Lauso y Corinto, a pesar de que le desmuestran que Rústico es, además de rico, simple y tonto. Pero ella a la vez les devuelve a los dos las crueldades que cometen con él con nuevos sarcasmos: «¿Compárase con esto algún soneto, Lauso?».

Cervantes suelta la mano del humor y el realismo porque los baja a todos del cielo bucólico a la tierra rústica para que se ría ella de ellos y les repudie por elegantes y por pelmas incombustibles (una vez más), hartísima de «la melifluidad de sus razones / y dichos, aunque agudos, siempre vanos», entre otras cosas porque, como prueba la experiencia, dice Clori, no «se sustenta el cuerpo de intenciones» y menos «de conceptos trasnochados». Y además, a su Rústico le explica ante los demás «que para aquello que me sirves, / más sabes que trescientos Salomones», frente a tantos celos y lloriqueos de los habituales cantos pastoriles: a Lauso le convendría ir abandonando la endecha lacrimógena, «que tanto llorar es vicio». El sarcasmo asoma hasta en boca de Amor, que habla desolado, desalado y desesperado. Los tiempos han cambiado tanto que no hay «hoy amor sin granjería, / y el interés se ha usurpado mi reino y mi monarquía», ya «no valen en nuestros días / las antiguas bizarrías / de Heros y Leandros», casi todo hoy ridículamente fuera de lugar como resuenan como carne de parodia los enredos y rivalidades de los caballeros carolingios mezclados con pastores fuera de sitio.

Los tiempos han cambiado pero Cervantes ya no cambia gregariamente con nadie ni va a bulto ni es uno más. No está con los nuevos tiempos aunque tampoco está contra ellos. No acaba de sumarse a ese desprecio por el amor bucólico y cortesano que constata en tantos ironistas y sarcásticos porque tampoco deplora como mera mercancía averiada ese mundo ni lo tiene íntegramente por un trasto literario rancio y pasado de moda. Cervantes no desecha nada nunca ni abandona nunca nada: lo reaprovecha y resintoniza, lo ironiza y relativiza, lo hace literatura renovada que se parece a muchas cosas y no se parece a nada a la vez, sobre todo en estos tiempos nuevos en que todo empieza a dejarle las manos libres para salir de los códigos únicos, de las prescripciones de género, de las modas cortesanas o de las jerarquías académicas.

La tentación más irresistible en esta comedia ha sido mezclar y agitar como en una coctelera virtual cosas muy diversas y todas elevadísimas. En el retrato de Angélica que hace Reinaldos, saturado de corales, perlas y marfiles, Corinto echa en falta saber si la muchacha tuviese por ventura también «ombligo» o quizá incluso «pies de barro», como si un burlón pastor estuviese destruyendo la fantasía literaria del caballero carolingio. Pero nada importa al enamorado paladín, dispuesto a todo porque «te extremas en todo, / y a ningún medio te ajustas», inverosímil y patán en sus pasiones, víctima de los hechizos que empapan la obra y alteran el carácter y los espacios para que sucedan cosas tan extraordinarias que incluso Roldán, por fin a los pies de Angélica, abstraído y desconcertado, medita que «de ámbar pensé, mas sino de azufre, / el olor que despiden estas plantas», que son las de los pies de Angélica.

Bien pudiera ser toda esta fanfarria reventada un entremés culto o hiperculto, donde los personajes son literarios y nada es como debiera, vulgarizado y grotesco, pasado por el filtro de un pastiche satírico y ridiculizador de los padecimientos de pastores falsos y caballeros lobotomizados: uno, porque enamoradísimo de Angélica, cuando ve aparecer al competidor, huye corriendo y gritando: «¡Adiós, pastoraza mía, / que está mi vida en mis pies». Los otros dos, porque no habrá otro modo de resolver la pugna de los pares de Francia Rolando y Reinaldos que como dice Angélica: «divididme en dos pedazos, / y repartid por mitad». Ya se ve que nadie va a salvar a Carlomagno, que se está quedando sin sus pares en París, todos borrachos de amor y con el juicio perdido. Y tras «descolgarse una nube» comparece en escena Carlomagno para recompensar con la mano de Angélica al caballero que triunfe sobre los musulmanes, como enseguida baja del cielo «en una nube volante» un ángel y nada sucede ya porque abruptamente termina Cervantes un juguete humorístico que queda sin final, ni nadie sabe quién será quien se quede con Angélica, ni despierta nadie del ensueño amoroso que viven todos, y ahí siguen.

Están todos locos de atar en esa comedia, como si Cervantes pusiese ante el espejo de su teatro al espectador que ha leído y disfrutado de géneros de ficción risibles y reprobables, en una autocrítica que es parodia y autoparodia de sus canciones bucólicas, quizá también de sus fantasías caballerescas, y lo es además con fiereza y sin contemplaciones contra los encantamientos de la caballería enamorada y las falsedades pastoriles. No es lo que cree y siente Cervantes, creo yo, sino un experimento bufonesco que explota la dimensión ridícula y encorsetada de esa literatura, que pone a prueba su artificiosidad cuando se la despoja del respeto, la solemnidad o el envaramiento de la corte y sus convenciones, cuando se las mira como se miran desde la calle que ha redescubierto Cervantes, sin que eso signifique que no sea capaz de volver a los libros de caballerías y apreciarlos, y volver a la novela pastoril y estimarla.

No tiene título todavía —se lo pone al final, cuando sabe que su protagonista será ejemplo de viejo celoso y a la vez ejemplar—, pero tiene otra historia prácticamente acabada. Se parece mucho a otras novelas que le gustan desde hace años y que ha leído y ha oído leer al menos desde sus tiempos de Italia. Es moda común el relato festivo y jocoso de adulterio de muchacha pletórica casada con carcamal asexuado. Esa mezcla de humor, narración amena y enredo sentimental los italianos la hacen con una gracia que viene directamente de los cuentos de Boccaccio, y en Boccaccio respira ese espíritu divertido de muchos otros autores que entonces los imitan y siguen. En España, por supuesto, también, y entre ellos está Cervantes porque ofrece esa narrativa una aventura despojada de disfraces y a la vez deja meter en sus tramas los problemas del día sin hacerlos tragedia fatal ni latosa pedagogía.

A veces se acercan tanto esos relatos a la realidad cotidiana que parecen estar retratándola o contándola como si fuese cada relato una falsa crónica realista, como falsísimas son tantas *crónicas* o *historias verdaderas* sobre caballeros antiguos y heroicos que los crédulos lectores dan por ciertas y sucedidas en la historia real y no de la imaginación. Y ya no son pocos quienes piensan con Cervantes y con su amigo Lope, tal como escribe antes de 1603 en *El peregrino en su patria,* que «el ir suspenso el que escucha, temeroso, atrevido, triste, alegre, con esperanza o desconfiado, a la verdad de la escritura se debe; o a lo menos, que no constando que lo sea, parezca verosímil», pues por eso en esta historia «no hay caballo con alas» y las desdichas que se cuentan «no solo son verosímiles sino forzosamente verdaderas».

Nadie diría tampoco que el extremeño que vivió «no ha muchos años» en «un lugar de Extremadura» no sea un personaje real y la historia que cuenta Cervantes la crónica de uno cualquiera reconocible por la calle. Sobre todo lo reconocen ellas porque de ellas como lectoras y oyentes nunca se olvida Cervantes. Conocen a esa figura patética de rico desocupado y cansado de la soledad de la vejez que busca juvenil compañía sin renunciar a sus taras y manías y sus celos y recelos; lo han visto y lo han padecido, como han padecido la «natural condición» de este Carrizales de ser «el hombre más celoso del mundo». Este otro juguete narrativo de

Cervantes no es sustancialmente distinto a la mayoría, pero dentro del juego de engañar al viejo está la personalidad directa y en su propio tono de Cervantes: está en el repudio de unos padres que callan ante el encierro en que vive Isabela las «muchas dádivas» del «liberal yerno» y abusan de la inexperiencia de la niña —casada con 15 frente a los 70 de él— que «pensaba y creía que lo que ella pasaba, pasaban todas las recién casadas». Contra todos los blindajes y encierros, la astucia de las muchachas del servicio de la casa, y de la dueña o encargada en particular, y la astucia de los crápulas sevillanos, harán triunfar al «sagaz perturbador del género humano».

Ese perturbador ya no es, por supuesto, el amor alado sino el asalto de la sexualidad y el erotismo que desbarata las precauciones obtusas del viejo con la muchacha y las criadas, que «después de que aquí nos emparedaran, ni aun el canto de los pájaros habemos oído». Incluso en este mínimo relato entra invasivamente la calle en la literatura de Cervantes. El humor burlón y la crítica contra el egoísmo paterno se dan por descontado en estos relatos, como la alegría estruendosa con que las muchachas y sus cómplices sevillanos viven las briznas de libertad que conquistan en secreto y nocturnamente mientras bailan la zarabanda, que es ese nuevo invento que ha revolucionado a todo el mundo, «tan feo en los meneos», además de lascivo, según Juan de Mariana, y «sucio y deshonesto» para López Pinciano, o al menos tanto como otro baile más de importación, la chacona. Las autoridades se han sublevado contra él porque es un baile turbador y endemoniado, descaradamente erótico, sensual y de origen caribeño, como las seguidillas de tono tabernario y prostibulario meten en casa del viejo Carrizales la vida fresca y desafiante de la alegría callejera, la misma que late en un entremés, *La cueva de Salamanca*. Han de ser cosa del diablo «estos bailes de las zarabandas», que saca en varios sitios Cervantes para exaltar la jarana mientras, «hideputa, y cómo se vuelve la mochacha».

Siendo vírgenes, como dicen ser todas, «no sería razón que a trueco de oír dos, o tres, o cuatro cantares nos pusiésemos a perder tanta virginidad como aquí se encierra». Lo que entra furtivamente en aquella clausura monástica del celoso no es el amor sino el sexo y el deseo, la voluntad de amar y de ser feliz, porque ese es ya ahora el asalto que vive la fortaleza de Carrizales y la victoria de la vida sobre el miedo a la vida que canta este cuento contra las obsesiones ridículas y las cosas mal concebidas y mal hechas. Y precisamente porque es de Cervantes, Cervantes no se ensaña contra el viejo que entiende, tarde, pero entiende que él mismo ha sido «el fabricador del veneno que me va quitando la vida». Y por eso, ya escarmentado y súbito sabio, dobla la dote de ella a las puertas de la muerte para que ella se case sin culpa con un mozo de su edad. Pero ya es inútil. Enseguida será «viuda, llorosa y rica», y también una mujer arruinada íntimamente porque solo le queda el convento sin apenas culpa relevante: se mete a monja, su amante coge el rumbo a las Indias y los padres, los padres siempre, quedan «aunque tristes, ricos», gracias a la herencia del viejo celoso, y basta con eso para decirlo todo.

A Cervantes le subleva la naturalidad con la que los padres se enfangan en el comercio con las niñas, como si fuesen parte del ganado o aves de corral. Cervantes es a la vez sensible a la música que se canta a la puerta de la casa, al ingenio de los engaños y trucos para sobrevivir, a las sutilezas de las criadas y las insinuaciones eróticas y provocativas del asalto que la calle da a la literatura, en particular cuando atrapa a la «gente de barrio» que pulula entre la venta y la taberna, con oficios difusos y actividades en el límite de la delincuencia y la ilegalidad consentida. Es fascinante e imprevisible ese sector de la gente «más holgazana, baldía y murmuradora», vestidísimos mientras colonizan el barrio «y desde allí gobiernan el mundo», casan y descasan, se entrometen y entremeten, y siempre en grupo y juntos «ofrecen mucho, cumplen poco», discuten linajes, «resucitan rencores, entierran buenas opiniones y consumen casas de gula» y otras ocupaciones de matones muy flamencos con sus medias de seda, ropilla y calzones de jergueta o paño de mezcla, «las mangas del jubón acañutadas, los zapatos que revientan en el pie y el cuello de la camisa agorguerado, y con puntas que se descubren por debajo», sus guantes de polvillo y mondadientes de la madera del lentisco y cuellos «grandes y almidonados»: pisaverdes a los que el sombrero «apenas se les puede tener en la cabeza» y unas veces «sin espada, y a veces con ella». Y bien que alguno entre esta *gente de barrio,* como se llaman, pudo ser el valentón que requirió la espada sin atreverse a sacarla, caló el chapeo, fuese y no hubo nada.

Igual que al arcediano Martín de Mendoza, *el Gitano,* hijo natural del duque del Infantado, no le estorbó en absoluto la condición eclesiástica para tener como novia formal a María de Cervantes setenta años atrás, al arzobispo de Sevilla entre 1601 y 1609, Niño de Guevara, tampoco le estorba la condición eclesiástica para disfrutar de esos relatos procaces y desenvueltos (con retóricos finales ejemplarizantes). Y recién nombrado arzobispo, ha encargado con apremios al licenciado Francisco Porras de la Cámara que le copie unas cuantas historias e historietas entretenidas de las que valgan la pena y circulen por Sevilla en tertulias y academias, en corrillos y ventas. Una de ellas es esta novela recién terminada, *El celoso extremeño,* que va copiada con algunas semejantes, cuentecillos sueltos como suelto va todavía este celoso extremeño y suelta está otra novela corta que Cervantes ha escrito con la Sevilla turbia y dudosa metida dentro, *Rinconete y Cortadillo.* Y todavía hay otra más en ese códice que Porras de la Cámara ha copiado para el señor arzobispo, *La tía fingida,* aunque no sabemos mucho más porque, una vez transcrito el códice, se perdió años después, en 1823. Pero sí ha quedado el texto y la intención levemente pornográfica de esta última sobre la prostitución sevillana, aunque apenas comparte nada más con las otras, o al menos no comparte ni la gracia ni la ironía ni el doble fondo de armario que llevan las otras dos, mientras esta apenas se queda en ropa de cama.

«En la venta del Molinillo» que hay al final de los campos de Alcudia, «tal como vamos de Castilla a la Andalucía» (aunque bien podría suceder todo «ha muchos años», en «un lugar de Extremadura», como *El celoso extremeño,* o incluso «en un lugar de la Mancha»), el verano es igual de cruel que en el resto del país y allí debieron asársele los sesos también a Cervantes en algunos de sus infinitos viajes, en busca del mismo porche de la venta en que esta tarde sestean adormilados dos chavales. Acaban de conocerse y los dos son «de buena gracia, pero muy descosidos, rotos y maltratados». Hablan como no se habla a los 15 años que tienen, sin capa y sin medias, quemados del sol y armados contra viento y marea, uno con media espada y el otro con un cuchillo vaquero con sus lustrosas cachas amarillas. Hablan jugando a hablar como hidalgos y señorones cuando son dos rastacueros, uno experto en la «ciencia villanesca» de los naipes y el otro aprendió de su padre, sastre, a cortar bolsas con tijera y hacer de ladronzuelo. Lo sabemos porque lo cuentan ellos con sus vueltas y revueltas, a punto de desplumar a un incauto y a punto de salir huyendo hacia otra venta y viajar hasta Sevilla a buscarse la vida donde deben hacerlo, bajo la tutela y magisterio de la cofradía del hampa que dirige, como un jefe de servicio cualquiera, Monipodio, y él será quien los bautice a partir de sus nombres reales, Rinconete y Cortadillo.

Conversan a borbotones como no van a dejar de charlar o lo harán solo para convertirse en testigos de lo que hablan otros tan a borbotones e incontinentemente como ellos, como si las narraciones a Cervantes ya se le confundiesen con comedias que no ha llegado a respetar o ha dejado a medias porque el teatro es inseguro, lo cierran hoy y lo abren mañana. Y además no acaba de convencer a los empresarios ya atrapados por un solo modo y manera de hacerlas, que es el de Lope de Vega, buenísimo, pero distinto del que le gusta a él. Monipodio es quien manda desde sus años de hombre maduro en un patio de gentío y hampa como juez de contrajusticia ordinaria, como si a poco que se despiste pudiese formar parte no de la jactanciosa delincuencia que Sevilla cultiva a conciencia sino de uno de esos juguetes cómicos para divertir a la gente en el teatro, sin que nada suceda más que oír a carcajada limpia lo que sienten y padecen, lo que sueñan y lo que rehúyen personajes castigados, prostitutas maltratadas, golfos vanidosos y cobardes, marginales y orgullosos.

Al menos en otra comedia, *El rufián dichoso,* se ve salir a Pierres Papin, «el de los naipes» y las «barajas hechas», en la misma calle Sierpes de la cárcel, o delante de la ermita del Compás, donde está el burdel o «casa llana» (por razones obvias). No hay duda tampoco de que Sevilla es «tierra donde la semilla / holgazana se levanta», donde «a la sombra del favor / crecen los vicios», mientras con una dama jerezana va un «papagayo / que siempre la llama puta». Y si se acerca uno al Matadero todo se complica hasta la inmundicia con la gente que ha visto Berganza de coloquio con Cipión, «ancha de conciencia, desalmada», y «los más amancebados», puras «aves de rapiña carniceras», jiferos que «con la misma facilidad matan a un hombre que a una vaca» con el cuchillo «de cachas amarillas», protegidos por jueces untados (los mismos de la Audiencia de Sevilla) y sin que haya manera de poner los pies «sin pendencias y sin heridas» por las calles de la Caza, la Costanilla y el Matadero. Por «allí campea la libertad y luce el trabajo», y allí van a buscar los padres a los hijos descarriados, y tanto sienten que los saquen «de aquella vida como si los llevaran a dar la muerte». O eso cuenta en *La ilustre fregona* para sacar al caballero del hampa y que encuentre en la fregona de la taberna del Sevillano en Toledo tal honestidad y recato que se enamore perdidamente. El amor acecha de nuevo porque «la belleza enamora sin malicia, la honestidad enciende sin que abrase, el donaire da gusto sin que incite y la bajeza del estado humilde obliga y fuerza a que le suban sobre la rueda de la que llaman Fortuna». La fregona, pues, no es lo que parece, como sabremos al final para espantable alegría de las muchachas y un final de bodas estruendosas y felices.

Tampoco nada de esos arrabales bulliciosos lo avizora la castísima y santísima Isabela de *La española inglesa,* que vive entre su casa y el monasterio frontero de Santa Paula en Sevilla y «jamás visitó el río, ni pasó a Triana, ni vio el común regocijo en el campo de Tablada y puerta de Jerez el día, si le hace claro, de San Sebastián, celebrado de tanta gente que apenas se puede reducir a número». Lo ha visto Cervantes cada año y tantas veces, porque él sí sabe lo que no sabe su Isabela, que ignora el «regocijo público ni otra fiesta en Sevilla», y por descontado tanto «retraimiento tenía abrasados y encendidos los deseos, no solo de los pisaverdes del barrio», sino de las terceras y alcahuetas, todas locas por «aprovechar de lo que llaman hechizos, que no son sino embustes y disparates», exactamente igual como en la Sevilla de hoy.

Entremés pudo ser, porque esta novela que acaba Cervantes ahora sobre Rincón y Cortado no puede ser cosa de más fuste, como no sea cosa tan rara como un relato que no cuenta nada pero lo escucha y lo dice todo sobre dos «famosos ladrones que hubo en Sevilla» y que anduvieron en historias que pasaron «así en el año 1569». O al menos es lo que ha copiado Porras de la

Cámara para entretenimiento del señor arzobispo de Sevilla cuando le pone en limpio la nueva historia que corre por la ciudad. Por eso acaban yendo tantos diálogos formidables a las páginas de relatos que son orales y coloquiales, porque lo es el narrador, y sobre todo porque todo el mundo habla sin parar. La mitad del humor se nos escapa sin remedio porque es lingüístico. Pero no se le escapa a la ventera, «admirada de la buena crianza de los pícaros», que ha estado oyendo lo que decían con recursos impropios de su bajeza y sus aspectos, como otros personajes de las novelas de Cervantes hablarán abusando y retomando hablas, estilos y giros que no les pertenecen por su clase, por su formación o por la época. Pero los imitan porque los conoce Cervantes y los parodia porque detrás de la distorsión del humor va armándose la doble mirada sobre las personas y sobre su mundo. De ahí que Rincón proponga que se dejen los dos de tantas apariencias absurdas entre ellos, «pues ya nos conocemos», y no es necesario fingir más que son lo que no son ni «hay para qué aquestas grandezas ni altiveces», como todo el mundo ve a simple vista: «confesemos llanamente que no teníamos blanca, ni aun zapatos».

Los ha visto tan de cerca este Cervantes como de cerca ha visto las heridas de los arcabuzazos, las mareas rojas con cadáveres flotando, el martirio de los cautivos en Argel, las ceremonias cortesanas o las tormentas devastadoras en el mar. Basta con querer verlos y dejarse atrapar por ellos, pegarse a esa *germanía* que hablan todos cuando de ladrones se trata, «para servir a Dios y a las buenas gentes», según ellos. La tendrán que aprender a toda marcha los dos chavales para enterarse de algo cuando lleguen ante el jefe de la canalla, Monipodio, como se le pegó a Cervantes su lenguaje pateando la ciudad y husmeándola para esmaltar el texto de chistes verbales, frases hechas, despropósitos lingüísticos y burlonas parodias dedicadas a festejar la lengua hablada del día y, sobre todo, de la noche y la golfería. Los ha visto en directo pero también ya los ha leído, como los ha visto y leído ese precocísimo sismógrafo de la lengua del día que es Francisco de Quevedo, que anda metido en otro relato parecido, el *Buscón*. Los han leído en versión antigua, de hace medio siglo, en la novela breve o cuento largo sobre el *Lazarillo* —Cervantes ya lee ese libro de otro modo, aunque no para imitarlo— y también lo han visto tanto Quevedo como él, Góngora y sus romances, la nueva moda de la jácara sarcástica y coloquial. Y muchos otros lo han visto, algo de todo eso, en el libro que retrata admirablemente a esa nueva capa social de ciudad tan opulenta como Sevilla, aunque vaya lleno de sermones que interrumpen el cuento largo de la vida de Guzmán de Alfarache.

Es tanto lo que hay en ese mundo tras las tapias de la cofradía de Monipodio, alto, grande, cejijunto y poco menos que «el más rústico y disforme bárbaro del mundo», que casi parece un contramundo del real y diurno, con sus vigilancias y sus guardias. Y desde luego es mucho más vigilante Monipodio, con «sus estatutos y buenas ordenanzas» internas, que la Audiencia de Sevilla y los jueces que han metido a Cervantes en la cárcel poco antes o poco después de que escriba todo esto. El jefe administra justicia equitativa, media entre amantes, encarga «una de a siete» (por los puntos de la puñalada), cobra atrasos de servicios prestados o contrata otros nuevos con sus reglas y porcentajes de cobro, todo bien atado y anotado en un «libro de memoria» como el que el mismo Cervantes usa para sus esbozos, borradores, poemas y comedias a medio hacer. Como Monipodio no sabe leer se lo da a leer a Rinconete (porque con su padre echador de bulas aprendió «algo de buen lenguaje»), quien lee los encargos que bien parecían cosas de la justicia legal y ordinaria, palos, multas y sustos que deben de administrar cada cual, según el oficio asignado y «bien y fielmente, con toda diligencia y recato», lejos los granujas de la venalidad del alguacil conchabado con Monipodio y lejos también de la vista gorda del alcalde de justicia que pasa junto al patio y obliga a todos a enmudecer de golpe, parar la música y la jarana, aunque por suerte también pasó y no hubo nada.

Ahora ha descubierto Cervantes que no solo cuentan sus vidas los personajes en las narraciones, no solo llenan el silencio expectante de los demás mientras cuentan sus historias de vida, sino que pueden actuar como en las tablas del teatro, pueden seguir hablando y hablando de las cosas que les pasan como sucede en la comedia, a veces con el giro grotesco y descarado y procaz de los entremeses y, a veces, con la naturalidad de las conversaciones de vecinos y amigos. Ya no es necesario que hablen como hablan los libros, envarados y solemnes, artificiales como pastores chalados. O incluso puede usar también el modo en el que hablan los libros para hacerlos hablar a ellos, que están en la calle y quizá sin haber cogido un libro en su vida, pero sin duda saturados de relatos orales, de romances de ciego, de historias memorizadas y mil veces contadas cerca del fuego y en las interminables siestas abrasadoras. Basta con ponerlos a hablar para que ese relato salga solo y fluya aunque nada suceda en él, como nada sucede en *Rinconete y Cortadillo*. No hay otra trama ni intriga más que el descubrimiento mismo, estupefacto y morboso, del modo de vivir y hablar y sentir de un puñado de sombras de la delincuencia de Sevilla mientras escucha Cervantes también la música, otra vez la música, que sacan entre todos mezclando una chancleta o chapín tocado como pandero, una escoba que se rasca y saca un «son que, aunque ronco y áspero, se concertaba con el del chapín», y hasta Monipodio entra en el jaleo partiendo un plato para usarlo como piezas «puestas entre los dedos y repicadas con gran ligereza», llevando «el contrapunto al chapín y a la escoba».

Pero no hay cuento sin remate, y ni siquiera un cuento sin intriga ni acción puede Cervantes dejarlo sin más, abandonándolo o renunciando a acabarlo. Falta algo que lo justifique porque algo ha de darle sentido práctico al cuento. A la fuerza el final ha de ser ejemplarizante e instructivo, aquí y en cualquier sitio, aunque hace tiempo ya que ese remedio se antoja convencional y pegadizo (o para guardar las apariencias, como creemos al menos unos cuantos con José-Carlos Mainer). Es una inercia más, arrastrada de la literatura medieval, una prescripción estricta del contrarreformismo ético e intelectual que impregna al reino desde el Concilio de Trento y rastro ya fósil de la función de la literatura como método de instrucción entretenida o entretenimiento instructivo. Todavía no va sola la literatura porque aún es, sobre todo, medio para un fin edificante, sobre todo si todo el cuento no cuenta más que la visita de dos golfos a la escuela mayor de la golfería sevillana.

El muy juicioso y aristotélico Cervantes entiende también la literatura como una experiencia de mediación con la vida ya meditada, como banco de pruebas de la multiplicación de vidas que cada cosa contiene. Esa otra lección de la literatura está encerrada en algunas obras absolutas, más allá y más acá del sermón pegadizo o postizo que suelen llevar. Por eso en la última página de su relato a Cervantes le asalta la disciplina de época y, resignada y rutinariamente, cierra el cuento y justifica con buena conciencia el relato como «ejemplo y aviso a los que» leyeren, sin que haya que escuchar aquí a Cervantes sino a la ortodoxia formal de la ficción que todavía no tiene otra razón de ser que su ejemplaridad moral. Ya casi nadie cree de veras y en privado que el gusto de contar y leer historias necesite esa instrucción reprobadora de los males del mundo, pero todo el mundo aparenta que ha de ser esa la razón de la literatura, incluido Cervantes, aunque desde luego ni cree en ello ni sus obras de madurez obedecen a fin práctico y didáctico alguno.

No van a durar mucho las últimas líneas que acaba de escribir, pero las pone porque debe justificar que ha escrito *Rinconete y Cortadillo* «para huir y abominar una vida tan detestable y que tanto se usa en una ciudad que había de ser espejo de verdad y de justicia en todo el mundo, como lo es de grandeza», como si todavía fuese Cervantes el muchacho de orden y corte dispuesto a abdicar de la literatura como entusiasmo y celebración. Pero ya no: hoy la madera de guionista cinematográfico de este Cervantes es a prueba de espectadores exhaustos, embarazadas desmayadas de cansancio, pequeños soñolientos y ancianos ensimismados. Los diálogos trepidan y borbotean sin desmayo y con gracia, cada cual habla como debe y como es, o cada cual es como habla, mejor, sin que nadie interfiera dirigiendo el guion excepto las voces cruzadas y las riñas y trifulcas que se arman entre ellos. La cámara se mueve sin cesar de un sitio a otro, sigue esta pendencia y aquella discusión, con Cervantes pegado a la jactancia del agresor que ha apaleado a una muchacha y a la vez con el oído puesto en el rumor mental de Rinconete, admirado de la credulidad absurda de quienes creen que con unos cuantos rezos y unas cuantas misas, que cumplen a rajatabla, estarán a salvo bajo el orden de Dios.

El tirón ha sido fuerte y Cervantes podría seguir encadenando historietas y anécdotas porque, como escribe en otro texto en marcha, Sevilla es «lugar tan acomodado a hallar aventuras que en cada calle y tras cada esquina se ofrecen más que en otro alguno».

Pero las historias tienen su medida y su tamaño, y Cervantes habrá de contar en otra parte la continuación, porque pide más Rinconete y «pide más larga historia» la de su «vida, muerte y milagros, con la de su maestro Monipodio, con otros sucesos de algunos de la infame junta y academia». Como tantas otras veces, Cervantes deja anunciada una continuación que cada vez es más delatora de su dispersión congénita y su pereza para reabrir historias ya contadas, como si el emplazamiento en el mundo moral y el clima de una historia se agotase en ella misma, a pesar de la tentación de seguirla y la convicción, o hasta la promesa, de que lo hará. Es otro tópico de aquel tiempo y del nuestro la continuación de los relatos, por supuesto, pero es también un dato del taller de un escritor saturado de historias por contar que circulan de mano en mano hasta llegar incluso a la mesa del arzobispo de Sevilla.

Son sus personajes quienes mandan porque Cervantes está adueñándose de un modo nuevo de contar. Son ellos quienes se lo llevan a él y no él quien los conduce a ellos y sus andrajos, sus uñas sucias, largas y rotas, sus habilidades innatas para la supervivencia. Nos colamos con ellos donde se cuelan ellos porque Cervantes se ha colado antes, viéndolos zurcir sus vidas sin quejas ni melodramas, con la rumia cotidiana de sus pendencias y sus angustias, como un inmenso teatro coral donde hablan todos y nadie tiene mucha más razón que el otro porque es como es ese mundo, ingobernable y avariento, generoso y justo, vicioso y virtuoso, y casi nunca hay modo de quedarse a una carta de las dos o tres o cuatro posibles. Todos tienen sus razones y a menudo tienen sus vidas para avalarlas y respaldarlas, todo tiene varias caras que no se ven al primer golpe de vista o se ven solo después del primer vistazo, hay más caras y hasta cartas de las que todo aparenta. No pasa nada en algunos de esos nuevos relatos pero tampoco va a pasar nada porque suceda que no sucede nada. Cada uno de los personajes nuevos son el centro de su mundo e incluso algunas de las historias que tiene entre manos no son más que el retrato de seres abstraídos en sus mundos privativos, casi autistas. Cervantes los pinta poniendo la distancia entre todos ellos y su voz de cronista, atrapados todos por el leve aroma a burla cordial, a mirada piadosa y observadora sobre la ebullición perezosa, trepidante o desgarrada de mundos extraordinarios y maravillosos extraídos del mundo inmediato, con leyes propias y diferentes a la vida ordinaria del comisario de abastos y cobrador de atrasos que se ha movido entre ellos con ojos y oídos pegados a sus gestos, a sus ropas y a sus palabras, a sus giros y germanías, a los solecismos desternillantes, a los tacos inimaginables, las dobleces transparentes, las mentiras solemnes, las procacidades dichas y las adivinadas, las cobardías valientes, y absurdas y a menudo incluso conmovedoras: pura locura.

La cabeza más despejada de la Mancha

Cervantes ya sabe lo que ha descubierto y por supuesto sabe que sus historias están empezando a ser las historias de sus personajes. Casi todo empieza y acaba en ellos porque lo que les pase, incluso cuando no les pasa nada, es un atributo más de lo que dicen, sienten y piensan. Las aventuras enredadísimas, los naufragios caóticos, los reencuentros redentores y los trasiegos de engaños a muchas bandas siguen siendo la literatura noble de su tiempo, pero empiezan a atraerle cada vez más otras cosas sin la dignidad de lo antiguo y elevado prescrito y estipulado. Algunas de las historias que escribe en estos últimos tiempos de Andalucía tienen un aire nuevo y hasta bastardo, o sin padre y madre demasiado seguros. Llevan algo dentro que es diferente a los desencuentros y reencuentros de la historia del cautivo, y diferente de historia tan complicada como la que han vivido los protagonistas de *El curioso impertinente*. Vale la pena probarlo de nuevo sin saber a dónde lleva, dejándose llevar y dejando correr la pluma por el papel, aunque el resultado sea tan raro como el que ha dado lugar a *Rinconete,* o como la pluralidad de parodias de personajes literarios que ha metido en *La casa de los celos* o incluso descarándose Cervantes para recuperar el tono antiguo de sus romances burlescos y del soneto con el irónico elogio del túmulo de Felipe II que tantas alegrías le ha dado.

Este nuevo cuento que ha empezado a escribir va todo él empapado de burla y buen humor ante la desencajada extravagancia de su nuevo personaje. Es un anciano de la edad del mismo Cervantes cuando lo escribe, cincuenta años, pero a esa edad le ha dado por vivir su vida real como la viven los personajes de ficción que le arrebatan y conmueven, esos caballeros andantes que pueblan los libros de aventuras en pos del bien y las aventuras. En casa sospechaban que un día u otro haría lo que por fin ha hecho: salir de su pueblo para hacerse caballero (en la forma más ridícula), darse un nombre propio a imitación de Amadís de Gaula, «músico y peregrino y significativo», aunque le sale un chiste verbal, don Quijote de la Mancha, darle nombre también a la dama de sus sueños, casi improvisada, Dulcinea, y confiar en la buena ventura del paso de su caballo, que tiene ya nombre también, Rocinante. Ese sujeto desquiciado y confundido se siente con la cabeza despejada por primera vez en su vida, mientras despliega sus nobles sentimientos, la convicción en la fuerza de su brazo y la rotundidad de su futuro de caballero, libre de los prejuicios de los demás e incluso ajeno a sus risas. Es completamente feliz porque está completamente loco, loco de atar: es un disparate ambulante que habla como hablan los libros antiguos de caballeros y los romances, un puro anacronismo. Todos sus conocidos —el cura, el barbero, el ama y la sobrina— atribuyen la causa del mal a esas historias que le absorben días y noches, que le han retirado de la vida civil y casi lo han dejado en la ruina. Y naturalmente saben el modo de erradicar el mal: bastará con quemar todos los libros de su biblioteca para que sane y con el tiempo regrese al sosiego de su casa, sin ir por los suelos, sin hacer el ridículo y sin que se rían o se apiaden de él cuantos lo encuentran por los campos de Montiel.

Han sido las historias escritas las que han metido en la cabeza del señor Quijana, que es como lo conocen en su pueblo, la luz perfecta y diáfana de la fe en sí mismo y la convicción de ser por fin lo que de veras es, la plenitud vital conquistada aunque sea tan tarde como a los cincuenta años y aunque no se sepa muy bien lo que va a pasar después, una vez haya doblado la esquina y esté a campo abierto, expectante e ilusionado, entregado a ser quien es: una figura ridícula sin paliativos, una caricatura de caballero vestido con armas de lo menos cien años atrás, todas «tomadas de orín y llenas de moho». Hay cosas de las que le sucedieron a aquel buen hidalgo «que no es posible acertar a referirlas» porque parecen de chiste. Son tan extrañas a ojos de todos que no saben qué hacer para «no reventar de risa a cada punto» al oírlo hablar mientras se hace armar caballero en una venta, con el auxilio de dos prostitutas, y desde entonces «tan contento, tan gallardo, tan alborozado por verse ya armado caballero, que el gozo le reventaba por las cinchas del caballo».

Todavía este cuento es para Cervantes una fábula cómica y edificante que sirve para condenar las tonterías y fantasías inverosímiles e incongruentes de los libros de caballerías. De mañana no pasa que «se haga acto público y sean condenados al fuego porque no den ocasión a quien los leyere de hacer lo que mi buen amigo debe de haber hecho», según imagina el cura y jalean los demás. La sobrina, en particular, está verdaderamente loca por no perdonar un solo libro y tirarlos todos al patio para «pegarles fuego» o llevárselos al corral y «allí se hará la hoguera, y no ofenderá el humo», aunque sea bien cierto que se cumplirá «el refrán en ellos de que pagan a las veces justos por pecadores».

Y así, o de forma muy parecida, debió terminar Cervantes nadie sabe exactamente cuándo, en los últimos años del siglo o por ahí, un cuento sobre el caso admirable de un hombre que lo vive todo en la realidad como lo ha vivido leyendo los libros y romances de aventuras y caballeros. Es la historia de un loco de atar, y por eso lo atan entre todos a casa, para que allí se quede y no vuelva a perderse a medias entre los campos y los libros. De forma muy embrionaria todavía, hay otra cosa más en ese cuento cómico, una intuición cargada de sentido y que puede llevar dentro un sortilegio todavía por explotar. Su personaje es un loco irremediable, y sin embargo en su loco anida un aliento que lo redime o rescata de la mera locura, que lo aparta de ser solo una cabriola ambulante, anacrónica y chistosísima. Algunas de sus respuestas y algunas de sus razones destiñen una especie de disturbio interior en el personaje, un guiño que complica su visión o hace más difícil certificar sin más su chaladura.

O quizá se trata de una chaladura singular porque a don Quijote le mueve un código de honor y un afán de bien tan intenso como sus alucinaciones. Nos reímos sin duda del personaje, pero aflora la incómoda intuición de no estar solo ante un loco, sino ante un loco con visos imprevistos de belleza moral que ni la risa ni este o aquel descalabro sepultan o anulan. Incluso con visos de un buen juicio que usa al menos para defender al muchacho Andrés de los latigazos de su amo y también de las revueltas retóricas que usa su amo para excusar su violencia.

Anida ahí una ironía latente que Cervantes apenas desarrolla. No es la ironía de antes, no se trata del guiño cómplice que está en su obra desde la mismísima *Galatea* y que debió ser parte de la gracia segura de sus romances y lo es de tantas escenas de su teatro, poblado de ironías y chistes con doble sentido. Aquella es la forma estilística que adopta el lenguaje para ceder en la misma frase dos sentidos dispares, para insinuar una valoración que difiere de la aparente, para defender una cosa que contiene por la forma, por el gesto, por el estilo o por la intención la contraria o alguna diferente. Por supuesto, esa forma de la ironía sigue siendo lenguaje natural de Cervantes y seguirá en toda su obra. Lo que puede estar empezando a fraguarse en el Cervantes que ha escrito ya tantas comedias, que ha salido de la cárcel con un soneto cuajado en un puro juego irónico, es la coexistencia de verdades incompatibles: un loco en pleno ataque de locura que a la vez actúa como defensor de un muchacho castigado desproporcionadamente. Todavía es solo esto, una escena o un mero desvío, porque don Quijote es, sobre todo y casi únicamente, un anacronismo tronado y grotesco. Pero tanto su buena fe como su buen ánimo, tanto la convicción con que vive sus afanes como el compromiso con su deber, sabotean la reprobación simple y llana del personaje. En esos disturbios anida la intuición que llevará a Cervantes a la conquista de otra ironía mayor, no solo ya episódica o estilística; llevará a Cervantes a aclimatar en su personaje una naturaleza híbrida: sin dejar de ser anacronismo ridículo será a la vez singular héroe moral.

TIEMPOS MUERTOS

En buena medida por la misma razón, me resulta inimaginable que Cervantes se conforme con el final que tiene ahora su cuento.

La idea es buena pero no lo es el remate ejemplarizante y condenatorio. Cervantes no comparte el fanatismo de la sobrina ni del ama ni del cura ni del barbero: la moraleja de esta historia vuelve a ser pegadiza y forzada, parcial y mecánica. No sirve como está ahora —o como imagino que está ahora el cuento—, aunque como todos los relatos de su tiempo debe terminar en la misma línea condenatoria de toda literatura que no sea religiosa y doctrinal y edificante. El entretenimiento y la aventura, como la poesía amorosa y sentimental, son por definición culpables de envenenar de sueños, nuevas ideas, imaginaciones y fantasías las cabezas de jóvenes y mayores; lo son casi tanto como el humor y la risa, que desde luego son lo peor de todo desde siempre y mucho más desde que a Erasmo de Róterdam le dio por reírse de todo riéndose con un *Elogio de la locura*.

Pero Cervantes no culpa a los libros que acaban de condenar todos de tan malas maneras y tan toscamente. Los hay justos y los hay pecadores, y a Cervantes el cuento le va a traer a maltraer porque no está acabado, o siente que no está bien acabado, aunque sea verdad que esos libros de caballeros son a ratos una montaña de necedades y aunque sea verdad que a algún botarate lo puedan chalar sin remedio, o tan sin remedio como de momento parece que han averiado a un señor Quijana que fue cuerdo y se ha chalado en un don Quijote loco.

El cuento se queda de momento como está porque Cervantes no ve la solución fácil. Nunca tiene una sola cosa en marcha ni atiende a un único cuento, historia o comedia de los muchos que va fabulando en las horas muertas y los tiempos de espera, mientras busca y rebusca papeles en Málaga y revisa cuentas para los informes y balances que le reclaman de nuevo desde la Contaduría General por desajustes y alcances tan antiguos que suenan a cosa del siglo pasado. Quizá le desesperan menos de lo que lo harían en sus años juveniles, con la espada al cinto caliente y el pecho repentino del soldado. Quizá tampoco ha vivido con la cólera abrasiva de otros tiempos el encierro en la cárcel de Sevilla, tanto si se parece a las cárceles contadas por otros presidiarios como si no, tanto si las paredes van llenas de la «antigua costumbre de presos» que ha visto Lope y cuenta en *El peregrino en su patria*, con «algunos jeroglíficos y versos» pintados al carbón, como si en la suya hay un «corazón con unas alas que iban volando tras una muerte» (iguales a los de hoy), o incluso si fueron «espesos los hierros» de las ventanas de las celdas o aposentos y agradable el sonido «que la llave hacía por los fuertes candados».

A Cervantes le cundió ese tiempo ensimismado en el tránsito entre finales de 1597 y principios de 1598. Llegará a decir años después que en esa cárcel engendró esta historia del hidalgo que sale de su pueblo como caballero andante, como él salió hace muchos años como soldado católico, absorto hoy ante un túmulo hueco. Por suerte no estuvo tanto tiempo en la cárcel como para amargarse la vida porque salió con ganas de rebajar las prepotencias del poder (tanto de la Audiencia de Sevilla como de los untuosos eclesiásticos de la catedral) y les dedicó entonces el famoso soneto con estrambote, además de otras cosas. Pero sin duda no se olvidaría tampoco de ese hombre que confunde las cosas y se confunde a sí mismo mientras Cervantes mismo pasaba las horas en lugar tan incómodo e inhóspito, tan deshabitado de todo que se oye hasta el más pequeño ruido de ratas, de ratones, de grilletes, de candados cerrándose y abriéndose mientras resuenan en la inmensidad de la cárcel real de Sevilla.

Pero sale, y sale para ponerse en marcha de inmediato. En plenas celebraciones de la coronación de Felipe III en Sevilla a principios de 1599, sabemos que ha gastado un dineral en comprar ropa, además de dos quintales de bizcochos que compra prestados dos meses atrás, cuando ha de estar saturándose de las desdichas funerales y escribe el soneto al túmulo de Felipe II e igual se pone también a escribir el cuento que ha imaginado en la cárcel. Pagará esos bizcochos en enero de 1599, y al mes siguiente le devuelve su primo Juan de Cervantes los noventa ducados que le había prestado Miguel. A su hermana Andrea la tiene viviendo en Madrid a finales de 1599 en unas casas de cincuenta ducados, «enfrente de la calle de la Comadre de Granada», y no debe nada ya pero quizá deja de vivir en ellas.

No toda la familia está a la última palabra con tantas transacciones, aunque forman parte de las rutinas dinerarias y de economía doméstica de la época. La liquidez es menos fácil y usual que hoy, y los préstamos y las deudas carecen de la señal inquietante que tienen para nosotros. Cervantes ha de saber también que a la hija que tuvo Andrea con Nicolás de Ovando, Constanza, no le va mal del todo, al menos de momento, a la vista del poder que le otorgó hace poco más de un año y medio otro hombre de buena posición, Pedro de Lanuza, para cobrar mil cuatrocientos ducados en los próximos siete años «de la renta de mi encomienda de Mora» y de unas «sedas de Granada» valoradas en doscientos ducados, a cobrar cada San Juan y cada Navidad, y en caso de que él falleciese, como bien pudiera suceder, tiene autorización la muchacha, ya en torno a los treinta y tantos, de cobrar el total comprometido de una sola vez.

¿Sabe algo de la niña Isabel, que ahora tiene al menos 15 años y seguramente vive en casa de su tía Luisa de Rojas con su hermana pequeña, Ana? Si no supo de la muerte de la madre en mayo de 1598, sin duda sí está al corriente de los nuevos cambios porque desde agosto de 1599 Magdalena acoge formalmente en casa como servidora y aprendiz a Isabel de Saavedra, que es el nombre que la muchacha adopta desde ahora. Es fácil imaginar que las dos hermanas no suspendieran su relación pese al cambio de domicilio, dado que habían crecido juntas, ni la perdiese Isabel tampoco con su tía Luisa de Rojas, que es quien acoge a Ana.

Es improbable que todo sucediese sin la conformidad o la complicidad activa de Cervantes, que acaba de incorporar a su casa a una hija adolescente, mientras él sigue todavía en Sevilla, como vecino del barrio de San Nicolás, y en buenas relaciones como mínimo con un viejo conocido, Agustín de Cetina. También él acude a Cervantes, como había acudido Tomás Gutiérrez o el escultor Martínez Montañés, para que testifique sobre un problema contable en mayo de 1600. Nada hace pensar que las relaciones con su mujer Catalina sean malas o haya estropicios graves. Cuando menos, no los tiene con su cuñado Francisco, que quiere ingresar como fraile en el monasterio de San Juan de los Reyes «dentro de pocos días, y antes de le hacer, quiero disponer de mis bienes». Y lo que dicta es el perdón a Miguel y a su mujer, Catalina, de las cuentas relativas a la administración de sus bienes, al menos «del tiempo que la han tenido» y «de lo que toca a los frutos della, porque se lo perdono». Y el inminente fraile designa entonces a su hermano y a Miguel como albaceas y testamentarios.

Aunque Cervantes siga ausente de Esquivias (porque Catalina sigue usando el poder que otorgó Miguel ya hace más de diez años), viaja allí alguna vez y sin que sepamos con qué frecuencia. Al menos a principios de 1602 figura como «compadre» de un bautizo, junto a Juana Gaitán, y por entonces sabrá ya desde hace tiempo que su hermano Rodrigo no salió vivo de la batalla de las Dunas, en Flandes, y al parecer su muerte sucedió el 1 de julio de 1601. También ha llegado otra mala nueva sobre el incordio interminable de las cuentas porque en septiembre de 1601 y desde la ciudad en que residen el rey Felipe III y la corte desde enero, Valladolid, recibe en Sevilla un documento reclamándole explicaciones como «ejecutor por la Contaduría Mayor de Hacienda de su Majestad» sobre el destino de los ciento treinta y seis mil maravedíes que se le pagaron en la comisión de agosto de 1594 en Vélez-Málaga: la comisión había sido, según ese papel, «para que Cervantes los trajese a las arcas de tres llaves» pero «según los cargos del Tesoro de 1593 no pareció haberlo entregado al tesorero general» y, «si lo hizo, que explicase en qué tiempo y cómo».

Y según concluyen una semana más tarde, a la vista de los recibos que entregó hace años Cervantes, siguen echando en falta casi ochenta mil maravedíes. Sus intereses verdaderos están cada día más lejos de las cuentas y más cerca de los numerosos cuentos que tiene en marcha, algunos acabados del todo, otros acabándose, otros transformándose de teatro a relato y algunos otros creciendo imprevistamente, como le pasa a la historia del viejo que sale de su casa, pero también a otras de las que están sobre la mesa en folios apilados o anotadas y escritas en sus libros de memoria.

Otro final

Aunque a sus cuentos todavía no los llama «novelas ejemplares» Cervantes ya sabe muy bien de qué habla cuando habla de la verdad de la ficción. La verdad que contienen sus cuentos no es la de las cosas que suceden en ellos sino que tienen «en sí encerrados secretos morales dignos de ser advertidos y entendidos e imitados», como dice de *El curioso impertinente*. Tiene ya muy rumiado que las buenas historias lo son por el modo de contarlas, sobre todo cuando parecen historias inventadas pero son a la vez historias verdaderas sobre la realidad verdadera. Son las que están empezando a atrapar su curiosidad humana y literaria después de impregnarse de la narrativa italiana, después de vivir entregado a las fantasías castas y solemnes de Heliodoro y después de haber vivido algunas de esas fantasías con la espada en la mano. Los sueños han empezado a pudrirse en la ruta del trigo, el aceite y las alcabalas pero eso es justamente lo que ata a Cervantes al valor de la literatura por lo que entrega y no por lo que enseña.

Ya no es el de siempre porque muda la piel sin mudarse a sí mismo, ensaya cosas sin pensar en qué pensarán los demás. En su cabeza importa cada vez menos lo que esperen unos y otros y pesa cada vez más su propia libertad en marcha y atrevidamente inventiva, aunque nunca pierda de vista al lector que leerá mientras él escribe. Sabe siempre lo que quiere decir, atento a no confundir nada, a decirlo todo clarísimamente, a evitar equívocos y vaguedades que no estén muy bien explicados palabra a palabra, puntualizados una y otra vez.

Los grandes planes, los planes del idealismo impoluto, fueron los de Cervantes demasiado tiempo, pero escarmentó como ha escarmentado el protagonista Anselmo de *El curioso impertinente* al comprender el absurdo de conspirar por todos los medios contra su mujer, forzándola a ser infiel para demostrar que es infiel, y lográndolo por fin. Hoy se mueve Cervantes fuera de las obstinadas ideas fijas, en la suspensión incierta de las cosas, reeducado en la experiencia de lo real, y su voz está, desde luego que está, en la consistente y formidable diatriba de Lotario contra el idiota de su amigo Anselmo, hecho de la pasta de los dogmáticos y los puros, los idealistas y los fanáticos. Cervantes es el lúcido Lotario, por supuesto, pero es o ha sido también el obcecado Anselmo, sin darse cuenta de que «buscar lo imposible» equivale a ir «corriendo tras el mal». Eso no tiene duda de que es una simpleza ridícula («que por ahora no le quiero dar otro nombre») y un propósito «tan descaminado y tan fuera de todo aquello que tenga sombra de razonable» que es pura autodestrucción por un capricho maniático y obsesivo, por forzar a la realidad a ser perfecta, por exigir de los demás una rectitud impropia e inhumana: una obsesión tan neurótica como autodestructiva.

Cervantes ha aprendido a reeducar el ansia del bien y a entender el bien mismo, ha aprendido lo absurdo y dañino de las obsesiones excluyentes y los desafíos imposibles, la inconsistencia de las causas irredentas de cualquier absolutismo moral ajeno a la mudable fragilidad humana. En algún momento, a medias por esta intuición ya fraguada y a medias por desdén ante los finales moralizantes y postizos de los cuentos, empieza a tachar el falso final del cuento sobre don Quijote y su condena mecánica de los libros de caballerías y los romances aventureros. Esa no es ni su experiencia de la literatura ni la razón más íntima de su gusto por leer y escribir. Se siente en falso imitando la predicación monjil y conventual contra los libros de caballerías y sus inverosimilitudes tontorronas y abusivas. El problema no está en lo que cuentan sino en contarlo mal, en escribirlo mal, en pensarlo mal: lo embrutecedor no es la fantasía literaria ni la aventura. Lo embrutecedor es no saber escribirlos y no saber leerlos, o no aprender a hacer ni lo uno ni lo otro. Ese cuento trata del efecto que la ficción tiene sobre las ilusiones y los sueños de las personas, sobre lo que quieren ser y lo que temen ser mientras leen y cuando dejan de leer. Nadie debería confundir ese cuento con el de un fraile o un cura cualquiera contra la naturaleza dañina de las historias de caballeros, ni nadie debería creer a Cervantes obediente a la sobrina contra el mal de «estos desalmados libros de desventuras», mandando al fuego «todos estos descomulgados libros» porque «bien merecen ser abrasados, como si fuesen herejes».

Cervantes va a dejar que su cuento se aproveche de la charla sin solemnidad y con sentido para hablar de libros. Acaba de decidir que el final sea una especie de ensayo conversado en forma de auto de fe doméstico, una especie de teatro pequeño del Santo Oficio. Irónicamente, la apariencia de juicio condenatorio de los libros será a la vez, y más decisivamente, una charla improvisada entre amigos sobre libros. El examen de su biblioteca no va a servir para condenar sus libros como quieren las incendiarias custodias del loco, el ama y la sobrina, sino para absolver a un montón de ellos, como si la ironía empezase a rendir más allá del guiño o la burla zumbona, más allá del gesto de estilo que deja flotando una idea contraria a la aparente sosteniéndolas a las dos, en una suerte de método invisible que condena mientras absuelve y absuelve mientras condena. Una farsa de juicio puede ser el final óptimo para un relato de humor porque hace tiempo ya que se ha ido al desván de la pureza la voz imperturbable y olímpica de Calíope, tan segura de todo, tan ceñida al guion, tan obligadamente impostada y obediente a las verdades canónicas de su tiempo.

Ahora Cervantes se pega a la voz común y corriente de un licenciado que es cura y un barbero que lee menos de lo que dice leer, y desde luego sin martingalas ni frases engominadas ni retóricas. Porque también esa gasa encomiástica ha ido cayéndose por los campos de Montiel, y tampoco la usan, o no la usa él, en la charla de cada día en academias y ventas y tabernas, ajeno al estilo severo de los tratados de poética y retórica y pegado al de la confidencia emocionante de la lectura. Ese tono ameno cabe muy bien en la ficción narrativa, y ya lo usó en *La Galatea* a imitación de la misma *Diana*. De ahí que ese libro y los demás del mismo género de pastores se salven porque ni hicieron ni harán el «daño que los de caballerías han hecho»: solo son «libros de entretenimiento sin perjuicio de tercero», diga lo que diga la desequilibrada e ignorante sobrina que teme que su tío se haga pastor y, «lo que sería peor, hacerse poeta, que según dicen es enfermedad incurable y pegadiza». La *Diana* no se salva por el verso sino por la prosa y por ser el primero de su estilo, y con ella la *Diana enamorada* de Gil Polo. Pero se condenan los demás de pastores (los tres, por cierto, posteriores a *La Galatea*) a excepción de los que son cosa de sus amigos. Y a los tres los saca juntos, como a los tres los reunió también veinte años atrás, porque son Gálvez de Montalvo, Pedro de Padilla y por descontado también el *Cancionero* de López Maldonado. Como salva a Ercilla, a Cristóbal de Virués, Juan Rufo y su *Austríada,* y a Luis Barahona de Soto para no dejar fuera *Las lágrimas de Angélica.*

A más de uno debió escamarle que Cervantes callase sobre Lope y no mencionase siquiera su *Arcadia* de 1598. Viene a ser como *La*

Galatea de Cervantes, que sí sale al hilo de la conversación porque se saca Cervantes como «grande amigo» del cura y «más versado en desdichas que en versos». A la espera todavía del desenlace de la vida de la muchacha en «la segunda parte que promete», *La Galatea* tiene «algo de buena invención» aunque «no concluye nada». La melancolía asoma de golpe porque «quizá con la enmienda alcanzará del todo la misericordia que ahora se le niega» al libro —menos visto, menos leído, menos vendido de lo que quisiera—. Y mientras llega o no llega la continuación, mejor salvarlo del fuego, del ama y de la sobrina.

Este juicio de broma va a salvar en serio a tantos libros que no parece un juicio para condenarlos sino precisamente para salvarlos, aunque ha empezado sañudamente contra los libros de caballerías. El primero habría de ser el *Amadís de Gaula* como padre «dogmatizador de una secta tan mala», si no fuese porque el barbero «ha oído decir que es el mejor de todos» y como «único en su arte, se debe perdonar». Lo mismo sucederá con muchos otros porque esta es la parte cervantina del juego sobre la literatura, suspender el juicio teórico e ideológico y rescatar el juicio de la experiencia de la lectura, evitar el apresuramiento y el dogmatismo y entreverar las razones privadas para leer y opinar en libertad y sin culpa, como un ensayista cualquiera mientras repasa los libros de su biblioteca y los repiensa sin obligarse al tono sentencioso o tratadístico porque solo está hablando consigo mismo y de sí mismo a través de los personajes.

No va a callar su intolerancia de lector ante las innumerables secuelas del *Amadís,* el *Esplandián* o el de *Grecia,* mientras van cayendo uno detrás del otro al patio de la casa hasta que ven un *Espejo de caballerías,* que Cervantes no va a tener más remedio que absolver porque «ahí anda el señor Reinaldos de Montalbán con sus amigos y compañeros». Así que menos fuego, y bastará con condenarlo «a destierro perpetuo» porque en él «tejió su tela el cristiano poeta Ludovico Ariosto» y su *Orlando furioso* es continuación del *Orlando enamorado* de Boiardo. Si apareciese en italiano, se salva seguro porque al menos el cura estará dispuesto a ponerlo sobre su cabeza, que es ponerlo en el lugar más alto, aunque no la traducción que Cervantes conoce y que le parece desastrosa. Lo estropea el traductor porque es imposible pasar bien el verso de una a otra lengua, y «por mucho cuidado que pongan y habilidad que muestren, jamás llegarán al punto que ellos tienen en su primer nacimiento». Casi nunca le gustan a Cervantes las traducciones, aunque sí le gusten los libros con razones «cortesanas y claras», que «guardan y miran el decoro del que habla con mucha propiedad y entendimiento», y eso sirve para salvar el *Don Belianís* y salva también el *Palmerín de Inglaterra* con la misma convicción con la que salvaría «las obras de Homero».

Menos todavía Cervantes puede digerir la obstinada inquina del ama ante el *Tirant lo Blanc* traducido al castellano, que es como lo conoció la época y el mismo Cervantes, porque ese es sin más un «tesoro de contento y una mina de pasatiempos». Le salva realmente, y una vez más, lo que de veras importa en literatura, no la historia sino la forma de la historia. Por «su estilo es este el mejor libro del mundo», en él los caballeros hacen vida de personas además de caballeros, y duermen y comen y hacen testamento, «con otras cosas de que todos los demás libros de este género carecen». Como no hizo tantas necedades como la mayoría de los caballeros hacen en los libros, al *Tirant* se le salva como al que más y el cura lo endosa al barbero para que lo guarde en casa y desde luego para que disfrute con él tanto como ha disfrutado Cervantes. Es posible que en el *Tirant* encontrase Cervantes no solo el realismo doméstico sino algo tan fulgurante como productivo: la potencia narrativa del humor y la sumisión del caballero a los lances de la ironía y la burla.

Nada está visto ya solo bajo la óptica eclesiástica ni moralizante pero tampoco desde el enfoque enfermo del solitario demenciado. Nada suena ya en este cuento a apólogo contra la literatura de ficción porque no puede ser: esas lecturas han sido la mitad de la vida de Cervantes (la otra mitad ha sido su vida de soldado). Ni tiene nada contra la literatura de ficción, ni contra cualquier género de literatura, pero sí lo tiene contra la mala literatura, contra los lectores incautos y demasiado dóciles, contra las opiniones mal meditadas sobre la literatura de entretenimiento, mal comprendida y mal leída, quizá porque ha habido que leerla fingiendo desdeñarla, furtiva y culpablemente, inventándose justificaciones aparentes para no tener que reconocer el placer de leer ficciones por el placer de leerlas.

El fuego acaba con sus libros, pero no todos sus libros ni, desde luego, todos los que tantos predicadores y santurrones hipócritas quisieran extinguir sin saber lo que dicen, sin haber dado una vuelta más a este misterio de la ficción, siempre mal vista y siempre bajo sospecha, sin haberse tomado en serio qué es la literatura. Y si alguien ha entendido algo de lo que de veras entraña, nadie se atreve a ponerlo por escrito o a decirlo en público, en tratados y academias serias. Sigue sin ser más que un ocio peligrosamente casquivano, revoltoso, incluso indecente, siempre lejísimos de lo que debe leerse, de lo que debe aprenderse, de lo que debe hacerse para ser individuo de provecho. Esa biblioteca que acaban de destripar es extravagante y hasta imposible en su tiempo, y esa es la primera maravilla que contiene porque ninguna biblioteca pública y privada fue nunca como la de don Quijote, ni desde luego el comercio de libros pivotaba entonces sobre la literatura de ficción o la poesía, ni de pastores ni de caballeros, ni de moros y moras enamorados, que en realidad viven difundidos de forma popular y callejera, manuscrita y oral. Pero acaban calando infiltrados como un ácido corrosivo entre montones de farragosísimos títulos de sabios importantísimos que, en realidad, solo son pobres juristas, moralistas, profesores, predicadores, teólogos, frailes, curas, escribientes o arbitristas.

Y así acaba el cuento, o así imagino que acababa el cuento, sin dar la razón a los curas y frailes en un juicio que irónicamente absuelve los libros que debía condenar porque al señor Quijana se le ponen mal en la cabeza y lo han acabado echando a perder. O, al menos, lo han echado a perder por ahora, a pesar de la buena fe de su conducta, a pesar de su estricto código de honor, a pesar de su afán de proteger el desvalimiento de los demás. Todavía no está la ironía en el corazón del personaje ni ha descubierto Cervantes la novela que lleva dentro todas las demás.

Lo que mejor recordaba Cervantes de la batalla de Lepanto era menos arcangelical
que esta ilustración de la victoria contra el turco en 1571: el mar rojo de sangre, el
griterío del dolor y haber perdido la conciencia con las dos heridas del pecho
y la tercera en el brazo izquierdo. A sus 24 años, tardó más de seis meses en volver
a manejar el arcabuz de soldado.

Luca Cambiaso, *Episodio de la batalla de Lepanto* (escuadras cristiana y turca), 1571.
Monasterio de El Escorial, Madrid. © Archivo Oronoz.

Ni su madre Leonor ni su padre Rodrigo dejaron de moverse por despachos y salas de espera buscando el dinero que no tenían para rescatar a los dos hermanos, Miguel y Rodrigo, ambos capturados por corsarios argelinos cerca ya de Barcelona, en septiembre de 1575. Este documento es solo el principio de un laberinto de angustias y deudas.

Cédula real concediendo a Leonor de Cortinas sesenta escudos para la ayuda del rescate de sus hijos Rodrigo de Cervantes y Miguel de Cervantes (5 de diciembre de 1576). *Libro de negociado de Cruzada*, legajo 260. © Archivo General de Simancas, Valladolid.

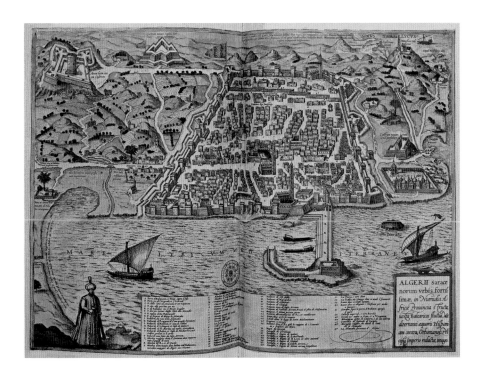

El dinero no llegó más que para rescatar a Rodrigo en 1577, así que Cervantes permaneció todavía otros tres años en las cárceles o *baños* de la ciudad más pintoresca, plurilingüe, populosa, agitada y hasta batida del Mediterráneo de su tiempo. Era en árabe «la ciudad de la isla». Hasta el final de su vida, Cervantes no dejó de alertar sobre el cautiverio de otros cristianos como él en las tablas del teatro y en las páginas de las novelas.

La ciudad de Argel representada en un grabado de Franz Hogenberg incluido en *Civitates Orbis Terrarum*. Biblioteca Nacional, Madrid. © Archivo Oronoz.

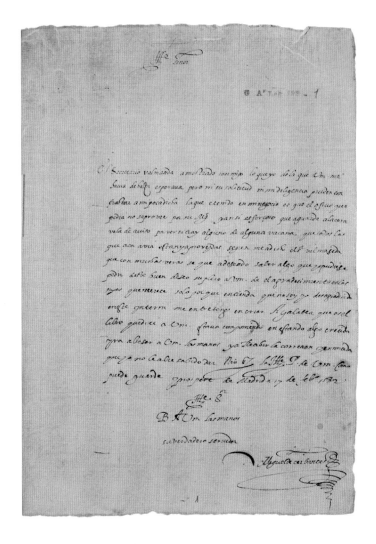

La caligrafía y la firma rubricada son de Cervantes pero el escrúpulo cuidadoso también. Todavía hay esperanzas reales y fundadas de obtener algún tipo de empleo en la corte o en la administración. Lo pide un soldado lesionado que, además de escribir poesía y teatro, tiene muy adelantada ya, en este febrero de 1582, una obra en prosa y verso titulada *La Galatea*. Incluso parece estar dispuesto a dedicársela al miembro del Consejo de Estado Antonio de Eraso si las gestiones que intenta Cervantes saliesen bien. Saldrán mal, y de momento no hay rastro todavía de su segundo apellido, Saavedra: tiene 35 años.

Carta de Miguel de Cervantes al secretario de Estado Antonio de Eraso (17 de febrero de 1582). *Libro de guerra antigua*, legajo 123, número 1. © Archivo General de Simancas, Valladolid.

PRIMERA PARTE

DE LA GALATEA,

DIVIDIDA EN SEYS LIBROS.

Cópuesta por Miguel de Ceruantes.

*Dirigida al Illuſtriſsi.ſeñor Aſcanio Colona Abad de
ſancta Sofia.*

CON PRIVILEGIO,

Impreſſa en Alcala por Iuan Gracian.

Año de 1585.

A coſta de Blas de Robles mercader de libros.

El emblema de la portada reproduce el escudo de armas de Ascanio Colonna, seguramente el noble que más cerca estuvo de proteger a Cervantes con algún tipo de mecenazgo a su vuelta de Argel. Tampoco salió bien, pero Cervantes le dedicó un libro que termina en 1583, en plenos enredos sentimentales, aunque quizá lo había empezado antes de salir de España en 1569. Se quedó en la primera parte, y sigue sin aparecer su segundo apellido, aunque sí lo usó para firmar la dedicatoria en el verano de 1584.

Portada de la primera edición de *La Galatea*, obra de Miguel de Cervantes (1585). Biblioteca Nacional, Madrid. © Archivo Oronoz.

Góngora no es Góngora todavía, pero Cervantes ya sabe de su genialidad para el
romance literario y nuevo, para la imaginación burlona y satírica. La practica
el mismo Cervantes, aunque no conservemos poema alguno de ese tipo,
y es además el primer autor que elogia a Góngora sin reservas desde la misma *Galatea,*
aunque no existan aún ni el *Polifemo* ni las *Soledades.* Cuando Velázquez pintó el
retrato posiblemente las había leído ya.

Retrato de Luis de Góngora por Diego Velázquez. Museo de Bellas Artes, Boston.
© Archivo Oronoz.

A Italia no va a ir con la corte de Ascanio Colonna en 1586 ni sabemos que vaya a volver a pisarla, pero sí sale del pequeño pueblo toledano en el que se ha casado, Esquivias, para emprender una vida nueva, casi sin poder bajarse del caballo. El rey lo ha nombrado comisario encargado de requisar el trigo y el aceite que necesita la Armada destinada a conquistar Inglaterra. Debió de llegar a Sevilla en algún momento del verano de 1587, con la ciudad en plena expansión urbana y en plena explosión demográfica. Vio de todo allí, desde golfillos listísimos hasta túmulos funerarios tan majestuosos y absurdos como el de Felipe II en 1598.

Vista de Sevilla en un cuadro atribuido a Alonso Sánchez Coello. Museo de América, Madrid. © Archivo Oronoz.

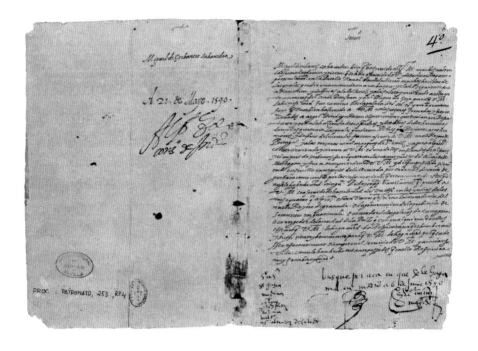

Ni ominosa ni inexplicable es la frase garabateada a toda velocidad al final de este documento, invitándole a que «busque por acá en que se le haga merced». Es la previsible respuesta a la petición que Cervantes hace de un empleo en las Indias, decidido a buscar fortuna lejos del calor de Andalucía y de las peleas con los concejos municipales en busca de trigo y aceite. Cervantes ni puede aportar nada sustancial este mayo de 1590 para inclinar la voluntad de los miembros del Consejo de Indias, ni tiene méritos demasiado singulares para persuadirlos: ha publicado un libro, ha estrenado teatro con algún éxito y tiene inmóvil y fea la mano izquierda. Tampoco hicieron caso a Mateo Alemán por entonces.

Carta de Miguel de Cervantes pidiendo empleo en Indias, conservada en el Archivo General de Indias, Sevilla. © Archivo Oronoz.

Cuatro años más tarde, todo sigue igual o casi igual. Ha cambiado de empleo en 1594 pero no de fortuna porque dejar de ser comisario de abastos para pasar a ser cobrador de morosos a la Hacienda real no es un avance de gran envergadura, ni va a vivir mejora alguna sino todo lo contrario. El documento, seguramente autógrafo, registra una de tantas comunicaciones con el rey pidiendo más tiempo para cobrar lo que debe cobrar desde entonces y en los próximos años. Sin la florida rúbrica de la juventud, Cervantes hace tiempo ya que ha incorporado a su firma el segundo apellido.

Carta de Miguel de Cervantes a Felipe II sobre su comisión en el reino de Granada (17 de noviembre de 1594). Consejo y Juntas de Hacienda, legajo 324. © Archivo General de Simancas, Valladolid.

No es tan grave ni es tan negro el Lope de Vega que Cervantes conoce desde hace años, cuando compartían afición a los corrales de comedia y a los versos en las tabernas de Madrid, hacia 1586. Pero Lope ha seguido creciendo como autor de teatro imbatible desde el principio, mientras Cervantes ha ido desapareciendo por los campos de Andalucía. Volverán a reencontrarse más tarde, cuando Cervantes tenga ya muy adelantada la redacción de un libro sobre un hidalgo loco, don Quijote, y a Lope no le van a hacer ninguna gracia las burlas disimuladas que le dedica en el prólogo. Se vengará.

Retrato anónimo de Lope de Vega (h. 1632) conservado en la Casa Museo Lope de Vega, Madrid. © Archivo Oronoz.

EL INGENIOSO
HIDALGO DON QVI-
XOTE DE LA MANCHA,

*Compuesto por Miguel de Ceruantes
Saauedra.*

DIRIGIDO AL DVQVE DE BEIAR,
Marques de Gibraleon, Conde de Benalcaçar, y Baña-
res, Vizconde de la Puebla de Alcozer, Señor de
las villas de Capilla, Curiel, y
Burguillos.

Año,   1605.

CON PRIVILEGIO,
EN MADRID, Por Iuan de la Cuesta.

Vendese en casa de Francisco de Robles, librero del Rey nuestro señor.

La sorpresa de todos fue grande porque Cervantes llevaba mucho tiempo fuera de la circulación. Esta historia cómica e inteligente a la vez lo volvió a poner en el centro del mapa pero sin que nadie supiese qué hacer con el *Quijote,* aparte de leerlo y disfrutarlo, pasárselo de mano en mano y escucharlo leer donde fuese y por el párrafo que fuese. Pero el libro había tenido una historia accidentadísima, hasta el extremo de que la dedicatoria al duque de Béjar es una chapuza que no escribió Cervantes, y no hay noticia de que las relaciones con él prosperasen lo más mínimo. Todo sucedía en Valladolid ya, cuando se imprime el libro, entre septiembre y diciembre de 1604.

Portada de la primera edición de *El ingenioso hidalgo don Quijote de la Mancha,* obra de Miguel de Cervantes (1605). Real Academia de la Lengua, Madrid. © Archivo Oronoz.

Por supuesto, Francisco de Quevedo también estaba en Valladolid, porque allí estaba la corte y él es un hombre de corte, además de ser uno de los escritores jóvenes y nuevos que más aprecia Cervantes y a los que más elogios y complicidades va a dedicarle. Su prosa rápida y feroz, su humor, su genialidad verbal e inventos narrativos tan raros como los *Sueños* pasaron por la mano de Cervantes y desde luego también bajo sus ojos, ya con las gafas caladas sobre la nariz, y cada vez más seguro de su libertad de acción como superviviente de otro tiempo. Tiene ya, hacia 1607, 60 años. Quevedo, apenas 27, y sin duda no luce aún las canas que Velázquez le insinúa en este retrato genial.

Retrato de Francisco de Quevedo, copia del realizado por Diego Velázquez. Instituto Valencia de Don Juan, Madrid. © Archivo Oronoz.

¿Estuvo o no estuvo en Barcelona? A mí también me gusta pensar que sí pero sin seguridad en nada que no sea la perspectiva de la playa de la ciudad. No solo porque por ahí habrá de entrar y salir su personaje don Quijote sino porque es improbabilísimo que no la hubiese visto desde el mar en su juventud. En todo caso, las costas catalanas y la playa de Barcelona salen en varias de sus obras, desde *La Galatea* hasta la última y póstuma, el *Persiles*, pasando por algunas de las *Novelas ejemplares*.

Barcelona representada en un grabado de Franz Hogenberg incluido en *Civitates Orbis Terrarum*. Biblioteca Nacional, Madrid. © Archivo Oronoz.

No es fácil imaginar detrás de semejante solemnidad la profusión de bromas, chistes y festivales teatrales que el conde de Lemos auspició (y escribió) en su estancia en Nápoles como virrey desde 1610. Allí se burlaron de Cervantes y Cervantes lo supo y lo criticó veladamente en el *Viaje del Parnaso*. Pero la noticia no es del todo infeliz porque este conde de Lemos es desde 1613 el principal respaldo nobiliario de Cervantes en los últimos años de su vida, y a él le dedica todas sus obras importantes, aunque al joven Lemos le gustase, sobre todo e inexplicablemente, *La Galatea*.

Retrato de Pedro Fernández de Castro, VII conde de Lemos, conservado en el convento de las Clarisas de Monforte de Lemos, Lugo. © Archivo Oronoz.

SEGVNDO
TOMO DEL
INGENIOSO HIDALGO
DON QVIXOTE DE LA MANCHA,
que coutiene fu tercera falida : y es la
quinta parte de fus auenturas.

*Compuefto por el Licenciado Alonfo Fernandez de
Auellaneda, natural de la Villa de
Tordefillas.*

Al Alcalde, Regidores, y hidalgos, de la noble
villa del Argamefilla, patria feliz del hidalgo Canallero Don Quixote
de la Mancha.

Con Licencia, En Tarragona en cafa de Felipe
Roberto, Año 1 6 1 4.

La aparición de un intruso va a revolucionar para siempre la vida de la novela moderna. En algún momento de 1614 a Cervantes le cae en las manos la continuación apócrifa de la historia de sus dos personajes, don Quijote y Sancho. Quizá sabe, quizá no, quién se oculta detrás del seudónimo, pero sin duda sí sabe que pertenece al entorno de Lope de Vega. La venganza contra el «resfriado ingenio» de Avellaneda será majestuosa, sutil y definitiva.

Portada del *Segundo tomo del ingenioso hidalgo don Quijote de la Mancha*, obra de Alonso Fernández de Avellaneda (1614). © Archivo Oronoz.

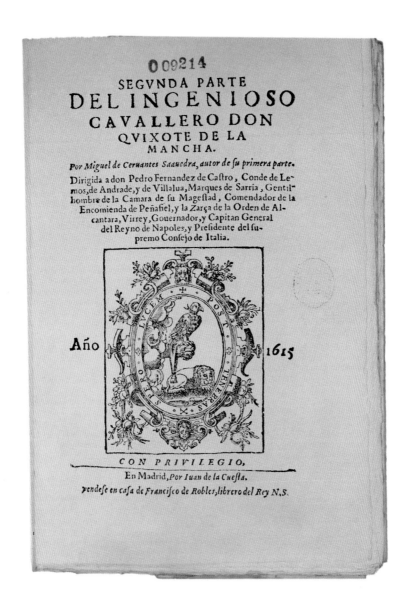

SEGVNDA PARTE
DEL INGENIOSO
CAVALLERO DON
QVIXOTE DE LA
MANCHA.

Por Miguel de Ceruantes Saauedra, autor de su primera parte.

Dirigida a don Pedro Fernandez de Castro, Conde de Lemos, de Andrade, y de Villalua, Marques de Sarria, Gentil-
hombre de la Camara de su Magestad, Comendador de la
Encomienda de Peñafiel, y la Zarça de la Orden de Al-
cantara, Virrey, Gouernador, y Capitan General
del Reyno de Napoles, y Presidente del supremo Consejo de Italia.

Año — 1615

CON PRIVILEGIO,
En Madrid, Por Iuan de la Cuesta.
vendese en casa de Francisco de Robles, librero del Rey N. S.

Ha terminado a toda velocidad, a finales de 1614, la verdadera segunda parte del *Quijote* para mitigar el efecto tóxico de la falsa continuación de Avellaneda. Ese mismo accidente imprevisto convierte los últimos veinte capítulos de su novela, escritos con el *Quijote* apócrifo en la cabeza, en una prodigiosa invención donde la ficción novelesca alcanza la plenitud absoluta en que todavía vive. A un paso de los 70 años aspira aún a rematar un último libro de aventuras, sin perder ni la alegría ni el buen humor. Termina el *Persiles* a toda prisa el 19 de abril de 1616 y el día 22, sábado, muere Cervantes.

Portada de la *Segunda parte del ingenioso caballero don Quijote de la Mancha*, obra de Miguel de Cervantes (1615). Biblioteca Nacional, Madrid. © Archivo Oronoz.

7. Para no dejar de hablar

Lope le ha pedido a Cervantes un soneto para otro nuevo libro, y no se lo habrá pedido precisamente por su éxito social o su fortuna literaria. Hace tiempo que Cervantes ni estrena ni publica nada aunque escriba sin parar. Esa propuesta nace del trato personal y quizá tiene que ver con la adaptación que Lope hizo en su comedia *Los cautivos de Argel,* hacia 1599, de *Los tratos de Argel,* seguramente desde hacía años ya fuera de los escenarios y sin que haya en ese gesto desdoro o abuso alguno sobre la obra de Cervantes sino lo contrario. Es improbable que callen sus respectivas historias antiguas cuando se reencuentran, hacia 1601, para que Cervantes redacte su soneto para *La hermosura de Angélica* cuando Lope es una figura indiscutible, prolífico y afortunado en la escena y en casi cualquier género literario, ansioso del prestigio culto que le falta aunque disfruta de la máxima popularidad con cualquiera de sus estrenos. *La hermosura de Angélica* aparece publicada en Madrid en 1602, junto con doscientos sonetos inéditos y junto a la reimpresión de un poema épico de 1598 sobre las piraterías inglesas en América y en particular en torno a Francis Drake, *La Dragontea.*

La rareza del caso está en el extraño lugar que ocupa el soneto de Cervantes, que va como preliminar a *La Dragontea* y no a *La hermosura de Angélica,* que es para donde debía ir. O a Lope le ha gustado tan poco el soneto que lo aparca en ese sitio impropio o el impresor no ha entendido el poema y ha decidido por su cuenta que encajaba mejor delante de *La Dragontea.* Es verdad que no es el mejor soneto de Cervantes, e incluso retoma ahora su habitual y horrendo hábito de jugar con el apellido para hablar de Lope como «apacible y siempre verde Vega». Pero Lope es un regalo de los dioses, incluida sin duda Venus: aunque «honesta», Venus «aumenta y cría / la santa multitud de los amores» de Lope, cosa peligrosamente cierta y quizá demasiado chistosa para Lope, que «nuevos frutos ofrece cada día / de ángeles, de armas, santos y pastores». Cervantes se rinde a la calidad de un autor que ha tratado de ángeles como *Angélica,* de armas como en *La Dragontea,* de santos como en el *Isidro* (que acaba de escribir, sobre el santo patrón de Madrid) y de pastores como en *La Arcadia* de hace ya tres años.

Pero a Lope puede haberle alterado el humor la alusión a Venus. Cervantes sabe sin duda de los complicadísimos avatares que asedian ahora a Lope y no le imagino muy conforme con semejante desbarajuste. Tras la muerte de su primera mujer (y de sus hijas), y casado ya con Juana Guardo, Lope estuvo en Granada refugiado o semiescondido con su amante Micaela de Luján en 1602, en casa de Álvaro de Guzmán, cuando ya la pareja adúltera había perdido al primer hijo que tuvieron juntos en 1601 y aún ella tendrá otro hijo más de Lope, en 1603 y también en Sevilla. Le gustase o no a Cervantes semejante culto a la Venus que «aumenta y cría / la santa multitud de los amores», su soneto no vuelve a aparecer en las reimpresiones que tuvo esa obra entre 1602 y 1605, o bien porque la broma se le atravesó o bien porque dejaron de ser los amigos que evidentemente habían sido.

También Cervantes en *La casa de los celos* ha andado a vueltas con los mismos asuntos de Bretaña que ha escogido Lope para *La hermosura de Angélica,* y al mismo Bernardo del Carpio lo ha hecho Cervantes coprotagonista de esa comedia. Quizá pensaba ya en ese pariente lejano del que Lope de Vega y Carpio presume al menos desde que puso el escudo del caballero en *La Arcadia,* en 1599, remontando su linaje al del heroico español (y repitió en *El peregrino en su patria*). A Bernardo del Carpio lo acompaña en la comedia un vizcaíno de lenguaje incomprensible al que enseguida Cervantes convierte en escudero del caballero tronado, siempre dispuesto «a buscar y ver aventuras» en pos del amor de Angélica para ofuscación del escudero. Por mucho que sea su señor un «señor sabio», a simple vista se ve también lo que le dice el escudero: que «estás loco» y el «tino vuelves desatino», mientras va acotando cada dos por tres los decires y haceres de todos con chistes y bromazos. Y hay algo más, porque en esa comedia el ridículo, rico y Rústico pastor con quien se queda Angélica es tan risible a primera vista como «corto de zancas y de pecho ronco, / cuyo dios es el extendido pancho, / y a do tiene la crápula su estancia». En nada se parece a otros pretendientes de Angélica, tan presumidos y cortesanos que «vendéis discreción con arrogancia». Y hasta el «olor sabeo», que viene de Saba y lo desprenden los labios de impar coral de la amada, es el que debería desprender la singular belleza de Angélica pero nadie ha olido más que «tres pies de puerco / y una mano de carnero».

Una historia insospechada

En algún momento Cervantes ha visto dentro de su cuento del loco la semilla de una historia larga, como si se activase el recuerdo del caballero tronado y el escudero gracioso, «corto de zancas» y de «extendido pancho» (o sea, panza), de *La casa de los celos*. En su cuento primitivo nadie contaba con escudero alguno, ni el cura ni el ama ni la sobrina ni el barbero ni desde luego Cervantes mismo, hasta que se le ha ocurrido ahora. Se ha acordado sin duda del Amadís de Gaula y de la promesa de la Ínsula Firme que hace el caballero a su escudero, y también su don Quijote irá acompañado en su siguiente salida de un escudero que, por ahora, es solo crédulo labrador confiado en la recompensa de una ínsula, como ahora don Quijote es solo loco. Se volatiliza ya definitivamente el ansia de probar nada ni de demostrar nada, y menos que nada el daño que hacen los libros de caballerías. De nada ha servido el presunto escarmiento de borrar los libros de su vista porque los ve por dentro, como ha imaginado a una princesa que pide su auxilio, raptada en un coche, como ha visto unos gigantes convertidos por el sabio Frestón en unos vulgares molinos con las aspas en movimiento, como pelea con un vizcaíno desobediente y malcriado.

Pero, incomprensiblemente y mientras Cervantes se retuerce de risa, «deja pendiente el autor» el final, «disculpándose que no halló más escrito de estas hazañas». No sabe ya Cervantes si va a ganar don Quijote o el vizcaíno, ambos con las espadas levantadas en alto. Ha metido bruscamente aquí el corte que cambia el curso del libro definitivamente, lo hace otro y disuade por completo al lector de estar ante un cuento alargado ni nada semejante. Empieza un territorio nuevo con otra broma más que lleva un endemoniado sortilegio dentro, sin parecido con ninguna de sus novelas anteriores, ni la del celoso extremeño, ni la del curioso impertinente, ni la de Rinconete o la del capitán cautivo. Será una novela que no es novela porque será larga e intrincada, y las novelas entonces son cuentos, pero tampoco será como los libros de caballerías, ni como las altas aventuras al modo de Heliodoro ni siquiera como la del *Guzmán* de Mateo Alemán, hoy ya con don Quijote despiertísimo y dispuesto a emprender la nueva salida que Cervantes ha imaginado para no dejarlo en su pueblo muerto de asco o, peor aún, castigado por la lógica moralizante del cuento primitivo.

De cuerpo entero y sin máscaras, Cervantes aparece en primera persona, «confuso y deseoso de saber real y verdaderamente toda la vida y milagros» de don Quijote, como quiso conocer toda la vida y milagros de Rinconete. Pero esta vez «el trabajo y diligencia que puse en buscar el fin de esta agradable historia» ha dado sus frutos, convencido de que la peripecia del caballero no podía haber caído en el olvido sin rastro de los «papeles que de este famoso caballero tratasen». Sin perder la fe ni la sonrisa ancha y tranquila, Cervantes da en el Alcaná o mercado central de Toledo con un manuscrito en caracteres arábigos que hace leer deprisa y corriendo a un morisco que supiese castellano (o aljamiado). Solo abrirlo empieza a reírse el morisco de la estupenda mano que una tal Dulcinea del Toboso tenía «para salar puercos», según el cartapacio: es la *Historia de don Quijote de la Mancha,* escrita por un «historiador arábigo» llamado Cide Hamete Benengeli. Y este Cervantes creíble y directo que está inventándose la autoficción paga medio real por los cartapacios que contienen el libro (aunque pagaría hasta seis, que es el doble de lo que costaba en la librería de Robles *La Galatea*) y encarga al morisco la traducción con tanta prisa que se lo lleva a casa. En cosa de mes y medio «la tradujo toda, del mismo modo que aquí se refiere», mientras cuenta sin disimulo y sonriendo que curiosísima y oportunísimamente el cartapacio traducido empieza justo con la imagen de don Quijote y el vizcaíno «puestos en la misma postura que la historia cuenta, levantadas las espadas», que es como terminaba la página anterior del cuento donde no había asomo de Cide Hamete ni manuscrito alguno, y sin que ese libro recién hallado diga tampoco nada ni del ama ni de la sobrina ni de la quema de libros, pero sí de Sancho Panza que lleva el nombre de Sancho Zancas, «que con estos dos sobrenombres le llama algunas veces la historia».

La zumba es tan natural como invisible y Cervantes no va a dejar de la mano ya la parodia osmótica de lo que cuentan las ficciones caballerescas y las crónicas históricas poco fiables. Ese juego lo galvaniza todo, tan dominado ya el lector por su voz y la certidumbre de la continuación de la historia que da igual lo que se cuenta mientras sea verdadera la ficción que lo cuenta. El relato pierde la prisa y el ansia del cuento breve y gana la morosidad elástica de otra cosa, sin la mecánica finalista del relato ejemplar sobre un caso estrambótico. Cervantes está haciéndose definitivamente a sí mismo escribiendo con la levedad jocosa y oral, discretamente desvergonzado, en el filo crónico de una sonrisa sin sátira, tan libre de los prejuicios vulgares del ignorante como de los sofisticados tics de los cultos. Ha ganado todo una textura esponjada y digresiva, menos agobiada de intrigas y argumentos y desatada de las obligaciones de los géneros, o de cualquiera de los géneros vigentes, nobles o innobles: empieza el Cervantes de la plenitud literaria y la conquista de sí mismo como escritor con campo abierto por delante.

LA CONQUISTA DE LA IRONÍA

Cervantes ve ya con otros ojos, ojos nuevos y abiertos como platos, la caja negra de su cuento. De golpe algo extraño empieza a pasar con don Quijote. No todo el rato está atrapado por la fantasía caballeresca, ni habla solo desde su código privativo y autista.

Corrige el habla inculta de los cabreros con buen tino, razona convincentemente con Sancho informándole de las condiciones de la caballería, perora sobre la edad dorada en medio de una escena humorística, sumido en cavilosas meditaciones sobre pasados y más justos tiempos, mientras contempla arrobado unas bellotas.

La conquista de la ironía como núcleo estructural de la novela está poniéndose en marcha porque en Cervantes ha cuajado ya lo que lleva dentro don Quijote. El primer atisbo de duplicidad estuvo en el cuento embrionario; puede que la chispa nazca en el episodio del amo rico que azota sin piedad al muchacho Andrés. La escena es muy rara porque don Quijote negocia con la cabeza clara la libertad del muchacho, calcula cuánto le debe el amo y establece con perfecta cordura las condiciones de la liberación. A pesar de que le compró unos zapatos y le costeó unas curas a Andrés, don Quijote juzga con razón que el amo sigue debiéndole el salario intacto como forma de compensar el maltrato. Imparte justicia con la cabeza tan despierta y alerta como siempre, sin que don Quijote deje de ser ridículamente crédulo sobre el compromiso del amo. El lector sabe que nada va a salir bien, y el muchacho «se partió llorando y su amo quedó riendo».

No hay desvarío ni chaladura en su argumentación pero todo es locura en su radiante confusión entre lo que puede exigir de sus menguadas fuerzas y lo que desea hacer con ellas. Su lógica interior también es impecable: si ha sido el sabio Frestón quien le ha hurtado los libros y la biblioteca entera, según le contó la sobrina, también ha sido el encantador Frestón quien ha convertido los gigantes en molinos, como distingue muy bien las consecuencias de vivir una pendencia «de ínsulas» o vivir una pendencia «de encrucijadas»: unas traen beneficios suculentos y las otras solo traen descalabros. El inconfundible recelo de Cervantes contra las falsas soluciones moralistas y ejemplarizantes activó un recurso mucho más sutil y poderoso, este artefacto insólito que piensa y ríe mientras piensa, sin que reír sea una concesión a la seriedad o la seriedad una compensación de la excesiva risa.

En este loco irremediable alienta de forma todavía tímida algo que lo redime o absuelve de la mera locura, que lo aparta de ser solo una cabriola ambulante y risible. Cervantes está vistiendo a don

Quijote con el estereotipo chistoso del loco delirante y desvistién-dolo a la vez con evidentes muestras de cordura y buen corazón, sin dejar de insistir una y otra vez sobre la falta de juicio de su personaje: es un engranaje irónico insoluble. Sigue siendo verdad que don Quijote se tiene a sí mismo como el que tiene «más brío en acometer, más aliento en el perseverar, más destreza en el herir» y «más maña en el derribar». Pero el discurso de la edad dorada no tiene atisbo de mentecatez, desvarío ni sospecha de disparate por-que va tan en su punto que pudiera parecer sacado de una escue-la de letras.

Pero el momento que cambia del todo al personaje llega ense-guida. El mejor y más justo valedor de las calumnias contra Mar-cela es don Quijote porque ella ha mostrado nada menos, según él, que «con claras y suficientes razones la poca o ninguna culpa que ha tenido en la muerte de Grisóstomo y cuán ajena vive de condescender con los deseos de ninguno de sus amantes». Por esa causa evidente, «es justo que, en lugar de ser seguida y perseguida, sea honrada y estimada de todos los buenos del mundo». Esta vez Cervantes no menciona ni falta de juicio, ni mala cabeza ni insen-satez alguna de don Quijote porque está ya en la conciencia del lector la evidente locura del personaje y, sin embargo, en la misma conciencia del lector está la veracidad valiente de la defensa de Marcela.

El sortilegio está en marcha y no hay ya vuelta atrás. Este Qui-jote está dejando de ser solo un chiflado gracioso porque lleva den-tro también una cordura insólita. Esta invasiva duplicidad iróni-ca contagia la novela entera, y don Quijote es víctima de su mala cabeza y de sus múltiples calamidades como el lector es víctima a la vez de la inextricable sensación de que reírse es a la vez admi-rarle, de que escuchar su desvarío caballeresco es el requisito para respetarlo. El mundo ha dejado de ser en esta novela un mapa de verdades excluyentes y absolutas porque en el corazón de la novela se ha instalado una ironía esencial que no va a dejar de estimular la inteligencia narrativa de Cervantes para suspender o incluso socavar las convicciones dogmáticas y apodícticas de la tradición idealista donde las cosas son lo que son y no pueden ser otra cosa.

Está prestando con la ficción la voladura latente del sistema de creencias y de principios de un mundo que todavía está muy lejos del nuestro, que todavía vive bajo principios y jerarquías inamovibles, donde las cosas son de una vez y no pueden ser a la vez la contraria. Cervantes encadena en la novela múltiples episodios que una y otra vez desafían esa ley, aun cuando los juicios y criterios de Cervantes sean firmes y seguros y quizá incluso irreductibles: no es un escéptico ni un relativista en absoluto pero la novela fragua una conciencia irónica del mundo más allá de las creencias del propio Cervantes. En su quehacer natural y rutinario, en su charla peregrina y apacible, don Quijote no es ni héroe ni orate, sino héroe y orate a la vez.

No va a desaparecer desde aquí. Cervantes acaba de empezar una aventura perturbadora porque la conformidad del lector con la sensatez del caballero choca una y otra vez con la evidencia tronchante del desvarío del caballero, o de la corriente alterna entre desvarío y lucidez: es ya una y otra vez loco y cuerdo, ridículo y admirable. Es ya el dispositivo interior de una novela donde el lector deja de vivir en la pacífica certidumbre de un mundo estable y fijado para divisarlo desde una obra que integra a la vez la cordura y la locura. Cervantes sabotea a través de una novela cómica (es decir, inteligente) la visión tradicional y binaria, como si hubiese dejado de regir el principio de no contradicción que gobierna la comprensión clásica del mundo y, al menos en esa novela, las cosas encuentran un estadio nuevo en el que a la vez son y no son cosas incompatibles.

Cervantes ha encontrado lo fundamental sin buscarlo y entre manos tiene un loco y un bobo entreverados de cosas diversas a su condición y contradictorias con ella. Don Quijote y Sancho han dejado de obedecer al patrón tipificado del cuento primitivo para ir creciendo por su cuenta y con sus debilidades mientras charlan con su habla retórica y encendida o sus coloquialismos disparados, como seres de carne y hueso que se alteran y enfadan y se admiran de las respectivas rarezas. Esa libertad de que se ha dotado Cervantes, cada vez más suelto y más desacomplejado, arrastra con ella solecismos, banalidades chistosas y juegos de palabras, cosas fútiles y callejeras, mientras se descubren como personajes trabados a la oralidad conversada, piensan a pie y a caballo, sentados a la mesa de la venta o a la sombra de un alcornoque sobre las cosas de la vida, sobre los tiempos pasados, sobre el afán de justicia, sobre el amor como bien o sobre el dolor de amor.

Cervantes despliega para Sancho una personalidad más allá del gracioso marginal que actuaba como escudero de Bernardo del Carpio en *La casa de los celos* y lo hace suspicaz ante el trato con los demás, receloso de los beneficios que incautamente creyó inmediatos, débil con las adversidades que encadenan y pronto tentado una y otra vez a volver a casa para evitar males mayores, codicioso sin reservas e impaciente con la rigidez del código de honor del caballero, embustero y oportunista cuando conviene. No esconde un alma de golfo como la de cualquiera porque miente, inventa, finge y gestiona a su conveniencia, contagiado cada vez más de una duplicidad a escala menor. Como hermanos de sangre los ve el cura, con un Sancho que tiene encajados «en la fantasía los mismos disparates de su amo», mientras repite Cervantes que don Quijote «discurre razones» con «un entendimiento claro y apacible en todo», fuera de la locura caballeresca. Incluso Rocinante cobra vida humana, y también a él se le acelera el corazón cuando vive un encuentro tan delicado y hermoso que solo cabe deducir que Cervantes ama, como poco, a los caballos, a la vista de la empatía indisimulada con que hace a Rocinante tontear con unas yeguas reticentes en otra escena sentimental e intimista, quizá solo comparable con la que vivieron en el jardín de Agi Morato el capitán cautivo y la cabeza fingidamente desmayada de Zoraida sobre su pecho.

Los mejores libros lo tienen todo y el suyo ha de tenerlo todo también porque todo ha de caber ahí, sin resignarse a que sea solo pastoril o caballeresco o aventurero o amoroso o poético o heroico, sino todos a la vez y sin desdeñar a ninguno. Así en el suyo habrá héroes y villanos, pastores y cabreros, damas y caballeros, cultos e ignorantes, humor y solemnidad. Ese es su libro ya, o lo es al menos el experimento revolucionario que está en marcha, sin género clásico y sin modelo noble que lo acoja, como explicó Edward Riley hace muchos años, sin teoría ni filosofía poética que lo ampare, sin preceptista antiguo o moderno al que acogerse, sin filósofo que cuente bien lo que se le ha ocurrido y lo que de hecho ha puesto en marcha sin pensar en ellos y sin pensar en nadie.

Historia de historias

Cervantes ha detectado otra vez algo imprevisto. La historia entera puede ser el viaje de ida y vuelta a casa desde un pueblo del campo de Montiel hasta la entrada a la Sierra Morena, pasando por una venta tanto a la ida como a la vuelta. En ese círculo caben multitud de cosas porque esa forma itinerante y coloquial está abriendo espacio al encuentro con otros personajes y otras vidas, como tantas veces ha hecho en historias anteriores e hizo en *La Galatea*. La forma ahora es nueva pero va a serlo más en cuanto otro clic active la imaginación de Cervantes y descubra el modo de engarzar a la historia central otras historias menudas, para que haya un poco de todo, como el propio Mateo Alemán decía muy inteligentemente en el prólogo de su *Guzmán* y Cervantes dirá a su modo al final del libro.

Puede incluso evitar que parezcan meros cuentos colocados a palo seco en medio de una historia y trenzarlos de modo que, sin salir del relato, abran el campo a geografías remotas e historias amenas, amorosas, sentimentales o dramáticas que nada tengan que ver con Montiel y los cabreros y pastores que la pueblan, pero a cambio atraigan la atención de los curiosos de los cuentos y las historias contadas. Tejerlas entre sí y tejerlas al hilo de la peripecia de la pareja, aunque a veces sea por los pelos, hará que el hilo no se pierda porque ahí seguirán los dos, escuchando y reaccionando ante historias diferentes y bien contadas, de damas y caballeros, de amores y pastores, al menos hasta que don Quijote no necesite con urgencia reparar sus quebrantos con un largo sueño y otro mucho de agua que humedezca y riegue de nuevo sus recalentados sesos.

Pero Cervantes se ha dado cuenta tarde de esa posibilidad, seguramente ya hacia el capítulo 22 o 23, si es que en el manuscrito en marcha Cervantes está numerando o incluso separando capítulos. De hecho, cuando podría empezar a cansar la mecánica que enlaza en sucesivas secuencias las peripecias de don Quijote, cuando han huido de la venta sin pagar y han manteado al desgraciado Sancho; cuando los rebaños de carneros y ovejas han descubierto su auténtica naturaleza de escuadrones de caballeros y gigantes; cuando han topado ya con una procesión fúnebre y Sancho ha aprovechado para desvalijar una acémila hermosa (mientras excomulgan al propio don Quijote, como hicieron con Cervantes años atrás por causas parecidas); cuando Sancho ha pasado ya un miedo de mil demonios en una noche oscura con el ruido de «seis mazos de batán» movidos por el agua mientras golpean sobre tejidos y pieles con gran estruendo y el terror le descontrola el cuerpo entero hasta oler intensamente «y no a ámbar» (sin miedo Cervantes a la broma escatológica y sin miedo a decir la verdad, pues quizá siendo como es «cosa de risa» temer a los batanes, «no es digna de contarse, que no son todas las personas tan discretas que sepan poner en su punto las cosas», medita prudentemente don Quijote); cuando incluso le han robado la limpia bacía a un barbero que la llevaba calada como sombrero para protegerse de la lluvia (pese a las «desvariadas caballerías y malandantes pensamientos» de don Quijote, que toma la bacía por el casco o yelmo de Mambrino, «todo absorto y empapado en lo que había leído en sus libros mentirosos»); cuando Sancho está cada vez ya más convencido de «cuán poco se gana y granjea de andar buscando estas aventuras» y más seguro de la conveniencia de ir dando la vuelta a casa; cuando han sido tantas y tan variadas las peripecias que han vivido juntos y amenaza al relato la monotonía y la mecánica, a Cervantes se le ocurre un modo de cambiar el rumbo y el espacio físico de la novela y abrirla con un quiebro imprevisto, con un suceso impensado y hasta con una división de tramas que habrá que ir siguiendo y marcando con cuidado para que el lector no se pierda.

Está imaginando una novela con un tronco central al que le nacen a determinada altura, sobre el capítulo 23, cuando libera la cuerda de presos, las ramas de otras historias que entretengan y multipliquen sin estorbar el relato central, sin quebrarlo ni amenazarlo. El poder de seducción de su pareja lo ha puesto a prueba Cervantes de mil maneras y seguramente también leyendo en casa o a los amigos pedazos sueltos, aventuras cortas y algunas de las andanzas que han divertido a muchos hasta la carcajada. El momento es óptimo: la liberación de los galeotes expone a don Quijote de forma peligrosa y cruda a la realidad, porque eso no puede hacerse impunemente, y habrá de huir si no quiere ser apresado por la Santa Hermandad. No bastará ya con pagar el precio de una fenomenal borrasca de piedras ordenada por el «don hijo de puta, don Ginesillo de Paropillo, o como os llaméis» (o sea, Ginés de Pasamonte), que rechaza las condiciones de la libertad que pretende imponer don Quijote, mientras otro le destroza la brillante bacía que llevaba en la cabeza como reluciente yelmo conquistado y les desvisten y saquean, quedando don Quijote «mohinísimo de verse tan malparado por los mismos a quien tanto bien había hecho».

Ahora habrá que huir de la policía que vigila los caminos y persigue a los malhechores, y por una vez (pero es al menos la segunda) habrá que callar sobre el lance y don Quijote reclama de Sancho, justo antes de ocultarse camino de Sierra Morena, «que jamás en vida ni en muerte has de decir a nadie que yo me retiré y aparté de este peligro de miedo sino por complacer a tus ruegos». La situación es tan extraña que bien se ve a Cervantes forzando la maquinaria interior de la lógica de don Quijote para hacer lo que necesita hacer Cervantes mismo: mandar al caballero a Sierra Morena para que Sancho regrese a la venta y retome el hilo de la historia con el cura y el barbero, naturalmente a lomos de Rocinante porque en el plan de Cervantes ha sido uno de los liberados, el estudiante pendenciero y autobiógrafo Ginés de Pasamonte, quien le ha robado el rucio a Sancho.

Cervantes ha encontrado otra cosa. Mientras humaniza a sus personajes dotándoles de memoria, escarmentados por la experiencia, cada evocación sirve al mismo tiempo para trabar por dentro, como nervios tensados o balas trazadoras, una historia orgánica con memoria de sí misma, donde el muchacho Andrés del cuento primitivo reaparece resentido y ruega, desengañado de la caballería, que «no me socorra ni me ayude otra vez», como Ginés de Pasamonte reaparece para devolver el rucio de Sancho, como Sancho recuerda una y otra vez el manteo vejatorio al que le sometieron en una venta o el envenenamiento a cuenta del milagroso bebedizo de Fierabrás, como Sancho recrudece sus afanes de regresar aunque sea sin botín aventurero, como la Santa Hermandad acaba acechando a don Quijote por haber liberado a los presos a galeras, como reaparece la bacía a caballo de ser yelmo o como Cervantes evoca una y otra vez a Cide Hamete Benengeli hasta que el mecanismo se agota y el juego vuelve a cambiar de golpe para abrir una nueva ventana al experimento más libre desde que existen experimentos literarios.

MEZCLAS EXPLOSIVAS

Es posible que esa mezcla que entresueña entre personajes altos y bajos, de campo y de corte, sea peligrosa y hasta indigesta, quizá incluso explosiva y demasiado rara. Es verdad que además estorbarán esas historias y cuentos el relato de la historia cómica, pero esas vidas que otros cuentan en el paisaje bajísimo de la taberna, la venta y los caminos harán de escudo defensor y potente de la alta y noble literatura de su tiempo porque, para él, ni ha agotado su vida literaria ni hay razón alguna para renunciar a ella, ni todo van a ser historias de gente callejeando entre gamberros o arrieros que tundan a ancianos y desamparados.

La narración de aventuras extremas que rozan lo inverosímil le sigue pareciendo tan valiosa como siempre le ha parecido en sus variantes amorosas, bucólicas y pastoriles o viajeras. No va a renunciar a ellas aunque el resultado de mezclarlo todo pueda ser un engendro extraño y de combustión incalculable. Quizá Cervantes se siente un tanto a la defensiva, poco convencido y algo inseguro, pero también arrastrado por el instinto experimental que ha mostrado desde el principio con la literatura, la comedia y los libros de prosa y verso: jugar y escribir sobre lo trágico y romántico y lo burlesco y risible, lo alto y lo bajo, el chiste banal y la sutileza neoplatónica, el erotismo dulce de las damas y el descaro sexual de las putas, los ganaderos reales y los pastores fingidos, todo ahora en un solo libro con muchas historias dentro y donde cada cual escogerá leer donde y como quiera, igual que en una mesa de cartas y naipes, aunque quien quiera pueda leerlo también entero, de pe a pa, que es lo que de veras pretende Cervantes para descubrir qué cosa es el artefacto nuevo que fabrica sobre la marcha y a ratos tan impulsivamente como ahora.

Porque ahora abre una vía nueva para encajar por fin algunas de las canciones que ha escrito, como la del suicida Grisóstomo, pero también podrá poner la defensa formidable de una Marcela que niega culpa alguna en su suicidio porque repudia el chantaje habitual de los hombres mal enamorados y tan intratables como le parecían a Galatea (como no sea Marcela el nuevo nombre de una continuación disfrazada de *La Galatea*), y allí podrá colocar la historia de un muchacho que llora su abandono y su desdicha llamado Cardenio, seguramente también escrita ya. Ha empezado a poner en práctica la combinación natural de viejas rutinas narrativas con la nueva rutina de la pareja inseparable que va a separarse enseguida. Ha aplazado Cervantes desde hace mucho tiempo el rito de penitente de amor que don Quijote no ha vivido aún pero habrá de vivir, como en los libros, y a las puertas de Sierra Morena llega por fin el momento de enloquecer triscando desesperado de amor por las peñas mientras decide si imita la penitencia de Rolando en el *Orlando furioso* (aunque no «parte a parte, en todas las locuras que hizo») o la de Amadís, que es «más fácil» que andar peleando porque «el toque está en desatinar sin ocasión y dar a entender a mi dama» su locura de amor.

¿Es eso lo que hace tan jovial y divertido este libro? ¿Los batacazos y las calamidades, los descalabros y embestidas? Creo que no, o no sólo. No es ese el secreto de la invisible y fluida amenidad de un libro que teje una amistad deambulada y cada vez más cómplice y trabada. El ingenio está en cada réplica, los refranes funcionan como instrumentos humorísticos y discretos, don Quijote alecciona y Sancho relativiza, Sancho se solemniza y don Quijote condesciende. Se hacen mientras hablan porque hablar es su amistad, uno impaciente con el mal contar de Sancho y los refranes ensartados; Sancho tímido o inseguro ante preguntas de alta enjundia, don Quijote complacido mientras ilustra al incrédulo, receloso y entusiasta; don Quijote ágil y rápido, Sancho cauteloso y preventivo. Los «Mire vuestra merced que» o los «Paréceme a mí que» del prudente Sancho y los «Mira, Sancho, te tengo dicho que» o «Ya te he dicho muchas veces» que, aunque «verdad dices», las cosas no son como crees. Sancho es «el más corto entendimiento que tiene ni tuvo escudero en el mundo» pero precisamente su buen entendimiento provoca que no pueda «sufrir ni llevar en paciencia algunas cosas que vuestra merced dice», siempre un poco antes o un poco después de verlos susurrar confidencias en soledad, ausentes y felices, sin público ni ceremonias ni comedimientos, en una privacidad tan viva como vivas son las personas que hablan. A veces hasta llega el rumor del bisbiseo sentimental pegado a la hebra de una confianza sin embarazo ni reserva.

Sancho se encamina por su cuenta y sobre Rocinante hacia el Toboso para comunicar a Dulcinea el estado de nervios de su servicial caballero en los términos de una carta memorizada (y olvidada), mientras a los personajes nuevos —Grisóstomo, Marcela, Cardenio— los hace asomar Cervantes sin grandes miramientos y como lo hizo en sus anteriores historias, con apariciones súbitas, como esta de Cardenio medio desnudo entre las peñas, o con la llegada repentina de una música de rabel o una voz triste que canta desmayada, pero también, como entonces, gracias a los papeles abandonados que en sus libros se encuentran cada dos por tres, esa literatura perdida y reencontrada en maletas y ventas, o incluso en sepulturas como la de Grisóstomo, donde está su historia y su dolor mientras todos corren a leer y a escuchar. Entre esos papeles, Cervantes reproduce versos que inserta por el gusto de publicarlos y cuentos e historias que alguien querrá escuchar porque encajan sin dificultad en la historia. De una maleta vieja y abandonada en Sierra Morena sale otro «libro de memoria», donde va «escrito como en borrador, aunque de muy buena letra», el mismo soneto que Lauso recitaba en *La casa de los celos,* y «a fe», dice Cervantes, «que debe de ser razonable poeta ese, o yo sé poco del arte», sin faltar nunca Cervantes a la pedestre vanidad de celebrar sus escritos irónicamente disfrazado de otro.

Porque ese razonable poeta es Cervantes mismo, por supuesto, siempre orgulloso de su poesía (y de su buena letra), mientras exhibe la ostentosa naturaleza artificial de un artefacto literario hecho paso a paso, con cuidado de equilibrar y unificar la inmensidad de cosas que se dicen, con el escrúpulo de promediar historias largas con otras cortas, conversaciones chispeantes con otras doctas y solemnes, aunque acaben por los suelos sus protagonistas, a cabezazos o con el oportuno brote demencial de don Quijote. Su larga historia no sale sola sino como invención y experimento en marcha. El entretenimiento y el gozo son producto de las maniobras de un autor que dirige, orienta, recorta, insinúa, rectifica y amaga mientras juega con el lector siempre en la cabeza, tan luminosamente seguro de que el relato tendrá un lector pues sin lector no habría relato escrito porque no lo hay tampoco sin oyente, como en el teatro y como en las historias que desde siempre escuchan todos cerca del fuego cuando cae el día o estalla el sol de las siestas afuera.

El mecanismo irónico ha alcanzado ya hace mucho al mismo Sancho no porque Cervantes haya decidido hacerlo loco sino porque ha desplazado a ese personaje la óptica que gobierna a don Quijote: su zorrería mutante no es solo codiciosa porque es también inteligente. Lleva dentro de las frases hechas, de los refranes y las ocurrencias con doble sentido, la imaginación desembarazada y la frescura intelectual primitiva, sin formación ni lecturas pero con la sagacidad ocurrente de quien desenreda el enredo en que se meten unos y otros. Dirime Sancho por su cuenta si la vasija en que los barberos mojaban la barba, y que se llama bacía, es una bacía, como creen todos (y sobre todo el barbero al que se la han robado), o es el yelmo que desea don Quijote. Solo la ocurrencia cervantina de Sancho resuelve el lío al dotar al aparato común de los barberos de un nombre tan sofisticado —baciyelmo— que colma tanto las ansias del seso turbio de don Quijote como la nítida evidencia de que es una bacía, por supuesto todo despojado de las esotéricas lecturas que le han caído encima a la bacía hasta abollarla y echar a perder su genuina gracia originaria, casi entremesil, con la ironía a todo tren haciendo del barbero el único que dice la verdad (porque los demás mienten a conciencia). Cervantes usa la «burla pensada» para mostrar el «misterio» de un absurdo monumental, ese flagrante sinsentido de discutir «por causas tan livianas» que no merecen discusión, como es «porfiar una cosa tan contraria de lo que nos muestra la misma verdad y la misma experiencia». Al barbero le falta humor para apreciarlo porque no participa de la ironía: no le han robado un yelmo sino una bacía nueva. En el ingenio puro y genial del baciyelmo, en el chiste, cristaliza verbalmente la ironía estructural pero también burlona y relajada que lleva el libro. La sobrecarga de metafísica romántica desprotege a la novela de la genuina ironía que la nutre, desvaría su sentido remontándolo a mayúsculas demasiado trascendentales y solemniza su sentido contra el sentido del propio Cervantes —como explicó muy bien Anthony Close—.

En el peor momento: Valladolid hacia 1604

Pero creo que en algún punto Cervantes ha de pararse a la fuerza para meditar la continuación de esta historia. Quizá ha tenido que parar el relato por causas que no sabremos nunca pero intuyo tanto literarias como biográficas. Me lo invento, por supuesto, pero la continuación de la historia, exista ya la Cuarta parte del libro en su cabeza o no, necesita una vuelta más o ha vivido un parón de escritura que acabará de empujarla a ser lo que Cervantes quiere que sea, después de haber escrito que «en este punto dio fin a la tercera» parte «el sabio y atento historiador Cide Hamete Benengeli».

Antes o después, Cervantes ha decidido que su historia no puede continuar igual ni puede volver a invocar el manuscrito traducido de Cide Hamete, ni puede repetir por enésima vez el chiste de mencionarlo a él como si fuese el autor. Ha dejado de hacerle gracia incluso a Cervantes, por mucho que haya dado un estupendo juego cómico ese «autor arábigo y manchego», y esta su «gravísima, altisonante, mínima, dulce e imaginada historia». El chiste no da para más, y Cervantes ha de cambiar de método porque las historias que va a allegar no nacen solo de la peripecia de don Quijote de la Mancha sino que son, como han sido ya la de Marcela, la de Grisóstomo y la de Cardenio, historias ajenas y extensas, enredadas y emocionantes, pero ilógicas y hasta inverosímiles como partes de la historia del hidalgo manchego, por muy inventivo que sea Cide Hamete. El problema es que ahora tiene entre manos un libro que entró hace poco en fase muy complicada para trabar a «su verdadera historia», explica Cervantes, otras que «son cuentos y episodios de ella», y según cree, valen tanto como la primera porque «no son menos agradables y artificiosos y verdaderos que la misma historia».

Algunas dificultades imprevistas están acosando a Cervantes en estos momentos. Que escribe a toda velocidad me parece que es seguro, pero que necesita un sitio donde escribir, también. Y en algún momento de mediados de 1603 o ya en 1604 ha emprendido la marcha hacia la nueva corte, instalada en Valladolid desde 1601. Para eso hubo de localizar alojamiento, quizá primero provisional en la posada de la Solana, quizá luego definitivo, y desde luego empaquetar y trasladar los bártulos y los libros, tuviese o no los trescientos volúmenes que tiene la descomunal y fantástica biblioteca de don Quijote, pura ilusión gigantomáquica. A Andrea, todavía en Madrid, no le van mal las cosas. Factura en febrero de 1603 casi ochocientos reales por unas veinticuatro camisas que le hizo al señor Pedro de Toledo, y seis más que arregló a «mi señora la marquesa», junto a los gastos «de lavar ropa de su excelencia», con el detalle del precio de cada vara de tela, con sus botones, hilo o «lienzo casero» para confección, por valor de una importante cantidad, dos mil quinientos reales.

Pero a la vez otras pequeñas adversidades van a detener la marcha de su propia historia porque se cruza el pasado de nuevo. Acaba de recibir una notificación oficial según la cual debe aclarar viejísimas cuentas de sus oficios anteriores, cuando ha decidido la familia entera cambiar de vida y de lugar, bien porque Esquivias ha quedado demasiado lejos, bien porque todos son mayores y vivir entre Esquivias y Toledo y Madrid es otro engorro más, bien porque Cervantes quiere estar cerca de la corte cuando acabe el libro que tiene avanzado pero parado, bien porque Andrea y su hermana Magdalena entienden que la corte es lugar más propicio al comercio de hilo y costura —a su edad pocos oficios más les quedan—, bien porque han encontrado la oportunidad de alquilar en Valladolid unas casas. Son grandes, y aunque están lejos del centro, les permiten vivir a todos repartidos por varias habitaciones, incluida por cierto Juana Gaitán, que va con ellos, porque su segundo marido murió en Esquivias hace ya unos años, y vive con Jerónima de Sotomayor y su marido, que es miembro de la guardia, o contino, del duque de Lerma.

También está en la casa su hija Isabel, además de un par de criadas, y por primera vez reaparece físicamente el rastro de los viejos enredos de su tía María con Martín de Mendoza, *el Gitano*, porque vive en la misma casa, puerta con puerta, Luisa de Montoya, que es sobrina de Martina de Mendoza, prima de Cervantes, y su marido Diego Díaz de Talavera. Es difícil no imaginar ahí el núcleo biográfico para algunas historias suyas, aunque no sé si, como quiere Sliwa, «transfigurado a pie de la letra» en *La gitanilla*.

Las casas no son malas porque están recién acabadas o incluso están acabándose mientras las ocupan, a las afueras de Valladolid, cruzado el río por una «pontezuela» de madera y fuera de la Puerta del Campo. El lugar es apestoso sin remedio porque está junto al matadero, en el Rastro de los Carneros, y pasa junto a la casa un arroyo de desperdicios de la corte todavía más pestilente, el Esgueva, de «agua turbia» y «llenos los márgenes de ojos» de la peor especie, según Góngora. Algo más allá está el hospital de la Resurrección con la nueva canalización de agua que abastece las fuentes y pilones de la zona, como la de Argales, en la huerta del convento de San Benito, con un puente de piedra que une al Rastro viejo con el nuevo, el de Cervantes, con movimiento de gentes, sin duda, y entradas y salidas del hospital y de la ciudad misma, mientras paran unos y otros en la taberna instalada en los bajos de la casa que habita Cervantes en el primer piso.

La finca pertenece a Juan de las Navas, que es hijo del gestor, secretario, mayordomo y lo que haga falta del duque de Béjar, Diego Alonso. Pero en la casa de tres pisos vive más gente todavía, incluida al menos una beata cotorra. Suelen frecuentarla clientes de las hermanas, amigos de Isabel, gentes de negocios y comercio a quienes Cervantes ayuda en papeles, cuentas y gestiones financieras, cuando él mismo sigue con inquietud el curso del expediente de Hacienda que todavía baila, y cuando algunos de los más habituales en su casa de Valladolid viven al límite, como el mismo Simón Méndez. Hacia enero de 1603, todavía esperaban en Hacienda las explicaciones que Cervantes debe, al menos desde hace cuatro años, sin que hayan sabido nada desde que en 1598 se dio orden «para que viniese a dar» cuenta Cervantes de la deuda de unos impuestos de 1594 en Baza, las tercias, y se dieron «cartas para que el Sr. Bernabé de Pedroso le soltase de la cárcel donde estaba en Sevilla» (en 1598), a la vez que daba fianzas «de venir a darlas dentro de cierto término, y hasta ahora no ha venido, ni hay razón de las diligencias que se han hecho», según escribe Domingo Ipenarrieta.

Pero sin duda tiene razón su hermana Andrea cuando evoca a Cervantes como un «hombre que escribe» porque en los últimos dos o tres años todas saben en casa que ha andado muy entretenido con una historia que esta vez es larga y de la que han oído fragmentos. Quizá alguna incluso se reconoce en las historias que lee Cervantes, aunque no es lo único que hace porque también «tiene negocios», seguramente de contable o mediador, con amigos antiguos, en asuntos que conocemos mal e intuimos peor aún.

Volver a enredarse

Pero en torno a sus cincuenta y cinco años Cervantes es sobre todo un hombre que escribe dispuesto a retomar la Cuarta parte de su historia. Ha dado ya con el personaje que va a cambiar por dentro el ritmo y la marcha del libro sin que se note demasiado. Será una mujer y no será maga ni hechicera pero sabrá de caballerías y de disfraces para que ella haga de enlace entre la historia central de don Quijote en su viaje de regreso a casa y los relatos de amor y aventuras sentimentales que Cervantes tiene ya escritos y desde luego quiere incluir. Eso le permite abandonar los cameos de Cide Hamete, felizmente amortizado como recurso cómico hasta el final de la Tercera parte, y cuando ya sabe Cervantes cómo continuar para volver a atarlo todo y que nada parezca amontonado, injustificado, caprichoso, mecánico o increíble. Por eso reanuda la historia sin mencionar ya más a Cide Hamete a la vez que recapitula dónde estamos y cuál es la historia que se cuenta en este largo libro que trata sobre lo «felicísimos y venturosos» que «fueron los tiempos donde se echó al mundo el audacísimo caballero don Quijote de la Mancha», empeñado en «resucitar y volver al mundo la ya perdida y casi muerta orden de caballería». Gracias a su «honrosa determinación», disfrutamos «ahora, en esta nuestra edad, necesitada de alegres entretenimientos, no solo de la dulzura de su verdadera historia, sino de los cuentos y episodios de ella, que en parte no son menos agradables y artificiosos y verdaderos que la misma historia».

Cervantes vuelve a mirar directamente al lector buscando su benevolencia y su complicidad mientras lo regresa al redil de la historia central pero le anuncia a la vez el laberinto de otras tantas historias que poblarán una continuación que tira a invento, o tan invento que el centro de su historia no pasa de ser «rastrillado, torcido y aspado hilo». Cervantes está a la defensiva y quizá empeñado en retomar tras el parón la historia y las historias trenzadas con ella, como si la frustrante interrupción de *La Galatea* hace tantos años hubiese sido escarmiento suficiente para no dejar a medias las cosas en marcha, aunque se compliquen tanto como se van a complicar las que tiene por delante.

Desde ahora ya no va a haber más narrador que él mientras usa a Dorotea para enlazar las historias de Cardenio y de Luscinda, de ella misma y de don Fernando, con la historia más importante del libro sobre don Quijote y Sancho. Pero ninguna va desatada ya de la historia de historias, y menos que ninguna ese Cardenio que trisca desharrapado por las peñas y llaman El Roto, porque, como a don Quijote, «le tomaba a tiempos la locura», de manera que ambos tienen una trifulca fenomenal porque se ven frente a frente, los dos exaltados con su brote particular (mientras Sancho siente el infinito alivio de una recompensa impensada al encontrar la maleta que perteneció a Cardenio con sus papeles y sobre todo con cien hermosos ducados). Tampoco nadie va a estar tan dispuesto como Dorotea a jugar al juego de los disfraces de los libros de caballeros que ha leído muy bien y fingirse ya no muchacho, como acaba de hacer, sino actriz experta para cumplir con el plan del cura y vestirse de princesa Micomicona, recién llegada de un remoto reino de Guinea en busca del famoso don Quijote (o quizá ¿don Azote? o ¿don Gigote?) para que la salve a ella de un gigante que la persigue, es verdad que a un precio altísimo. Mientras no llegue la singular batalla, don Quijote no podrá emprender ninguna nueva, o no al menos hasta que acabe con el maltratador de Micomicona. Cervantes ha anudado las historias paralelas, ha recuperado el nervio central de la peripecia de Sancho y don Quijote y ha entretejido en ella y sin prisa las vidas desgraciadas y finalmente redimidas en el amor de Cardenio y Luscinda, de don Fernando y Dorotea, suturadas las tramas divididas entre la venta y Sierra Morena por la ficticia princesa Micomicona y doliente enamorada Dorotea.

Después de armar tan complicadísima madeja, será ya muy fácil quitarse de encima una inquietud antigua e inventar el momento para que unos y otros, todos juntos o no, escuchen en paz las historias ya escritas del curioso impertinente y del capitán cautivo Pérez de Viedma. Ambas cuentan cosas y esconden misterios que le importan desde hace mucho tiempo; las dos llevan pedazos directos de su propia vida, no contada como los falsos escritores que narran sus vidas fabulando sin vergüenza, sino metiendo en la invención ficticia su propia vida verdadera. Lo que seguimos sin saber (y a Cervantes y al lector les da completamente igual) es el origen o la fuente de donde procede todo lo que cuenta esta continuación, desde que ha vuelto a sentarse a escribir y ha retomado el libro abriendo la Cuarta parte. Pese a que imaginamos llanuras interminables, todo está a mano en esta novela, y Sancho ha pasado también por la venta, como van y vuelven de ella el cura y el barbero, y ahora pasan todos por allí de camino a la aldea porque esa venta es, como le gusta decir a Alberto Blecua, «centro topográfico» de la historia y es también adaptación del castillo de Felicia en la *Diana:* su geografía es una acotada extensión de terreno inmediato. Por eso a todos en la venta Cervantes puede por fin ponerlos a hablar de literatura con libertad, y con don Quijote acostado «porque venía muy quebrantado y falto de juicio». Si algo puede sacarlo de sus casillas es precisamente la literatura, y sin embargo a todos les gusta mucho hablar de ella aunque también les cueste mucho explicar por qué les gustan las historias, qué hay en unas y en otras que les guste más y qué sobra en ellas o qué les falta.

A alguno le han remediado la existencia en lugar de averiarla, tanto ha sido así que al ventero Palomeque, al menos, dos o tres libros de caballerías le «han salvado la vida, no solo a mí sino a otros muchos». Cuando llega «el tiempo de la siega se recogen aquí las siestas muchos segadores y siempre hay algunos que saben leer» y con «uno de esos libros en las manos rodeámonos de él más de treinta y estámosle escuchando con tanto gusto que nos quita mil canas». O al menos eso le pasa a él, que cuando oye «decir aquellos furibundos y terribles golpes que los caballeros pegan, que me torna gana de hacer otro tanto y que quería estar oyéndolos noches y días», como debe pasarle a cualquiera después de fantasearse Skywalker luchando contra el lado oscuro de la fuerza (o el otro) o con Harry Potter asido a la varita de palo, mientras llega la paz a casa y nadie riñe con nadie, todos embobados con el cuento.

Y, pese a todo, allá van que se vienen el cura y el barbero armados de sus furias y chamusquinas para asombro del ventero, que no sospechaba que su par de venerados libros de caballerías ni su *Historia del Gran Capitán,* con la biografía del forzudo García de Paredes, iban a ser «libros herejes» o cismáticos. Y si lo son, que lo sea sobre todo el que cuenta la historia del Gran Capitán pero no desde luego los de los caballeros andantes, por muy «mentirosos» que sean y por «llenos de disparates y devaneos» que vayan. Pueden cantar misa tanto Cardenio como el cura sobre si existió o no el caballero «que de un revés solo partió cinco gigantes por la cintura», porque es evidentísimo que existió. Como mínimo existe tan palpablemente como lo cuentan los libros de caballerías con la «compostura y ficción de ingenios ociosos, que los compusieron para el efecto que vos decís de entretener el tiempo, como lo entretienen leyéndolos vuestros segadores». Pero por lo visto no pasaron en el mundo real, «ni tales hazañas ni disparates acontecieron en él», asegura el cura, aunque los libros en los que salen vayan autorizados y aprobados por el Consejo de Castilla y hasta por el mismísimo rey.

De nuevo Cervantes habla de literatura con quienes la viven sin perder el juicio pero quizá tampoco con el juicio del todo en su sitio. Todos cuentan su dependencia afectiva de libros e historias hasta que aparecen físicamente los que tiene guardados el ventero en una maleta, junto con algunos papeles «de muy buena letra, escritos a mano». Nada más echar un vistazo, al cura le vienen ganas de no dejar la historia, y buena ha de ser porque el ventero no ha dejado que se la llevasen cuantos la han leído, por si algún día vuelve el dueño de la maleta. Aunque «sé que me han de hacer falta los libros», los devolverá cuando no pueda evitarlo, contentísimo Cervantes de haber vuelto a hablar alegremente de su propia obra sin sacar al yo obscenamente a pasear, o haciéndolo irónicamente: soy yo pero no del todo, o soy todo yo sin serlo del todo.

Porque la historia manuscrita que tiene en la mano el cura es la de *El curioso impertinente,* que Cardenio juzga de otro vistazo digna de ser oída y Dorotea confía en sosegar el cuerpo escuchándola. Y todo se queda quieto cuando coge el primero de los ocho pliegos que empiezan contando, bajo el «título grande», que «En Florencia, ciudad rica y famosa de Italia» vivieron «los dos amigos llamados» Anselmo y Lotario. Muy bien puede darse cuenta el lector de que es en pequeño lo mismo que en grande le pasa a don Quijote, persiguiendo la quimera de redimir al mundo sin armas para hacerlo. Una y otra vez acaba empeorando las cosas, desatento a las condiciones de lo real y arrebatado por un ensueño iluso e ideal. Algo parecido es la *impertinencia curiosa* que asalta a Anselmo para poner a prueba insensata e infundadamente la fidelidad de su mujer y la lealtad de su amigo Lotario.

Tampoco va a dejar fuera del libro al capitán cautivo de su historia porque ahí está la mitad de la vida de Cervantes, aunque la vida de Cervantes no sea la vida del cautivo. Pero sí lo es la pelea inarmónica y por fin conciliada entre las armas y las letras, cuando ha sabido desde siempre que las armas solo lo son de veras usadas con la inteligencia que dan las letras y las leyes. De esas letras hablamos, de «las letras humanas», cuyo fin es poner «en su punto la justicia distributiva y dar a cada uno lo que es suyo». Las letras «divinas» nada tienen que ver en ello porque «tienen por blanco llevar y encaminar las almas al cielo, que a un fin tan sin fin como este ninguno otro se le puede igualar». A este don Quijote que pronuncia su discurso (con toda la pinta de ser discurso de Cervantes para una justa o academia) «nadie lo tuviese por loco», cuando sabe que nada puede esperar el soldado como compensación a su frío, a su hambre, a la intemperie y a los balazos que le «dejará estropeado de brazo o pierna». Apenas podrá, de pelea en pelea, «medrar algo» porque «estos milagros vense raras veces». En cambio, el riesgo de morir a manos de la maldita artillería —que lógicamente deplora un antediluviano caballero armado con armas mohosas— es superior al sacrificio del estudio. Y además, quienes creen lo contrario, simplemente «no saben lo que dicen» y olvidan lo que sabe el más modesto soldado y es que «las armas requieren espíritu como las letras», pero son además más nobles y más altas porque su fin es «entender y hacer que las buenas leyes se guarden».

En ningún caso iba a dejar fuera un relato que a Cervantes le gusta casi más que ningún otro de los suyos, al menos hasta ahora. En él ha metido un pedazo fuerte de su vida, mezclando fantasía narrativa pura y crónica real hecha ficción, con el estupendo resultado que él mismo pondera en el texto, contentísimo de que el «modo con que habéis contado este extraño suceso ha sido tal que iguala a la novedad y extrañeza del mismo caso». No se sabe qué es más apasionante, si la historia contada o el modo de contarla, «todo es peregrino y raro y lleno de accidentes que maravillan y suspenden a quien los oye». Incluso dan ganas de volver a oírla o de que el capitán excautivo ya, Pérez de Viedma, vuelva a comenzar «aunque nos hallara el día de mañana entretenidos en el mismo cuento».

A nosotros nos pasa algo parecido, sobre todo si el capitán hubiese vencido el miedo a «enfadaros» con un relato todavía un poco más extenso, porque lo es, y mucho. Pero bien que le hubiésemos escuchado tan felices si hubiese añadido también las «más de cuatro circunstancias» que la prudencia le «ha quitado de la lengua» y ha callado, y no es desde luego Pérez de Viedma quien ha callado sino el excautivo Cervantes. Vuelve a dejar al trasluz de la intriga y la curiosidad el desarrollo de una peripecia autobiográfica que el novelista desestima contar, como otras tantas veces deja dicho que hay más tela pero no oportunidad para cortarla: la autobiografía no es en absoluto lo suyo como no vaya injertada, o infartada, para decirlo como Ortega, de ficción. Posiblemente tiene causa esa desazón por lo autobiográfico como lugar de la trampa y la parcialidad. Tantas veces tiende a anular la percepción autocrítica que se convierte en un relato plano y complaciente cuando Cervantes sospecha ya y recela de casi todo lo que eluda las verdades contradictorias en un mismo plano.

Los buenos libros

Se había prometido encontrar el lugar donde contar lo que creía que debían ser los buenos libros y ya lo ha encontrado, cuando está su historia abocándose al final y todos escenifican el engaño a don Quijote con la mentira de un pequeño teatro en vivo. Lo enjaulan como a un león manso de camino a la aldea para irritación de Sancho, que sabe que no va encantado sino solo engañado (y a él, de paso, se le va la última oportunidad de prosperar). Es el lugar ya para contar «lo que han de tener los libros de caballerías para ser buenos, que quizá fueran de provecho y aun de gusto para algunos». Podrían incluso ser útiles a la comunidad y quizá vendrá «un tiempo en que lo pueda comunicar con quien pueda remediarlo».

Cervantes va a contar en su misma novela el descubrimiento que ha hecho de la novela moderna mientras la escribe. A unos les gustan más unas cosas y a otros otras, pero ya no está Cervantes para abstracciones y teorías y artículos de fe sino por los «ejemplos palpables, fáciles, inteligibles, demostrativos, indubitables, con demostraciones matemáticas que no se pueden negar» y a disposición de todos: «así como se consiente en las repúblicas bien concertadas que haya juegos de ajedrez, de pelota y de trucos para entretener a algunos» desocupados y ociosos, «que ni tienen, ni deben, ni pueden trabajar» por cualquier razón, también se acepta y hasta se consiente «imprimir y que haya tales libros» de ficción «creyendo, como es verdad, que no ha de haber alguno tan ignorante que tenga por historia verdadera ninguna de estos libros».

Había peleado en *La Galatea* por dignificar el valor potentísimo de la literatura de entretenimiento y ahora afina los argumentos para poner por delante de todo la potencia de la ficción emocionante y creíble como estímulo expansivo del bien. El libro que está acabando cumple a rajatabla con sus requisitos, cuajado de caballeros sin falsedad ni mentiras, de ingenio sin magia, de intriga sin superchería, de verdad con ficción y aventura con humor y emoción, porque esa es la lógica profunda que Cervantes exalta como verdad de las historias de ficción. Nadie duda en su libro nunca de qué es lo que sucede ni las causas por las que las cosas suceden, aclara una y otra vez la condición de los personajes y los pasos por los que suceden las cosas sin mitigar la potencia seductora de lo admirable y entretenido. En eso consiste hacerlos bien, estrafalariamente sobrecargados de aventuras y de cualquier otra cosa que «tire lo más posible a la verdad». No excluye nada porque su misma «escritura desatada» toca todas las cuerdas del instrumento de la lengua y el relato «épico, lírico, trágico, cómico», y así expande sin fin el campo de la escritura, acotado y a la vez ilimitado «para que un buen entendimiento pudiese mostrarse en ellos» porque dan «largo y espacioso campo por donde sin empacho alguno pudiese correr la pluma» pintando cuanto se le antoje, más comedido o menos, libre de atadura alguna y adornando a sus personajes de las virtudes que convengan, «poniéndolas en uno solo» o repartiéndolas y «diviéndolas en muchos».

Cervantes ha descubierto la vitalidad orgánica de un «cuerpo de fábula entero con todos sus miembros». Es compacto y a la vez poroso para sumergir en la ficción al lector culto y vulgar porque «la mentira es mejor cuanto más parece verdadera y tanto más agrada cuanto tiene más de lo dudoso y posible», más atrevidamente cerca del límite de lo creíble, más capaz de «casar las fábulas mentirosas con el entendimiento de los que las leyeren». Los hechos impensados e inverosímiles obedecen a un sistema verosímil y semejante al orden de la realidad, lógico y convincente, para que atrapen «los ánimos, admiren, suspendan, alborocen y entretengan» y vayan así «la admiración y la alegría juntas».

Cuando los libros dejan de ser «falsos y embusteros» y dejan de ir «fuera del trato que pide la común naturaleza», se parecen a la vida real. Pasan por verdad posible pero aspiran a emocionar tensando lo real hacia lo imprevisto e insólito, y así emocionan y conmueven como auténticas ficciones para «entretener, enseñar, deleitar y admirar a los más altos ingenios que los leyeren». Cervantes deja en manos de don Quijote la apología de la novela, y esos buenos libros que «destierran la melancolía que tuviere y le mejoran la condición, si acaso la tiene mala», al lector. Es el placer de la literatura como imaginación estimulante y vivificante, o al menos tanto como para sentirse como se siente hoy don Quijote, «valiente, comedido, liberal, bien criado, generoso» y tantas otras virtudes que lo disponen a gobernar como emperador para «mostrar el agradecimiento y liberalidad que mi pecho encierra».

Ya hace mucho rato que sabemos que son verdad las dos cosas y que no hay modo de escapar a la contradicción de asistir a observaciones muy puestas en razón, mientras en la siguiente línea cae el mismo héroe en el disparate del orate y parece desmoronarse la convicción en su sensatez, solo para recuperarla al cabo de otro rato cuando la cordura vuelve a regir. Dentro de la novela, los dos protagonistas impiden tomar las cosas por su vertiente absoluta porque encarnan verdades contradictorias —loco/cuerdo, bobo/listo—, sin excluirse cada una de ellas entre sí y contrariando por tanto la lógica aristotélica. La novela la subvierte o retuerce, como si el libro entero fuese la lección secreta y el último destilado de un aprendizaje adiestrado a percibir la complejidad de lo real en forma tan revolucionaria como indeterminada, desazonante e intrigante, sin perder el hilo ni perder la sonrisa. Ni uno ni el otro son en verdad las ideas preconcebidas que tenemos de ellos sino la rebelión continua contra la univocidad simplificada e idealista, contraria a la experiencia.

ACADÉMICOS TRONADOS

Cervantes ya no puede seguir jugando más. Ha de terminar el viaje de vuelta a casa para activar el grito de guerra correctivo y la reprimenda temible del ama y la sobrina. Todos a una alzan «los gritos al cielo» para renovar «las maldiciones de los libros de caballerías» y piden «al cielo que confundiese en el centro del abismo a los autores de tantas mentiras y disparates». Pero otra vez a Cervantes le asalta la desconfianza ante la razón retórica y mecánica de la historia que acaba ejemplarmente. Se siente haciendo lo que no cree, por pura rutina literaria otra vez. En esta presumible primavera de 1604 da, sin embargo, con el verdadero final del libro, que es por supuesto una broma más, incluso la broma total, quizá inspirada en varios hallazgos coetáneos de cajas secretas y pergaminos antiguos, en Granada y más cerca en el tiempo en Toledo (sobre los que escribe Lope, además, varias obras de teatro).

Puede aprovechar algo parecido porque de algún sitio tendrá que venir esta Cuarta parte, de algún lugar ha de proceder tanta información fidedigna sobre la vida y las costumbres de un hidalgo de la Mancha con su escudero. Como hace mucho tiempo ya que decidió prescindir de Cide Hamete, se siente completamente libre de inventarse esa última fuente bufa para fingir sin énfasis que a pesar de la diligencia que ha puesto en buscar su continuación, «no ha podido hallar noticia» de ella, «a lo menos por escrituras auténticas», parodiando el estilo puntilloso y envarado de historiadores legítimos y no burlones como él. Por suerte, la fama sí ha guardado «en las memorias de la Mancha» que la tercera salida de don Quijote fue, por lo visto, a Zaragoza. Pero de eso Cervantes no sabría nada si de nuevo la fortuna no le hubiese sonreído gracias a un «antiguo médico que tenía en su poder una caja de plomo», hallada en los cimientos de una vieja ermita en reformas. Allí aparecieron unos pergaminos en letras góticas (antiquísimas...), lo que se parece mucho a un hallazgo reciente en Toledo y que enredó a muchos entonces en un debate sobre la veracidad o falsedad de los documentos (entre ellos a Pedro de Valencia).

Lo que no preveía Cervantes es que el medio folio final que sirve para contar eso será también la ruta para otra descabellada broma. En la caja de plomo se le ocurre meter también unos versos castellanos «que contenían muchas de sus hazañas» y hablaban de Dulcinea, de Rocinante, de Sancho «y de la sepultura del mismo don Quijote, con diferentes epitafios y elogios de su vida y costumbres». Aunque Cervantes no ha visto morir a don Quijote, don Quijote ha estado muerto desde el principio de la historia —«no ha mucho tiempo que vivía», cuando «felicísimos y venturosos fueron los tiempos»— y quizá alguien cuente alguna vez su vida no como la contó Cide Hamete, de quien se olvida al final de la novela, sino esos anales manchegos que le siguen la pista hasta Zaragoza. Y diligentemente Cervantes transcribe los versos que resultan ser sarcasmos crudos contra académicos y letrados prepotentes, y a menudo descompuestos, de un lugar llamado «la Argamasilla»: una historia cómica tiene que acabar con algo de risa, sin muertos, ni ceremonias, ni elogios engolados ni versos falsos y encomiásticos. Y ahora que caigo, quizá tampoco tiene sentido que empiece con un contrasentido semejante.

Como tantas otras veces, este hallazgo hecho sobre la marcha obliga a Cervantes a retroceder en el manuscrito y reescribir al menos un par de lugares del remoto principio para aparentar una mínima coherencia interior. Busca entonces sitio para meter dos párrafos muy breves al principio y al final de la Primera parte, lo que más o menos era el cuento del que arrancó todo. En el párrafo final avisa de golpe de la existencia de «un autor» de esta historia que aún no ha presentado pero es el Cide Hamete del manuscrito árabe, y confiesa también la esperanza de que «tan curiosa historia» no «estuviese entregada a las leyes del olvido»; sería inconcebible que los vecinos de la Mancha «no tuviesen en sus archivos o en sus escritorios algunos papeles» que de ella tratasen, y que son los que acaba de inventarse y menciona ahora para trabar el nuevo final que ahora tiene todo el libro con su principio.

El otro párrafo nuevo va al principio de todo, remontándose muy cerca de las primeras páginas de una historia que no tiene otro autor que Cervantes mismo. Mientras don Quijote se aburre en su primer día de aventura en solitario y empieza a estar exhausto del calor y de la armadura sin que pase absolutamente nada, Cervantes coloca entre líneas que «autores hay que dicen que la primera aventura que le avino fue la del Puerto Lápice, otros dicen que la de los molinos de viento, pero lo que yo he podido averiguar en este caso y lo que he hallado escrito en los anales de la Mancha es que él anduvo todo aquel día». Con esa frase anuda en forma mínima el principio del cuento originario y esos nuevos «anales de la Mancha» con el final del libro entero, aunque no vuelven a aparecer ni archivos ni anales de la Mancha por ningún sitio (quizá en el prólogo, que está por escribir, ya veremos) hasta el folio final. Ha intercalado esas líneas nuevas al final y al principio de la Primera parte para aludir al menos a unos anales que no se le ha ocurrido usar como fuente paródica y burlesca hasta que ha llegado al final de la historia. El resto lo deja como está y continúa el señor Quijana a caballo con el sueño de dar con un buen castillo o una suficiente majada, que es lo único que puede esperar quien vive entre églogas y caballerías.

De aquí para allá

El libro está terminado o, al menos, lo parece. Todavía ha de redactar y disponer el lugar de los epígrafes de los capítulos y los capítulos mismos para que el lector se oriente. Son muy útiles para quienes leen los libros como los lee la mayoría, oyéndolos a pedazos, a sentadas, a veces en grupos de pliegos que abarcan una historia autónoma, a veces en desorden y a medida que caen en sus manos (o que tienen la fortuna de sentarse a la mesa de una venta a escuchar alguna de las historias). Los epígrafes son para eso indispensables y auxilian al lector activo o al oyente pasivo que retoma el relato a destiempo o demasiado tiempo más tarde, sobre todo cuando es largo. Cervantes, en realidad, ha escrito su texto de corrido y ahora apenas hay en su manuscrito unos pocos puntos y aparte, destinados a separar las cuatro extensas partes que lo componen y algunos o varios de los capítulos.

De ese latosísimo trabajo sale por sorpresa el chispazo que dará título al libro y que no ha usado ni una sola vez en las más de seiscientas y pico páginas que, a ojo, acabará teniendo el tomo impreso. De hecho, no repara Cervantes en la característica central de don Quijote hasta ahora: no un loco, porque eso en la época es desdeñable, irrecuperable e irritantemente absurdo, incluso. En cambio, todo lo contrario es lo que contagia, solo de oírla, la palabra *ingenioso,* que lleva encima todo tipo de valores positivos, de talento innato, de inteligencia fértil, de capacidad reflexiva, sin matiz despectivo pero sí potencialmente imprevisible por ser dado a una imaginación también excelente. Ahora ya, por tanto, todo está más claro, y si en el epígrafe del primer capítulo de la obra escribe Cervantes «Que trata de la condición y ejercicio del famoso y valiente hidalgo don Quijote de la Mancha», escribe en el epígrafe del segundo que trata «de la primera salida que de su tierra hizo el ingenioso don Quijote», cosa que no ha salido nunca en el relato mismo, pero sí adopta Cervantes para los epígrafes, los titulillos de las partes y el título general. Pegarle al loco Quijote la inteligencia del ingenio parece ya el mejor símbolo o emblema irónico de lo que ha acabado siendo su historia mientras la escribía.

Pero mientras revisa por fuerza la obra en esta primavera de 1604, empieza también otro desasosiego, la sensación de haber retrasado en exceso la aparición de las historias menudas y entretejidas, tan agradables y verdaderas y artificiosas como la principal. Comprende que hay un fuerte desequilibrio entre las primeras páginas que cuentan las múltiples aventuras encadenadas de la pareja protagonista y la posterior acumulación de las historias ajenas a ellos, ya hacia la segunda mitad del libro, que es cuando más o menos se le ocurrió la posibilidad de encajar relatos y poemas ya escritos, convencido de que su libro podía contar una novela breve prolongada junto a otras novelas encajadas y bien tejidas entre sí, una historia de historias. Pero donde están ahora le rechinan, incluso tiene la impresión de que algunas se estorban tan cerca de otras, que es lo que sucede con la casi continuidad entre el relato de Marcela y Grisóstomo, tan inmediato al de Cardenio y Dorotea.

Y decide a bote pronto algo muy peligroso en un relato tan enrevesado, como es desplazar bloques de texto de un sitio para otro para buscarles un acomodo mejor, seguramente todavía en su manuscrito, o quizá ya sobre la copia en limpio que ha transcrito un escribiente profesional para ir pensando en los trámites de publicación ante el Consejo de Castilla y que a su vez será el original que irá a imprenta. Se le ve a Cervantes, o por lo menos lo veo yo, situando con cuidado las llamadas al texto, los traslados de párrafos, las inserciones necesarias, los avisos de enmiendas, aunque hacerlo con cuidado no garantiza en absoluto que aquello acabe siendo entendido por el escribiente profesional que tendrá que copiar su manuscrito o por el impresor que compone el original ya aprobado por el Consejo. Retocando aquí y allá el texto todo puede trabarse sin incoherencias ni repeticiones ni cabos sueltos, convencido ya de que sobre todo Marcela y Dorotea no lucen bien tan juntas porque casi se solapan.

No va a sacrificar a ninguna de las dos. El abuso sobre la mujer es tan rutinario como transversal, y a casi nadie parece alarmar tan gravemente como debiera ese asunto, pero sí a Cervantes. Y en ellas y por ellas habla un Cervantes a flor de piel, con una veracidad implicada, apasionada y biográfica que no disimula ni el dolor ni la cólera, tanto Marcela como Dorotea exentas de las culpas que les arrojan encima los demás y ambas extraordinarias defensoras de sí mismas y de su repudio a esposos falsos que rompen sus compromisos formales o a enamorados chantajistas que las asedian culpabilizándolas de su rechazo sin razón.

A Dorotea y su historia debe dejarla donde está, porque ella es la llave para abrir la cuarta parte del libro. Ha de trasladar por fuerza a Marcela y a Grisóstomo mucho más atrás, y procura hacerlo cuando apenas ha empezado el racimo encadenado de las muchas peripecias que vive la desigual pareja. Situada donde la sitúa ahora, en el capítulo 10, esta historia trágica y sentimental vale como distracción y contraste de lo que todo el mundo espera encontrar cuanto antes, que son las renovadas historias de caballero y escudero. Pero a la vez ese desplazamiento sirve para atraer y enganchar desde muy pronto a un público femenino vivamente y vitalmente interesado en leer sobre sus vidas azacaneadas y sus remedios de vida, atraídas por las aventuras sentimentales de mujeres que leen y escuchan leer con mucho gusto, y lo sabe Cervantes y lo saben los demás. Es verdad que sospecha que a la mujer le falta el ingenio «cuando de propósito se pone a hacer discursos», pero es verdad también que no duda de que «naturalmente» lo tienen «presto para el bien y para el mal, más que el varón», y en esa intuición repentina y clara funda Cervantes el gusto de ellas por escuchar historias.

También Sancho «gusta mucho de estos casos de amores» y al ventero Palomeque le gustan los golpes y mandobles de las batallas con gigantes, pero a su hija lo que le pierden son «las lamentaciones que los caballeros hacen cuando están ausentes de sus señoras, que en verdad que algunas veces me hacen llorar, de compasión que les tengo», como le pasa a la Maritornes, que es puta y es generosa y también es malandrina, pero no resiste las lágrimas y la emoción cuando oye «aquellas cosas, que son muy lindas» y pura «cosa de mieles» sobre una señora que está «debajo de unos naranjos abrazada con su caballero», mientras hace «una dueña la guarda, muerta de envidia y con mucho sobresalto». Y sin duda esas historias las hacen fantasear a todas con un destino más feliz y alegre que el suyo de cada día, secretamente estimuladas por la ejemplaridad de algunas de las heroínas, como lo es esta Dorotea que conoce muy bien esos mismos libros, los ha leído a fondo y sabe hablar como ellos hablan de tal modo que ni don Quijote detecta incoherencia alguna cuando hablan los dos de sus cosas y en su lenguaje, ella ya como Micomicona, y él don Quijote.

La de Dorotea ha sido peripecia amarga pese a su buena crianza, hija de padres ricos y prósperos, diligente administradora de la casa, lectora de «algún libro devoto» (pero también de «muchos libros de caballerías» y enterada del «estilo que tenían las doncellas cuitadas»), toca algo de música al arpa (porque la música «compone los ánimos descompuestos»), y pese a ir a misa «cubierta y recatada», vive fatigosamente asediada por el hijo de un grande de España al que acepta por fin dar su mano como esposa. Ella tuvo «por verdaderas tantas falsedades» como llegó a decirle porque, sí, «tu vasalla soy, pero no tu esclava», ni es tampoco culpable de que su hermosura seduzca a un amante «desigual en su grandeza», y, así, «bien es acudir a esta honra que la suerte» de ser bella le ha regalado como don sin culpa.

Les ha pasado algo semejante a varias mujeres de su familia, por boca de las cuales Cervantes está razonando transparentemente ahora, cuando han sido requeridas y deseadas por hombres de estratos netamente superiores a la mediocridad de su propio nivel social, primero su tía María, después sus dos hermanas Andrea y Magdalena y por fin, ya también, mientras escribe Cervantes en estos primeros años del siglo, su hija Isabel, que bordea en 1600 los 16 años que tienen todas estas «doncellas cuitadas». Si Dorotea rechazase al amante usaría él «la fuerza, y vendrá a quedar deshonrada y sin disculpa de la culpa que me podrá dar» el que no sepa que ella cedió al encuentro sexual porque creyó las maldiciones terribles que echaba sobre sí el amante en caso de incumplir el deber de esposarse con ella. Y mientras de la habitación salió su doncella, dejó Dorotea «de serlo, y él acabó de ser traidor y fementido», pese al anillo que le puso en el dedo, «pues ya era suya», y ya bastaba solo esperar a que «aquel hecho se publicase», el de su boda inminente, el de ser esposos verdaderos, el del compromiso contraído en la cama virginal.

Cervantes está poniendo en este momento el corazón entero mientras cuenta el desbarajuste trágico que han vivido tantas mujeres próximas o lejanas, la vivencia doméstica e íntima de una familia plagada de casos que no conocemos más que en su perfil externo. Asumimos con la boca pequeña, o con sospechas difusas, que practicaron una prostitución, entre consentida y social, como vía de prosperidad económica cuando, en aquella realidad, ese pudo ser solo un vehículo de supervivencia en la medianía de una familia hidalga pero justísima. Ignoramos de veras la naturaleza de las múltiples relaciones que atestiguan legajos y papeles acartonados sin dato alguno de los sentimientos de las muchachas, como no sean estas recreaciones proyectadas y convincentes como pocas en boca de Cervantes, todas tantas veces sometidas al abandono y la traición de amantes enfriados a los pocos días, reticentes a los pocos meses o, con los años, restituidos al redil de su clase y sus conveniencias de posición, apellido, honra y fama.

Fue público al cabo de un tiempo que don Fernando se casó con otra «de muy principales padres» y esa ha sido «la alevosía y la traición que se me ha hecho». Por eso ella huyó disfrazada de chaval con el fin de plantarse ante Fernando para preguntarle «con qué alma lo había hecho», además de soportar ella la maledicencia morbosa de la calle, y ya decidida a esconderse en Sierra Morena vestida de muchacho y bregando contra otro violador (al que esta protagonista no tira por un barranco, pero otras protagonistas de Cervantes, sí) y allí sigue, en Sierra Morena, para evitar que «de ella se hable y murmure» en su tierra y «en las ajenas tierras». De nada valen en los cuentos mentirosos y mal hechos las falsas soluciones, de nada sirven cuando se falsea el desamparo y el engaño. Por eso es Cardenio mismo quien escucha y sabe que detrás de la deshonra puede haber todavía una solución o un consuelo, no nacido «de muy remota esperanza, ni fundado en desvanecidas imaginaciones», no mágico, ni supersticioso, ni absurdo ni ilógico ni irreal.

Las mujeres saben perfectamente de qué está hablando Cervantes. La estrechez del margen de maniobra no varía, emparedadas entre tres brutalidades combinadas y a veces simultáneas: la del padre que decide por ellas, la del amante llorón y chantajista y la del esposo de buena posición y farsante. También saben ellas de qué habla Marcela cuando se asigna quijotescamente el don de decidir a toda costa vivir como zagala también huida a Sierra Morena, negándose a casarse porque no «se sentía hábil para poder llevar la carga del matrimonio» (a los 14 o 15 años que tiene) y rehúye a todo aquel que la pida por esposa porque «los arroja de sí como un trabuco», como la «endiablada moza» que es, por supuesto, defendida por don Quijote sin disimulo contra tanto llorica de campo que llena el aire de llantos quejumbrosos contra sus desdenes y altivez. Y entre ellos el suicida de Grisóstomo y su «Canción desesperada», pero no por más amar a Marcerla sino porque le asaltaban «los celos imaginados y las sospechas temidas como si fueran verdaderas».

Y vuelve a ser Cervantes el litigante que quijota en favor de la libertad de esta mujer, porque tampoco entiende ni acepta él que «esté obligado lo que es amado por ser hermoso a amar a quien le ama», entre otras cosas porque ella no escogió su hermosura, como tampoco Galatea, ni tampoco Dorotea (ni quizá María, ni Andrea, ni Magdalena, ni Isabel) pero sí «nací libre, y para poder vivir libre escogí la soledad de los campos». A Grisóstomo «bien se puede decir que antes le mató su porfía que mi crueldad», «no me llame cruel ni homicida aquel a quien yo no prometo, engaño, llamo ni admito». Con lo poco que tiene y que le queda, Marcela podrá mantener su «libre condición, y no gusto de sujetarme», mientras espera que suceda lo que no ha sucedido pero sueña que un día suceda: aún el cielo «no ha querido que yo ame por destino» y «amar por elección es excusado».

El traslado de su historia al principio no ha sido fácil y quizá lo ha hecho Cervantes con apremios por las prisas que todos parecen tener en la librería de Robles para que mande por fin al Consejo de Castilla el original del escribiente ya revisado por él, enmendado y recompuesto en todos estos puntos (o copiado ya con todas las correcciones). O las prisas o su propio descuido van a dejar colgado, en el tránsito de la historia de un lugar a otro, al menos un par de folios, pero Cervantes no lo ha visto. Tampoco habrá de ser tan difícil algún otro cambio más que mejore la tensión interior del libro que tantas veces le inquieta. Desde *La Galatea* Cervantes busca despertar la intriga y la curiosidad con pequeños detalles, con interrupciones súbitas, con intromisiones de este o aquel que aplazan el desenlace (había llegado incluso a partir un soneto por en medio para retomarlo muchas páginas después).

Ahora ha visto otro posible momento para acentuar el suspense y entiende que es mejor dejar el final del cuento de *El curioso impertinente* sin acabar, o acabarlo con un final que parece final sin serlo, y adelantar ahí el episodio grotesco de los cueros de vino. Venía un poco después, y es y hasta parece una ocurrencia súbita y chistosa que le viene del famosísimo *Asno de oro,* de Apuleyo. Ahora queda en suspenso el final verdadero del cuento porque en medio ha cruzado Cervantes esa especie de entremés disparatado, con el miedo y la alucinación de don Quijote creyéndose atacado por gigantes y creyéndoselo Sancho, que ha visto físicamente rodar la cabeza del gigante y la sangre misma, aunque todo sean solo unos cueros de vino y una sala llena de vino derramado. Don Quijote está ya bien despierto mientras Cervantes da por acabada la última enmienda a un libro terminado, o casi. Solo faltan el prólogo y los poemas preliminares, pero sin duda lleva ya el título nuevo, aunque sea casi a título póstumo, con el libro acabado y rematado.

Si algún emblema capta esa dimensión irónica nuclear del *Quijote* es este hallazgo tan tardío y tan revelador de la maduración interna de un enfoque subversivo. Cervantes sabe ya perfectamente que su personaje y su libro están a años luz del primer relato del que nació todo y que era un relato básicamente simple, o una humorada de poca trascendencia. La escritura misma desatada y sin modelos, en la libertad pura de su plena madurez intelectual y vital, ha burlado escribiendo las constricciones de su tiempo, ha desafiado la claridad falsificadora de los blancos y los negros, ha saboteado la escisión pulcra entre acierto y error, entre inteligencia y chaladura porque ha ensanchado el perfil de un loco puro para convertirlo en un loco inquietantemente cuerdo, rebosante de sentido tantas veces como a la vez sonrojante y patético. Asignarle a su loco desde el título el valor del talento es una ironía gigantesca y ejemplar plantada desde el principio mismo porque la inteligencia caracteriza a un hombre que lleva la broma en su nombre, y bromazo es llamarlo don Quijote. Por supuesto que don Quijote ha probado ampliamente su inteligencia y su buen pensar, pero sin duda ha probado a la vez y con pruebas vastísimas no estar en sus cabales. Y sin embargo, Cervantes ha titulado el libro con un adjetivo que atrae toda la carga semántica hacia la inteligencia y la calidad intelectual del héroe, aunque sea la inteligencia y la lucidez de un loco, héroe y orate a la vez.

La abstracción absorta de los dogmas a Cervantes se le atravesó definitivamente hace muchos años, tras la remota experiencia de soldado y preso, tras la larga experiencia de comisario y cobrador, tras el final evidente de un mundo que se ha ido junto a un montón de muertos ya. Pero también se le atravesó la predicación a ojo y la instrucción moralista, como desconfía receloso de la perfección ilusa de nada al menos desde la plenitud de sus cincuenta y muchos años, expresidiario a cuenta de Hacienda y burlón espectador de túmulos funerarios de grandes aires vacíos. Hace años que la bondad se inyecta de sombra y hace años que la plenitud esconde el hueco, como si la ironía fuese la mejor herramienta para mirar comprensivamente los afanes humanos, y quizá la única que acierta, o la que mejor acierta, a rebajar las convicciones excluyentes y abarcadoras para percibir en sincronía la contradictoria complejidad de lo humano. Ya no ha respetado ni siquiera las fronteras de lo que todo el mundo respeta, la división entre géneros nobles e innobles, entre aventuras ideales y fantásticas y aventuras a ras de suelo y cómicas, porque también la mezcla de ambas, y hasta la intersección de las unas con las otras, como sucede en su libro, son otra conquista de la ironía irreductiblemente ligada a la conciliación de modelos y valores aparentemente irreconciliables.

8. LA TORMENTA MÁS SILENCIOSA

Aunque parezca mentira, otro libro más de Lope de Vega acaba de caerle en las manos y Cervantes no lo va a soltar en un buen rato, un tanto atónito ante las furias de Lope. Van ya un montón porque Lope solo no será una literatura pero sí es una industria literaria, y especialmente celoso de los abusos que la piratería editorial comete con su obra. Es tan monumental su enfado como la brillantez de sus versos contra la caterva de «cenofantos mamacutos» que son «fiera plaga, / enjambre de poetas» satíricos y pegajosos como «pulgas / chinches, ratones atrevidos / y vanos semisapos barrigones», todas «archipedánticas personas» de «verso sexipedal» y «prosa truhanesca», cada uno con su sonetada contra Lope. Está tan furioso como interminable es la lista de todas sus comedias hasta la fecha. Cervantes ahora repasa con el dedo la impresionante lista que ha puesto Lope en el prólogo de *El peregrino en su patria*.

Allí aparece también otro genialoide muy joven todavía, Quevedo, que ha escrito un poema para el libro mientras se cruza ferocidades con Góngora, que está ahora también en Valladolid. Su soneto deplora las envidias que suscita Lope, martirizado pero nada silencioso, y no sé si sabe Cervantes que a Quevedo le ha dado también por probar suerte en esta plaga de relatos de pícaros que empieza a padecer el país y ha terminado a toda velocidad el suyo sobre el *Buscón*, mientras estudia en Valladolid, cuando ha sido ya bachiller por Alcalá años atrás y se ha ordenado de menores. Ha nacido de una familia injertada en la corte desde hace años y aliada directa del duque de Lerma. No son muchos, pero a la muerte de su padre hace ya algunos años heredó al menos veinte libros (Cervantes debió heredar alguno más de los tres que tenía su padre en 1552) y a él se le destina a algún cargo importante aunque le tiran más la historia, la filosofía y las letras humanas que acabará de aprender en la facultad de Teología de Valladolid desde 1602.

A sus 22 años, Quevedo habrá echado siquiera un vistazo al libro que le invita a prologar Lope y habrá leído de pe a pa al menos el prólogo, aparte de carcajearse del desprejuiciado juicio de un Lope que endosa a Micaela de Luján —amante durante más de diez años, madre de al menos cuatro de sus hijos y analfabeta— uno de los poemas que escribe en elogio de sí mismo, convencida ella y, sobre todo, convencido él, de que «Lope con divinos versos, / llegó también hasta la fama». Ha escrito *El peregrino* entre el final de *La Arcadia*, de 1598, y el fin de año de 1603, mientras nace su segundo hijo con Micaela de Luján. Este verano de 1604 al menos está en Toledo (con dos mujeres a la vez: Juana Guardo sigue allí con otros hijos propios y de Lope), cuando acaba de aparecer en Sevilla el libro que cuenta cosas suyas tan descarnadamente que Cervantes ha debido de arrugar la nariz con poca simpatía e inequívoca admiración por el modelo de libro y el libro como tal, *El peregrino en su patria,* aunque siga siendo asombroso su pedantón y airado prólogo. Lo lee con tanta atención como lee y escucha todo lo que sale de Lope porque es imbatible en muchos terrenos, en el verso y en la comedia, y ahora también de nuevo en la prosa.

LA CÓLERA DE LOPE

Lo que es seguro también es que a Lope se le ha ido la mano del autobombo con platillos y timbales. En menos de diez líneas decora el prólogo con citas de Séneca, tres de Aristóteles (y luego otra de la *Metafísica,* una más de Cicerón y aun otra de Aristóteles), y enseguida cita a Platón en la *República.* Todo para reprobar

que se juzguen las obras «por envidia, o por malicia, o por ignorancia», cuando casi todos hablan de oídas y juzgan «lo que no
entienden», cosa que sin duda comparte Cervantes, pero quizá
no necesita semejante acopio de autoridades eruditísimas, en
pleno brote de erudipausia desesperada y un punto ridícula de
Lope, como sin duda se lo parece a Cervantes. O a Lope le falta
un éxito que no ha llegado aún o Lope no tiene bastante con el
éxito que nadie le discute y del que tan celoso está, requemado y
rencoroso por esos «tantos que los juzgan», sus versos, cuando
apenas hay ni tres autores que los hagan buenos. Y cuando se
deciden a elogiar algo es precisamente «el natural del dueño, no
el arte», criterio que de nuevo comparte Cervantes. Sus problemas,
sin embargo, no son los de Lope porque a él apenas le habrá pasado (aunque Cervantes alguna vez diga que sí le pasa, pero lo
dice solo por pundonor y por fanfarronear sin malicia) eso tan común en Lope de ver impresas y atribuidas comedias a su nombre
que no son suyas para aprovechar su salvaje tirón comercial.

Por eso recomienda Lope a quienes leen sus «escritos con afición», al menos «en Italia, Francia y las Indias, donde no se atrevió
a pasar la envidia», que se fijen en la lista que ahora recorre con
el dedo Cervantes porque esas son todas sus obras de verdad, y
verán entonces «si se adquiere la opinión con el ocio» o no, porque solo «al honesto trabajo sigue la fama». Y como prueba ava-
salladora ahora el dedo de Cervantes queda aplastado bajo los
títulos seguidos y copiados a dos columnas de nada menos que las
más de doscientas comedias —«ducientas y treinta»— que ha escrito, por orden de compañía y director al que se las ha ido vendiendo en más de quince años, sin omitir las páginas que suman
entre todas, exactamente «cinco mil y ciento y sesenta hojas de
versos que a no las haber visto públicamente todos, no me atre-
viera a escribirlo» (cuando reedite la novela Lope en unos pocos
años, naturalmente aumentará la lista con otras doscientas y pico
comedias más). Y fuera quedan los títulos de los que no se acuerda y fuera queda desde luego el «infinito número de versos a diferentes propósitos» que ha escrito de paso y a la carrera. Todo
eso está al alcance de doctos y virtuosos pero desde luego no «de
los pavones», aunque se llamen Luis de Góngora. No lo dice, cla-

ro está, pero a Lope le sentó rematadamente mal la burla, honesta y discreta pero salaz, de Góngora cuando a Lope de Vega y Carpio se le subió el nombre a la cabeza y llevó el escudo de Bernardo del Carpio, precisamente Bernardo del Carpio, a la portada de *La Arcadia,* su primera novela de 1598, mientras Cervantes fantaseaba o ponía manos a la obra en una comedia jocosísima y disparatada, *La casa de los celos,* con Bernardo del Carpio de coprotagonista.

No ha liberado Lope todavía toda la ira concentrada contra tanto bocazas. La obra misma que está prologando va ya sobrecargada de resentimiento y de autobiografía, empezando porque el protagonista es amigo del autor, de Lope, y se llama nada menos que Pánfilo de Luján, es decir, con el apellido de su actual amante aunque el segundo capítulo de la historia cuenta su antigua historia con Elena Osorio. El libro como tal, sin embargo, termina como muy católicamente debe terminar, con bodas generales *urbi et orbi* tras los «innumerables trabajos que pasaron» todos, incluido un premio de consolación para el desolado Leandro en forma de «Elisa, bellísima doncella, que apenas cumplía entonces catorce años». Fueron resonantes las bodas porque «las ocho primeras noches hubo ocho comedias» e incluye Lope el programa de festejos y uno a uno nombra a los directores que le han comprado ya las comedias, que son reales, incluidos por lo tanto Gaspar de Porres y otros más. Pero no las obras mismas porque «saldrán impresas en otra parte por no hacer aquí mayor volumen» (serán seguramente las doce comedias que van bajo el título de *Parte primera de las comedias de Lope* en este mismo interminable 1604).

Pero en el mismo *Peregrino* ha incluido innumerables piezas teatrales, autos sacramentales y poemas, todos de carácter religioso, porque la obra es abrumadoramente dócil y obediente a Trento, en particular cuando emprende el peregrino camino hacia Montserrat y allí se embelesa ante «el famoso templo puesto en la falda de la espesísima montaña y a quien una inmensa peña cubre y amenaza total ruina». Es el lugar de la epifanía y la ratificación de la fe, mientras conversa el peregrino con dos «mancebos con sus bordones y esclavinas cuyos blancos rostros, rubios y largos cabellos mostraban ser flamencos o alemanes»: es que huyen de su «mísera e infelicísima tierra tan infestada de errores que el demonio y sus ministros han sembrado en ella, que para salir del peligro» que corría la salvación de su alma, han elegido «la católica España por asilo», ansiosos por visitar sus santos lugares, y admiradores confesos de la «bondad y fortaleza de vuestros príncipes y esta Santa y venerable Inquisición», gracias a la cual «vivís quietos, humildes y pacíficos al yugo de la romana Iglesia» y por fortuna también con el «freno santísimo de España» contra «los errores de Lutero».

Diría que las sintonías en tantas cosas entre Lope y Cervantes se han estropeado hace mucho rato, incluso imagino a Cervantes un tanto sonrojado ante semejante despliegue de ególatra lopismo en ese prólogo, en la lista kilométrica y en buena parte del libro entero. De Lope, lo lee todo sin duda, pero cuadra muy mal con la sensibilidad de Cervantes esta apología de la Contrarreforma aunque hubiésemos oído a Cervantes efusiones parecidas en su juventud marcial y valentona, inexperta y militar, pero nunca esta apología enfática y propagandística, esta conformidad sobreactuada y cínica a los dictados del Trento más expresamente contrarreformista.

Con la mano en la mejilla

Más o menos estupefacto ante los alardes de Lope, Cervantes sigue pensativo y no solo porque no acierta aún con la forma del prólogo (porque la forma es desde hace años el problema del fondo) para acabar del todo el *Quijote*, sin que sepa muy bien cómo, ni el prólogo ni los poemas preliminares. Nadie sabe si mandó entera la novela, junto con esos textos, al Consejo de Castilla para pasar los trámites, pero la extensión del prólogo y los rumbosos versos aconsejaban ofrecerlos de entrada para evitar problemas de última hora (y disponer de tiempo después, en caso de tener que enmendar algo). Lo está escribiendo antes de julio de 1604, sin que le haya salido tampoco un prólogo normal porque ni lo es él ni lo es la historia. Si lo parece, si el prólogo va en serio y se toma en serio a sí mismo, el libro se desautorizaría dando pistas falsas porque la historia que sigue es una historia cómica e inteligente cuajada de bromas y de parodias para todos. El prólogo no puede levantarse a la solemnidad de un discurso, de un ensayo, de una teoría sobre libros o de una defensa de nada: ha de seguir siendo una charla, como toda la novela que ha escrito, que trate de resolver el trance con naturalidad para que el lector no entre de golpe en la historia, pero sin que sienta que Cervantes le sermonea como hacen todos (y algunos *ex abundantia cordis*). Y mientras le da vueltas empieza a escribir con una de ellas, confiado en que para encarrilarlo sirva la conversación con el amigo al que le inquieta verle turbado e impaciente, mientras Francisco de Robles comienza literalmente a perder la paciencia porque el tiempo se echa encima.

Es verdad que Cervantes está metido en el embrollo más incómodo desde que empezó a escribir una historia que ha ido fluyendo sola casi todo el tiempo. Seguramente porque tiene que escribir él ahora, en directo y sin máscara, y eso le gusta tan poco como poco le gustan los textos en los que otros hablan de sí mismos porque casi siempre lo hacen mal, envarados y de golpe atragantados. Escribir el prólogo lo ha sacado de la ficción y lo ha metido en la realidad, y se trata justamente de conseguir encontrar el pasadizo que lo devuelva a la ficción, y es lo que va a hacer: tramar otro relato breve, un microrrelato sobre un escritor que ha de escribir un prólogo y no sabe bien cómo salvar el paso. Es verdad que suena estrambótico pero quizá es lo que pide un libro que será estrambótico y raro para quienes decidan entrar en él y reírse de las miserias de un señor mayor y sorprenderse pensando mientras sonríen a conciencia, y también riéndose sin mala conciencia y sin pensar en nada.

Este «desocupado lector» que lo abre es el mismo del que acaba de hablar al final de su libro, dispuesto a disfrutar, como «en las repúblicas bien concertadas», de la ficción y la literatura como otros disfrutan de los «juegos de ajedrez, de pelota y de trucos para entretener». Como lo suyo es desocupado y ocioso, irónicamente ocioso, su prólogo no pide nada, no demanda nada, no exalta nada y apenas roza la última capa del suelo antes del subsuelo. Ni es padre de la historia ni puede ir muy allá su libro, dado el escaso ingenio del que está dotado y que apenas se le ocurre qué decir sobre él o su libro que sea positivo, aunque sueña desde luego con que sea «el más hermoso, el más gallardo y más discreto que pudiera imaginarse». Pero criado como ha sido desde los tiempos en que estuvo en la «trena» en Sevilla, que es como alguna vez llama a la cárcel Cervantes, y a la vista de las taras habituales de los padres, que siempre ven magníficas virtudes en sus hijos que nadie más ve, desconfía de sí mismo y por eso nada pide, contra lo que es costumbre.

Este va a ser un antiprólogo concebido irónica y desdramatizadamente para decir todo lo contrario de lo que suelen decir los prólogos. Incluso va a dejar de ser prólogo para contar otra historia más, la última que escribe para este libro, sobre un encuentro que levante algo al libro del mero subsuelo en que lo ha emplazado y logre al menos decorarlo con algún aldabonazo retórico, con alguna finalidad ejemplar que rescate a la historia de ser lo que es y sin pensar en defenderse ni a sí mismo ni a su libro mientras lo hace. Cervantes escribe un desplante sin jactancia y con la gracia de una ironía que parece directamente enlazada con el final del libro, como si no hubiese perdido el ritmo burlón con el que lo acabó hace nada y todavía le dura escribiendo el prólogo. De hecho, ni quiere escribirlo, ni quiere tampoco adornar su libro con la levantada sonetada habitual, aunque esa ocurrencia sea una excentricidad que puede sublevar a Lope, porque no deja de ser una ofensa discretísima a sus afanes soberbios y vanidosos, de Lope y de los otros. Más de uno lo va a leer como una pura provocación aunque no haya flanco por donde atacarlo porque todo va sonriendo con malicia y sin maldad.

Y por supuesto y como siempre, retoma la voz limpia de quien entre bromas habla de veras perplejo en el instante de tener que presentarse al descubierto, tan viejo y tan tarde, con un libro sin respaldos nobles de nadie, con una historia rara de ganas y un personaje tan radicalmente heterodoxo, sin el consuelo de autoridades ni erudiciones ni sentencias ni filosofías de ningún tipo. Es evidentísimo que no podrá ser como debe ser este libro ya acabado ni su prólogo tampoco, porque «ni tengo qué acotar en el margen, ni qué anotar en el fin, ni menos sé qué autores sigo en él».

Como cualquiera, incluido Lope, podría coger el *Ravisio Textor* y trufar de citazos y autores libro y prólogo pero prefiere seguir cerca del suelo y renunciar ya del todo a escribir el prólogo y a pedir los poemas, que encontraría sin dificultad. Incluso renuncia a publicar el libro mismo. Es impresentable, mientras sigue presentándolo escribiendo un prólogo que no quiere escribir para dejar a don Quijote definitivamente «sepultado en sus archivos de la Mancha» (que se inventó hace como quien dice unas horas), hasta que alguien sepa de veras hacer bien el trabajo que Cervantes no sabe hacer y lo «adorne de tantas cosas como le faltan porque yo me hallo incapaz de remediarlas, por mi insuficiencia y pocas letras». De natural se sabe «poltrón y perezoso de andarme buscando autores que digan lo que yo me sé decir sin ellos». Ahí se va a quedar la historia, sin publicar a falta solo de un digno prólogo y unos decorosos elogios en verso porque verdaderamente es fácil equivocarse hablando de uno mismo como lo es aceptar poemas de otros trufados de exageraciones, mentiras y tópicos requetesabidos.

Parodia mansamente y sin temor a nada la vulgarísima costumbre de aparentar lo que no se es con altiveces impostadas, que es lo que de veras deja en el aire este prólogo, mientras un amigo dispara «cargas de risa» y Cervantes copia diligentemente las citas que llegan a su cabeza, sin levantarse a buscarlas, de Horacio, de Ovidio, de Aristóteles, de Quintiliano, bien o mal atribuidas, apócrifas o no. De paso, estará bien poner la lista completa de la bibliografía usada porque aunque «a la clara se vea la mentira, por la poca necesidad» que tenía «de aprovecharos dellos, no importa nada», y algún incauto creerá que sí los ha usado para escribirla. Y si no se lo creen, al menos dará «de improviso autoridad al libro». Aunque bien mirado, no necesita nada de eso porque es todo tan sencillo como una «invectiva contra los libros de caballerías», asegura con la misma cantilena irónica del resto del prólogo y, por tanto y a la vez, diciendo la verdad. Para eso no hacen falta muchas autoridades postizas y basta con que «a la llana, con palabras significantes, honestas y bien colocadas, salga vuestra oración y período sonoro y festivo», dejando lo más clara posible «vuestra intención» y dando a entender «vuestros conceptos sin intricarlos ni escurecerlos».

Esta historia se va a quedar como estaba, sin petulancias pegadas, sin pretensiones encumbradas, sin halagos falsos ni fatuidades eruditas, sino así, «tan sincera y tan sin revueltas» como termina la historia del caballero del que hablarán unos poemas ahora mismo y del que se acuerdan «todos los habitadores del distrito del campo de Montiel». Aunque todo sucedió «de muchos años a esta parte» y nadie se ha olvidado de él, sí olvidaron a Sancho, a pesar de tener todas las gracias juntas y alguna más, y así sea verdad que la literatura mejora el humor de todos, no expulsa a nadie, no envilece al noble ni perjudica al feliz ni ofende al más sabio. Con un poco de suerte habrá quedado el mejor y más original prólogo imaginable porque es un antiprólogo como el libro es la contracara de un libro de caballerías y don Quijote es la contracara de un caballero, y todo es aquí lo que es y su contrario a la vez, con una tan feliz y relajada conquista de la ironía que saltan las lágrimas aunque parezca mentira.

¿No es absurdo o demasiado arriesgado, pues, andar pidiendo versos encomiásticos por Valladolid (o por Toledo) para un libro disparatado y extraño, un libro que da risa desde las primeras líneas, con un protagonista estrafalario y cincuenta páginas después un escudero pedestre? ¿Con un prólogo que no es prólogo y que dedica un par de líneas a la finalidad moralizante del libro, en lugar de haberse armado como hizo Mateo Alemán con tres prólogos imperturbablemente sermoneantes, aunque nada casase demasiado bien después con la intensidad vital del resto del libro? Es verdad que la academia literaria en Toledo que patrocina el conde de Fuensalida está cerca, y con Antonio de Herrera precisamente ahí, como también José de Valdivielso con Lope reinando. Y es verdad que pudo recibir Cervantes una detrás de otra las negativas a escribirle los versos que pedía, como propone Abraham Madroñal.

Pero me parece que Cervantes ni pide esos poemas ni compromete a nadie para escribirlos, sobre todo tras dispararse el chispazo del final de la escritura del libro, cuando piensa que del mismo modo que el libro acaba con versos sarcásticos y burlescos atribuidos a unos señores académicos de Argamasilla, el libro puede comenzar también con versos parecidos escritos por otros tantos personajes de ficción. No haría falta simular que Micaela de Luján sabe leer y escribir para meter un elogio desorbitado de uno mismo, como hizo Lope hace unos meses, y hasta es coherente que un libro que acaba con burlas académicas no pida demasiadas solemnidades para empezar. Mejor escribírselas por su cuenta y como van, sin rastro de rencor o de despecho por la negativa de los otros, si la hubo, que no lo creo, y sin apelar tampoco a grandes razones heroicas, sino porque sí y para que la broma empiece desde el principio. Hasta la altivez del pundonor en Cervantes es irónica y por eso existe aún otra posibilidad tampoco descabellada: que tras la negativa de los poetas de la academia de Fuensalida a escribirle los poemas encomiásticos, a Cervantes se le disparen de una tacada dos tandas de poemas burlescos, los de la academia de Argamasilla del final de la novela y los que van en los preliminares al principio del libro.

Y bien pudiera ser así porque el poema que la maga Urganda del *Amadís* escribe a don Quijote es un nido de coloquialismos, chistes de actualidad, burlón y alocado, aunque por ahí salga también el duque de Béjar a cuyo arrimo se pone Cervantes como «nuevo Alejandro Magno» y como don Quijote se puso al arrimo de *Orlando furioso* como auténtico motor seminal de esta historia, incluida otra befa posible contra Lope y su afición al escudo de Bernardo del Carpio. Bien pudiera haber ahí unos cuantos versos seguidos que van escritos y pensados contra alguien con nombre y apellidos. Afea sin reservas la afición del tal al chisme, a meterse en vidas ajenas y a tirar piedras en tejado ajeno cuando se tiene el propio frágil y de vidrio, y así «el que saca a luz papeles / para entretener doncellas / escribe a tontas y a locas». El resto de los poemas van de dama de libro a dama de libro, de escudero a escudero, de caballero a caballero hasta rematar con un soneto en forma de diálogo entre dos bestias más de libro, Rocinante y Babieca, uno tan hambriento que llega a la abstracción metafísica y el otro tan señor que deplora el malhablar de Rocinante sobre sus señores, más impaciente que nadie por el hambre que pasa junto a un amo y un escudero que «son tan rocines como Rocinante». Y ya sin más que pasar la página y sin haber salido del subsuelo raso, el lector va de cabeza a empezar «En un lugar de la Mancha» la historia primero del señor y luego también del escudero, sin que haya dejado de sonreír Cervantes empezando por reírse de sí mismo primero y de sus criaturas después.

Que Cervantes se divirtió con unos y otros poemas es segurísimo, y que se divirtió también con la potentísima recreación de la tribulación de un autor ante su prólogo, también. No hay rastro de petulancia ni al principio ni al final, posiblemente escamado del ridículo que otros han hecho con sus últimos libros, y en particular Lope de Vega, en *El peregrino en su patria*, y por eso va a ser inevitable que Lope se sienta ridiculizado en ese prólogo, habiéndolo visto o habiéndoselo contado, y se dé perfecta cuenta de que Cervantes se está burlando de él y sus erudiciones fatuas en el prólogo más natural y conversado que nadie haya leído nunca.

El *Quijote* a toda brida

Puede haber pensado en otros, pero al conocido editor y librero del rey en Madrid, Francisco de Robles, lo conoce hace años, e incluso en algún papel de su hermana Magdalena aparece un Francisco de Robles que pudiera ser el mismo. Su padre, Blas de Robles, se había encargado veinte años atrás de editar *La Galatea*, y el hijo había de saber sin duda que Cervantes se afanaba en acabar un larguísimo mamotreto. Es a él a quien Cervantes le vende los derechos del libro de modo que sea ya cosa suya gestionar los permisos oficiales y encargar antes la copia en limpio del manuscrito para que la puedan leer sin dificultades los censores y escoger después al impresor que vaya a hacerse cargo físicamente de sacar el tomazo.

A ningún escritor, excepto a maníacos como Fernando de Herrera, se le ocurre invadir el taller del impresor. No solo nadie puntúa sus textos, sino que ni siquiera ponen signos ortográficos, que Cervantes conoce mal y apenas usa en sus autógrafos (no usa ni siquiera mayúsculas, excepto para algún nombre, pero no para escribir *cerbantes*). Tampoco se atrevería a hacerlo en caso de querer porque sabía de sobras que los impresores y maestros impresores tienen sus propias normas y manías irremediables. Son ellos quienes disponen la forma física y visual del texto, incluido el título, y harán lo que quieran en la portada y en el cuerpo del texto porque ese es su oficio y son ellos los profesionales que añaden en gran medida, aunque menos en la prosa, la puntuación y la ortografía misma. Son quienes corrigen y adaptan grafías, enmiendan aquí y allí, suplen espacios vacíos, completan líneas de páginas o alteran los textos para que encajen como tienen que encajar en las formas para la imprenta, incluida la continuidad sin interrupciones de los párrafos que ni Cervantes ni nadie separaba entonces, como no fuese para señalar el inicio de un nuevo capítulo o una parte. Ese es oficio de los correctores de las imprentas, y lo conocían mucho mejor que los escritores, aunque eso sirviese también para echar encima de los impresos los vicios y normas de cada corrector, tanto si eran del autor como si no.

Cervantes sí va a revisar el original o copia en limpio que ha encargado Robles, aunque para empezar a emborronarla de inmediato con nuevas enmiendas. Quizá es en esta copia en limpio donde ha hecho los traslados de texto que le inquietaban. Y es seguro que introdujo señales aquí, folios sueltos allí, indicaciones que se traspapelan, consignas que se interpretan mal, leyendas garabateadas demasiado rápido y decisiones caprichosas del propio escribiente profesional. Las neurosis de entonces son las de ahora y el afán de pulcritud y perfección está tan irregularmente repartido como sigue hoy. A veces es verdad, como escribe Calderón de la Barca, que el escritor se hace «fiscal de sí mismo» y «un pliego rasga, otro quema» y, todavía descontento, «esto borra, aquello enmienda» hasta que «da el borrador al traslado». Ese original es el que va a la imprenta ya cuando «en limpio sacó / una hermosura tan bella» que con mucha, mucha suerte acaba en «impresión sin errata y un traslado sin enmienda».

Cervantes firma a mediados de julio de 1604 el expediente para empezar los trámites de publicación que Robles presenta al Consejo, con el original ya enmendado y listo, y donde explican lo mismo que siempre se explica, que el autor hizo su libro con «mucho estudio» y mucho trabajo con el fin de que sea «de lectura apacible, curiosa y de grande ingenio». Quizá esto último sea lo más verdad porque procede del título que ahora lleva el libro que trata de *El ingenioso hidalgo de la Mancha,* y que es como a última hora lo ha titulado Cervantes. El 20 de julio Ramírez de Arellano da el visto bueno para tramitar el expediente del original, mientras Robles remata la impresión de un *Romancero general* y se compromete a editar también el infolio interminable de las *Obras* de Ludovico Blosio.

El precio que ha acordado con Robles no es un dispendio enloquecido pero el libro promete algún negocio, a poco que las cosas funcionen bien y, sobre todo, a poco que la competencia no sea excesiva, aunque la hay. Los libros son caros entonces, tanto en pliegos sin encuadernar como encuadernados, y lo mínimo que costaría, calculan Cervantes y su editor, sería en torno a ocho reales, a lo sumo nueve, es decir, unos tres maravedíes y medio por pliego (y van a salir más de ochenta pliegos), lo cual puede equivaler al salario de una semana de un jornalero (y medio real es lo que viene a costar la entrada barata a la comedia). El desembolso inicial de Robles es considerable porque no habrá bajado de nueve o diez mil reales (la mitad de los cuales se van en la compra del papel).

La cantidad que cobra Cervantes ha sido solo levemente superior a la que recibió por *La Galatea,* cuando estaba a las puertas de toda buena fortuna: unos mil cuatrocientos reales (al joven Agustín de Rojas, Robles le pagó el año anterior unos trescientos menos por un libro bastante más corto). Es su segundo libro después de un montón de años, pero es el segundo libro de un hombre que ha sido comisario de abastos y recaudador de impuestos atrasados, con oficio real, por tanto, y no un joven novato ni un ganapán ni un muerto de hambre. Había de ver Robles, además, que el mismo *Viaje entretenido* de Agustín de Rojas menciona expresamente a Cervantes como dramaturgo, aunque lo emplace poco menos que en la prehistoria del presente, como autor de otro tiempo, al hilo de una amenísima crónica sobre el teatro y las compañías y las ciudades de su tiempo.

Desocupado o no, Cervantes espera la respuesta del Consejo con la tentación de tocar aquí o allí el manuscrito que se ha quedado, a la espera de que devuelvan la copia original ya aprobada. Los trámites son peligrosamente lentos y dejan ese tiempo muerto precioso para repensar y revisar, para oír a los amigos comentar esto y aquello e incluso para no desatender las posibles insidias que empiecen a circular en una ciudad copada por la corte y escribientes y poetas de toda ralea. Cervantes es recién llegado pero no es nuevo del todo ni le faltan amigos, por lo que sabemos de las visitas que recibe. Y de un modo u otro posiblemente le habrá llegado, verbalmente al menos, alguna de las reacciones más ásperas de los primeros lectores, o de quienes han tenido acceso a ese manuscrito, por vía de Robles, por vía de amigos, por vía de las varias manos por las que pasa el original en el Consejo de Castilla, que no son menos de cuatro y nadie presume que aquello fuese precisamente un búnker secreto.

Y es posible que alguno haya ido con el cuento a Lope sobre lo que dice o parece decir de él Cervantes en varios lugares del *Quijote,* al principio y al final del libro. Al menos Lope está ya a 4 de agosto al tanto de que ese libro no lleva poemas de elogio de nadie ni parece llevar tampoco el menor respeto a la formalidad de presentar un libro, como tantas ha respetado él con su *Peregrino.* Seguramente sabe Cervantes que en Toledo ese agosto Lope no se baja de su papel estelar en el entorno social y literario del conde de Fuensalida mientras hace compañía a su mujer Juana de Guardo, que «está para parir», cuenta Lope, y por eso retrasa su vuelta a Madrid, hasta «ver en lo que para» ese verano. Al mismo tiempo su amante Micaela de Luján, también en Toledo (viven las dos muy cerca), se hace cargo de la tutoría de sus hijos mayores y Lope actúa como avalador (aunque su solvencia la atestigua Mateo Alemán, por cierto). Toledo está «caro pero famoso» y nada irá mejor si de veras se cumplen los rumores y la corte se va de Valladolid y recala en Toledo.

Entonces será Lope quien se irá a Valladolid porque está hasta el colodrillo de los enredos que traen la ciudad, la corte y los oficios de la corte, cuando todavía no vive bajo la protección del duque de Sesa. Y «si Dios me guarda el seso, no más corte, coches, caballos, alguaciles, músicos, rameras, hombres, hidalguías, poder absoluto y sin p[uto] disoluto, sin otras sabandijas que cría ese océano de perdidos, lotos de pretendientes y escuela de desvanecidos», en el tono más jocoso y entretenido de Lope hablando a un amigo. Y que vive con la cruz del matrimonio encima es más que seguro —si lo oyese, Cervantes volvería a torcer el gesto sin ninguna duda— y por eso escribe esta carta al amigo aconsejando «que lo mire bien», eso de casarse, que «duerma sobre ello antes que sobre ella, porque es una cárcel de la libertad y una abreviatura de la vida, y quien se casa por cuatro mil, dará dentro de pocas horas cuarenta mil por no se haber casado», como le pasa a él, ahora mismo atrapado en el parto de su esposa legal Juana de Guardo cuando su esposa ilegal, Micaela de Luján, acaba de tener otro hijo suyo y sobrelleva pacientemente el embarazo de otra criatura más (también de Lope) para nacer en 1605.

El verano está siendo auténticamente tórrido, y a saber si el tono y la irritabilidad jocosa de esta carta de Lope dicta también la irritabilidad general contra todo y contra todos. En particular, contra los muchos poetas «que están en ciernes para el año que viene», aunque «ninguno hay tan malo como Cervantes ni tan necio que alabe a *Don Quijote*», precisamente porque sabe que no lleva poemas encomiásticos, o son tan estrafalarios que no son poemas encomiásticos. Como ya tiene a Cervantes metido en la cabeza, no se le va a este Lope el mal humor porque está donde no quiere estar y dice lo que no quiere decir. O lo que dice es abiertamente mentira, como su presunto disgusto por la sátira, según él, porque es «para mí tan odiosa» como «mis librillos a Almendárez y mis comedias a Cervantes», así que también sabe de las reservas de Cervantes hacia su teatro, haya leído o no las críticas directas que van al final del *Quijote* contra él, como sabe las nuevas reservas imprevistas de Julián de Almendárez. Lope había escrito un poema para su vida de san Juan de Sahagún, *Patrón salmantino,* en 1602 pero habrán partido peras ya. Lope insiste retador a su amigo que no escribe para la fama y a quienes creen la bobada de que escribe «por opinión» y por fama, «desengáñeles Vm., y dígales que por dinero». Eso es exactamente lo que le reprocha Cervantes al final del *Quijote,* su valor de mercancía como comediante comercial.

Haya borrasca o no, la licencia de impresión para el *Quijote* no va tan rápido como una que se saltó todos los plazos porque era un libro para prevenir la peste. Otros expedientes llevaron la parsimonia del suyo, cavilando si aprobar o no un manual para pescar con red y otro para fabricar hornos de cocción más eficientes. Sale firmada, en todo caso, en Valladolid por Antonio de Herrera a 11 de septiembre (la localizó hace muy pocos años Fernando Bouza, y hoy ya se edita con el *Quijote*) con la condescendiente desgana de quien está encargado de tratar cosa tan fútil y de poco fuste como la literatura ociosa. Sin el menor esmero autoriza que se imprima el libro «porque será de gusto y entretenimiento al pueblo, a lo cual en regla de buen gobierno se debe de tener atención». Pero desde luego no ve Herrera razón de peso mayor para autorizarlo más allá del ocio pedestre, tanto si influye en su juicio como si no su amistad con Lope de Vega. No sabemos qué le pudo parecer a Cervantes, aunque saberlo lo supo. Como mínimo, su *Quijote* está por encima de unos sainetes que condena otro empleado de censura, Ramírez de Arellano, por parecerle «obra del todo fútil» y «en gran parte inmodesta e indecente, y no solamente inútil, sino antes dañosa y totalmente indigna».

A tantos males no parecía llegar el libro de Cervantes, aunque el entremés lo tiene metido entre ceja y ceja como juguete literario que le divierte ver y escribir. Seguramente los compone a ratos perdidos, sin pretensiones ya de estrenarlos ni de llevarlos a escena porque necesitan una comedia donde ir encajados, y está claro que las suyas han dejado de interesar. Quizá por eso en sus novelas breves (y libros largos) tantos lugares tienen ese aire de brevedad cómica y desaforada, como si hubiesen nacido pensados para el teatro corto y burlesco. Pero algo de verdad hay en ese menosprecio tácito que destiñe el permiso para imprimir su libro, porque Cervantes no cuenta para nadie desde hace mucho tiempo, enterrado entre cobros y comisariados, contratado para hacer teatro que no estrena, y seguramente ya derrotado íntimamente por la prodigiosa facilidad de Lope, dispuesto pronto a no depender de la opinión ajena ni siquiera de lo que dicen los preceptores y los sabios, ni los modelos antiguos ni los recientes.

Robles y él saben que hay más libros en marcha en estas fechas de finales de 1604, y algunos tienen todos los números para ser fenómenos editoriales, sobre todo uno porque se le espera hace tiempo. El apabullante éxito de la primera parte del *Guzmán de Alfarache* en 1599 puede repetirse sin dificultad con la segunda e inminente, igual de extensa y temible rival. Todavía otro más mezcla lo picante y lo popular y basta con el título, *La pícara Jus-*

tina, para adivinar que se leerá, como si hubiese una conspiración universal para que el pícaro y la golfería, el ingenio callejero, la supervivencia ratera ante un mundo que se desmorona a ojos vista hubiesen de ser los héroes del presente. A cambio y por suerte, está también por aparecer otro libro del mismo Mateo Alemán sobre *San Antonio de Padua,* aunque lo de veras inquietante para Francisco de Robles es que la segunda parte del *Guzmán* está ya aprobada para ser impresa en Lisboa desde septiembre. Él sigue esperando que llegue el privilegio del rey para empezar por fin a imprimir su apuesta de entretenimiento para la temporada. No será en absoluto su libro estrella, desde luego, pero puede competir en ese modesto terreno del ocio y la vacación del trabajo con Mateo Alemán (el éxito que sabe seguro es el otro mamotreto que imprime a la vez, las *Obras* de Ludovico Blosio).

No podía tardar mucho ya y sale por fin de palacio el 26 de septiembre el privilegio para vender el libro en Castilla para los próximos diez años, y con él llegará también el original visado en censura, «que va rubricado cada plana, y firmado al fin de él» por Juan Gallo de Andrada, y muy posiblemente con las indicaciones precisas para enmendar aquí y allí el texto, como efectivamente hace Cervantes para ahorrarse problemas después. En el trozo en el que los sacerdotes amenazan de excomunión a don Quijote, le sugieren que toque el texto para citar en latín la norma precisa que lo excomulga. Y barrunto que algo semejante sucede cuando Cervantes escribe unas líneas postizas en boca del cura. No le disgusta la forma de *El curioso impertinente* pero sí que semejante caso de desconfianza y adulterio inducido se dé en un matrimonio verdadero (y eso lo habrá añadido ahora Cervantes). Es preferible no apurar la suerte desobedeciendo esas indicaciones ni alterar en exceso el original ya rubricado porque la edición puede ser secuestrada por la censura eclesiástica, si alguien detecta cambios cuando el texto ya impreso vuelva al censor o incluso cuando ya tirada la edición se ponga a la venta en la librería.

Lo que empieza a correr auténtica prisa es redactar la dedicatoria, que vuelve a ser asunto comprometido y francamente incómodo dada la naturaleza del libro y dado su carácter general, con su prólogo que no es prólogo y con poemas de los que mejor es no hablar porque son una turbamulta de chistes. Años atrás, Cervantes se había tomado muy en serio la dedicatoria a Ascanio Colonna de *La Galatea,* con detalles autobiográficos que alababan al nuevo jefe de la casa Colonna tras la muerte de su padre. Las conjeturas se disparan ahora pero el único enlace algo verosímil entre Cervantes y el destinatario de la obra, el duque de Béjar, es que las casas donde vive en Valladolid las regenta un hombre de confianza en los negocios de Béjar, Juan de las Navas, y por ahí pudo llegar algún tipo de vínculo o de búsqueda de apoyo de Cervantes con un noble próximo a su casero. También es nuevo duque, y joven, 26 años, y también encabeza el ducado por la muerte reciente de su padre, como sucedió con Ascanio Colonna. Del duque de Béjar no se olvidan para dedicarle sus obras ni Lope de Vega, que es amigo suyo, ni algunos otros amigos del propio Cervantes, ni Cristóbal de Mesa. Y aunque la sabia Urganda bromee con el duque de Béjar en uno de los poemas preliminares con la última sílaba amputada (o de cabo roto), nada haría imposible que estuviese en el ajo del invento porque cualquiera sabe desde el primer momento que la novela va de risa y de bromas.

De su dedicatoria, sin embargo, no sabemos nada, o solo sabemos que la que apareció publicada no la escribió Cervantes. Igual se traspapeló junto con la aprobación civil y eclesiástica (que tampoco incluye el primer pliego) y tuvo Francisco de Robles que improvisarla sobre la marcha. Pero nada hace imaginar a Cervantes, si se hubiese extraviado, incapaz de escribirla de nuevo en un cuarto de hora y si se llegó a escribir de veras alguna vez. O no está en Valladolid o Robles da por hecho que no le importaría a Cervantes la chapuza que está confeccionando mientras parchea retales tomados de la dedicatoria que puso Fernando de Herrera al marqués de Ayamonte, veinticinco años atrás, para ofrecerle las *Anotaciones* a Garcilaso. Y Robles ha pegado incluso algunas líneas que proceden del prólogo de Francisco de Medina a la misma obra.

Lo supiese o no Cervantes, o lo aprobase en directo, mantuvo la misma dedicatoria en las sucesivas reediciones y reimpresiones. Es verdad que si las irregularidades chocantes empezaban por la autoría de los poemas preliminares atribuidos a personajes literarios, no parece que hubiese de ser verdaderamente grave parir un engendro tan impropio como dedicatoria al duque de Béjar. Yo creo que a Cervantes el asunto le preocupa poco desde el principio porque precisamente el libro era para «desocupados lectores» y no para gente seria y de altísimas ocupaciones, sin poemas escritos por nadie y con un prólogo que explica el sinsentido de pedirlos. Menos interés ha de tener si por ahí se decía ya al menos desde agosto, fuese verdad o no, que Cervantes no había conseguido un miserable soneto de nadie, ni de Góngora, ni de Quevedo ni de Barahona de Soto. De hecho, incluso Lope había eliminado de las sucesivas reimpresiones desde 1602 el poema que le pidió a Cervantes en elogio de *La hermosura de Angélica* (incluida la edición de 1605 que saca Juan de la Cuesta).

Lo uno y lo otro pudieron acabar enredando a Lope en un repente de ira y le hizo llegar o hizo mandar o mandó él su soneto insultante contra Cervantes, yo creo que ahora. Cuesta «un real de porte» que paga su sobrina Constanza, pero ha hecho bien la señora (Constanza tiene ya 40 años), porque «muchas veces me había oído decir —cuenta Cervantes unos años después— que en tres cosas» estaba bien gastado el dinero: «en dar limosna, en pagar al buen médico y en el porte de las cartas», tanto si eran de amigos como si de enemigos. Las primeras «avisan» y «las de los enemigos» ofrecen «algún indicio de su pensamiento», aunque ese pensamiento sea tan desgraciado como el soneto que trae la carta (Lope estaba entonces en Toledo), «malo, desmayado, sin garbo ni agudeza alguna, diciendo mal de *Don Quijote*». Y si se trata del que Lope escribió contra él, tiene razón Cervantes porque es una pura canallada hecha de la ira y la furia habitual del Lope herido y soliviantado cuando alguien se mete con él, con su fama y con su obra. Y de él se ha burlado desde luego Cervantes en el prólogo, quizá en algunos de los poemas y sin duda al final del libro, como poco. Pero llamarle «puerco en pie», «potrilla» y cornudo mezclado con nuestro caraculo («ni sé si eres, Cervantes, co- ni cu-»), parece un tanto desmedido, incluida la orden del cielo de que «mancases en Corfú» solo «para que no escribieras», y menos «un *Don Quijote* baladí» que «de culo en culo por el mundo va» y «al final en muladares parará».

El libro empieza a tirarse en la imprenta en Madrid desde el 27 de septiembre, inmediatamente después de recibir el privilegio, y todo va, más que a toda prisa, «a toda brida», cree Francisco Rico, y sin respiro para los componedores, fuera de oír misa, quizá apenas media misa. Conjeturan Rico y otros que la tirada hubo de ser alta, de unos mil quinientos y seguramente algunos ejemplares más, aun cuando los riesgos siguen siendo elevados. Hay veces en que el operario actúa a ciegas porque no sabe leer, o al menos firmar no sabe, como es el caso del hermano de Francisco de Robles, que se encarga de algunos libros. El ejemplar ya tirado ha pasado por su última revisión en el Consejo a finales de noviembre, impreso en su inmensa mayor parte en la imprenta que regenta Juan de la Cuesta en Madrid, pero en realidad es de su suegra, viuda de su fundador, Pedro Madrigal.

Se ha ido a las seiscientas cincuenta páginas, y algunos de los ejemplares se mandan corriendo a Valladolid para incorporarles la Tasa el 20 de diciembre, tirar el último pliego y así disponer de ejemplares para que al menos unos pocos, conjetura verosímilmente Rico, leyeran en la corte el *Quijote* antes de fin de año de 1604. Sin duda uno de los primeros en recibir su ejemplar habría de ser el duque de Béjar y sin duda también se quedaría en la inopia del embuste que lleva la carta dedicatoria, aunque sí comprobaría que su escudo de armas no va en el emblema de la portada. O no lo dio para libro tan poco serio o es una más de las múltiples irregularidades que se amontonan en esta primera edición que no lleva ni censura civil ni eclesiástica y cuya dedicatoria es apócrifa. Y hasta cabe suponer que en el momento de tirar ese último pliego, Cervantes acepta la propuesta de Robles para quitar al libro el título que llevaba hasta ahora, *El ingenioso hidalgo de la Mancha,* y poner el más comercial y verdadero que lleva hoy, *El ingenioso hidalgo don Quijote de la Mancha.*

Sorpresas indeseables

Lo verdaderamente inesperado de este diciembre es que el desvarío mayor no está dentro del libro sino fuera. Empieza por la disparatada cantidad de erratas del volumen que Cervantes hojea en las navidades de 1604, progresivamente inquieto y enseguida francamente alarmado al darse cuenta de que tanta prisa y tanto cambio han llevado a una verdadera chapuza, una desdicha de libro al que le asaltan las erratas como a los perros las pulgas, increíblemente están desde la página de la portada hasta la última línea del libro. Y sea o no sea puntilloso, que me parece que no lo es, el descuido de la impresión puede acabar con su paciencia y quizá incluso con el libro.

Es verdad que está gustando y que empiezan a escucharse romances que parecen inspirados en él o que lo aluden directamente, incluso un soneto burlón recoge por su nombre «a don Quijote, a Sancho y a su jumento». Lope mismo lo cita en alguna comedia sin disimulo (y sin ninguna simpatía). La gente incluso habla por las calles de los personajes, y no solo de don Quijote sino también de Sancho y su zorrería mutante. Lo peor es que algunos graciosos hablan también de una pifia que quizá sabe ya Cervantes o quizá no, y esta sí le incordia de veras porque la culpa es seguramente suya, al menos en parte, aunque años después prefiera escurrir el bulto.

Algunos se han dado cuenta de que hubo y dejó de haber y volvió a aparecer el rucio de Sancho sin que se cuente en la historia ni la causa de su desaparición ni la de su reaparición: simplemente aparece y desaparece sin aviso, quizá porque se cayeron las páginas donde lo contaba en algún tramo del largo paso del manuscrito hasta la imprenta. A toda prisa, otra vez en enero de 1605, Cervantes redacta de nuevo esas dos páginas, o las localiza y recupera de su manuscrito, y busca aceleradamente el lugar más convincente para incluir cada una de ellas, la del robo y la de la restitución (el culpable ha sido el estudiante liberado de la cuerda de presos y autor de su propia vida, Ginés de Pasamonte). Pero no hay tiempo para releer con calma la novela ni Robles está para muchas parsimonias dado que el éxito pide tirar cuanto antes la nueva edición. Y digo edición porque Cervantes consigue convencer al editor para que no reimprima tal como está, a página y renglón, la calamidad de libro y se corrijan en el taller al menos las erratas más flagrantes.

Cuando aparezcan los ejemplares nuevos, a finales de marzo de 1605, los más obsesivos enseguida verán el esfuerzo por enmendar errores pero verán también los rastros de la precipitación de Cervantes. Debió actuar como siempre: yo creo que escribe a toda velocidad, revisa los manuscritos con parsimonia y mucho cuidado, pero ejecuta de nuevo a toda velocidad las correcciones y enmiendas. No ha escogido un sitio muy meditado para contar el robo ni la recuperación. Persisten incongruencias insolubles en la lectura, aunque solo para psicópatas de la ecdótica y el análisis de texto, y desde luego no para el lector con la salud estable. La gracia en cambio está en el episodio brevísimo que ha tramado para contar el robo porque está empapado de literatura, e imita sin disimulo un robo semejante tomado de un pasaje, otra vez más, del *Orlando furioso,* y de ahí llega también, como quiere el pacientísimo profesor Rico, el robo de la espada de don Quijote (y a Marfisa se la roba también Brunello en la obra de Ariosto).

La misma mañana o tarde habrá matizado al menos dos bromas abusivas del libro. Alguien ha tenido que ver que el cura no puede disfrazarse de mujer, a punto de localizar a don Quijote en Sierra Morena. Cervantes decide entonces intercambiar los disfraces entre el barbero y el cura para que vaya solo con barba roja de cola de buey, y no vestido de mujer, y así «profanar menos su dignidad» (y además porque estaba prohibido sacar a actores disfrazados de curas, al menos en los escenarios). La otra enmienda viene por el mismo flanco. Se ha dado cuenta de que don Quijote no puede imitar a Amadís fabricándose de urgencia un rosario con «una gran tira de las faldas de la camisa, que andaban colgando» para rezar con él «un millón de avemarías». Cervantes prefiere ahora adecentar el rosario y fabricarlo con algo tan inofensivo como «las agallas grandes de un alcornoque», como si tanto el disfraz del cura como ese rosario indecoroso transgredieran el decoro católico que Cervantes se asigna a sí mismo, y no necesariamente, o no a la fuerza, la censura eclesiástica.

Tampoco ahora advierte Cervantes, o nadie le advierte, de la disparidad entre lo que anuncian varios epígrafes de los capítulos y lo que de veras cuenta. Esas incongruencias arrancan desde los traslados de textos que hizo a última hora, y sigue por tanto intacto el epígrafe del capítulo que anuncia la escena de los cueros de vino cuando el lector ya ha leído el episodio en el capítulo anterior, interrumpiendo la historia del curioso impertinente para aumentar el suspense. Seguramente se le ha pasado el error porque nadie leía los epígrafes, como no los leemos hoy, excepto si alguien anda buscando un capítulo concreto para reanudar la lectura entre los pliegos sueltos. Eso sigue todo igual en esta nueva edición que controla Cervantes mismo, empezada enseguida, en enero, porque a finales de marzo de este 1605 ya existe la segunda, tirada también a marchas forzadas. Incluso una parte de los pliegos Robles los encarga a la Imprenta Real mientras el resto se tira en la de Juan de la Cuesta para ganar el precioso tiempo que permita explotar el éxito evidentísimo del libro.

Van ahora unos mil ochocientos ejemplares, pensando sin duda en explotar el mercado americano antes de que sean otros quienes lo hagan pirateando el libro. Lo acaban de hacer no uno sino dos editores en Portugal, que es donde ha aparecido ya la segunda parte del *Guzmán de Alfarache*. También el *Quijote* se podrá leer en edición de bolsillo, en octavo, que es como lo ha editado uno de los piratas portugueses, por mucho que Cervantes haya vendido ya a Robles el lunes siguiente al domingo de Pascua, el 11 de abril, los derechos del *Quijote* en Portugal, Aragón, Valencia y Cataluña (aunque solo parece haber gestionado de verdad licencia y privilegio para Valencia y Cataluña, tan temprano como en febrero de 1605). Lo que es seguro es que un día después, el 12 de abril, autoriza a Robles a actuar contra los editores piratas de su *Quijote* en Lisboa.

En España sigue corriendo impreso de mano en mano y hasta llega ya a meterse en un libro que sale publicado en este mismo abril de 1605, aunque vuelve a ser un libro de picardías demasiado rastreras que malmete contra él y su manchego don Quijote. *La pícara Justina* se cree ella misma más famosa que él, que la Celestina o que el Lazarillo, aunque ni es verdad que ella y ni siquiera don Quijote sean más famosos y populares que el *Guzmán*, que sigue siendo el superventas absoluto, ahora y en los años sucesivos, de la literatura de entretenimiento.

Pero Cervantes ha salido del silencio crónico y del anonimato público. Figura en otro lugar de golpe, entre las obras que se venden y se exportan, y está entre las que piden lectores y libreros, como uno de los pocos que tienen la venta asegurada, como el *Romancero general,* o la *Arcadia,* de Lope. Desde luego, lo que llena las librerías y copa el mercado tiene que ver muy poco con ninguno de ellos y son en realidad las seis o siete toneladas de literatura doctrinal que consume a destajo esta sociedad, los *Catecismos, Contemptus mundi, Conceptos espirituales* (al menos, Alonso de Ledesma es amigo de Cervantes), las *Lámparas encendidas,* los *Fieles desengaños* y los *Lugares espirituales.* En esa inmejorable y bendita compañía van Alemán y Lope y Cervantes. Ya desde marzo de este mismo 1605 un librero de Alcalá, Juan de Sarriá, se ha llevado hacia Sevilla con su hijo (y a lomos de un burro) lo menos setenta ejemplares del *Quijote* con destino a Lima. Allí cuestan el triple que en España, veinticuatro reales, y entre otros libros más va el que más entretiene al propio don Quijote, es decir, el jeroglífico e incomprensible Feliciano de Silva.

Por las mismas fechas embarcan a las Indias y a México sesenta y tantos ejemplares de cinco obras de Lope y no menos de quinientos *quijotes* también sin encuadernar, atados con un cordel o apenas protegidos con un delgado pergamino que sujete los pliegos sin que se descabalen, que es como Lope acaba de mandar sus *Rimas* a su nuevo señor, el duque de Sesa. Pero son más los ejemplares que llegan a las Indias porque entre los viajeros que desembarcan en Veracruz (y a quienes se inspecciona el equipaje en busca de tráfico ilegal de cualquier cosa y, en particular, de literatura de entretenimiento) se localizan camuflados entre maletas y camas varios *quijotes* más. El capitán del buque, Gaspar de Maya, lleva su ejemplar, otros dos viajeros llevan el suyo y uno de ellos carga con toda lógica también un *Guzmán de Alfarache.* Cuando ya se hayan agotado los ejemplares en la tienda de Robles, en 1607, el propio Mateo Alemán desembarca en América con una amante que hace de falsa hija (porque a su mujer no la lleva) y viaja doblemente entretenido con la lectura del *Quijote.*

No sé si Alemán lo leyó así o no, a la misma edad de Cervantes, los dos ancianos y en la recta final de sus vidas. Pero Cervantes ha fundido ahí tres edades, a la vez el niño que vive la fantasía del héroe, mientras golpea y saja y desguaza enemigos con un precario palo o el puño vacío; al joven que proyecta la fantasía y prefija su forma ilusa y óptima de lucha y autoafirmación —«yo sé quién soy»—, mientras la madurez biográfica y biológica convalece de los sueños fantaseados sin amargura y sin cebar la frustración del fracaso. Al final de su vida no desdeña arrepentido ni el afán de la aventura militar, ni la intensidad del juego imaginativo e imprevisible porque lo capitaliza integrado en un libro fundamentalmente feliz. No hay acritud nunca en don Quijote, asido a la determinación alegre y voluntariosa pese a las malandanzas que le traen los malditos encantadores. Tampoco la hay en un Cervantes escarmentado sin rencor que dañe la voluble marea de cordialidad expectante y curiosa, más alegre que averiada, más jovial y burlona que amargada y esclerótica.

La chispa del humor y el instinto de aventura han hecho mutar su obra literaria haciéndola escapar de todo y de todos tanto en los cuentos como en las comedias como, sobre todo, en el *Quijote*. Ninguna de ellas se adapta ya a molde alguno porque quizá el instinto libérrimo del autodidacta que hay al fondo de Cervantes encuentra en la ironía la brújula que señala un norte que es un sur a la vez, como en el *Quijote* alienta feliz la aventura injertada en la ruta polvorienta y como la inteligencia confluye con el desvarío, como los cuentos impulsan la fantasía ideal y la cercanía realista. A Cervantes se le ocurrió el *Quijote* porque el primer Quijote fue él, cautivo de las virtudes católicas y la nobleza de los ideales imperiales, dopado con la pureza de las armas ennoblecidas con las letras, hoy ambas definitivamente ironizadas.

Su libro destila por todos los poros un buen humor que no nace solo de la ironía de estilo y la broma divertida, sino de otra fuente más turbadora porque es una atmósfera: la alegría que desprende ese libro y la melancolía que a la vez contiene brotan de una luminosa desintoxicación de ideales excluyentes, de la pacífica duplicidad que anida en las cosas, de la cordialidad asombrada de quien prefigura un mundo sin verdades absolutas ni certezas imbatibles porque serán ilusión de verdad o fantasía falsificadora. Ni el descreimiento escéptico (de tejas abajo) convierte a Cervantes a la secta del cinismo o del relativismo ni nada semejante, ni le abruma o desconsuela la pluralidad de una realidad noble e innoble a la vez. El destilado de esa madurez cuaja en un libro genial e insumiso a esa dualidad porque late dentro e invisiblemente una indeterminación crónica entre lo uno y lo otro. El olor de Maritornes haría «vomitar a otro que no fuera arriero», y es puta y es malandrina, pero paga con su dinero el vino que restituye al descompuesto Sancho. A la vez una cosa y la contraria, sin condena y sin castigo: héroe y orate, risible y ejemplar, loco y cuerdo. El señor Quijana sigue vivo en el turbado don Quijote.

9. Desórdenes de la fortuna

El éxito galopa tan a gusto y tan sin recato que no veo a Cervantes refugiado en su casa y solo y triste el 8 de abril de 1605, que es Viernes Santo, mientras la corte en Valladolid y Valladolid entera celebran dos buenas noticias y dos estupendos pretextos para que el poder se exhiba como poder: la continuidad de la línea dinástica en la figura del niño que acaba de nacer de una reina madre exhausta de partos y abortos, y la ratificación de la paz firmada entre Inglaterra y España. Al menos Cervantes ha salido de casa para firmar con Robles los acuerdos sobre derechos de venta del *Quijote* los días 11 y 12 de abril, aunque las fiestas de verdad tendrán que esperar dos meses todavía porque Lerma quiere hacerlo todo bien, con la resonancia condigna al caso, y aplaza el bautizo del infante hasta que llegue el almirante inglés Charles Howard (que es el mismo que saqueó Cádiz diez años atrás) para ratificar la paz.

Quizá tampoco escapa a Cervantes lo que no escapa a la perspicacia del embajador inglés, Charles Cornwallis. Es uno de los setecientos ingleses que están ahora en Valladolid, y alguno ha soñado incluso —o, al menos, lo hacemos Domingo Ródenas y yo— que veía a Shakespeare en la multitudinaria comitiva. Cree Cornwallis que el Tesoro de la monarquía «está completamente exhausto, sus rentas consignadas para el pago de la deuda, su nobleza pobre y completamente endeudada». Sin que nadie pueda hacer nada, arde por toda la ciudad la iluminación nocturna de las celebraciones en forma de «más de doce mil papelones pintados con las armas de la ciudad para que el aire no matase las lumbres», puestos en los balcones de las ventanas. Pero también asesinan al embajador de Persia en plena calle y un hijo del todopoderoso y corrupto especulador inmobiliario duque de Lerma tiene una trifulca con otros caballeros que lo lleva dos meses a la cárcel.

Pero están todos allí, o casi todos, mientras se espera de un momento a otro desde Toledo al arzobispo Bernardo de Sandoval y ya caracolean vistosamente hace días otros jóvenes nobles como el duque de Sesa (sin Lope) o como los hijos de Lerma, como el conde de Saldaña y los hermanos conde de Salinas, Diego de Silva y Mendoza, y el duque de Pastrana, Rodrigo, que son hijos de la princesa de Eboli y nietos del duque del Infantado, sin duda relacionados desde hace años con Cervantes. Los dos estuvieron con Ascanio Colonna, y hoy mantienen con Cervantes alguna relación en Valladolid porque el duque de Pastrana aparece por casa junto a algún otro noble y el conde de Salinas es poco menos que el responsable administrativo de Portugal en todos estos años, y muchos portugueses y financieros figuran en el entorno de Cervantes en estos momentos. Solo falta precisamente el duque de Béjar al que ha dedicado Cervantes el *Quijote*. Una boda familiar, al parecer, le impide acudir, y el 13 de abril, tres o cuatro días después del nacimiento, el rey despacha una carta para notificarle la buena nueva. No parece integrado en el núcleo duro de las afinidades de Lerma, aunque está casado con una hija de Íñigo López de Mendoza, el V duque del Infantado (que sí está en las fiestas y en su séquito va Juan de Tasis cuando todavía no es conde de Villamediana pero sí estupendo poeta).

Hasta el domingo 29 de mayo no se bautiza al niño Felipe (que será el IV) pero a cambio comen en honor al almirante inglés en la corte reyes y nobles con las puertas abiertas para que todos los vean en directo mientras escenifican su condición de poderosos —si yo fuese Cervantes habría asomado la nariz sin duda para verlo, y creo que lo hizo—. Una semana y pico después se ratifica el acuerdo de paz con los palacios remozados y ampliados, con la reformada puerta que da al Campo Grande y al río, con la Plaza Mayor convertida en un gigantesco escenario para entretener a la plebe. La inauguración del salón de los Saraos del palacio ha sido colorista y a ratos sobrecogedora el 16 de junio de 1605, mientras descendían de una especie de nube mecánica los invitados nobles, con gradas dispuestas en los laterales para ver bien la comedia, con Cervantes encantado de enterarse de todo para un día u otro meterlo en algún sitio. Tras la procesión del día del Corpus y la ratificación por la tarde de la paz entre España e Inglaterra, los juegos de cañas llenan la Plaza Mayor adornada de telas y tablados en torno «que hacían un grande y bien compuesto teatro», dice la crónica oficial, cuando entran doce acémilas con «dos haces de cañas para el juego en cada una» hasta que llega la cuadrilla del rey, con el rey mismo, con la «adarga embrazada» y unos y otros cargan con las cañas a la espera de la tarde para correr los toros a caballo y a pie, «provocando al toro, y sabiendo ligeramente escusar el encuentro dejándolo frustrado» y despejar la plaza enseguida para un nuevo espectáculo musical.

Quince días atrás Cervantes ha intentado atajar (inútilmente) los desmanes de otros piratas, editoriales en este caso, para mitigar las pérdidas en el precioso momento que vive la ciudad, tan rebosante de gente y clientes, de poderosos y poderosas, de escritores en busca de empleo y de escribientes ejerciendo el suyo propio. Entre ellos, por supuesto, los jóvenes díscolos y más atrevidos del momento, como Quevedo y como el algo mayor Góngora (ha regresado ya a Córdoba meses atrás, pero volverá), además de algunos otros, muy posiblemente Luis Vélez de Guevara, que es de la edad de Quevedo, o Salas Barbadillo, de la misma edad, o Villamediana, igualmente de veintimuypocos entonces. Por eso aparece en estos meses de fiestas continuas en Valladolid una antología de poesía que parece hecha expresamente para que todo el orbe de la corte sepa que existen y que son ya la nueva voz de la poesía. Aunque el libro estaba listo para circular desde diciembre de 1603, el destinatario es el mismo duque de Béjar que eligió Cervantes, pero no ha encontrado el momento de poner el dinero para imprimirlo hasta las inmediaciones de este abril de 1605 en que aparece por fin el tomo con la dedicatoria al duque. Su autor es Pedro de Espinosa, otro joven más de veintitantos que ha «juntado (con alguna trabajosa diligencia) las más lucidas flores» nuevas del momento, lo cual incluye al antólogo, evidentemente, aunque el primer poema es de Juan de Arguijo, regidor de Córdoba y centro de una tertulia literaria que conoce sin duda Cervantes de los tiempos de Sevilla.

Le baila en las manos a Cervantes esta *Primera parte de Flores de poetas ilustres* impresa en el mismo taller de Luis Sánchez y es inimaginable que no se haya detenido a confirmar resignadamente que no figura entre las nuevas flores, como sin duda ya sabe o al menos sospecha. Nadie le ha pedido poema alguno para el libro porque es viejo y antiguo poeta, aunque sí figuran poemas de los hermanos Bartolomé y Lupercio de Argensola, junto a una decena de Lope y otra de Barahona de Soto. Pero los capitanes son otros dos: de Góngora se leen allí unos cuarenta poemas en este abril de 1605 para exhibir el perfil más serio y menos típicamente satírico y hasta escoge una estupenda canción, «Qué de invidiosos montes levantados». Cervantes reverenció sin duda la recreación de unos versos de Luigi Tansillo, y desde luego un verso, hacia el final, que le llevaba tanto a Torquato Tasso y su *Jerusalén* como a Petrarca. Cervantes no olvida el verso en el que Góngora sueña que «sea el lecho de batalla campo blando», y a Quevedo tampoco lo ha perdido de vista ni lo perderá, a pesar de que puedan parecerle tantas veces excesivos sus rebrincos satíricos, como los que incluye la antología. Pero nada excesivo le parece el auténtico talento de ese joven cojo, miope, astuto y atravesado.

Fuese o no Cervantes uno de los que vio al duque de Lerma cruzar la galería instalada sobre la plaza con el niño Felipe en brazos, o se estuviese o no asomado al salón de puertas abiertas mientras los nobles comían —yo creo que estuvo haciendo de mirón en los dos sitios—, allí reencuentra sin duda al antiguo gobernador de Écija, Cristóbal Mosquera de Figueroa, encargado de auxiliar a la expedición inglesa en su viaje hasta Valladolid y con su libro sobre la conquista de las Azores ya terminadísimo (con Rodrigo de Cervantes metido dentro por la campaña de las Azores). Está también otro joven noble con afición a las letras, a las comedias y los poemas, el conde de Lemos, que es sobrino de Lerma. Pero nadie se salva del fenomenal chaparrón tras siete meses sin gota de agua (y no quiero ni pensar la pestilencia de las aguas residuales estancadas cerca del Rastro de los Carneros de la ciudad en fiestas y junto a la casa de Cervantes) mientras siguen al carro triunfal de «maravillosa arquitectura» que iba por delante de la procesión y que inventa Tomás Gracián Dantisco, con varios pisos, músicos, esculturas y figuras alegóricas de mucho aparato y vistosidad, todo rematado con «un globo grande que significaba el mundo», dice la crónica.

Y no me creo que en casa todos se perdiesen el festival y ni su mujer Catalina ni su hija Isabel ni su sobrina Constanza, ni sus hermanas Andrea y Magdalena ni Juana Gaitán ni las criadas ni él mismo dejasen de acudir a algún paso de este festival continuo, tanto si salían mucho de casa como si lo hacían poco porque fue una celebración comunal. Algún mal caballero incluso se fue por los suelos en una de las fiestas para que Góngora echase una segunda vez por tierra la menor respetabilidad del «majadero» de treinta y tantos, Gaspar de Ezpeleta, y su «vergonzosa caída» del caballo, con tan mala pata que debió suceder un poco antes del 10 de junio, cuando todo lo de veras importante había acabado precisamente el día anterior, con el regreso de la comitiva inglesa desde el 9 hacia Inglaterra.

VOLVER A LAS ANDADAS

Es verdad que ocupa Cervantes cada vez más tiempo en escribir y así lo evoca su hermana Andrea, escribiendo y leyendo. Sin duda ha de ser así porque sus manuscritos crecen en muchas direcciones durante los años de vejez, como si la publicación del *Quijote* al borde de sus sesenta años y su buena fortuna hubiesen multiplicado el don de la creación en un Cervantes reconfortado y más seguro de sí mismo, restituido de golpe a la realidad de las letras romances en público, con toda la corte reunida en Valladolid y de cara a los demás.

Ellas en casa están acostumbradas antes y después a escuchar con gusto, y a menudo conmovidas, las historias que tantas veces se parecen a las suyas, o a algunas de sus historias. Disfrutan en privado de Marcela o de la irresistible Dorotea y de otras protagonistas de los cuentos de Miguel, emocionadas con la historia que ha metido en *La fuerza de la sangre,* empapado de la angustia de la muchacha raptada y violada a oscuras. Ella tiene solo diecisiete, pero los de Cervantes son muchos más, como los de sus hermanas y su hija Isabel o Juana Gaitán, todas seguras de que los ricos caballeritos —como las cuadrillas petulantes e «insolentes» que pueblan Valladolid o el Toledo del relato— «hallan quien canonice sus desafueros y califique por buenos sus malos gustos». Disculpan y hasta excusan el uso de la mujer como prostituta forzada y saben ellas y ellos que «de un ímpetu lascivo» nunca «nace el verdadero amor, que permanece». El ímpetu «se pasa», en uno de los inicios más potentes y cinematográficos de la obra de Cervantes, defendiéndose Leocadia del acoso «con los pies, con las manos, con los dientes y con la lengua», a puro grito.

Cervantes ha mascado la angustia de ellas antes de mascarla en la prosa, concentrado en las emociones de ellas y en sus miedos, Leocadia reconoce a ciegas la habitación cerrada, «tentando las paredes con las manos», deduce por los objetos y telas la opulencia del raptor, «temerosa que su desgracia se la habían de leer en la frente» cuando escapase y concibiese al hijo así engendrado «con tanto secreto, que aún no se osó fiar de la partera». Cervantes no renuncia a explicar las soluciones reales a problemas reales de cada día, soluciones prácticas que protejan a la parte vulnerable y acosada porque «la verdadera deshonra está en el pecado» y no en ser violada, por mucho que en esa sociedad «más lastima una onza de deshonra pública que una arroba de infamia secreta». El aliento para la batalla lo ha recibido Leocadia de su padre desde el primer momento —«tente por honrada, que yo por tal te tendré»— y se lo da después la madre del violador, «como mujer y noble» y en «quien la compasión y la misericordia suele ser tan natural como la crueldad en el hombre».

El cuento es cuento, sin duda, y el sueño de un final feliz depende de la tenacidad de las víctimas y la solidaridad de los abuelos para empujar a la realidad a ser menos salvaje y menos cruel, donde los desafueros de los caballeros jovencitos y ricos no queden impunes. En casa vuelven ellas a aplaudir a rabiar, transparentes en su obra y conmovidas con el embrujo de un hombre que sabe cómo pasan las cosas cuando las partidas de caballeros acometen a las muchachas «con los pañizuelos en los rostros y desenvainadas las espadas» y ellas son solo bultos arrebatados sin «fuerzas para defenderse», sin «la voz para quejarse» y «sin la luz de los ojos, pues desmayada y sin sentido» apenas oía gritar a su madre, «lloró su hermanico, arañose la criada, pero ni las voces fueron oídas, ni los gritos escuchados, ni movió a compasión el llanto, ni los araños fueron de provecho alguno porque todo lo cubría la soledad del lugar y el callado silencio de la noche y las crueles entrañas de los malhechores», mientras rodean todas a Cervantes.

Le escuchan desde hace años, tan descarado y evidente cómplice de sus adversidades. Ha anudado su vida a una vida de mujeres y más mujeres, sin hombre estable alguno en casa como no sea él mismo, achacoso ya y mayor, sin las cóleras de antes y más escéptico y pacífico y jugador sin duda habitual. Este mismo 25 de junio de 1605 se juega los dineros que le ha dado el *Quijote* en una timba hasta la madrugada en casa de un comerciante: lo cuenta un cronista de entonces, o menciona al menos a un Cervantes que auxilia a una jugadora impaciente con su marido —«Cervantes, dadme aquella palmatoria, veremos si le hago callar» (al marido)—, y puede o puede no ser él, desde luego, pero jugar es seguro que jugaba, mientras revolotean hermanas, sobrinas, hijas, nietas, vecinas y criadas por una casa con taberna en los bajos y tráfico de clientes de costura y otros apremios (seguramente ya solo de su hija Isabel) en las distintas estancias de una casa grande de las afueras de Valladolid por donde pasan y vuelven a pasar señores y no señores después de las juergas. Dos días después de pasar la noche de tahúr en vela, metido ya en la cama el 27 de junio, a Cervantes lo despiertan a las 11 de la noche los gritos de uno que se muere mientras se alborota toda la casa. Tanto Isabel como su prima Constanza miran por la ventana a la calle, ladran los perros y ven huir a alguien embozado calle abajo, incluida la criada, María de Ceballos, que ha evitado ir a por agua y ha pagado a un zángano del barrio para que la recoja por ella: de noche no se sale nunca sola.

Ese hombre malparado es el mismo crápula que se cayó del caballo hace quince días, Gaspar de Ezpeleta, y quiere celebrar que empiezan los trámites para hacerle caballero de Santiago. Pero es verdad que no está bien porque la sangre le empapa los calzones a la altura de la ingle y algo habrá que hacer con él. Las fiestas se acabaron, pero Ezpeleta no abandonó la farra como no la han abandonado tantos otros: acaba de cenar en casa de un amigo, el marqués de Falces, que es capitán de los Arqueros Reales, y viste con broquel y espadín. Se hospeda cerca de la calle del Rastro, en la posada de Juana Ruiz en la calle de los Monteros, aunque visita con tanta frecuencia la casa de una mujer casada que todos los criados están al tanto de que «entraba y salía de ordinario» (algunas noches tampoco salía). Acabó enterándose el marido, que es un escribano conocido, Melchor Galván, y algo debió pasar esa noche delante de la casa de Cervantes porque Ezpeleta, ya moribundo y sin fuerzas para firmar siquiera su declaración, explica que le abordó un hombre y sin apenas cruzar palabra, «se tiraron de cuchilladas, y andándose acuchillando le hirió de las heridas que tiene». Las heridas esta vez son reales y las ve también su hermana Magdalena. Según ella, volvía de misa en San Llorente con Esteban de Garibay y su madre, Luisa de Montoya, que vive pared con pared de Cervantes en la casa. Oyen también el vocerío, los ladridos de los perros y las quejas de Ezpeleta mientras Luis y Esteban de Garibay reclaman a Cervantes para que socorra al herido. Cervantes le conoce de vista, según explica al juez que investiga el caso la misma noche del 27, mientras acude un barbero para remediar en lo posible al herido, ya acostado en casa de Cervantes. El juez no ha querido leer ni desplegar siquiera la carta que han localizado en la faltriquera del caballero, aunque sí ha cogido los setenta y dos reales que llevaba, y que entrega el juez Villarroel a Cervantes. Garibay confiesa haber visto más de una vez a Ezpeleta entrando en esa casa, pero no en los aposentos de Cervantes, sino «en los de doña Luisa de Argomedo y doña María de Argomedo», que viven también ahí.

A Cervantes y a buena parte de la familia se los llevan a dormir a la cárcel al menos la noche del 29. El 1 de julio los suelta el juez bajo fianza y arresto domiciliario, mientras la beata que vive en el piso más alto cotorrea cuanto puede contra las *cervantas,* como las llama. Denuncia que una muchacha de otro aposento, María Ramírez, vive amancebada con un Diego de Miranda. Según una criada, «es público en la casa que se ha de casar con la dicha» (la broma les costará a cada uno seis ducados «para pobres y gastos»). Juana Gaitán vive allí también con su hermana y una sobrina, aunque va y viene a Madrid porque allí dice haber tratado a Ezpeleta, hace solo 12 días y lo ha vuelto a ver un par de veces más. Aunque Gaitán no pasa de los 35 años, es viuda ya también del segundo marido, para el que Cervantes había hecho alguna gestión en Sevilla justo días antes de casarse en 1584. Sigue empeñada en editar la poesía de Pedro Laínez, esa sería la causa oficial de la presencia en aquella casa nada menos que del duque de Pastrana (porque le dedicarán el libro a él, según Constanza), del conde de Cocentaina, además de otro señor, el señor de Higares, Fernando de Toledo, que visita la casa al día siguiente y parece también ser amigo de Cervantes desde Sevilla, según Constanza. Al menos Andrea le ha cosido una manga para el juego de cañas en aquel Valladolid tan ajetreado de quince días atrás.

Allí vive mucha más gente, un cirujano, un cochero, dos alguaciles y otras gentes sin oficio, como la mayoría de las mujeres, incluidas Magdalena, que se declara «beata», o Isabel de Saavedra, que primero firma su declaración y después declara no saber hacerlo, pero sí reconoce recibir carísimos vestidos de Simón Méndez, que es otra visita habitual de su padre (no ahora mismo, porque ahora está en la cárcel por deudas) porque con él y con otros «trata negocios», según Andrea, además de que «por su buena habilidad tiene amigos». Entre ellos están otros nombres vinculados a las finanzas y las cuentas, como si Cervantes auxiliase como contable o gestor de algún tipo a personajes turbios, como Agustín Raggio, relacionado con una familia de financieros genoveses, y perseguido y absuelto de cargos por la justicia años atrás. O el portugués Simón Méndez, que es sobrino de otro portugués, Antonio Brandão, con quien tiene negocios al menos desde 1601, además de recaudar impuestos, y ha acumulado una considerable cantidad de deudas en los últimos años. Probablemente este Simón Méndez es también amante estable de Isabel, que tiene ahora 20 años, se dice ante el juez Villarroel (muy improbable) «doncella», y también la beata «ha reprendido muchas veces al dicho Simón Méndez», entre otras cosas porque «siempre le ha parecido mal y causado escándalo las demasiadas conversaciones y libertades con que viven» todos en esa casa, por mucho que Andrea, que es también dos veces viuda, asegure que ese Simón entra solo por los negocios de su hermano Miguel y «por otro título, ninguno no ha entrado».

Una semana más tarde es la misma Andrea quien toma la iniciativa y reclama el levantamiento del arresto domiciliario. Cervantes pide también que alguien vaya a buscar a su casa las ropas del Ezpeleta, «unas calzas y un jubón y una ropilla, que tiene en su poder», porque la tela «se pudre con la sangre que tiene». Y al día siguiente pasa por casa el marqués de Falces a recoger el manchado traje del caballero porque Ezpeleta murió de las heridas. Un tanto apurado, sin duda acordó con Magdalena un montón de misas por su alma y sus infinitos pecados, además de agradecerle sus cuidados, ella también «beata», con un respetable vestido de seda, que ella no sabe bien por qué le ha regalado, aunque dice ser por lo mucho que la quiere.

Pero ni la fiesta ni la resaca carcelaria de la fiesta habrán extinguido los hábitos de Cervantes de escribir cuando todo se haya calmado y cuando pueda retomar las cosas donde estaban. Las historias siguen llegando a su mesa casi de forma espontánea, a veces tomadas del natural de lo que ha visto y oído en ese populoso hospital de la Resurrección al lado de casa, con anécdotas e historias inverosímiles, con los dos mansos y enormes perros a la vista de todos en las inmediaciones, además de desequilibrados y enfermos de todo tipo. También está cerca el lugar donde Cervantes acude a misa, en la iglesia de San Llorente, según los cronistas de entonces siempre «de bote en bote», y a veces hasta con los perros del viejo Mahúdes merodeando por las calles sin su amo, porque él ha muerto ya.

CAMBIAR DE IDEA

Algunos creemos que el *Quijote* ha dejado de ser entre estos meses de 1605, y principios de 1606, una historia fingida para pasar a ser en la cabeza de Cervantes la *Primera parte* de una historia fingida que ha decidido continuar casi sin querer, empujado por la evidencia misma del éxito, con tanta gente de buena fe divirtiéndose y riéndose en el último año con el par de amigos ambulantes y sus peripecias cómicas. Empieza a sentir casi la obligación de volver a ellos y ver qué hacer para tramar una continuación a partir de otra salida más, la tercera de don Quijote, y la segunda junto a Sancho. Es lo que sucede con tantos otros libros de aventuras y, como si no hubiese pasado nada y todo siguiera igual, recupera Cervantes a Cide Hamete Benengeli, aunque lo hubiese abandonado y no se acordase de él ni siquiera al final, ni por supuesto en el prólogo, pero con él resucita la fábula. Había terminado el libro mencionando de pasada la noticia de una tercera salida, camino de Zaragoza para participar en unas justas famosas en torno a San Jorge. No dejaba de ser un tanto extraño para el lector quisquilloso porque la novela se acaba con el final del verano y esas justas son en primavera. Pero continuar los libros de éxito es una rutina demasiado tentadora y nadie ve mal sacar segundas partes y secuelas que a veces son interminables e igualmente populares, como hoy y como siempre.

No sé no verlo pegado en este verano de 1605 de nuevo a la cama de don Quijote, mientras se recupera del ajetreado regreso y mientras lo cuidan pegajosas y regañonas el ama y la sobrina, el cura y el barbero; no sé no ver a Cervantes sin retomar a ratos la pluma porque la adicción a escribir existe y la tiene cogida, ansioso de volver al cauce libre de una historia que trata de todo por burlarse, como hace enseguida, de los disparates que proponen tantos arbitristas que pululan por Valladolid con soluciones para todo (como auténticos locos), o para reafirmar una vez más que los libros de caballerías no tratan de personas que «hayan sido real y verdaderamente personas de carne y hueso» sino de fantasía, «ficción, fábula y mentira».

Pero lo que de veras se le ha metido en casa ha sido la experiencia del éxito y de la popularidad de sus personajes. Los imitan disfrazados unos caballeros en unas fiestas, «para no faltar entremés», dice Pinheiro da Veiga mientras cuenta cosas del Valladolid del tiempo. Se le mete tanto en su vida su libro que Cervantes ha llegado a meterlo en la continuación misma que ha empezado ya mientras oye opiniones de todo tipo, algunas reservonas y satíricas, otras espontáneas y vívidas, algunas más perspicaces y otras disparatadas. Cada cual tiene la suya pero, sobre todo, son muchas y de muchos lectores, como nunca le había pasado. Todos tienen opinión, todos hablan, unos se atienen sobre todo «a la aventura de los molinos de viento», otros a la de los batanes, otro «encarece la del muerto que llevaban a enterrar» y otros se acuerdan incluso de la «pendencia del valeroso vizcaíno», cada uno atrapado en una de las historias y muchos en varias de ellas y todos en la central. E imagino a Cervantes tan curioso de lo que opinan los lectores sobre el libro como don Quijote lo está por saber lo que piensan los vecinos de su aldea de su peripecia. Por decirlo sin remilgos y «en cueros», todos lo tienen «por grandísimo loco» a él y «por no menos mentecato» a Sancho.

Pero es una mala lectura, es una lectura parcial o una lectura estrábica, insensible al hallazgo que hay en ese libro donde tanto el uno como el otro no caben en una simplificación gruesa porque son más cosas. Cervantes no ha desactivado nada de lo que activó en el primer *Quijote* ni ha perdido la gracia del juego y la alegría de las ocurrencias sin solemnidad, como indicios casi artesanales de las condiciones de lo real relajado y distendido. En otro asalto de genialidad, puede ser el mismo don Quijote quien pierda la chaveta del todo si sabe que su historia existe ya contada en un libro, como siempre había imaginado que debía existir. Se titula como le ha dicho a Sancho un muchacho recién graduado en Salamanca, que venía leyéndolo anoche de vuelta a casa. Ya circula por ahí, por lo visto, la historia del *El ingenioso hidalgo don Quijote de la Mancha,* y en él sale también Sancho, con muchas de las cosas «que pasamos nosotros a solas, que me hice cruces de espantado cómo las supo el historiador que las escribió».

Es cosa rarísima porque no ha habido tiempo de escribirlo e imprimirlo, no ha pasado ni un mes desde que está postrado en cama recuperándose, aunque seguramente algún sabio «por arte de encantamiento las habría dado a la estampa». Lo que es seguro es que el estudiante Sansón Carrasco está perfectamente empapado de la historia y es «muy gran socarrón», visiblemente predispuesto a la malicia, «amigo de donaires y de burlas», felicísimo además de que alguien hubiese tenido el cuidado de hacer traducir «de arábigo en nuestro vulgar castellano» la historia de Cide Hamete. Irá lo menos por los doce mil ejemplares impresos, según calcula Sansón sin exagerar, y mientras habla a don Quijote como habla don Quijote, igual que hizo tan bien Dorotea disfrazada de Micomicona.

No había hecho nunca Cervantes, ni él ni nadie, eso de meter en un libro el libro en que se cuenta la historia de los personajes de ese mismo libro hablando, pensando y reaccionando ante el relato ya hecho y escrito, discutiendo y debatiendo sobre él y el trato que han recibido como si no fuesen personajes sino personas vivas. Pero acaba de hacerlo Cervantes entre otras cosas porque se le acumulan muchas otras cosas por decir. Lo tiene todo perdido en realidad don Quijote porque la ironía ha vuelto a desatarse sin tasa para explicar turbadoramente que ese no es un libro de poesía y de ficción, donde se puede hacer de más y de menos, suprimir un detalle de debilidad o aumentar aquel otro de dignidad; es un libro de historia verdadera y cuenta lo que debe contar, y no otra cosa, no decora, ni disimula, ni puede ignorar los descalabros de don Quijote: cuenta toda la verdad de la historia. Tiene que resignarse a lo bueno y lo menos bueno porque lo suyo es que en los libros de historias verdaderas las cosas salgan «no como debieran ser, sino como fueron, sin añadir ni quitar a la verdad cosa alguna». Don Quijote hubiese preferido algo más de poesía y algo menos de historia pero no hay manera porque Cervantes está conquistando la plenitud de la ficción y en ella lo que sale es tan verdadero como en la historia, o más. No va a infringir la ley de la historia porque «es como cosa sagrada» y «donde está la verdad, está Dios, en cuanto a verdad»: pura ficción, o la ficción absoluta.

Nada de esto creo yo que esté escrito años después de la difusión del *Quijote* de 1604 sino al calor jovial e inquieto, eufórico y receloso, de la buena fortuna de su libro. Contesta y comenta en directo las observaciones, las críticas inteligentes, las críticas absurdas y las maldades envidiosas de quienes alardean de grandes juicios sin autoridad para hacerlo, además de salir al paso de la rechifla de algunos con el rocín que aparece y desaparece. Ha oído el reproche de que «se le olvida de contar quién fue el ladrón» y hasta por lo visto tenía que contar también lo que Sancho había hecho con los cien escudos que encuentra en la maleta (son muchos cien escudos como para aparecer y volatilizarse sin más). A algunos les entusiasma «por particular entretenimiento juzgar los escritos ajenos sin haber dado algunos propios a la luz del mundo», tan cobardones como aquellos que se meten sin razón con Lope (y Lope con razón despotrica de las simplezas que dicen) y como aquellos otros que ya impacientaban a Cervantes hace veinte años, en el prólogo de *La Galatea,* tan meticulosos e hipercorrectores que no acaban nunca nada ni ven el momento de echar al público un libro, pero se meten sin parar con los de los otros.

Contra lo que algunos han creído, hace falta «un gran juicio y un maduro entendimiento» para «decir gracias y escribir donaires». Lo más difícil es hacer al gracioso y al bobo en las comedias, más todavía si es entreverado, «porque no lo ha de ser el que quiere dar a entender que es simple». Y contra lo que pueda parecer por el tono conversacional y agilísimo, sin ampulosidad ni reverencias, llano y directo, él nunca ha escrito como tantos van diciendo por ahí, «salga lo que saliere», como salga lo que saliere pintaba el de Orbaneja, que no sabía pintar, y le daba igual lo que pareciese su pintura. Cervantes sabe que lo están leyendo con lupa porque al escritor tanto le «escudriñan cuanto es mayor la fama» que tiene, aunque parecen no haber advertido muchos, arrastrados por la jovialidad del libro, su lealtad rebelde y sumisa a la vez a la alta tradición y las recomendaciones mezcladas de Aristóteles, de Cicerón y Quintiliano, Homero y Virgilio, Ovidio u Horacio, o sus imitaciones y parodias de Boiardo o el Ariosto que tanto se transparenta en su libro.

Tampoco está tan claro como repiten algunos que estorben las «novelas y cuentos» que trataban de otras cosas ni tampoco tiene claro, diga lo que diga don Quijote, que tengan razón todos aquellos que protestan de *El curioso impertinente* metido en medio de la historia. Quizá fuera bueno que fuesen «tales censuradores más misericordiosos y menos escrupulosos, sin atenerse a los átomos del sol clarísimo de la obra que murmuran» sin ton ni son, porque pueden no haber entendido bien, pueden haber leído mal. Aunque a veces Homero también duerma, como quiso Horacio, es seguro que estuvo mucho más tiempo «despierto por dar la luz de su obra con la menos sombra que pudiese, y quizá podría ser que lo que a ellos les parece mal fuesen lunares, que a las veces acrecientan la hermosura del rostro que los tiene». Muchos no han entendido algunas de las partes o no han sentido la coherencia íntima que él pensaba y, además, pero eso lo sabe hace ya tiempo, es «de toda imposibilidad imposible» escribir algo que «satisfaga y contente a todos los que leyeren».

Por mucho que algunos enreden con ganas, no hay «necesidad de comento para entenderla». Es evidentísimo que esa historia no es oscura ni difícil, todos la disfrutan y la leen, «es tan clara que no hay cosa que dificultar en ella». Por eso la leen incluso los pajes, con un *Quijote* siempre a mano, y «unos le toman si otros le dejan», otros «le embisten» si lo ven suelto, y otros más «le piden» sin que nadie vea en ello nada perjudicial o malsano, sin «palabra deshonesta ni un pensamiento menos que católico». Algo de eso hay, sin duda, como sabe bien Cervantes, pero nadie lo señala ni lo nota ni le pesa porque va «tan trillada y tan leída y tan sabida de todo género de gentes» esta historia que incluso a la gente de la calle la llaman con los nombres de los personajes, cuando son flacos y desgarbados, don Quijote, o cuando el rocín es enclenque y matado, Rocinante.

Sanchos seguro que también se ven por la calle pero empieza a impacientarle a Cervantes el engorro del rucio. Y va a ir directo al asunto a través no de su voz ni de un prólogo ni de un epílogo ni de una nota sino de la ficción. Sirve para hablar de todo, también de la misma ficción, de manera que es Sancho quien habrá de remontar con dos tragos de vino el «desmayo de estómago» que tiene y dar las explicaciones que convenga sobre el asno y sobre los escudos. Explica el robo del rucio mientras dormía y cómo lo descubrió después debajo de «aquel embustero y grandísimo maleador» de Ginés de Pasamonte, «que venía sobre él en hábito de gitano». Todo eso Cervantes lo cuenta ahora, al principio de la continuación, a sabiendas de que el problema no está ahí sino en haberlo sacado montando al asno sin decir cómo lo había recuperado. Disimula Cervantes porque se equivocaría el autor moro de la historia «o ya sería descuido del impresor». Pero gran mortificación no imagino en Cervantes, mientras ironiza burlón sobre la sustancial mejora del libro con la enmienda, porque desde luego «será realzarla un buen coto más de lo que ella se está». Cervantes lo tiene por una bobada y una mezquindad de lectores rencorosos, esos a quienes «ha dado en qué entender a muchos, que atribuían a poca memoria del autor la falta de imprenta».

La sensación de entonces leyendo estos pasajes fue la misma que ahora, la completa pérdida del sentido de la realidad del lector sumergido fuera de ella, la abducción total en el mundo de la ficción en una inversión de planos tan radical y a la vez tan naturalmente contada y dialogada que precisamente por eso nadie supo qué hacer, cómo reaccionar y cómo leerlo, cómo admirarlo y cómo aprovecharlo. Quedó solo en la conciencia una suerte de estupor y de vértigo, una experiencia turbadora y mareante porque una novela estaba haciendo perder el mundo de vista viviendo una maravilla imposible de vivir, con un milagro tan extraño que está muy por encima, como tal imposible, de los caballos alados y los cuatrocientos golpes del caballero contra el gigante: es real y verdadera historia porque es la plenitud de la ficción.

El desorden de la comedia

Cervantes se resiente del lugar en el que parecen haberlo situado los demás y su amplísima discusión sobre sí mismo delata al menos una atención continuada al modo en el que le han leído y a lo que han leído los demás. Y yo creo que está contento del éxito sin duda, pero no está contento del modo en el que demasiados lectores rebajan el libro a ser solo, o únicamente, un libro cómico. Lo que es seguro es que su regreso a la vida literaria en el mejor momento posible, con toda la corte reunida en Valladolid, a la vez lo ha apartado de la estimativa seria. En realidad, nadie sabe qué hacer con el *Quijote* porque nadie sabe qué es ese libro, que no imita a nadie porque imita a muchos pero el resultado es completamente nuevo, bastardo y deforme. Incluso tampoco nadie parece haber leído el secreto del *Quijote* sino medio *Quijote* o solo pedazos y sin ver que las locuras no están sueltas como anécdotas encadenadas o cuentecillos entretenidos sino metidas en el centro de la lucidez esporádica de un loco que no está solo loco.

La flagrante popularidad de su historia no deja, ni entonces ni después, rastro alguno visible en la opinión culta, como si en las tertulias y academias se sobreentendiese que no es propio de semejante entorno, o si cabe será en forma de broma y burla por sus malos modales y su falta de respeto a las convenciones insoslayables. Nadie lo menciona ni evoca, nadie lo elogia seriamente ni nadie lo incluye en repertorio o lista alguna respetable. Es verdad que algunos amigos empiezan a imitarlo, pero con más obstinación que buena fortuna, como Barahona de Soto o como un narrador compulsivo y valioso, a ratos omnipresente en la narrativa de estos años, Alonso Jerónimo de Salas Barbadillo.

A Cervantes hace tiempo que tampoco nadie le pide obras de teatro ni vive un estreno de éxito aunque se acuerda muy bien de qué es eso. A él como a los demás les ha pasado por encima una apisonadora que es a la vez capaz de lo mejor y de lo peor, insultantemente vulgar a veces y amargamente previsible otras. Le subleva no exactamente la prepotencia y la hegemonía de Lope, porque la admite y le admira; le subleva la irresponsable frivolidad de su conducta. Le violenta tanto el mimetismo servil como la ausencia de decoro y la lubricidad solo jocosa, o nada más que jocosa, de demasiadas de las obras que se estrenan, plagadas de errores cuando son históricas mientras inventan milagros donde les conviene. No es pazguato Cervantes ni es estrecho de miras, pero resiste mal —o le «pesa infinito»— la sobredosis en escena de las supercherías de la magia, encadenando imposibles y absurdos probados, sin rastro casi de los modos de las suyas, como lo fue *La Numancia*, o *Los baños de Argel* o esa *La confusa* que nunca olvida. A Cervantes le admira el revolcón que ha dado a las comedias en España, pero a la vez le revienta porque echa de menos el respeto al modo «como debían hacerse» para que al salir del teatro el oyente de una comedia «bien ordenada» y «artificiosa», acorde con el arte de escribirlas, salga del corral de comedias «alegre con las burlas, enseñado con las veras, admirado de los sucesos, discreto con las razones, advertido con los embustes, sagaz con los ejemplos, airado contra el vicio y enamorado de la virtud».

Lo escribe de carrerilla Cervantes porque ese es el paraguas de bondades que ofrece la buena literatura desde siempre, en verso o en prosa, y no puede ser de otro modo. Le inquieta el desorden ético y estético que arrastran y hasta sueña con una oficina de censura que recabara el criterio de «una persona inteligente y discreta» para examinar las obras. Las nuevas comedias y los nuevos libros de caballerías revisados relevarán a los antiguos para que la oferta «saliese para honesto pasatiempo no solamente de los ociosos sino de los más ocupados, pues no es posible que esté continuo el arco armado, ni la condición y flaqueza humana se pueda sustentar sin alguna lícita recreación». Sin ocultar que habla de sí mismo, Cervantes evoca *La Numancia* en el *Quijote* para recordar a los empresarios que pueden ganar dinero con comedias que sean «espejo de la vida humana, ejemplo de las costumbres y imagen de la verdad», en lugar de resignarse interesadamente, como hacen Lope y los empresarios teatrales, a programar una y otra vez obras que son «espejos de disparates, ejemplos de necedades e imágenes de lascivia».

Nada de todo esto ayuda a levantar el desmayado crédito de las letras españolas, o tan desmayado como hace treinta años cuando deploraba en *La Galatea* la incuria de las clases nobles y cultas españolas, su desinterés casi infamante por las buenas letras. Es natural que sigan tratando a los españoles como «bárbaros e ignorantes, viendo los absurdos y disparates» de las comedias que se hacen, insubordinados a las «leyes de la comedia», como si Cervantes tolerase mal la jactancia jocosa que usa el *Arte nuevo de hacer comedias* de Lope al menos desde 1608, mientras él ha mandado a la prehistoria la mitad de las leyes nobles del relato con el *Quijote*.

Pero no puede dejar de mirar con absorta melancolía los montones de comedias que arrinconó hace tiempo «en un cofre y las consagré y condené al perpetuo silencio». Pasa mucho tiempo sin acordarse de ellas, como si de veras las hubiese condenado sin más. Pero de vez en cuando le tienta volver a echarles un vistazo con resignación y un punto de irritación porque nada hay, ni en el aire ni el tono del tiempo, que invite a retomarlas o anime a enmendarlas para encajar de algún modo con el gusto dominante sin esclavizarse humillantemente a él. Tampoco acaba de entenderlo del todo, un tanto sumido en melancólicas cavilaciones, porque piensa perplejo que «o yo me he mudado en otro», y ha dejado de ser quien fue como autor para el teatro, o los tiempos han mejorado de tal modo que es un portento. Al volver a hojear sus versos cómicos y dramáticos no los encuentra tan «desabridos, a mi parecer, que no puedan dar algún gusto». A cambio, al menos, y consolándose ya al borde de la autocompasión, sus comedias no habrán padecido en el tránsito a las tablas las libertades y cambios, los cortes y adaptaciones que se permiten los recitantes y actores (y también los directores) cuando las compran y las montan. Al menos los textos que tiene entre las manos y bajo los ojos miopes con sus anteojos calados «no van manoseados», porque nadie los ha querido memorizar ni ensayar, y no ha habido los habituales «dimes y diretes con los recitantes», aunque algún intento ha hecho, quizá con Porres, quizá con Velázquez, quizá incluso con Nicolás de los Ríos, que todavía vive, pero sin éxito. Dicen que de su prosa «se podía esperar mucho» pero del verso para el teatro, «nada».

Esa conversación la ha tenido ya varias veces y con varios directores, y ha desistido de seguir intentando nada, convencido, y de hecho probadamente seguro, de que los comediantes no las quieren representar porque «de puro discretos, no se ocupan sino de grandes y de graves autores». Pero «tal vez se engañan» y puede que haya más teatro invisible del que creen, y ha vuelto a escapársele el sarcasmo que no le gusta pero a veces no reprime. No hay corrillo o tertulia de autores y comediantes en que no se discuta cómo han de ser las comedias, qué han de llevar, y otras «cosas concernientes a ellas». Es verdad que no hay día que no sienta al volver a casa tras una discusión o una representación en el corral de comedias que entre todos «las sutilizaron y atildaron» de tal manera, fueron todos tan intransigentes y tan seguros de lo bien que lo hacían que «vinieron a quedar en punto de toda perfección». Parecía que no hubiera otro modo de hacerlas, o como si todos hubiesen nacido ayer mismo —hace tiempo que es el más viejo en todas las tertulias, academias y tabernas— e ignorasen que hace muchos años que existe el teatro. Hubo antes, y hay hoy, más maneras de escribirlo sin llevar a la ruina al empresario que las compre. Aunque no parecen creerle, otros han contado esa historia y hasta él mismo se sabe parte ya del pasado del teatro, como ha venido a decir en el *Viaje entretenido* ese brillante y en el fondo amable, pero inevitablemente cruel, Agustín de Rojas.

Otros trucos

Pero es difícil imaginar a un disperso y curioso innato como Cervantes sin tentar otras suertes y otras historias. Lo veo más bien disfrutando feliz del éxito y de la misma posibilidad de hacer otras cosas, o probar otras historias gracias al éxito, como observador a ras de tierra o a pie de calle del entorno físico y humano de Valladolid. Había hecho lo mismo en una ciudad tan distinta como Sevilla, años atrás, y en ambas estallan paisajes múltiples de donde sacar notas, ideas, hablas, giros verbales y hasta personajes. A alguno lo ha atrapado observándolo y escuchándolo por la calle, viéndole actuar como sujeto delicado y quebradizo sin remedio, como este hombre que se cree de cristal. Los locos algo tienen que atrapan a Cervantes porque no ha olvidado tampoco a uno que vio de niño o adolescente y fue famoso en Córdoba, muchos años atrás, Luis de López, mientras cargaba, para espanto de todos, enormes pedruscos en la cabeza de un sitio para otro.

Nada en Cervantes dura demasiado tiempo, nada se repite una y otra vez como fórmula idéntica a sí misma, sobre todo en estos años de vejez. Pero algunos asuntos están una y otra vez y vuelven sin querer, como vuelve el desdén de la corte que sustenta a «truhanes desvergonzados» y mata «de hambre a los discretos vergonzosos», alienta «las esperanzas de los atrevidos pretendientes» y anula a «los virtuosos encogidos». Al licenciado Vidriera le escucha la corte solo cuando es el risible sujeto que se cree de vidrio y suelta sentencias sabias como loco. Cuando pierde la locura y opina cuerdo y sin aparato circense, nadie hace caso alguno de él y vuelve a las armas para dejar «fama en su muerte de prudente y valentísimo soldado», pero no de humanista ni cortesano. Ha podido valerse «de las fuerzas de su brazo» pero «no se podía valer de las de su ingenio» porque ni en la corte ni en los claustros eclesiásticos saben nada de veras «del frío de las centinelas, del peligro de los asaltos, del espanto de las batallas, de la hambre, de los cercos, de la ruina de las minas». Algunos creen que son accidentes de la milicia nada más, pero son «la carga principal» de la vida soldadesca, «que tan cerca tiene la muerte» y tan cerca está todavía de su memoria, como lo está la «extraña vida» de la navegación en «marítimas casas» y los sinsabores que pocos escribientes y secretarios han vivido, maltratados por «las chinches» y los ratones, o por «los forzados» y las borrascas, siempre «trasnochados, mojados y con ojeras».

Cervantes no recorta la pluma ni disimula la crítica de los oficios que resuena ya como moda más de ingenio que de denuncia social, al modo de Quevedo y sus sátiras y pragmáticas paródicas, o esas caricaturas sociales que divierten sin duda a Cervantes y Quevedo llama *Sueños:* los ha hecho circular desde 1604, alguno dedicado al conde de Lemos (pero vetados en censura en 1610). Cervantes disfruta también con los trazos rápidos y fulminantes de la sátira de oficios contra arrieros y mozos de mula, contra libreros y contra médicos, contra jueces y sastres, contra pasteleros y titiriteros, contra letrados petulantes y corrompidos, contra arbitristas iluminados y charlistas, escritores o humanistas improvisados. Los ha visto tantas veces como Berganza, cargados de «mil papeles mugrientos y medio rotos» con poemas que leen con «tono melifluo y alfeñicado» mientras el poeta «tuerce los labios, pone en arco las cejas» y si no gusta el poema lo vuelve a repetir «con nuevos ademanes y nuevas pausas». Esos tipos germinan a veces en el formato breve del entremés. Le gusta escribirlos de una sentada casi, a toda mecha, convertido en caricaturista secreto e invisible, a veces sentimental y pidadoso, pero otras con la ferocidad de la burla a las barbas teñidas, con las suyas ya muy canas, de incapaces de asumir la edad (en un chiste que cuenta en portugués, que es lengua que le gusta a Cervantes con la misma dulzura que detecta en el catalán).

Atreverse a más

En la mesa de casa maneja tantas historias a la vez que no siempre sabe a qué se acercan más, a la novela dialogada que cuenta cosas de cerca, o al cuento peregrino y enrevesadamente folletinesco al estilo de las aventuras de Heliodoro o de Tacio. Ya ha vivido la sensación extraña de los manuscritos que crecen sin saber a dónde van, al menos la ha vivido mientras imaginaba lo que no sabía que sería el *Quijote* terminado. Y alguna de las historias en marcha tiene ahora ese latido dentro, como si de ella pudiese arrancar un viaje largo, larguísimo, como el de las historias enredadas, virtuosas y entretenidas de Heliodoro: será su *Persiles y Sigismunda*. Lope cree, como cree Cervantes, que todavía nadie ha estado en castellano a la altura del modelo originario y algunas de las novelas italianas de viajes y amores contrariados parecen tan imitadas entre sí que han perdido frescura, inventiva y gracia. No es nada mala la historia de *El peregrino en su patria* de Lope de hace dos o tres años, pero a Cervantes le ronda la tentación de ensayar la suya y algunos de sus cuentos la tantean. La novela más complicada que tiene ahora a la vista se parece descaradamente al modelo de Heliodoro, al menos en el ya consistente y largo tramo que tiene escrito. Tanto él como los demás saben íntimamente que esa es la cumbre de las historias de ficción contemporánea, como lo cree el mismo Lope o lo cree López Pinciano y el resto de académicos y humanistas serios.

Siente Cervantes que esa novela es la que mejor logra meterlo todo dentro, mejor incluso que el *Quijote*. Seguramente hasta para el mismo Cervantes el *Quijote* tiene algo de irrepetible porque depende del hallazgo genial de una ironía nuclear que no activa más, fuera del mismo *Quijote*. Tampoco en *El licenciado Vidriera*, que tiene más de censura moralista del hermetismo ignorante de la corte que de creación atrevida y libérrima. Es una novela cómica pero no lleva dentro el filtro mágico que sí lleva el *Quijote* y que no lleva ninguna otra obra de Cervantes. Sin embargo, su *Quijote* desafía de tal modo las convenciones de su tiempo y se enfrenta tan abiertamente a las expectativas del mundo cultural, que Cervantes no ha descartado nunca tomarse en serio una de sus fantasías más antiguas.

El otro libro que tiene entre manos ahora puede ser su verdadera novela total, el libro misceláneo de aventuras y de saberes que ha de dar su nivel de gravedad más alto sin ser plúmbeo, la severidad de su moral interior sin sermonear. En lugar de encerrar a los personajes en una peregrinación comarcal los saca al ancho mundo, como si recorriese la cristiandad entera en una geografía inabarcable que estudia en la obra del arzobispo de Upsala, Olao Magno, y su *Historia de gentibus septentrionalibus,* en la colección de Ramusio de *Navigazioni e viaggi,* quizá en algunas de las crónicas de navegantes, como Colón o los *Comentarios reales,* del Inca Garcilaso, probablemente en el Plinio traducido en 1599 y, sin duda, con la *Eneida* a la vista. Quiere embarcar al lector mientras embarca a su grupo de personajes en torno a Persiles y Sigismunda o, mejor, Auristela y Periando, que es como se llaman hasta que descubren sus verdaderos nombres tardísimo, uno en busca del otro, secretamente esposos (pero en público solo hermanos).

El laboratorio íntimo para ese libro ha estado en marcha desde siempre. Estuvo ahí desde *La Galatea* y alguno de sus cuentos, como *La española inglesa,* que tiene algo de ensayo abreviado de la que ha concebido como larga. Tira sola la historia y suceden las cosas que suceden siempre (con un mapa a mano en la mesa para ver por dónde caen las islas y las zonas remotas). Los hombres se enamoran y se pelean, mueren y naufragan, son raptados, salvados y reencontrados para sí mismos y para la fe. No sabe todavía si la va a titular o no *Los trabajos de Persiles y Sigismunda* (igual que Heliodoro tituló *Teágenes y Clariclea* a su *Historia etiópica*), pero es seguro que ha leído la primera novela en español que recrea ese modelo bizantino de novela de aventuras, apareció medio siglo atrás en Venecia y es obra de Alonso Núñez de Reinoso. En *Los amores de Clareo y Florisea y los trabajos de la sin ventura Isea, natural de la ciudad de Éfeso* imita y recrea con brillo y tono personal a otro coetáneo de Heliodoro, Aquiles Tacio, en otra novela bizantina, *Leucipa y Clitofonte,* que es otra historia rocambolesca y plagada de aventuras y superaciones, de presagios y castidad, redimido todo por un final con boda feliz. En el caso de Reinoso es menos casta y circunspecta que la de Helidoro, pero es igualmente fascinante para el gusto de Cervantes y de su tiempo, con tantas historias y anécdotas y digresiones intercaladas que parecían esas novelas encarnar lo verdaderamente imposible: la novela que lo tuviese todo dentro.

A Lope no le ha salido mal *El peregrino en su patria,* pero su libro sobre los dos héroes saldrá mejor, puestos a prueba contra «las leyes del gusto humano», que «tienen más fuerzas que las de la religión». Ella ha jurado «guardar virginidad toda su vida» de camino a santificarse en Roma y hasta llegar tendrán «ser alguno ni libertad para usar de nuestro libre albedrío» (aunque el poder del amor es «poderoso como la muerte») tras vivir, ella y Persiles, juntos y separados, situaciones extremas en islas con montañas de nieve y cautivos fugados, supervivientes de naufragios y hasta de mantas voladoras que transportan en cuatro horas «o poco más» de un sitio a otro, asedios deshonestos en tierras sin sol como Golandia o Noruega, donde «la noche se alargaba y el día nunca venía», espantados ante «maléficas hechicerías» que son «ilusiones del demonio» de «este maldito género de gente nórdica», pueblos bárbaros de «poca urbanidad y de corazones duros e insolentes», con exiliados de otras tierras que no se acuerdan «ni de los parientes», con sus secretos amuletos en forma de «una cruz de diamantes» y «dos perlas redondas» (como en Heliodoro el anillo prodigioso de Clariclea), entre lenguas bárbaras, polaco, inglés, portugués, castellano, dietas inverosímiles en mesones gigantescos que cocinan «los pájaros» de forma «tan rara y peregrina» que nacen de la corrupción de las aguas hasta que vuela el animal y se hace «grande y sabroso», o el aire sopla las velas desde el cielo para salvar a los buenos sin usar los remos.

Y todo, por supuesto, sin activar la nueva visión conquistada en el *Quijote* sobre el mundo, como si allí, en esa alta literatura, quedase en suspenso el hallazgo virtualmente revolucionario de una novela que obvia los dogmas con el humor y ratifica la intimidad en que viven los contrarios en la realidad, pese al empeño de imponer a la experiencia ideas superpuestas. El Cervantes narrador de aventuras y tramas está sin embargo vivaz y festivo en el *Persiles,* con humor también y con el placer de contar intacto, mientras trata de la alianza de las armas y las letras y repudia al satírico que escribe «menuda paja» hiriente que «revuelve el viento» o reprueba la astrología porque «si acierta alguna vez en sus juicios es por arrimarse a lo más probable y a lo más experimentado». Como siempre en Cervantes, «la experiencia en todas las cosas es la mejor maestra de las artes», y por eso la licantropía «se ha de tener por mentira y, si algo hay, pasa en la imaginación y no realmente» (y quede «desde aquí asentado que no hay gente alguna que muda en otra su primera naturaleza»). Y hasta una mujer ha de violentarse contra la atávica y desgraciada costumbre de ser violada por los invitados antes de la boda y lo deplora en «alta y colérica voz» con «la razón puesta en la punta de esta lanza», siempre atento Cervantes a recapitular y recomponer la historia, como sucede en estos libros para no perder el hilo, sembrar de presagios e infortunios la intriga antes de completar la fauna humana y universal con una erotómana Rosamunda o el caso remediable, o no, del satírico Clodio siendo quien más verdades dice por metro cuadrado en semejante campo abierto que por hache o por be detiene Cervantes.

Está seguro de su gusto por esas historias que casi parecen fantásticas pero donde todo se explica con cuidado por súbitos reconocimientos, por parentescos ocultos, por casualidades formidables. Cervantes ha cargado *La española inglesa* de buenos propósitos conciliadores entre anglicanos y católicos, y la inspiró seguramente una historia local de criptojudaísmo en Sevilla que él traslada a un caso de criptocatolicismo de la anglicana Inglaterra. El cuento recorre poco menos que toda Europa, arrancando con el rapto de una niña católica en el asalto a Cádiz de 1593 y criada en Inglaterra (como católica secreta), y termina en el presente y en Sevilla, después de que el protagonista masculino y amante fiel haya recorrido mil avatares y geografías (desde Londres a las Azores, de Roma a Argel como cautivo, y de ahí a Sevilla liberado tras pasar por Valencia y su procesión general). Cervantes abandona las sentinas de la Sevilla canalla para someterse al decoro interior de *La española inglesa* y esperar con Isabela pacientemente el regreso de su Ricaredo heroico y capitán valeroso, peregrino a Roma para conciliarse con la fe católica besando los pies del Santo Padre y cautivo liberado que, con «una insignia de la Trinidad en el pecho», aborta *in extremis* la ceremonia de ingreso en el convento de una desolada Isabela —«¡Detente, Isabela, detente, que mientras yo fuere vivo no puedes tú ser religiosa!»—, y se casan en cosa de días, por no decir horas.

Es un puro folletín sentimental, por supuesto, pero de los que gustan a Cervantes, y mucho, entre otras cosas porque permiten echar mano de su propio pasado de navegación aventurera y cautiverio, sin reprimir ni bromas directas ni retales autobiográficos ni guiños explícitos a su valía y su difusión literaria. En pleno y retumbante final feliz, la protagonista Isabela asume el encargo de «dos señores eclesiásticos» de poner «toda aquella historia por escrito», la suya, la que se está acabando de contar en el mismo cuento, «para que la leyese su señor el arzobispo», que es sin duda un guiño directo al mismo Niño de Guevara para el que Porras de la Cámara había transcrito en la realidad histórica los cuentos de *El celoso extremeño* y *Rinconete y Cortadillo*. Además, todo ha sucedido al lado de casa, junto al monasterio de Santa Paula y la calle en que vivió Cervantes, o una de ellas, junto al convento donde fue priora una Juana de Saavedra Cervantes.

Ha vuelto a explotar a fondo su experiencia de Sevilla, del mar, de la milicia y de Argel porque «a toda esta misericordia y liberalidad se extiende la caridad destos padres» de la Trinidad que a él le salvaron la vida, «dan su libertad por la ajena y se quedan cautivos por rescatar cautivos». En la realidad siguen llegando cautivos liberados, incluso alguno está a punto de ser su yerno, como Luis de Molina, y tampoco se olvida de las «cajas de lata» o los cilindros metálicos donde viajaban los documentos, «los recaudos y la cédula» para que con ellos defienda el cautivo la veracidad de su historia, como en una caja parecida viajaron sus documentos «para que se pueda tener por verdadera mi historia —dice Ricaredo—, que tiene tanto de milagrosa como de verdadera».

No va a abandonar esta modalidad narrativa, por mucho que le seduzcan también, y a la vez, como a lo largo de su madurez, las novelas de cercanía, de canallas y golfos, los romances burlescos y la jácara, los entremeses descacharrados, las historias callejeras o las historias donde no hay más historia que la propia itinerancia deambulante. También le tiran las modélicas aventuras donde la fe protege a los héroes y vencen contra todo y contra todos, mientras nadie se aburre un instante porque la acción es incesante, los asedios de los malos siempre vencidos, las adversidades del azar derrotadas. Todo sirve para «añadir admiración a admiración y espanto a espanto», como en este cuento, sin romper la lógica de la causalidad racional ni la verosimilitud en el límite de lo creíble, de modo que, «favorecida del cielo y ayudada de sus muchas virtudes», diez años después de ser raptada, y «a despecho de tantos inconvenientes», Isabela halle marido en este cuento que «nos podría enseñar cuánto puede la virtud y cuánto la hermosura, pues son bastantes juntas, y cada una de por sí, a enamorar aun hasta los mismos enemigos». Ha sido el caso entre el inglés Ricaredo y la gaditana Isabela, quizá porque el primero acertó a quererla por su belleza interior cuando el veneno mortal le desgraciaba la belleza exterior a ella, «sin cejas, sin pestañas y sin cabello, el rostro hinchado, la tez perdida, los cueros levantados y los ojos lagrimosos», tan fea como «un monstruo de fealdad». Pero fue entonces cuando él acertó a besarle el rostro, «no habiendo tenido jamás atrevimiento de llegarse a él cuando hermoso».

Y a la vez que Cervantes abrocha esa historia que acaba atronadoramente católica como tiene que acabar, deja dentro otros rastros de una genialidad literaria subyugante para la delicadeza y la observación, otro retal más en la estirpe turbadora de Rocinante en busca de las yeguas reticentes, de la cabeza de Zoraida recostada en el hombro del cautivo y hoy, en una esquina de *La española inglesa*, esta «doncella de pequeña edad» que se acerca curiosa a los reflejos de la armadura brillante de Ricaredo y «alzábale las escarcelas, por ver qué traía debajo de ellas, tentábale la espada, y con simplicidad de niña quería que las armas le sirviesen de espejo, llegándose a mirar de muy cerca en ellas».

Lo que sigue siendo el auténtico mandato interior de Cervantes es la variedad múltiple de lo unitario, ya del todo seguro de que contar con «menudencias» una historia «suele acrecentar gravedad al cuento». A nadie le «parece mal estar en la mesa de un banquete» y tener «junto a un faisán bien aderezado, un plato de una fresca, verde y sabrosa ensalada». Pero el secreto no está solo ahí sino en la salsa, y la «salsa de los cuentos» es «la propiedad del lenguaje en cualquier cosa que se diga». Esa es la garantía de un aprendizaje que exceda la experiencia de cada cual, que la amplía y desborda. Muchas veces las lecturas de «libros hacen más cierta la experiencia de las cosas que no la tienen los mismos que las han visto», precisamente porque el testigo no es siempre la fuente más fiable y en cambio el saber reposado y honesto y la buena voluntad pueden entender mejor las cosas, «a causa de que el que lee con atención repara una y muchas veces en lo que va leyendo, y el que mira sin ella no repara en nada». A «la vista» le «excede la lección» y la lectura porque a veces es verdad que «en las vidas no habría otra de más gusto y pasatiempo» que la del estudio porque «corren parejas en ella la virtud y el gusto»: la gloria, si no fuese por el hambre y la sarna que suele llevar esa vida.

El frenesí de Madrid hacia 1610

De otras cosas sabemos francamente poco en este tiempo. Desde que Cervantes regresó a Madrid a finales de 1607 —con sesenta años— y al menos desde enero del año siguiente, vive a unas pocas calles de la librería de Robles, en la zona del arrabal de Santa Cruz, más allá de Atocha, en la zona del «hospital de Antón Martín, casas de don Juan de Borbón». Es improbable que no pase por la antigua imprenta de Madrigal mientras se tira la tercera edición del *Quijote* a mediados de 1608, con las letras más apretadas para bajar el precio. Y es inverosímil que no estuviese al tanto en el taller o indicase en algún ejemplar propio las enmiendas que todavía necesita el texto, aunque no hay razón para que haya visto otra edición que aparece en 1608, pero en Bruselas, y es la más limpia de errores y equivocidades que se hizo por entonces. Vive más cerca de la tienda de Robles que de la imprenta de Madrigal que dirige su viuda (y donde trabajaba Juan de la Cuesta hasta que se fugó muy poco antes de llegar Cervantes a Madrid por causas confusas pero seguramente delictivas).

Parece seguro que Cervantes ocupa parte de su tiempo en hacer cuentas y contabilidades para otros, y también trabaja y colabora con Robles en trabajos de redacción o auxilios técnicos de urgencias. Está encargado nada menos que de las *Obras del insigne caballero don Diego de Mendoza* con el nombre fingido de fray Juan Díaz Hidalgo, de acuerdo con las fiables conjeturas de Alberto Blecua. Parece muy probable que la voz que habla en el prólogo, estupendo, minucioso y personal, es la de Cervantes, como si de un modo u otro nada de ese pasado vinculado con esa inmensa familia desapareciese nunca del todo de su vida, como no están ausentes ni el duque de Pastrana ni el conde de Salinas, ambos amigos del reciente conde de Lemos. Felipe III ha nombrado a Lemos en agosto de 1608 virrey de Nápoles, mientras Cervantes selecciona y revisa manuscritos de Hurtado de Mendoza, aunque conoce esos papeles desde hace muchos años. Ahora se ha empeñado en el trabajo de «buscar este tesoro escondido en los escritorios» de Hurtado de Mendoza porque en él «se vieron juntas (en igualdad inimitable) las armas y las letras, la gracia y la cortesía». Da un texto «acrisolado lo mejor que yo he sabido», cotejando y editando profesionalmente los materiales de que dispone, con el celo de ofrecer una obra limpia de errores y fiel al autor, «no en borradores y traslados cojos y mal escritos sino grabadas en las minas de bronce y de oro que prometan duración de siglos y eternidad de tiempos».

A estas alturas no oculta ya Cervantes el orgullo de haber estado en el secreto de una obra humorística, esas «obras de burlas» que conoce bien pero que por razones de decoro, y «por no contravenir a la gravedad de tan insigne poeta, no se dan a la estampa» en la edición que ahora compone. Pero en ella halló el modo de hablar con «agudeza y donaire» y ser «satírico sin infamia ajena, mezclando lo dulce con lo provechoso», incluidos los géneros populares y divertidos que por descontado Cervantes practica, como «la azanahoria, cana, pulga y otras cosas burlescas, que por su gusto o por el de sus amigos compuso», como sabe desde joven. Quizá por eso el soneto que Cervantes sí firma con su nombre para abrir el libro consigna que Hurtado de Mendoza «en la memoria vive de las gentes» como premio a sus escritos «graves, puros, castos y excelentes».

Quizá Cervantes ha querido ganar un dinero con Robles, amigo y probable compinche de timba en la casa de juegos que tiene el propio Robles en Madrid, o simplemente ocupar el tiempo. Pero es verdad que al mismo tiempo que trabaja en editar ese libro recibe otro auto más de la Contaduría para que rinda cuentas de cuentas ya muy antiguas, mientras su hija Isabel sigue tomando decisiones por su cuenta a sus veinticinco años, casi siempre un punto alejada porque no ha perdido el vínculo con la familia Rojas en la que creció como niña. El trato ha sido, al menos hasta sus quince años, si lo ha habido, lejano y muy esporádico, mientras vivía con su madre y él estaba la mayor parte del tiempo en Sevilla. A través de Magdalena, con quien está desde 1599, Isabel de Saavedra aspira, a su mayoría de edad, a cobrar su parte de la herencia de Ana Franca, fallecida ya hace casi diez años. También ella registra una biografía un tanto apaleada, como viuda de Diego Sanz y madre de una hija nacida en 1608 que no es de su marido sino de Juan de Urbina (que es secretario de los príncipes de Saboya, y casado en Italia), a la vez que muy rápidamente se compromete con Luis de Molina, excautivo de Argel, a cambio de una dote considerable, dos mil ducados, que avalan Juan de Urbina y el padre de la muchacha, Miguel. Así, la nieta, que se llama también Isabel, tendrá garantizada la casa mientras viva en ella con su madre, en la Red de San Luis en Madrid.

En todo caso, Isabel de Cervantes y Saavedra, como aparece en los papeles, contrae matrimonio en estos meses siguiendo los distintos pasos formales y con el consentimiento expreso de su padre —asisten tanto Cervantes como su mujer Catalina de Palacios, en marzo de 1609— con un tren de vida considerable. Entre decenas de cosas que ella aporta al matrimonio hay ropas y trastos, va también un escritorio y «seis libros de diferentes historias» valorados en cien reales, además de unas cuantas joyas no pequeñas, al menos no las «dos sortijas de diamantes, en cuatrocientos treinta y seis reales», «otra sortija de un rubí, en tres ducados», y una más «de oro de un topacio, en diez ducados». La imagen religiosa más cara y valiosa que tiene en casa es «un san Francisco» que vale seis ducados y un supongo que estupendo «retablo de la Asunción de Nuestra Señora con sus puertas» porque vale treinta ducados, que dejan en casi nada las «tres cucharas de plata» y sus treinta y nueve reales que había ganado Cervantes en un concurso poético.

Están cambiando más cosas porque demasiadas veces le sale a Cervantes su peor versión cascarrabias o impaciente y hasta nostálgica ante algunos hábitos de la nueva sociedad y, en particular, de los nuevos escritores. Le cargan sus petulancias o insolencias de ignorantes, no solo en la taberna, sino también en la cofradía habitual de señores y escritores en la que acaba de ingresar (y es uno de los primeros), a medias por razones de fe, a medias por razones de protección social y a medias por puro entretenimiento. Mantienen allí tertulias y sesiones varios amigos que se han hecho como él Esclavos (voluntarios) en la Santa Hermandad del Santísimo Sacramento del Olivar, situada en la calle del Olivo y ante la que al menos Cervantes dijo que «guardaría sus santas Constituciones» en Madrid el 17 de abril de 1609, recién fundada el noviembre anterior en el monasterio de los frailes trinitarios descalzos de Jesús Nazareno. Se ven y se reúnen con frecuencia en el Estudio de la Compañía de Jesús de la calle Toledo, y tanto el conde de Saldaña, como el conde de Lemos (al menos hasta abril de 1610) o el marqués de Villahermosa lo frecuentan como parte de una creciente e importante sociabilidad protegida por Felipe III y por Lerma. Por eso «acuden todos los señores y muchos de los poetas», explica Lope, que se ha hecho miembro también desde este enero de 1610; vive en la calle Francos con un montón de hijos y una Juana enfermiza y frágil que a ratos no se queja, «que no es poco no quejarse una mujer, y más siendo propia», ansioso por el cargo de cronista que no recibe, un tanto inquieto por el «alboroto» de la corte con la inaudita proliferación tanto de «traidores a la naturaleza» que «andan por detrás a tan feos gustos», como de los coches que fabrica un taller junto a la casa de Cervantes. Si antes circulaban «por escuadras, ahora por legiones, como demonios», tan perplejo de «la furia de nadar las mujeres en el cuitado Manzanares» como de que todo siga igual en Madrid, «Prado, coches, mujeres, calor, polvo, garrotillo». Lo peor con diferencia es el cierre de teatros desde octubre de 1611, porque «falta me han de hacer, que al fin socorrían tanta enfermedad como mi casilla padece»: a los pocos meses muere primero su «Carlillos» y después Juana Guardo.

En la misma cofradía se inscriben, tan rápido como Cervantes y Lope, otros escritores estrechamente vinculados a la corte como Vicente Espinel, y también jóvenes que están cerca de Cervantes como Quevedo, Salas Barbadillo, Luis Vélez de Guevara o Antonio de Mendoza, quien ha de tratar sin duda de la edición que está acabando Cervantes de las *Obras* de Hurtado de Mendoza. La sociabilidad es literaria, es política y es religiosa, todo a la vez, y tiene sus propios ritos y ceremonias con algunas obligaciones devotas, como la asistencia diaria a misa o a los entierros de los cofrades de la Hermandad y hasta es posible que también deba llevar el escapulario desde entonces.

Increíblemente llegan en estos meses finales de 1609 a casa, ya en la calle de la Madalena, junto al «maestro de hacer coches» y con el palacio de la princesa de Eboli detrás, dos sucesivos cobros de la soldada que se debe todavía a cuenta de los servicios de Rodrigo de Cervantes, fallecido el primero de julio de 1601 en la batalla de las Dunas, y tras haber retomado las gestiones Miguel hace ya años, en noviembre de 1605. Unos meses atrás, y después del ingreso como esclavo de Miguel en el Santísimo Sacramento, su hermana Andrea ingresa como novicia de la Orden Tercera de San Francisco, en la misma calle de la Madalena. Está tan débil ya que unas «calenturas» se la llevan por delante en octubre de 1609, a los 65 años y sin haber testado, pero reconfortada por el capellán Francisco López y diciéndose viuda del florentino Sante Ambrosi y también viuda, según ella, del general Álvaro de Mendaño (pero murió en 1595). También Magdalena empezó en junio su noviciado en la misma Orden Tercera para seglares, en busca de consejo espiritual y protección, como lo hizo también su mujer Catalina, pero es Miguel quien entierra a Andrea, en el cementerio de la iglesia de San Sebastián, de nuevo muy cerca de casa, y es posible que si la situación económica era de veras apurada se hiciesen cargo del entierro los hermanos de la Orden Tercera.

A Quevedo le gusta burlarse de casi todo, y ahí coincide a menudo con Cervantes, también a ratos irritable o quejoso porque le impacientan los usos de los jóvenes pisaverdes, tan lejos de la vibración de la vida verdadera y a menudo tan atrapados en juegos literarios que no llevan a ninguna parte (o llevan más bien a complicar la lengua de los poemas hasta hacerla ininteligible). A Cervantes le revienta en particular esa moda entre ridícula y sobreactuada de las puntas en puños y cuello, «tan grande y tan almidonado» que parece necesaria la fuerza de los gigantes para llevarlos encima e incluso resulta inverosímil el gusto de tantos jóvenes por esos «puños chatos» que ahora usan, «comenzando de las muñecas, subían y trepaban por las canillas del brazo arriba, que parecía que iban a dar asalto a las barbas» como «yedra codiciosa de subir desde el pie de la muralla donde se arrima hasta las almenas como el ahínco que llevaban estos puños a ir a darse de puñadas con los codos». Es tanta la «exhorbitancia del cuello y puños» que «en el cuello se escondía y sepultaba el rostro y en los puños los brazos», como si Cervantes en esta caricatura satírica de la moda jovenzana estuviese imitando tantas prosas y burlas del joven Quevedo, tan brillante e ingenioso cuando satiriza los usos del presente, como a veces inventa pragmáticas, avisos e instrucciones para reírse de las vanidades y exhibicionismos que se estilan en la corte.

Tampoco a Góngora le gusta y ha resistido poco tiempo en ella en este 1609, mientras intentaba cazar a los asesinos de su sobrino Francisco de Argote. Pero desiste y huye asqueado a finales de año, soñando que «Dios me saque de aquí» para que los cortesanos «la adulación se queden» y escapa de «este civil ruido, y litigante» a lomos de una mula, en tono y maneras que sin duda Cervantes comparte. Le aprecia hace muchos años Cervantes como apreciará no solo al poeta de agudezas cómicas, sino al «sonoro y grave», a quien «temo / agraviar en mis cortas alabanzas, / aunque las suba al grado más supremo». Le conoce Cervantes el tirón altivo y han compartido poemas y tertulia (muy probablemente Cervantes conocerá en un par de años el *Polifemo* o trozos de las *Soledades* en marcha, sin estar impresos todavía). No se entiende nada bien Góngora con otro talento más joven todavía, Quevedo, que además se instala, casi ofensivamente, en la misma casa de la calle del Niño donde ha vivido Góngora, y sigue haciendo de jolgorioso y a ratos agrio satírico, ridiculizando como ha hecho Cervantes en *El licenciado Vidriera* a cortesanos y «poetas güeros». A Cervantes le ha hecho reír de veras una parodia de pragmática que ha incluido ya Quevedo en un libro que circula manuscrito, el *Buscón,* y que es una exhibición de talento verbal y de volatinería imaginativa.

No lleva a ningún lugar demasiado seguro, pero este hombre desparrama un ingenio tan innato y a la vez agresivo como para escribir una *España defendida,* dedicada a Felipe III en septiembre de 1609, y difundida solo de mano en mano entonces, concebida «para no dejar pasar sin castigo tantas calumnias de extranjeros» y con eso simpatiza Cervantes seguro. Parece a ratos un inventario de sus lecturas, los libros de caballerías, *La Celestina,* el *Lazarillo,* por supuesto Heliodoro y desde luego Garcilaso y Herrera, y hasta hace divino a Cristóbal de Castillejo (como obviamente a Figueroa). Ensalza Quevedo lo que todos conocen de pe a pa, como el *Examen de ingenios* de Huarte de San Juan que Cervantes leyó atentamente para no equivocar algún dato de los síntomas de la locura de don Quijote. O esos libros de saberes y anécdotas que todos aprovechan para sus novelas y comedias, como los de Pedro Mexía y su *Silva de varia lección* o tantos otros de Antonio de Guevara. Además, según cuenta ahí Quevedo, y aunque en libro tan serio no tiene lugar alguno el *Quijote,* respeta de veras a *La Galatea,* entre otras cosas porque al final Cervantes hace lo mismo que hace Quevedo en su capítulo cuarto: una defensa formal y rotunda de las letras españolas frente al menosprecio extranjero.

Cuando a Cervantes le ataca más fuerte ese mismo sexto sentido del ridículo de las apariencias y las industrias de la opulencia se refugia sin querer en el pasado y les cuenta a los más jóvenes, y a quienes ya hace tiempo que no lo son, como Lope o como Vicente Espinel, el mundo antiguo del teatro que ellos no vivieron porque eran demasiado jóvenes. Les habla desde sus sesenta y tantos de autores de los que casi nadie se acuerda ni nadie ha visto en escena, como un tal doctor Ramón, el canónigo de Tárrega o ese tal Navarro, que era de Toledo, e hizo un famoso tipo de «rufián cobarde», además de renovar otros métodos, como abandonar «el costal de vestidos» para la escena y empezar a transportarlos en «cofres y en baúles». Quitó las barbas a los comediantes y sacó a los músicos de detrás de la manta en la que solían esconderse y hasta «inventó tramoyas, nubes, truenos y relámpagos», les cuenta Cervantes, aunque nadie se acuerde de él y apenas lo evoca el mismo Agustín de Rojas.

En casa esta Navidad de 1609 no están todos tan fuertes como parece estarlo él. Su hermana menor, Magdalena, empieza a flaquear también. Apenas tres o cuatro meses después de la muerte de Andrea, se ha «hincado de rodillas» para profesar también ella en la Orden Tercera de San Francisco a 2 de febrero de 1610, y vestir el hábito en el convento de San Francisco de Madrid. Tres meses después, Cervantes acude al notario Jerónimo López porque sigue «enferma en la cama de la dolencia y enfermedad que» Dios le ha mandado, y encarga a Miguel la decisión sobre «la iglesia o monasterio» donde enterrarla. En todo caso, y de acuerdo con el tono general de la fe de la familia, «con la menos pompa que pareciere a mis testamentarios, en cuyas manos lo dejo», y será en el «monasterio de Señor San Francisco desta villa».

El lugar concreto será cosa que determine Miguel, igual que deja en sus manos el número de misas y todo lo demás, incluida, por cierto, la herida más honda de esta mujer. Arranca de su remotísima juventud y de sus tratos con Fernando de Lodeña, porque todavía le debe trescientos ducados y habrá de ser de nuevo Cervantes quien haga que se «los cobren, o a lo menos se lo digan y le encarguen la conciencia, pues sabe ser verdad». Tampoco se olvida ella de Constanza, a la que da «sesenta y cuatro ducados de dos panyaguas que me dio don Enrique de Palafox, caballero del hábito de Calatrava», en virtud «de la merced de Su Magestad del pan y agua que se da a los dichos caballeros». Cervantes no ha ido solo al notario a hacerse cargo de Magdalena (que muere a los tres meses), sino también de la misma Constanza, de manera que sea ella, según el documento que allí firma Cervantes, quien reciba los sucesivos pagos que lleguen con los atrasos por la muerte de Rodrigo. Y seguramente para reforzar la autoridad del compromiso, Cervantes se inventa ahí que es «alférez», para mayor impresión y porque la confusión lo propiciaba: el alférez era Rodrigo.

Tampoco se encuentra bien su mujer Catalina. Ha preferido previsoramente dejar las cosas resueltas por escrito desde junio de 1610 para ser enterrada en Esquivias cuando se muera (en el coro de la iglesia, con su padre). Pide que «me amortajen con el hábito de Señor San Francisco, a quien tengo por mi devoto», como no dudamos ya que lo tienen todos en casa, aunque van a misa «a casa de Nuestra Señora de Loreto», que está en la calle Atocha a dos pasos de la calle León en que viven ahora. Es ya el segundo o tercer traslado desde que volvieron de Valladolid de los muchos que va a vivir Cervantes, aunque nunca salga de la misma zona. Catalina tiene algún encargo más para que pague Miguel cuatro misas rezadas al año y le cede también un pequeño terreno en la misma Esquivias para los dos primeros años tras su muerte, y los dos siguientes a Constanza de Ovando.

Por suerte, provee a Cervantes también con un permiso escrito para quedarse con la cama «en que yo muriere, con la ropa que tuviere, con más todos los demás bienes muebles que yo tuviere», a excepción de «un escritorio de [taracea] pequeño con la mesa sobre que está», porque de eso ya debe de tener Miguel y el suyo se lo deja a su hermano Francisco. Y «esto sin que se le pida cuenta al dicho mi marido, por el mucho amor y buena compañía que ambos hemos tenido», quizá viéndose más a las puertas de la muerte de lo que de veras estaba Catalina y sin que yo al menos adivine aquí pista alguna de un divorcio (que es legal entonces y podía tramitarse) ni nada semejante. Serán su hermano y Miguel sus dos albaceas, además del cura de Esquivias. No asiste Cervantes como testigo físico del testamento, pero sí debió estar en la ceremonia en la que Catalina, tras su año de noviciado, profesa ante varios frailes en la Orden Tercera de San Francisco el 27 de junio de 1610. Tiene 45 años y también yo daría media mano por saber algo más de la intimidad de esta pareja o de Catalina misma.

10. El cofre vacío

Martín de Riquer conjeturó con buen sentido que quizá Cervantes no anduviese entonces por Madrid, y por eso no acompaña a su mujer a redactar el testamento. Podía estar en Barcelona con el fin de buscar alguna solución para el futuro de un escritor popular pero de otro tiempo, como demasiados rumorean y repiten aquí y allá. También va quedándose solo en casa, a su hija Isabel no la tiene cerca, ni creo que la haya tenido nunca demasiado cerca (ahora recién casada con Luis de Molina y protegida por Juan de Urbina), sus hermanas se mueren y su mujer Catalina sospecha que no le queda demasiado tiempo de vida (aunque no sea verdad). Sin duda, puede tener sentido figurar en la corte literaria que va a llevarse el conde de Lemos a Nápoles, que es joven y divertido, sin duda lo conoce desde los tiempos de Valladolid, y muy bien protegido como hombre de Lerma porque está casado con su hija. Pero es verdad también que Cervantes rebasa ampliamente ahora los sesenta años y hace mucho tiempo que dejó de aspirar a secretarías y oficios como los que prestan Lope o Quevedo y tantos otros. Tampoco su *Quijote* es exactamente un aval de formalidad ni ha sido recibido por nadie como obra de consideración sino como éxito tumultuoso pero irrelevante, sin peso. Seguramente incordia sobre todo a las autoridades formales y académicas del momento, que no salen de su irritación ante semejante extravagancia afortunada.

Buscando al conde de Lemos

De hecho, no es nada seguro que estuviese entonces en Barcelona ni era tampoco necesario el viaje a Nápoles con la comitiva de Lemos para contar con su protección o su auxilio. No existe una profesión de mecenas pero sí el mecenazgo, con ayudas caprichosas e intermitentes, como compensaciones y gratificaciones sin una vía prefijada o estable. Es el que tiene ya fijo y contento, pero muy esclavo, a Lope de Vega con el duque de Sesa, veinte años más joven que él y dispuesto a todo tipo de hiperactividad erótica y sentimental (sumada a la natural efusividad de Lope). No es nuevo en la plaza Cervantes, estuvo ya en las terminales del poder de las casas nobiliarias hace años, cuando Ascanio Colonna vivía en Alcalá, y ha tenido trato seguro, y seguramente cotidiano, en Valladolid con toda la corte literaria y de la otra imaginable y parte de la internacional (a pesar de que faltase el suyo, su duque de Béjar).

Esos contactos y relaciones de Valladolid con el duque de Pastrana y el conde de Salinas, a los que cita cada vez que puede en su obra, la segura amistad con Quevedo, con Góngora y sin duda con Juan de Tasis, conde de Villamediana, no hacen la situación de Cervantes desesperada ni desde Madrid ve las cosas tan mal. Es improbable que no exista el menor contacto personal con quienes entran y salen de las traseras de la casa de la Madalena, en el palacio de la princesa de Eboli y el duque de Pastrana, cerca también de algunos nuevos amigos que no pecan de almidonados y cantamañanas y tienen el talento de Salas Barbadillo, o del cura y autor dramático José de Valdivielso, que acaba de llegar a Madrid desde Toledo al servicio del arzobispo Bernardo de Sandoval. Está cerca también de otros amigos de poca nombradía y de los que no sabemos nada, alguno tan sifilítico como uno de sus personajes, con la «amarillez de su rostro» y «haciendo pinitos y dando traspiés como convaleciente», mientras va quedándose sin cejas ni pestañas y sin cabellos para quedar «verdaderamente hecho pelón» y sin barbas siquiera. Son parte de su entorno físico y cotidiano de versos, de naipes, de comedias, de comidas y cenas en posadas (como una y otra vez se almuerza y se cena en el *Quijote* con amigos nuevos y viejos).

No conservamos apenas cartas, como sí las tenemos de otros —Lope, Quevedo, Góngora—, pero esos amigos son muy reales. A ellos alude de forma entusiasta en las obras de este tiempo, sobre todo desde que ha vuelto a Madrid, quizá ha empezado a componer versos para el *Viaje del Parnaso*. Y aunque a Juan de Arguijo lo vea poco, porque está en Sevilla, a Alonso de Ledesma lo ve porque a él «me fui corriendo / con los brazos abiertos como amigo» (y habrá leído ya sus reeditados *Conceptos espirituales*), todos casi siempre de quince a veinticinco años más jóvenes que él, como Alonso de Acevedo, como Luis Vélez de Guevara, como Juan Ochoa y su otro amigo Julián de Almendárez, y otros aun menos conocidos pero escritores de comedias y poetas sin obra importante, pero que menciona con afecto y vibración personal, como los militares Pedro Tamayo o Sancho de Leyva, como Juan de Vasconcelos o Juan de Vergara o Antonio de Herrera, como el licenciado Poyo, Felipe Godínez, Miguel Cid, Francisco de Calatayud, o como el mismo Juan de Jáuregui que escribe y pinta, o como Pedro Montes de Oca, que estaba ya desde su primera lista de ingenios en *La Galatea*. No fallará la conversación social y literaria y chismosa en Madrid mientras se sienta con fuerzas para salir de casa y asistir a las lecturas de versos y a las justas en las varias academias y en las librerías que tiene un Madrid muy, muy pequeño. O las más espontáneas tan cerca de casa como en el mentidero de comediantes o en el mismo corral de comedias, sea el del Príncipe, sea el de la Cruz, ninguno demasiado alejado como para no andar enterado de todo, como le ha gustado siempre estar al tanto de todo, y aunque sea cada vez con el paso más lento y la espalda más cargada.

Pero a Barcelona es verdad que sí acudieron en los primeros días de junio de 1610 algunos escritores relevantes con la voluntad de acompañar al conde de Lemos hasta Nápoles y asistirle allí en los próximos dos o tres años como virrey aficionado a la literatura, poeta él mismo, muy socarrón y hasta algo procaz en la confidencia familiar. Cervantes no va en ninguna de las doce galeras que embarcan a Lemos con su mujer, que es hija de Lerma, tras permanecer en la ciudad entre el 5 y el 10 de junio. Lemos ha encargado ya a un hombre de cincuenta años y reconocido poeta, Lupercio Leonardo de Argensola, la selección del servicio de escribientes y poetas que amenicen la estancia en Nápoles. Se lo ha tomado tan profesionalmente en serio que todo va a quedar repartido en casa, o casi. Se lleva con él a su hijo, a su hermano Bartolomé, al confesor del conde, que es Diego de Arce, a Mira de Amescua y a Gabriel de Barrionuevo pero no a otros que anduvieron ilusionados con el invento.

Fuera del embarque se quedan dos amigos de Cervantes, Góngora y Cristóbal de Mesa, sin que haya indicio de que viesen zarpar las naves en el puerto de Barcelona sin ellos, pero sí lo hay de su mal humor y de su despecho. Pueden muy bien saber, antes de esos días de junio, que no están entre los elegidos, como puede muy bien saberlo Cervantes. Es verdad que uno de los pretendientes al puesto, Cristóbal Suárez de Figueroa, se subleva contra el búnker que tienen armado en torno al conde de Lemos los hermanos Argensola en Barcelona, «tan sitiado» de «ingeniosos» que lo da por «inaccesible, como si no tuviese por costumbre el sol dar luz a muchos», como escribirá poco después, plantado en el puerto de Barcelona y obligado a volverse a Madrid sin haberle podido entregar en mano, como quería, la obra que pensaba dedicar al conde. Un eclesiástico de la corte de Lemos se lo impidió, y seguramente el eclesiástico sería Bartolomé Leonardo de Argensola.

Pero sigo sin ver a Cervantes a sus sesenta y cinco años aleteando en Barcelona para entrar en la lista o conspirando con este y con aquel, todos quince o veinte años más jóvenes que él. Y mucho menos lo veo en ese trance a la vista de uno de los relatos (en verso) más desnudamente autobiográficos a la vez que fantásticos que Cervantes ha de escribir en su vida, el *Viaje del Parnaso*. El largo poema traza el viaje fantástico de los poetas al Parnaso casi como en un sueño —como un *sueño* quevedesco, pero en verso y sobre escritores, y no sobre sastres, médicos o alguaciles—. Las escenas se encadenan bruscamente, burlándose de la fingida causalidad y de los saltos de aquí a allí en entera libertad de juego. Al poema llegan tanto sus reacciones a su nueva vida reciente en Madrid, instalado en un barrio céntrico, con las tertulias de poetas y comediantes a un paso de casa, como la resaca del espectáculo y la rumorología asperjada que el asunto de Nápoles ha dejado flotando.

Sin duda correrán enseguida las noticias sobre las actividades de los auxiliares del conde ya instalados en Nápoles, y además y por su cuenta, el ya conde Villamediana ha viajado ahí quizá a causa de uno de sus múltiples lances complicados. Apenas recién llegados constituyen la Academia de los Ociosos, activa al menos desde marzo de 1611, con un Lemos que no deja de escribir o al menos intenta escribir comedias como hombre de buen humor y buenas migas con su hermano, a quien anuncia algunas enmiendas al texto de un primer acto de una comedia que le envía («clarifican la inteligencia» y «edifican al auditorio»), y agradece con sonora retranca «las objecioncillas de mierda» que le ha hecho el hermano. Sin duda el conde solventará pronto los defectos, por su cuenta o con la ayuda de algunos de los ingenios que tiene con él. Lo hará incluso si la carta con las objecioncillas llega como llega alguna otra, con tanta «mierda allí y tan confusa, que yo pensé que se había cagado Pilatos» en el papel.

Las bromas no cesan y algunas atañen a Cervantes, como sucede con un entremés representado en mayo de 1611 y escrito por Gabriel de Barrionuevo, tan amigo de Lope como de Lupercio Leonardo de Argensola. Ha metido en *El triunfo de los coches* a un personaje secundario al que llama Cervantes, dispuesto a buscar «una mujer de buena traza» que le proporcione «algún dinerillo», porque sabe que hay hombres a quienes no se les «conoce otro oficio más que ser casados», mientras se compromete el otro a encontrársela como solícito marido cornudo y consentido porque dentro de Cervantes va el ciervo, en chiste que Cervantes y la familia deben haber escuchado desde la cuna, como a Lope le dio por la misma gracia en el poema que recibió Cervantes en Valladolid escrito contra él como cornudo mientras aparecía el primer *Quijote*.

¿Quería estar ahí Cervantes? ¿Se conduele amargamente de la exclusión o se resiente más bien del puro abandono, las falsas promesas y la pasividad cósmica de los Argensola? Cuando en el *Viaje del Parnaso* se acercan a Nápoles, todo se para en la historia y Cervantes cuela directamente este episodio sin disimulo, o al menos a las claras de los únicos lectores que tendrá el libro cuando lo publique. Está pensado en torno a 1612 para entretenerse y para entretener a los demás con las pullas y rivalidades de la corte literaria, aunque alguno agríe el gesto, otro se altere de veras y quizá los más impulsivos acaben tirándose los bonetes de académicos unos contra los otros. Lo ha visto Lope este marzo de 1612 en la Academia Selvaje de Francisco de Silva, conde de Saldaña, y hermano del duque de Pastrana que apareció por la casa de Cervantes en Valladolid. Hoy viven en Madrid en una casa de la calle de Atocha, poblada de hospitales y conventos, además de alguna imprenta como la que estampó el *Quijote* de 1604. Lo último que quiere ese Cervantes, ficticio y real a la vez, es ver a los Argensola, y «si acaso hubiese / otro que la embajada les llevase» y «que más grato a los dos hermanos fuese / que yo no soy», probablemente habría mejor intermediario porque «no sé quién me dice y quién me exhorta» que los dos hermanos Argensola «tienen para mí, a lo que imagino, / la voluntad, como la vista, corta».

O esa enemistad la sabe de primera mano o le ha hablado alguien, como insinúa, y ese alguien puede ser Villamediana o puede ser un sargento mayor que se llama Diego Rosel, «inventor de nuevos artes» que ahora es gobernador de la ciudad de Sancta Ágata en Italia. Le ha pedido a Cervantes en directo o por correo un soneto para la obra que publica al año siguiente, en 1612 (y en Nápoles precisamente), sobre «términos cortesanos, práctica militar, casos de estado» y «nuevos jeroglíficos», dedicada al rey de Francia Luis XIII. Escribe para él también Quevedo otro soneto inicial, que suena muy burlón, mientras Cervantes parece insinuar que no lo ha metido en el *Viaje del Parnaso* porque nunca se le vio al sargento Rosel hasta entonces «en la Parnasa, excesible cuesta», aunque sí se oyen sus versos «retumbando, crujiendo y espantando».

Lo sepa por esta vía o no, si las cosas hubiesen ido de otro modo con los Argensola y si «alguna promesa se cumpliera / de aquellas muchas que al partir me hicieron», Cervantes no iría «con tan pobre recámara» y equipaje tan precario como lleva. A pesar de que esperó, porque «mucho esperé» y «mucho prometieron», puede que «obligaciones nuevas / les obliguen a olvidar lo que dijeron». Pero ni reparten juego ni aciertan con quienes reciben sus favores porque «habiendo levantado a la Poesía» entre todos en los últimos años hasta el «buen punto en que está, como se ha visto», parecen querer regularlo y controlarlo todo ellos, decidiendo por su cuenta sobre los méritos y sobre los premios que los demás merecen del conde. «Con perezosa tiranía» pretenden arrogarse el derecho a saber mejor que nadie quién vale y quién no, y además «alzarse (como dicen) a su mano», y largarse de la mesa de juego con la ganancia, abandonando a la nada a los excluidos. Pero todo, y pese a todo, sigue dentro del decoro de un poema que avanza como avanza el *Viaje del Parnaso* «burlando con alegres veras», a pesar de la injusticia, a pesar del resquemor por un abandono inmerecido e injustificado, no en tierra, sino en la pobreza y la necesidad. No censura Cervantes que le dejasen sin corte napolitana sino que le dejasen sin nada, sin auxilio, sin algún tipo de paga, gratificación, remuneración o ayuda, y de ahí la súbita cólera de Mercurio dispuesto a ir a buscar a los hermanos en persona, y «si me desembarco y los embisto, / voto a Dios, que me traiga al Conde y todo». Lemos rectificará, aunque un poco más tarde.

Quizá no le hacía falta alguna, pero él mismo confiesa que imita en su *Viaje* a Cesare Caporali, miembro de la Accademia degli Insensati, y autor de infinitas burlas a señores y poetas metidas en un *Viaggio in Parnaso,* que continuó en unos *Avvisi di Parnaso* también en verso (que a la vez imita sin duda Cervantes). Desde luego rimas *piacevoli* es lo que verdaderamente son los tercetos encadenados de Cervantes en los ocho capítulos que irá escribiendo con tiempos muertos y en forma sincopada, y diciendo a la vez y sin decir lo que le reconcome, y entre esas cosas está la obstinación irónica de «que siempre trabajo y me desvelo / por parecer que tengo de poeta / la gracia que no quiso darme el cielo». Quizá por fin «en un saltico / pudiera el labio remojar» en la corriente del río que inspira a los poetas, Aganipe, de modo que quede con «el pancho lleno» del licor maravilloso, y «ser de allí adelante / poeta ilustre o al menos magnífico».

No veo yo por ningún lado la lesión íntima de haber sido desestimado por los Argensola (a quienes elogia sin reservas, además, al final del *Viaje*), sino la herida abierta pero irónica y festiva, resignada y a la vez combativa y hasta sarcástica a ratos, de quien siente que no ha sido todavía apreciado como ingenio importante. Lo sepan o no los demás, ha desafiado convenciones y ha ensayado cosas que han sido radicalmente nuevas porque «yo me atrevo / a profanar del monte la grandeza / con libros nuevos y en estilo nuevo».

CONTRA LOS POETAS MEMOS

Además de «otros mil inconvenientes», lo que le quita a Cervantes las ganas de viaje alguno es, en realidad, esa «piedra que en mis hombros veo» y que «la fortuna me cargó pesada». El tiempo empieza a doblegarlo sin engañarle, sin apenas dientes en la boca, la cabeza canosa y rala, más cargado de espaldas de lo que quisiera y con el paso lento de los ancianos. Pero para combatir eso está la ficción (incluso nuestra autoficción); está para inventar sobre la realidad lo que no ha sucedido pero puede celebrarse con la imaginación. Por eso Cervantes se deja ir y entresueña fantaseando un viaje imposible, precisamente «porque di al viento la cabeza» y, subido «sobre las ancas del Destino», se pone en marcha con un largo poema que se parece menos de lo que dice al de Caporali. Sí sabe que ahí irá su burla insolente y hasta desvergonzada de las solemnidades que todos gastan tratando de señores y de poesía mientras callan la bajeza, la inconsistencia y hasta el desaliño de tanto aficionado e ignorante.

O incluso de eclesiásticos que respetan el silencio de santos varones sin dar a la luz sus obras, sin atreverse a hacer el bien que podrían, desentendiéndose, por decirlo así, del deber moral y civil de ayudar a los demás. Les sobra miedo a someterse al juicio ajeno y a incomodar a otros pese al bien que harían en auxilio de las buenas letras y el saber humanístico. Un enojado Cervantes repudia su «miedo, o melindre o hipocresía» porque no acierta «a pensar por qué causa se desprecian / de salir con su ingenio a campo abierto», ni entiende para qué «embobecen y anecian» a los demás ocultando sus obras, eclesiásticos y hombres de fe callados porque no sé «qué recelo / o celo les impele a no mostrarse / sin miedo ante la turba vil del suelo».

Nada de eso está en su estirpe precisamente porque Cervantes no escurre el bulto y escribe desde una ética del coraje que no ha perdido el hombre de la mano estropeada. No ha perdido tampoco el afán de confesar lo que hace y cómo lo hace, incluidos los elogios o las críticas que se le deban porque «tiene el ingenio su codicia / y nunca la alabanza se desprecia»; es lo justo, y por eso «jamás me contenté ni satisfice / de hipócritas melindres. Llanamente / quise alabanzas de lo que bien hice». Cervantes no suelta la cuerda confesional porque el poema cómico permite la exageración sin que nadie lo entienda en su literalidad sino tocado todo por la bruma burlona, mientras ataca la proliferación de literatura cortesana aduladora y vulgar, «falsa, ansiosa, torpe y vieja», el verso embustero y servil, la «canalla / trovadora, maligna y trafalmeja», adicta al tabanco y la taberna, «amiga de sonaja y morteruelo», plagada de absurdos y solecismos. A esa cochambre mal vestida y sucia los ahoga Cervantes en la batalla a manos del escuadrón de los buenos poetas con el apoyo de Apolo porque es lo que son, calamidades y calabazas flotantes, «hinchados odres», «poetas zarabandos» de la «secta almidonada». Y también con ellos se ahogan y hunden los «blancos, tiernos, dulces, blandos», transformados en «tan vanas y huecas apariencias» y otros tan puros «cernícalos que son lagartijeros», todos hinchándose de vanagloria ridícula hasta reventar con «un estampido tal» de «la gloria vana» que prueba que son eso, aire, «hipócrita gentalla» de «tantas necedades inventora», «turba / ociosa, vagamunda y sin provecho».

Las formalidades de Calíope y su canto casi inocente de hace treinta y tantos años han desaparecido del todo, pero no ha desaparecido el afán de Cervantes por mantener viva su visión exhibiéndola a pecho descubierto y sin sermonear porque un poema burlón no sermonea: satiriza y ridiculiza la literatura de su tiempo, la viva más que la muerta, la actual más que la pretérita. Por suerte nada se pondrá en marcha si no va con ellos en el bando de los buenos Quevedo porque «no podemos / irnos sin él y en esto estaré fijo»: es «el flagelo de poetas memos / y echará a puntillazos del Parnaso / los malos que esperamos y tememos», aunque es verdad que habrá que esperarlo porque es cojo, «tiene el paso / corto y no llegará en un siglo entero».

La corte sigue entre ceja y ceja pero sigue también la pobreza como bajo continuo que empieza ahora y no desaparece en los últimos años de su vida. Es escritor de carga «siempre ligera», pues «carece de maleta», ajeno a la adulación y pobre pobrísimo, tanto si trata de asuntos de burlas como de veras, «absorto en sus quimeras y admirado / de sus mismas acciones», desentendido y ajeno a «llegar a rico como a honroso estado»: «yo soy un poeta de esta hechura» porque esa es justamente la masa muscular y sentimental de Cervantes mientras se retrata en este poema épico-burlesco y fantástico, ya «cisne en las canas, y en la voz un ronco / y negro cuervo, sin que el tiempo pueda / desbastar de mi ingenio el duro tronco». Y a nadie le parece que pueda ser nunca nada más, quieta la rueda de la fortuna para él; «jamás me pude ver solo un momento» en su cumbre; «cuando subir quiero se está queda», sin dejarle sitio alguno en el cielo terrestre de las letras.

Así se siente Cervantes sin duda cuando se pinta vestido «como pobre» que «con este aliño mi jornada sigo», con una sola mano, sí, pero armada de «aquel instinto sobrehumano / que de raro inventor» su pecho encierra. Lo dice el mensajero de Apolo pero parece contestar a Lope. Esa mano ha hecho que sobre «la grupa de Rocinante» sus obras lleguen a «los rincones de la tierra» y «a la envidia mueven guerra». Pero todo es todavía inútil y frustrante, y ahí sigue, sin sitio, sin sitio para él, y «en pie quédeme / despechado, colérico y marchito», ajeno a la ratonería codiciosa de quienes acuden a beber como alimañas a la fuente Castalia, «de bruces y no a sorbos», y hasta «pies y manos y otras cosas / algo más indecentes se lavaron».

Ni en Madrid ni en Nápoles ni en parte alguna parece disfrutar del crédito que merece pero tampoco va a perder ya el buen humor socarrón de quien sale al «paso tardo y lento» de los ancianos de «la humilde choza mía», en ese tono inconfundible en que Cervantes se retrata en el espacio físico, urbano y cotidiano mientras encadena despedidas tan alegres en este 1612 como lo serán en 1616: «adiós, Madrid, adiós tu Prado y fuentes», «adiós conversaciones suficientes», adiós «sitio agradable y mentiroso» como lo es el mentidero bullicioso de comediantes que tiene delante de su casa, y sin que perdone la coz contra el teatro de su tiempo, también «adiós, teatros públicos, honrados / por la ignorancia que ensalzada veo / en cien mil disparates recitados», adiós al paseo de San Felipe donde pululan soldados de ida y vuelta cerca de la plaza del Sol, y adiós, en fin, al hambre «sutil de algún hidalgo» porque antes de «verme ante tus puertas muerto, / hoy de mi patria y de mí mismo salgo».

Restalla en ese retrato una autocompasión que dos años después, pero creo que todavía no en este 1612, llevará munición diferente y más acre, asaltado por una suerte de acoso imprevisto y vejatorio. Creo que la primera redacción del *Viaje del Parnaso* no continuaba como la tenemos hoy porque los versos que siguen tienen otro aire y otro rencor metido dentro, incluso otra furia de autorreivindicación que deshace la música burlona e imprime huellas de una herida diferente. Se suman también dolores nuevos que ignoramos en su dimensión más íntima, como lo ignoramos de casi todos. En mayo de 1612 muere su única nieta, Isabel, de apenas dos o tres años, y desata la criatura sin querer otra complicada veta más de graves dificultades entre Miguel y su hija Isabel. Los papeles transmiten una enemistad enconada y casi segura desde este momento, al menos cuando ella tiene ya en torno a 28 años y pelea junto a su marido Luis de Molina para permanecer en la casa de la Red de San Luis. Pero esa casa es propiedad del padre de la niña fallecida, Juan de Urbina. Cervantes estuvo de acuerdo con la cláusula adicional del contrato de matrimonio, cuando aprobaron la boda hace cuatro años, y está de acuerdo ahora en que la casa protegía únicamente la crianza de una niña que ha muerto este mayo de 1612. El pleito que enfrenta a Luis de Molina e Isabel de Saavedra contra Urbina y Cervantes no acabará mientras Cervantes viva.

VOLVER A ENTRAR

En algún momento Cervantes vuelve a caerse dentro de su historia, mientras compone versos burlones para el *Viaje*, mientras revisa y relee sus novelas pensando en reunirlas en un volumen, en una franja de fechas por fuerza elástica, entre 1611 y 1613. Nadie sabe cuándo ni sabe exactamente en qué capítulos regresa o vuelve a salir del *Quijote*. La explicación menos convincente de la intensidad de escritura en estos años es la razón económica. Cervantes parece decir que publica la continuación del *Quijote* «llevado más del interés que de darla se le sigue», económico, se entiende, que de «otra alabanza alguna», pero el alarde cínico es en realidad contra Lope y su industrial dedicación a la comedia. Ni ese libro ni ningún otro han resuelto nada nunca, más allá de las urgencias de unos pocos meses. La única ganancia imaginable y estable procede de la protección de un buen señor, y esta vez está casi comprometido, como lo está el conde de Lemos desde 1613, a la vez que lo está ya, o va a estarlo enseguida, el cardenal Bernardo de Sandoval.

Nada ha perdido en las nuevas páginas el punto de suspensión e incertidumbre que habían tenido en su primer volumen. Incluso la continuidad entre una parte y otra parece tan natural como sin sutura y como si no hubiese habido interrupción alguna. Cuando Cervantes retoma y entra de nuevo en el *Quijote* es otro y es único, como si el dominio que ejerce esa novela sobre él explicase la diferencia que la separa y la eleva sobre todas las demás. A pesar de los experimentos de sus cuentos, a pesar de la genialidad de alguno de ellos y el más próximo de todos, el *Coloquio de los perros,* los demás son buenos, muy buenos y originales, pero están lejos de los aciertos que iluminan al *Quijote,* los desvíos y las novedades que arma fluidamente y sin ruido. Casi parece que el personaje haya abducido al escritor y sea tan potente esa figura para los lectores de todos los tiempos como lo fue para él mismo, bajo el dominio de esa rareza que impulsa una equivocidad crónica, o incluso una suerte de intrigante naturaleza impenetrable, sin solución definitiva nunca, o sin decantación hacia un lado u otro de la naturaleza dual del personaje y en el fondo de la novela misma.

No solo recupera a Cide Hamete Benengeli del olvido en que lo dejó en la cuarta parte de 1604, sino que va a convertirlo en auténtico personaje de la historia en otra muestra de libertad y también de juego irónico interior al libro, de descarado abuso de una fórmula que fue técnica humorística solo y ahora es encarnadura narrativa y muy divertida. Le escucha, discute con él, pondera las cosas que dice y fabula cada vez más cerca de insinuarse detrás de él, conociéndole de cerca como le conoce. Cide es ya real y físico, como casi todo va a serlo en esta segunda parte sin perder nada de la entidad evasiva que el libro tiene.

No es ya un mero recurso paródico como fue en la primera; cobra consistencia de fábula activa, de carne de novela porque ahora «pinta los pensamientos, descubre las imaginaciones, responde a las tácitas [o calladas], aclara las dudas, resuelve los argumentos», sin «dejar cosa por menuda que fuese que no la sacase a luz distintamente». Y hasta sirve para prevenir críticas futuras de humanistas idiotas aclarando, dentro del mismo libro, lo que por lo visto no entenderían ellos solos, como en el caso del sueño que acomete a don Quijote al bajar a la cueva de Montesinos y puntualizar Cide Hamete que «parece apócrifa» y seguramente la inventó don Quijote «por parecerle que convenía y cuadraba bien con las aventuras que había leído en sus historias». Cervantes se adelanta a lectores planos, a lectores incapaces de vivir la ficción como ficción, preventivamente dispuesto ya, y escarmentado, a combatirlos mientras escribe y no después de publicada la obra. Y así juzgue cada cual, cada lector, «lo que te pareciere, que yo no debo ni puedo más».

La idea es tan fértil que escribe de corrido los capítulos y peripecias que siguen a las opiniones que ha generado el libro. La novela da un giro sobre sí misma que la aleja de la primera sin dejar de ser la misma, con otras ideas y otra propuesta de fondo (y de forma). La mitad o más de sus asuntos, hasta el capítulo veinte, va a ser precisamente la naturaleza del libro, el carácter de los personajes, el modo de obrar y pensar: la continuación del *Quijote* trata sobre todo del *Quijote* mismo. Explora en él las condiciones que ha dejado puestas el primero y las ensancha un poco más en una doble dirección que funciona hacia fuera y hacia dentro, mientras crece por rutas que no estuvieron ni ensayadas ni siquiera previstas en la primera. Don Quijote está loco porque el lector lo sabe ya, sin necesidad de verle hacer locuras: viste como vestía y sigue siendo el mismo anacronismo ambulante, y sin embargo todo va a cambiar de golpe, como si esta continuación dependiese como un mellizo de la primera para que cobre sentido la inversión que ahora propone Cervantes, sin perder en absoluto la emulsión irónica crucial que la funda en torno a la locura intermitente o la lucidez espasmódica del personaje.

Todo va a cambiar para que don Quijote sea sobre todo protagonista pasivo y reflexivo de las fabulaciones que urden los demás, ajustadas a las que esperan de él. Eso sucede al menos desde el soliloquio de Sancho en que decide apaciguar y conformar a su señor diciéndole lo que quiere oír y sin oponerse ni desmentirlo, como si Sancho fuese solo un trilero de buen corazón pero miedoso, inconsecuente, codicioso y de inteligencia natural despierta y luminosa. A la vista de una labradora, Sancho jurará que es Dulcinea, y don Quijote no ve a Dulcinea alguna sino a una labradora ordinaria y común. La aguja de marear del primer libro eran los encantadores: don Quijote vivía lo que querían los encantadores y ahora los encantadores persiguen al caballero desmontándole a él la fantasía que los demás narran, fingen e inventan, sin que pueda disfrutar de nada de lo que disfrutan ellos (falsamente, porque mienten). Cervantes ha cambiado el mecanismo de la ficción invirtiéndola, y una y otra vez repetirá la novela que don Quijote no ve castillo alguno sino venta, y viendo la venta y a la labradora habla y piensa.

Pero ese cambio va a tener otras consecuencias fuertes en la textura del libro y en la libertad que va a ejercer en el reino de la ficción, como si se sintiese Cervantes no ya conquistador del reino de la ironía sino en plena colonización de un espacio tan fértil y tan rico que aumenta prodigiosamente las posibilidades de contar y contar no solo peripecias sino también pensamientos, juicios, críticas, diatribas, discursos, razones y meditaciones que expone don Quijote casi siempre, aunque también Sancho. Las ideas a Cervantes se le derraman en este libro como en ningún otro y en una medida muy superior al primero, porque está Cervantes ya en su casa y seguro de la elasticidad sin fin del artefacto, seguro de que su mecanismo interior impide cualquier forma de solemnidad o de aleccionamiento, incluso de envaramiento, porque sigue siendo el libro que quiere y necesita Cervantes: un libro cómico que además de entretener entrega una meditación casi incesante.

Por eso la segunda parte desplaza la dimensión caballeresca, los disfraces novelescos y las fantasías hacia los demás. Son los

demás los que mienten, fabulan e inventan —sin estar locos—
para desolación de don Quijote, que no vive nada de lo que dicen
vivir los otros, obstinadamente atrapado en su voluntad de ser
quien es. Don Quijote vive ahora una crónica frustración de su
locura no porque lo descabalguen y lo arrollen sino porque las
cosas que dicen que pasan no pasan. Ahora aumenta exponencial-
mente el efecto emocional que causa en el lector el puro desamparo del engañado, no por sus lecturas ya, sino por sus compinchados compañeros de camino o los duques en el castillo, con
buena fe que es a la vez mala fe. Sancho mismo no duda de que
su señor «no sabe hacer mal a nadie, sino bien a todos, ni tiene
malicia alguna», sin «nada de bellaco, antes tiene un alma como
un cántaro». La ilusión que engendran las palabras de los demás,
y sus promesas y sus embustes fabulados, chocan una y otra vez
con el buen sentido de don Quijote, que ve lo que hay y no lo que
dicen que hay: «tres labradoras sobre tres borricos».

Y lo mejor que se le ocurre a Cervantes es comparecer en persona disfrazado de Caballero del Verde Gabán y cederle a ese
personaje un autorretrato arreglado para poner las cosas en su
sitio. De hecho, es la prueba viviente de que existen los caballeros
andantes que «habrán puesto en olvido» las innumerables aventuras «de los fingidos» que tanto descrédito y perjuicio han traído
a «las buenas historias». Los deplora Diego de Miranda, que así
se llama el caballero, como así se llamaba uno de los caballeros
del embrollo de Ezpeleta en el Valladolid de 1605; es muy rico y
dueño de la biblioteca más verosímil y verdadera de la obra entera de Cervantes. Lo más parecido a la biblioteca real que pudiera tener él es esta de seis docenas de libros, «cuáles de romance y cuáles de latín, de historia algunos y de devoción otros», pero
ninguno de caballerías. Hojea con más frecuencia profanos que
devotos, «como sean de honesto entretenimiento, que deleiten
con el lenguaje y admiren y suspendan con la invención», aunque
«de estos hay muy pocos en España». Y los que hay, los ha cribado
Cervantes ya en la primera parte, repasando con los ojos su propia
biblioteca, muy cerca de un vertiginoso autorretrato ficticio que
me parece que cuadra con la visión que Cervantes tiene de sí
mismo para quitar la menor tentación de parentesco con don

Quijote, que es loco y ridículo. Cervantes ni es loco ni es ridículo ni simpatiza con un loco ridículo, pero sí con la locura entreverada de cordura como emblema de una nueva visión del mundo, revolucionaria e intrigante.

Cervantes, como Diego de Miranda, es sobre todo reacio a la murmuración propia y ajena, ni metomentodo ni bocazas, «oigo misa cada día, reparto mis bienes con los pobres, sin hacer alarde de buenas obras, por no dar entrada en mi corazón a la hipocresía y vanagloria, enemigos que blandamente se apoderan del corazón más recatado», conciliador y pacífico, además de devoto de Nuestra Señora y hombre de fe. Cervantes será más cosas, sin duda, pero es todas estas que acaba de perfilar para Diego de Miranda, y todas las actitudes del «hidalgo» cuadran con las del hidalgo Miguel de Cervantes, pero más pobre, y tan poco santo como «gran pecador» es Diego de Miranda.

Nadie define tampoco a don Quijote como este Miranda al verlo como es, «un cuerdo loco y un loco que tiraba a cuerdo», aunque Cervantes ha de aclararse una vez más, en ese punto en que salta el corazón del autor que teme poner en riesgo el efecto total de la obra, y puntualiza rápidamente algo que puede estropear el mecanismo. Enseguida explica que Diego de Miranda no había leído la primera parte. De haberlo hecho, por descontado sabría que está loco de verdad, que es lo que es don Quijote en la primera parte, aunque «lo que hablaba era concertado, elegante y bien dicho, y lo que hacía, disparatado, temerario y tonto» (y Cervantes, ansioso, ratifica indubitablemente que es loco quien se pone una celada llena de requesón derretido y pelea con leones).

Me parece un momento esencial para entender la delicadeza de la operación que Cervantes está ensayando. La historia se desdobla hacia dentro y hacia fuera; se ensimisma buscando la rara naturaleza del pensar ambivalente de don Quijote y a la vez se asoma al exterior imponiendo sobre los demás la realidad empírica de personajes que son personas cuya historia cuenta un libro recién publicado. El movimiento es doble y logra Cervantes ampliar aún más la ya vastísima ampliación de los límites de la ficción de su tiempo: se mira a sí misma hacia dentro y deja a la vez que la permee su tiempo histórico casi invasivamente, en otro insólito movimiento irónico de esa extraordinaria novela. Pero Cervantes ha estado a punto de romper el equilibrio de la fábrica de la ficción, porque el secreto de la segunda parte está en mantener fielmente la distancia entre lo bien que razona el personaje (y Cervantes con él) y lo mal que hace dejándose llevar de su fantasía de caballero (y eso es cosa suya). Cervantes se detiene a contar ante otros a don Quijote para confirmar que no es loco solo, y esa preocupación me parece que no es únicamente una necesidad literaria o novelesca sino un impulso de Cervantes, o una necesidad nacida de la misma popularidad de un libro leído en su vertiente cómica y que ha desteñido de forma invisible sobre la imagen de Cervantes que tienen los demás.

COSAS DE MEOLLO Y DE SUSTANCIA

Hay una semilla de resquemor latiendo en este libro que no estaba en el anterior, más desprejuiciado y más libre, escrito sin sentir la vigilancia de los lectores sobre el cogote como sí siente ahora. Este será leído como continuación de un éxito, y Cervantes cambia la compostura y modula una voz matizadamente nueva para don Quijote, no solo más templada sino más elevada y sabia, más ponderada y juiciosa. Ancla en la digresión jubilosa buena parte del mecanismo de la variedad inteligente de un libro con el corazón irónico: se extiende en reflexiones, en ideas, en meditaciones que bromean y no bromean a la vez, hechas desde una voluntaria conciencia de pensar recto desde la convención básica ya construida de la duplicidad esencialmente ambigua del personaje.

Y creo que tiene que ver con una ansiedad que nace en Cervantes y nace en la imagen absurda que el éxito del primer *Quijote* ha creado de él y de la novela misma, quizá demasiado zarandeado entre unos y otros, quizá incluso vulgarizado como nada más que el autor de un juguete risible y poco respetable en boca de todos, y no todos muy listos ni muy atentos. Me parece que Cervantes ha premeditado sin duda la abundancia de discursos de don Quijote como parte de los resortes que impidan mantener una lectura excesivamente banal o humorística de su libro, para que no sea solo la «extravagancia» que ha leído Lope y para que no cunda más la absurda idea de la que se defiende Cervantes más de una vez en el libro pero ha ido calando aquí y allá: ni Cervantes es loco ni tiene nada de disparatado, así que esmalta con convincentes y múltiples microensayos encadenados a la conversación esta nueva historia, receloso o irritado ante la miopía de lectores aplastados solo por la comicidad inequívoca de la obra y dispuestos a vampirizar con ella a su autor.

La tragedia y el drama agostan y polarizan la realidad; la comedia inteligente, entreverada de humor y saber, como su *Quijote*, la ensancha y multiplica, la comprende y explica, la integra y revela más allá de las simplificaciones fatales y las versiones dogmáticas de la realidad. Cervantes no corrige el corazón de la novela, por supuesto que no, pero condiciona su funcionamiento a una exigencia que no estuvo en el primero como está en el segundo *Quijote:* o bien porque nadie percibió en aquella obra la inteligencia irónica que lo rotulaba —que eso significa *ingenioso* aplicado a don Quijote— o bien es él quien ha descubierto en la maquinaria que ha creado los resortes para introducir una dimensión de su experiencia que estuvo fuera, o en dosis mucho menores, en la primera.

Cervantes ha escarmentado tras el éxito del primer *Quijote* y ha aprendido a desconfiar de la simpleza y la precipitación de tantos. Por múltiples vías explica y avisa que su libro no es solo la historia de un loco, sino de «un entreverado loco lleno de lúcidos intervalos», donde casi siempre late la duda irónica entre lo que es lúcido intervalo y lo que es locura entreverada, de nuevo en boca del duque, hombre de confianza sin reservas como testigo de Cervantes o el retrato diferido en la ficción más exacto de sí mismo. Don Quijote juzga y piensa como si la premeditación de la nueva obra tras la fortuna de la primera llevase aparejada un ansia de pensar en voz alta sobre cosas de actualidad y sin actualidad, su irritación contra los arbitristas y el tiempo que hacen perder a los gobernantes, sobre las condiciones de la liberalidad o de la valentía, sobre la cómoda vida del cortesano «sin salir de sus aposentos ni de los umbrales de la corte», y sin las penalidades de los soldados. Medita don Quijote sobre el retrato del caballero libresco, invoca a Amadís y a todo lo previsible en el loco don Quijote hasta que invisiblemente el mismo don Quijote habla cuerdo. Cambia de registro y confluye con ese discurso cómico y divertido una diatriba contra los caballeros indecorosos o incompletos (que Cervantes censura acremente también en el *Coloquio de los perros*), porque hay «hombres bajos» que «revientan por parecer caballeros, y caballeros altos hay que parece que aposta mueren por parecer hombres bajos». Los primeros «se levantan o con la ambición o con la virtud» y los segundos «se abajan o con la flojedad o con el vicio». Por eso es necesario «aprovecharnos del conocimiento discreto para distinguir» a unos de otros caballeros.

De hecho, puede estar sucediendo una cosa más honda todavía: la ley de la digresión y el inciso, la inserción de matices y ocurrencias cada rato tienen en el segundo *Quijote* un funcionamiento que difiere del primero. En 1604 la digresión llega sobre todo en forma de relato y narración; en el segundo *Quijote* la libertad de la digresión como itinerancia libérrima llega por la vía del discurso reflexivo, de la meditación breve o extensa, del comentario pensado. La digresión fue sobre todo narrativa; ahora la digresión como método central cervantino es sobre todo discursiva, sin que nada detenga el hilo, ni el hilo se rompa nunca, como no se rompía en la primera. Y si es verdad que son «las acciones de su amo, todas o las más», disparates, no lo es su discurrir a lo libre y que el lector siente y reconoce muy próximo a las convicciones de Cervantes, en «pláticas» o «discursos» instalados en el corazón de la historia, aunque pertenecen a sus personajes principales. Cervantes sabe que está aumentando la dosis de discursos de su historia y es Sancho quien reprueba a don Quijote cuando habla «cosas de meollo y de sustancia». Él hace lo mismo, como si tomara «un púlpito en las manos» y fuese por «ese mundo adelante predicando lindezas», que es lo que hace don Quijote «cuando empieza a enhilar sentencias y a dar consejos», que «no solo puede tomar un púlpito en las manos, sino dos en cada dedo». Ha dicho lo mismo la sobrina al principio del relato, y es verdad que en la primera parte parecía que «solo podía saber aquello que tocaba a sus caballerías, pero no hay cosa donde no pique y deje de meter su cucharada», que es exactamente lo que Cervantes ha decidido hacer para disipar las tontadas sobre su loco que todos dicen y que ven solo por su lado chistoso.

Cervantes tiene ganas de poner por escrito meditaciones que van mediatizadas por la voz del loco y dejan de ser lo que parecen. Filtra numerosas observaciones sobre el inmoderado afán de fama que empobrece a las personas y las desvía de su deber cristiano; sobre la naturaleza de los linajes y sus funciones; el elogio rendido de la comedia y la comedia como metáfora de la existencia cuando llega la muerte y todos desvestidos «quedan iguales en la sepultura»; su fe en atender la inclinación natural de los muchachos mientras crecen educándose en la fe en la literatura, incluida en particular la romance, como madre de su formación. Incluye «todas las otras ciencias, y ella se ha de servir de todas» (como de un momento a otro repetirá Cervantes con minuciosidad y con las mismas palabras en el *Viaje del Parnaso*); lo inconveniente de la mala poesía, porque se nace poeta pero se perfecciona esa naturaleza con el arte bien aprendido y «la fuerza es vencida del arte»; la elección de mujer para el matrimonio, porque no es «mercaduría» que pueda devolverse, o que «se trueca o cambia», porque «dura lo que dura la vida»; la compasión por las damas pobres y honradas cuando las embisten «los cuervos, los milanos y las otras aves de rapiña» (como si estuviese dando vueltas o sacando las conclusiones de su novela corta *El casamiento engañoso*); la fascinación por el sueño como fenómeno ilusorio en el que el caballero «era allí entonces el que soy aquí ahora»; el elogio de la vida militar ante el mozo que va a la guerra; el descrédito de la astrología infecciosa y extendida («no milagro, sino industria»); las razones justas para armar una guerra y ninguna hay imaginable para la venganza, que es siempre injusta; los límites de la valentía y la temeridad y hasta los conflictos salariales de Sancho.

La estructura irónica del libro es la que permite sin miedo ensanchar esta dimensión reflexiva porque nada será escuchado ni sentido como sermón ni predicación alguna, pero sí escucha el lector a Cervantes detrás de múltiples discursos de don Quijote. ¿Habla Cervantes por boca de don Quijote? La única respuesta veraz es como es la novela: sí y no a la vez, unas veces sí y otras no, en muchos casos sin duda, en otros es improbable. Pero me parece intuir la omnipresencia de un humanismo cristiano en la voz de don Quijote que no es solo una caracterización específica del personaje, ni es un modo de dotarlo de densidad autónoma, sino parte del instrumental que Cervantes dispone para seguir hablando de todo a veces con la zumba del loco y a veces con la solemnidad del hombre conciliador y tranquilo que es, con humor y sin humor, a veces comprometido y airado, a veces más burlón y menos severo, muy crítico con el obstinado humanista dedicado a pequeñeces insulsas sin sentido, que ni «importan un ardite al entendimiento ni a la memoria», incluso para Sancho, porque «para preguntar necedades y responder disparates» no necesita a nadie. Cervantes ridiculiza la erudipausia presuntuosa y la banalidad del esfuerzo destinado a nada útil, incluido el estudio sobre el primero que se rascó la cabeza en el mundo o el olvido de Virgilio «de declararnos quién fue el primero que tuvo catarro», en libros tan autorizados y respaldados «con más de veinte y cinco» citas de autoridad, como precisamente sabría hacer en un santiamén el amigo del prólogo que Cervantes puso al *Quijote* ya publicado y que había rechazado de plano: puro «sueño profundísimo», como el que ha vivido don Quijote descolgado en la cueva de Montesinos, y metáfora de profundas investigaciones perfectamente inútiles.

Cervantes ha comprobado desde el principio el fabuloso juego que da la incrustación del primer *Quijote* en el relato porque impensadamente emplaza la continuación en una dimensión empírica y absolutamente veraz, irrefutable. En casa de los duques, Cervantes activa otra crítica más sin reservas contra eclesiásticos como el que gobierna en el palacio, que ni se entera ni entiende y prejuzga desde la prepotencia y la ignorancia. Es de esos que «como no nacen príncipes, no aciertan a enseñar como lo han de ser los que lo son, de estos que quieren que la grandeza de los grandes se mida con la estrecheza de sus ánimos, de estos que queriendo mostrar a los que ellos gobiernan a ser limitados, les hacen miserables».

Yo creo que tiene a alguien concreto en la cabeza y aventuro que puede estar pensando en el conde de Lemos y la asesoría de los hermanos Argensola desde 1610, con su falta de tino para comprender las virtudes de la ficción literaria y del mismo *Quijote,* menospreciado a vulgar humorada y muy mal leído por casi todos. Es el eclesiástico quien reprende al duque por leer la historia de don Quijote «diciéndole que era disparate leer tales disparates». Y es don Quijote mismo quien ridiculiza y condena la severidad reglamentista y estrecha, sin humor ni eutrapelia del eclesiástico con una honradísima respuesta donde no tengo más remedio que escuchar a Cervantes mientras desautoriza al eclesiástico porque habla de lo que no sabe, «sin haber visto más mundo que el que puede contenerse en veinte o treinta leguas de distrito» y atreviéndose en cambio a dar lecciones y a «entrarse por las casas ajenas a gobernar sus dueños».

Cervantes está contestando de frente a las acusaciones de eclesiásticos severos y sin experiencia de la vida real (quizá muy sabios de otras cosas, probablemente inútiles), y estampa la más potente autodefensa de la primera parte de su libro contra el culebreo reptil de tanto sabio y estudioso que no ha tocado espada ni sangre ni dolor real en su vida. Demasiado a menudo gatean por el «ancho campo de la ambición soberbia, otros por el de la adulación servil y baja, otros por el de la hipocresía engañosa, y algunos por el de la verdadera religión», frente a la superioridad de los ideales que le mueven a él, con «desprecio de la hacienda, pero no la honra», firme en la defensa del agraviado, del ofendido, del humillado y enamorado no por modo vicioso sino con intenciones siempre enderezadas a «buenos fines, que son de hacer bien a todos y mal a ninguno: si el que esto entiende, si el que esto obra, si el que de esto trata merece ser llamado bobo» que lo digan los duques...

La encrucijada sigue siendo irremediablemente irónica porque a don Quijote nadie le ha quitado la locura pero tampoco la cordura de seguir aspirando a los «buenos fines». Tampoco entiende nada el arcádico castellano sin espada del final de la novela, inutilizado para la ficción imaginativa, que reprende y acosa a don Quijote por «loco» contagioso y por su nefasta «propiedad de volver locos y mentecatos a cuantos» le tratan y le hablan. Y como tantos resentidos e intolerantes, le exige poner orden en su vida y comportarse como una persona decente y sin fantasearse ni caballero ni nada, de acuerdo con una sumisión gregaria, mezquina, *burguesa,* al orden de la familia y la costumbre. Pero un Cervantes desenmascarado e irónico a la vez defiende que «la virtud se ha de honrar dondequiera que se hallare», incluido el caletre de su desequilibrado personaje. Cultos e incultos parecen seguir sin entender la virtud de la ficción, capaz de hacer decir a Sancho cosas «tan agudas que el pensar si es simple o agudo causa no pequeño contento». Tiene por tanto «malicias que le condenan por bellaco y descuidos que le confirman por bobo, duda de todo y créelo todo». Pero «cuando pienso que se va a despeñar de tonto, sale con unas discreciones que le levantan al cielo». Alguna vez, incluso, «las razones de Sancho más eran de filósofo que de mentecato», como inextricablemente irónica es la experiencia de lo real, despojada de ideas simples y axiomáticas sobre lo real: pura ironía esencial como estructura de pensamiento.

El asunto central del segundo *Quijote* hace mucho rato que es el *Quijote* mismo, como si la continuación del relato hubiese nacido del ensimismamiento reflexivo de Cervantes sobre las lecturas que ha desatado su historia. Cervantes ha dado con la vía para mantener el júbilo humorístico de la novela y a la vez completar con más cosas la fanfarria que llevaba del primer *Quijote* en su encadenamiento de episodios hasta el capítulo veintitantos y volver a explotar más a fondo todavía el corazón irónico que está ahí desde el principio en la ficción, esa prodigiosa ambivalencia que suscita una y otra vez la grotesca figura de don Quijote y la pasmosa sobriedad de su pensar ponderado.

Lo que sabremos al terminar su semana larga de gobierno es que Sancho sale de la ínsula como entró, pero ha dejado esmaltado el libro y la conciencia de los demás de una vasta franja de buen juicio muy alejado de la prepotencia, la arbitrariedad y la parcialidad de tantos gobernantes reales. La libertad de jugar y ensayar, de la mezcla y la trituradora enloquecida que impulsa al primer *Quijote* es ahora también tensión reflexiva y analítica, experiencia y saber con conciencia de artefacto y autoexplicación de lo que ha hecho mientras hace una obra nueva y todavía más revolucionaria. La realidad ha entrado a saco en el segundo *Quijote* a través del primer *Quijote*.

Mesa de trucos para once novelas

Las dudas sobre qué hacer con las novelas habían durado mucho y en el fondo sigue sin haberlas resuelto, o las ha resuelto a regañadientes. Ha inventado muchas y siguen gustándole las más emocionantes y las que son solo escenas dialogadas con diálogos en los que no pasa nada. No han llegado tampoco la fortuna ni el respeto que esperaba, y el éxito popular del *Quijote* no ha llegado al reconocimiento de las élites. Pero todo puede resolverlo esta novedad absoluta en que está pensando entre 1611 y 1612. Con Francisco de Robles se ve a menudo en el taller, han colaborado ya y Cervantes ayuda en este o en aquel encargo concreto. Se entretienen de más modos porque es prácticamente seguro que Francisco de Robles se dedica en cuerpo y alma a perder dinero a espuertas como jugador. Y de Cervantes sabemos que tiene deudas relevantes con él y tampoco hay la menor duda de que sabe todo lo que puede saberse sobre juegos, trileros, tahúres, trucos de mesa, tugurios, jugadas, jerga y naipes porque usa su lenguaje, sus comparaciones, sus imágenes una y otra vez en el teatro, en las novelas o en los entremeses.

Cuando esté ya a la venta en la librería de Robles el conjunto de novelas del que han hablado y que ahora Cervantes remata y cierra, las cosas cambiarán. O, cuando menos, Cervantes hará lo posible para que cambien y entiendan todos que el humor de su libro de 1604 no desmiente el valor de su autor ni rebaja su inteligencia y buen hacer, como no la desmienten ni Boiardo ni Ariosto ni Boccaccio, a pesar de las embestidas de la envidia, la miopía del didactismo instrumental y la soez práctica de la sátira con nombre y apellidos. Necesita tiempo y algo de calma, aunque ha tenido que pasar una temporada en Esquivias con Catalina porque entre fin de año y principios de 1612 Catalina quiere ceder parte de sus propiedades a su hermano Francisco.

De vuelta a casa, muchas veces revisa papeles con sus novelas y comedias, y les echa un vistazo resignado, al menos si encuentra las gafas que no encuentra. O las ha perdido o se las ha quedado Lope porque se las ha prestado esta tarde de marzo de 1612 para leer unos versos en casa de Saldaña. Lope está ahora tan averiado como el propio Cervantes porque se ha hecho daño en un brazo. El cirujano le ha dicho «que con esta última cura tendré salud, porque el hueso no está fuera de su lugar», aunque bien sabe Lope «que Dios castiga ahora en mis huesos los pecados de mi carne». Y además no está todavía el brazo para escribir y mientras se ponía las gafas sobre las narices, ingenioso y rapidísimo como siempre, le ha dicho a Cervantes que «parecían huevos estrellados mal hechos» (porque son gruesas y están hechas una calamidad), o al menos así se las describe Lope al jocoso y revoltoso Sesa.

Las revisa y relee, es verdad, y a menudo busca un orden para sus novelas y no lo halla. También algunas de las historias se siente obligado a retocarlas y alterarlas porque pueden no pasar la aprobación de la censura eclesiástica, pero también porque ha pasado el tiempo. Por si las moscas, Cervantes altera en varios lugares la historia ya antigua de *El celoso extremeño* porque tal como la escribió hace seis o siete años le parece que fue demasiado explícito sobre el adulterio de ella —ya «no estaba tan llorosa» en los brazos de su amante Loaysa, decía—. Quizá incluso puede ser más cruel la novela si el celoso es víctima de su turbia imaginación, sospechando el sexo que no ha existido. La ha revisado con cuidado y ha preferido difuminar si hubo o no hubo encuentro carnal, de manera que el celoso vive su ataque de cólera y su pacificación con ensañamiento adicional de Cervantes.

Lo que importa no es reprobar al viejo egoísta e incorregible, que es obvio y todo el mundo lo hace, sino educar a los padres y estimular el bien de «la voluntad libre» de Leonora (le acaba de cambiar el nombre a ella también porque se llama Isabela la protagonista de otra de las novelas que está revisando, *La española inglesa*). Lo que importa es protegerla de las malditas dueñas solteras sin someterse a la egoísta voluntad económica de los padres y los viejos obtusos. Ha podado también de lecciones y sermones la versión anterior y ha quitado lo que había de moraleja directa, y casi celebra, como en el entremés sobre el «viejo podrido», que tiemblen las paredes mientras la muchacha de 15 años (afortunadamente adúltera) descubre a puerta cerrada lo que la impotencia de su viejo esposo le ha ocultado, «viejo maldito, que hasta aquí he vivido engañada contigo». Hoy en cambio la salvó el consuelo de conocer, como mínimo, a «un frailecico pequeñito», «vivo, vivo, chiquito, como unas perlas», aunque lo que hace temblar las paredes con ella dentro es más bien un «mozo bien dispuesto, pelinegro y que le huele la boca a mil azahares», mientras el público femenino, y yo con él, jalea atronador mientras se troncha de risa con el viejo, «viejo y reviejo», que buscaba compañía, sin dientes para nada, como no le quedan ya dientes a Cervantes, porque «la vejez es la total destruición de la dentadura», como mínimo.

Lo malo de estas podas lo sabe también Cervantes y es que ha tachado de un plumazo en la versión antigua su ajuste de cuentas contra la *gente de barrio* de Sevilla, prepotente y acosadora, fisgona y valentona. Le daba una vitalidad originalísima al texto y ahora no hay rastro ya de mozos solteros —o muy recién casados, que se comportan igual— vagando de barrio en barrio. Tras llevarse por delante las dos cuartillas, ahora asegura que hay «mucho que decir, pero por buenos respetos se deja» sin contar (porque lo acaba de tachar). Quizá la razón consiste en protegerse o no buscarse más problemas de los que ya ha tenido en Sevilla con los hijos de gente rica y muy puesta, con su toga hasta los pies y sus mangas abultadas. Esa página la escribió allí y debía llevar dentro alusiones que se nos escapan hoy sobre «los más ricos» de entre esa «gente ociosa y holgazana» que controla los barrios, «baldía, atildada y meliflua». En realidad, ha dejado solo esto porque la página originaria era un ataque a una capa social que conocía bien y a la que juzga muy mal, como hijos de padres atareados en hacer dinero en sus «tratos y contratos» mientras la ansiedad por exhibirse «revienta por sus hijos, y así los tratan y autorizan como si fuesen hijos de algún príncipe», como cree Cipión.

Pero no era el sitio ni era el hábito de Cervantes, que nunca actúa quijotescamente en literatura como debelador de errores, sino como transgresor irónico y tangencial de la realidad, mientras cuenta sus apariencias y gestos y voces. Por eso, ahora, también ha quitado la moraleja mecánica que había en la versión originaria de la historia y por suerte también borra la coletilla rutinaria sobre un cuento que «parece fingido y fabuloso» pero «fue verdadero». Yo, desde luego, le creo, aunque lo haya suprimido ahora, mientras revisa el manuscrito y quita y pone en las escenas y los diálogos.

Ha decidido revisar otro cuento antiguo también, *Rinconete y Cortadillo,* y quita la justicia que imparte Monipodio contra el «bellaco desalmado, facineroso e incorregible» que dejó a la Cariharta harta de moratones y cardenales por las piernas y brazos, golpeada con la correa sin quitarle la hebilla: «no ha de entrar por estas puertas el cobarde envesado si primero no hace una manifiesta penitencia del delito cometido». También retoca el texto aquí, antes de darlo por bueno, y entre otros detalles elimina del final la sobreactuación ejemplarizante y matiza precavido la condena de aquella que ya es solo «descuidada justicia» de Sevilla y solo desatenta a «gente tan perniciosa».

Como suele suceder con Cervantes, lo que siente y medita, lo que le pasa en ese o aquel momento, llega filtrado como ficción en el relato o en la comedia que tiene entre manos, y en el *Quijote* sucede muchas veces. Esas dudas llegan de forma transparente cuando pone por escrito las razones que en algún momento le decidieron a hacer lo contrario que había hecho en la primera parte y en *La Galatea,* quizá porque al mismo tiempo saltaba el chispazo o la oportunidad de publicar las novelas reunidas, como nadie había hecho aún tampoco. Rompe ahora el hábito aprendido en *La Galatea* y sofisticado en el *Quijote,* mientras echa el último vistazo al mazo de papeles antes de llevárselos a Robles para que encargue el original en limpio sobre la primavera de 1612.

Irán juntas sus historias tanto si caben en otros libros como si no, y tanto si sospecha que algunos lectores tienen razón como si no. Yo creo que a regañadientes, Cervantes no ha querido ahora, para la continuación del *Quijote* en el capítulo 44, «injerir novelas sueltas ni pegadizas sino algunos episodios que lo pareciesen, nacidos de los mismos sucesos que la verdad ofrece», sin extenderse en exceso, «pues se contienen y cierran en los estrechos límites de la narración». Tienen vida propia y autonomía porque pueden ser tan dispares como el sabihondísimo Cipión del *Coloquio de los perros* sabe, y es que «los cuentos unos encierran y tienen la gracia en ellos mismos» y otros «en el modo de contarlos». Algunos «hay que aunque se cuenten sin preámbulos y ornamentos de palabras, dan contento», otros es preciso «vestirlos de palabras» y hasta representarlos con «demostraciones del rostro y de las manos» para que dejen de estar «flojos y desmayados» y se hagan «agudos y gustosos». En la práctica, esos cuentos tienen «habilidad, suficiencia y entendimiento para tratar del universo todo», y por eso en son de pura burla y en confianza casi confidencial, pide Cervantes ya en el *Quijote* que «no se desprecie su trabajo y se le den alabanzas, no por lo que escribe sino por lo que ha dejado de escribir» al excluir los cuentos de esta segunda parte de la historia: irán a otro sitio y tendrán libro propio tanto si las ha llamado ya *Novelas ejemplares* como si no.

Cervantes claudica y se ciñe a una sola historia central, como si se resignase a depender solo y contra su criterio de «una historia tan seca y tan limitada como esta», «sin osar extenderse a otras digresiones y episodios más graves y más entretenidos» porque eso de hablar solo del mismo sujeto es «un trabajo incomportable» y por tanto arriesgadísimo. Precisamente por huir de esa pesadez «había usado en la primera parte del artificio de algunas novelas», la del curioso impertinente y la del capitán cautivo, «que están como separadas de la historia», aunque las otras que «se cuentan son casos sucedidos al mismo don Quijote, que no podían dejar de escribirse», de modo que la crítica vale solo para esas dos y no para el resto. Así Cervantes evita que la gente las pase «con prisa o con enfado» y «sin advertir la gala y artificio que en sí contienen». Quedará todo «bien al descubierto» y a la vista cuando «salieran a luz» porque ya sabe que van a salir, aunque no exactamente cuándo.

Las recuenta todas en este mayo de 1612, siguen saliéndole doce, como doce son las comedias que editan a Lope en cada una de las *Partes* aparecidas desde 1604. Podría acabar siendo verdad, como tantos dicen, que su verdadero talento está en el cuento y no en la comedia ni desde luego en el verso. En todo caso, a Cervantes este libro de novelas se le antoja crucial para cambiar la visión que los demás han ido haciendo de él, atropellada, tontorrona, equivocada y a menudo simplemente absurda, como si de la cabeza de un loco pudiera salir la historia cómica de un loco cuando hace falta una altísima cordura para fabricar a un loco que es, a la vez, más cuerdo que la inmensa mayoría de sus propios lectores.

Es irritante la confusión y es irritante también el olvido de todo lo demás que Cervantes lleva hecho en esta vida, aunque no se le oculta la precaria cortedad de la mayoría de colegas. Son tan zotes como los que pastorea en el manuscrito en verso que tiene parado, incluidos los graves eclesiásticos que hablan de literatura sin haber vivido nada, atreviéndose a juzgar lo que ni entienden ni han sabido apreciar, fuera de la vida real y metidos entre saberes estériles. Sería completamente absurdo, además, ensombrecer las *Novelas ejemplares* publicando a la vez libro tan burlón y bullicioso como el *Viaje*, como sería poco inteligente regalarles a tantos bocazas un viaje donde salen todos los autores vivos habidos y por haber. En nada ayudaría a dar el relieve que Cervantes busca para sus *Novelas* para corregir su estimación pública, seguro de la calidad y la novedad de su invento, e impaciente por hacerles entender que su libro de chistes y humoradas tiene más cosas que chistes y humoradas. No es escritor por debajo de los niveles de exigencia de los cultos e informados aunque les haya confundido y desconcertado la extravagancia de su libro. El *Viaje del Parnaso* sería ahora un estorbo, aunque no deje de escribir en él.

Cervantes se prohíbe seguir retocando ya más las novelas, ninguna se parece entre sí y cada una intenta ser una cosa nueva, provocativa y hasta ligeramente retadora. Tampoco cede ya a la tentación de acabar las que están inacabadas cuando toma otra decisión, impulsiva y genial, como es fundir dos de ellas, una corta y una más larga, de modo que no se sabe bien si el *Coloquio de los perros* va engastada en *El casamiento engañoso,* si es al revés, o si pertenecen a un libro mayor que pudiera contener la historia no solo de uno de los perros sino también del otro. El relato mismo de *Rinconete y Cortadillo* llevaba dentro otras muchas historias tomadas de las vidas altivas y desastradas de la golfería sevillana de Monipodio. La última debería ser esa misma del *Coloquio de los perros,* que ha escrito hace poco y que además deja abierta la puerta de una continuación, ya casi en la otra vida, es verdad, porque están tocándole las sesenta y cinco campanadas (cuando un Quevedo se siente acabado y casi moribundo apenas a sus 41 y a Lope le asalta la conciencia de la decrepitud sobre la misma edad: por eso Cervantes se llama a sí mismo «semidifunto» en el *Viaje*).

Al final decide provocadoramente abrir el libro con otra de las últimas que ha escrito, *La gitanilla,* porque a nadie se le ocurriría dedicar un cuento a la vida de una gitana. Nada tiene de común y sí mucho de extravagante decidir que la protagonista de un cuento vaya a ser una gitanilla que baila y piensa con la gracia que tiene la suya, tanto si se parece como si no se parece a la medio gitana Martina, su prima, o a Luisa de Montoya, que vivía con él en la casa de Valladolid. Algunos han creído leer esa remota historia de la familia en la historia de *La gitanilla* y el compromiso del caballero y poeta de casarse con ella tras su noviciado de gitano durante dos años. Está, sin duda, con guiños tan obvios como nacer a la niña Preciosa el día de San Miguel, pero es lo de menos sin más datos. Lo de más es la celebración contagiosa del ingenio, la agudeza y el temple vital de una marginalidad con su ley interior y su código privado, mezcla de repudio de la norma social del honor y las condiciones de la legalidad, mezcla de instinto insumiso y rechazo del orden burgués esclavo de los tres destinos, iglesia, mar o casa real, netamente más coherente y noble en todo caso que la cicatería vergonzante de las casas donde cantan gitanas como Preciosa, ante el embotamiento erótico de los señores que además no pagan el baile.

Lo de más es también que vuelve a tocar Cervantes teclas inéditas porque la gitanería no es el peldaño que conduce a la escalera de la consagración celestial sino más bien el estigma que repudia, sin decirlo expresamente. No hay tara insalvable alguna en unas gentes que injustamente parece que «nacieron en el mundo para ser ladrones». Y sin embargo a sus quince años esta Preciosa sabe de la precocidad que la experiencia les da porque «el sustentar su vida consiste en ser agudos, astutos y embusteros» y jamás el ingenio «les cría moho en ninguna manera», como le sucede a ella, algo más desenvuelta de lo aconsejable pero nunca recitadora de cantares lascivos (ni los canta nadie delante de ella, puntualiza Cervantes, decoroso), y sí en cambio en «libertad desenfadada, sin que la ahogue ni la turbe la enfermedad de los celos». Esta gitana valiente que no es gitana, sino noble camuflada, vuelve a ser una de las poderosas mujeres de Cervantes, menuda y ágil, lista y valiente como lo son tantas en este libro que he perdido ya la cuenta.

Pero puede ir la primera también en su libro de novelas porque Cervantes sabe que le ha salido una cosa rara por otra razón más y es desde luego una conquista más de la ironía como método e irrenunciable naturaleza de lo humano. Y es que en ella ha logrado fundir muy bien, como ha hecho también en algunas otras (entre ellas, desde luego, el *Quijote*), el tirón de la calle y el tirón de la fantasía, el tirón del humor y el tirón de la magia, la redención del final feliz pero anclado en la realidad de los campamentos y las muchachas pidiendo por las casas. De hecho son los cuentos y las novelas que definitivamente está colonizando en los últimos años de su vida porque son en sí mismos la expresión plena de su madurez humana, fundidos los contrarios en combinaciones armónicas: también ese cuento de *La gitanilla* ha sido un laboratorio más de mezclas para conciliar novelas inconciliables, entre historias de altos caballeros e historias de bajas criaturas, y llevan dentro el placer de lo real fundido con el placer de lo fantástico.

La fusión irónica de lo que no es y es a la vez está tan viva en el *Coloquio* que disfruta Cervantes muy a la vista con sucesos «que exceden a toda imaginación, pues van fuera de todos los términos de naturaleza». No hay otro remedio que acatarlos, «sin hacerse cruces, ni alegar imposibles ni dificultades» para que cada cual «se acomode a creerlo», prestándole al lector algún apoyo, algún auxilio que encaje en lo posible lo imposible. Hasta «yo mismo —cuenta el alférez Campuzano de *El casamiento engañoso*— no he querido dar crédito a mí mismo, y he querido tener por cosa soñada lo que realmente estando despierto con todos mis cinco sentidos» llegó a escuchar y después a escribir, «de donde se puede tomar indicio bastante que mueva y persuada a creer esta verdad que digo». En el centro del relato hay esa bomba de calor irónica que destila en cada réplica de los perros y que son a la vez y no son lo que son. Los perros Cipión y Berganza hablaron, y hablaron de verdad, porque las cosas que dijeron el alférez no las pudo «inventar de mío, a mi pesar y contra mi opinión». Y no soñaba pero desde luego parece un sueño, y es verdad que «tenía delicado el juicio, delicado, sotil y desocupada la memoria». Por eso, con unas pasas y unas almendras que tan bien van para la retentiva, transcribió de memoria lo que oyó «y casi por las mismas palabras que había oído lo escribí otro día».

Con la media sonrisa habitual, Cervantes aplaza la decisión de si contar o no contar la historia de Cipión hasta saber si los lectores se creen la de Berganza «o, a lo menos, no se desprecie», porque oír a los perros, los oyó. Es el Cervantes puro de este final de su vida, diciendo que sí y que no a la vez, dejando el rastro confuso de una intrigante incertidumbre sin solución, como no sé tampoco si le inquieta mucho el orden de las demás historias, pero creo que poco o no demasiado. Le inquieta sobre todo que despierten en el lector la sensación de estar ante un puñado de cuentos que uno lee por donde quiere y como quiere, con el humor de leer esta y después aquella historia. Y si ahora va *El amante liberal* antes de *Rinconete y Cortadillo* es porque *La española inglesa* contrasta del todo con la de los muchachos y, desde luego, *El licenciado Vidriera* tiene bien poco que ver con *La fuerza de la sangre* mientras la siguiente, *El celoso extremeño,* vuelve a meter al lector en una ficción de barrio y artificio ingenioso al modo de la comedia, más cerca de *La ilustre fregona* que de las aventuras italianas y emocionantes de *Las dos doncellas,* que vuelven a irse a la fantasía geográfica y sentimental, como *La señora Cornelia* (seguro que estas tres las jaleaban a dos manos las mujeres de casa cuando las leía Cervantes).

Las dos finales y fundidas dejarían al lector otra vez con los pies completamente en el suelo y en el aire a la vez de si sí o si no, con la historia de un alférez Campuzano embaucador, embaucado y sifilítico, con la fiebre seguramente alta para soñar cosas sorprendentes en las horas de reposo, y como si el lector estuviese viendo lo que dice el título de la novela sobre dos «perros del hospital de la Resurrección, que está en la ciudad de Valladolid, fuera de la puerta del Campo, a quien comúnmente llaman los perros de Mahúdes». En la ciudad todos sabían que este Luis de Mahúdes había fundado un primer hospital de desamparados y había muerto ya, pero no sus perros, que custodiaban ahora el nuevo hospital construido a las afueras de Valladolid, poco antes de que Cervantes se instalase junto a él en el Rastro de los Carneros. Casi parece haber visto Cervantes las mismas «esteras viejas» que tenía delante Campuzano y que tiene debajo el perro Cipión en el mismo principio de su *Coloquio* para «gozar sin ser sentidos de esta no vista merced que el cielo» le ha dado a él y a su colega Berganza.

Había avisado Cervantes ya, porque en otra de sus novelas no hay duda de que el perro va a empezar a hablar.

Las ganas de rumiar en voz alta llenan ese cuento de retratos y censuras de gitanos, de jueces, alguaciles y brujas, de poetas idiotas y matemáticos tronados, de arbitristas y «hombrecillos que a la sombra de sus amos se atreven a ser insolentes». Ahora los perros «filosofan» y meditan sobre casi todo lo habido y por haber, contra murmuradores y figurones, contra la ridiculez de los pedantes y los quejumbrosos de sus desventuras (falsas), los «testigos falsos» y la «ley del encaje», contra las trolas y artificios de las brujas hechiceras como las famosas de Montilla. Cervantes parece encontrar en las voces del *Coloquio* la distancia autobiográfica óptima de una ficción que sienta sus verdades sin atalaya, echado él como los perros sobre la estera, sin prepotencia pero con ganas de dejar de morderse la lengua, «quedándome tantas cosas por decir que no sé cómo ni cuándo podré acabarlas». Lo que ha asumido sin duda es lo mismo que su licenciado Vidriera, tan escarmentado como el propio Berganza mientras «la sabiduría en el pobre está asombrada» porque vive en sombra, inaudible y desatendida, y si «acaso se descubre» y habla en voz alta, «la juzgan por tontedad y la tratan con menosprecio». No parecen saber que en la «realidad verdadera» y a pesar de la nunca fiable «estimación de las gentes», «la virtud y el buen entendimiento» pueden estar en el loco, en el escudero o en el hidalgo sabio y pobre porque «siempre es una» la virtud, y «siempre es uno» el entendimiento, «desnudo o vestido, solo o acompañado».

Aunque sea verdad que «a las cosas que tienen de imposibles / siempre mi pluma se ha mostrado esquiva», la invasiva sensación de libertad que la ironía le otorga ha roto ese principio sin descartarlo. Convive junto con la convicción de que son las cosas «que tienen vislumbre de posibles, / de dulces, de suaves y de ciertas» las que «explican mis borrones apacibles», más propenso siempre a la consonancia y la armonía que a la «disparidad». Como sabe desde los tiempos remotos de Argel y no ha dejado de creer, no puede «agradar un desatino, / si no es que de propósito se hace, / mostrándole el donaire su camino», y entonces la ficción funciona sin límite porque «la mentira satisface / cuando verdad parece y está escrita / con gracia que al discreto siempre aplace».

Por supuesto, estas novelas llevan ya el título, exagerado y preventivo, de *Novelas ejemplares de honestísimo entretenimiento,* para descartar de inmediato la sospecha sobre la inmoralidad habitual de las novelas y los cuentos. Título y prólogo servirán para proteger las leves heterodoxias de varias de ellas, pero sobre todo importa escapar a la expectativa del bromista sin otra virtud. Es énfasis impropio de Cervantes pero no del ánimo que ahora lleva Cervantes con el libro, tanto si sabe como si no sabe que uno de los censores será un buen amigo y que, sin duda, ofrecerá una entusiasta aprobación diría yo que después de haber leído su prólogo. Casi lo cita y lo sigue en su propia aprobación. Cervantes se ha tomado ese prólogo tan en serio que no renuncia a la gasa irónica de su madurez pero desde luego tampoco oculta, tras tanto tiempo sin publicar nada, el revuelo que había causado el prólogo de 1604 al *Quijote* y su soliviantadora decisión de burlarse de los afanes de tantos con un prólogo que no parece prólogo y los versos atribuidos a Rocinante, a Urganda y los demás.

Y entre la zumba sobre lo mal que le fue con el prólogo del *Quijote* coloca a la vez la verdad imperiosa de que «yo soy el primero que ha novelado en lengua castellana», sin hacer lo que hacen todos, que es traducir y adaptar del francés y, sobre todo, del italiano novelas de otros. Estas «son mías propias, no imitadas ni hurtadas; mi ingenio las engendró y las parió mi pluma, y van creciendo ya en los brazos de la estampa». Y por si alguno ha creído de veras que no tiene amigos que le pongan poemas a sus libros como en el *Quijote,* encontraría sin duda «dos docenas de testimonios» que bien aleccionados «en secreto» hablarían de sus virtudes, porque «pensar que dicen puntualmente la verdad los tales elogios es disparate». Y para asomar ya del todo y de cara se autorretrata ahora este hombre que se «atreve a salir con tantas invenciones en la plaza del mundo» con su «rostro aguileño» y alargado, «de cabello castaño, frente lisa y desembarazada», «nariz corva» pero «bien proporcionada». A mí me sigue recordando invenciblemente al caballero de cincuenta años del Verde Gabán, aunque este Cervantes tiene ya algunos más, con los ojos igual de alegres que siempre, pero las barbas que fueron rubias son ahora «barbas de plata» con bigotes grandes, boca pequeña y pocos dientes, «tan mal acondicionados» como «peor puestos porque no tienen correspondencia los unos con los otros». Este es el autor de *La Galatea* y el *Quijote,* y también «del que hizo el *Viaje del Parnaso* a imitación del de César Caporali», aunque no esté impreso y no esté acabado del todo, además de otras obras «que andan por ahí descarriadas y quizá sin el nombre de su dueño».

Cervantes ni se acuerda en esta primavera de 1612 de su teatro, como le ha pasado alguna otra vez, pero sí por supuesto de que ha sido soldado muchos años y cautivo «cinco y medio» (aunque añade el medio), «donde aprendió a tener paciencia en las adversidades» tras haber perdido en Lepanto «la mano izquierda de un arcabuzazo» para lección de poetines y poetones que lamentablemente ignoran la íntima solidaridad de armas y letras ni saben nada de lo que es una vida integral y completa. Puede que no sepan que Lepanto fue para él, y para quienes tienen la edad que tiene él, un antes y un después, un parteaguas de la cristiandad contra el infiel musulmán, y vivida como «la más memorable y alta ocasión que vieron los pasados siglos, ni esperan ver los venideros, militando debajo de las vencedoras banderas» del hijo de Carlos V, tanto si a la muchachada le parece una herida fea como si la respetan por tan hermosa como la siente él.

Le cuesta ya poco «decir verdades, que dichas por señas suelen ser entendidas», y para empezar que nadie podrá hacer con este libro nuevo nada semejante a lo que algunos han hecho con el *Quijote,* desmenuzándolo y criticando aquí y allí minucias y nimiedades, porque estas novelas «no tienen pies, ni cabeza, ni entrañas ni cosa que les parezca». Mal podrán hacer con él «pepitoria» ni escabechina alguna, ni podrán tampoco sacar conclusiones precipitadas ni confundir al autor con el protagonista, ni siquiera ridiculizar la invención de un libro que trata de un loco porque aquí ofrece «una mesa de trucos, donde cada uno pueda llegar a entretenerse sin daño de barras», ni del «alma ni del cuerpo». Van destinadas a quienes tienen el tiempo a su favor y de cara, a quienes acierten a cuidar el tiempo propio para la ficción, sin rendirse a todas horas a la solemnidad de los templos y los oratorios y ni siquiera a los negocios, «por calificados que sean», porque «horas hay de recreación, donde el afligido espíritu descanse» —lo llama santo Tomás eutrapelia, como le dirá al oído fray Juan Bautista—, como descansa el hombre en los jardines, los paseos y las fuentes. A los más enclenques de ánimo, y menos viajados y vividos, como algunos clérigos con mando, les pueden parecer algunas de sus historias atrevidas o procaces, demasiado inventivas y raras. Pero pone por testigo irónico su avanzada edad para que sepan que a estas alturas, «no está ya para burlarse con la otra vida, que al cincuenta y cinco de los años gano por nueve más y por la mano» (o sea, casi 65 años), echando mano del argot de tahúr que no habría de alarmar a lector alguno pero sí hacerle sonreír.

Apenas ha tenido tiempo de retomar otros papeles porque ha habido buena suerte, y al menos uno de los lectores asignados para su libro en el Consejo a primeros de julio de 1612 es poco menos que vecino suyo. Reside en el convento de la Santísima Trinidad, en la calle Atocha, cerca de donde vive Cervantes ahora, en la calle Huertas, o quizá al final, en la plazuela de Matute. Acude allí a menudo y a veces tiene encuentros desapacibles con sujetos «sotiles y almidonados», como los que evoca en el prólogo de las *Novelas,* o muchachos (o chachos) con ese cuello de valona que le carga tanto, «tan grande y tan almidonado». Pero el fraile Juan Bautista es todo lo contrario, lo tiene por hombre santo y lo ha descrito ya en los versos del inédito *Viaje del Parnaso* «de amarillez marchita», «descalzo y pobre, pero bien vestido / con el adorno de la fama». Desde luego la aprobación del fraile, por encargo del cardenal Bernardo de Sandoval, juzga sus novelas de «entretenimiento honesto» y sobre todo entiende que «entretienen con su novedad, enseñan con sus ejemplos a huir vicios y seguir virtudes». Pero en particular añade que «el autor cumple con su intento, con que da honra a nuestra lengua castellana», además de los avisos que difunde «de los daños que de algunos vicios se siguen». Ha leído bien el prólogo de Cervantes y evoca la virtud del ocio reparador y el «entretenimiento honesto» que sentencia santo Tomás porque «la verdadera eutrapelia está en estas novelas», impecablemente blindadas por «la sentencia llana del angélico doctor santo Tomás».

La pasión del teatro

Algunos es verdad que sí parecen necesitar otra graduación para sus anteojos porque al menos a él sus comedias no le parecen ni absurdas ni mal hechas, «ni tienen necedades patentes y descubiertas». Experimentó, ensayó cosas nuevas, propuso la tragedia como camino propio para la comedia. Pero se cansó de seguir esa ruta o bien empezó a atraparle más vivamente la escritura menos industrial de la narrativa, más libre y más desatada de compromisos y público y compañías con prisas por ganar dinero con poco riesgo, como es lógico. Cuando volvió a intentarlo tras recuperar «mi antigua ociosidad», desocupado ya de los oficios reales en torno a 1600, comprobó que no duraban «los siglos donde corrían mis alabanzas» y perdió la simpatía de las compañías. No dio con ninguna que las quisiera, aunque sabían que las tenía escritas, sin llegar a creer que sus comedias y entremeses «arrinconados» fuesen «tan malas ni tan malos que no mereciesen salir de las tinieblas del ingenio» del autor a la vista de lo que estrenan «otros autores menos escrupulosos». Quizá pueda hacer algún día alguna cosa con esas obras, porque ha disfrutado mucho imaginándolas y viéndolas e incluso mete en uno de sus cuentos, *La gran sultana,* a uno de los actores de la compañía de Jerónimo Velázquez solo por el gusto de evocarlo cuando ya ha muerto.

Aunque es improbable que pueda estrenar ni las comedias ni los entremeses, quizá alguien se apiade y se las imprima al menos, como Lope hace muchos años que consiente que hagan con sus obras, aunque no lo haga él. Lleva ya lo menos diez *Partes* de sus comedias publicadas, siempre con doce obras. Él, desde luego, no da para tanto y ahora piensa en seis comedias que podrían ir con sus seis entremeses, sin mezclar las obras que sí se representaron y las que no. Sería casi una afrenta poner en el mismo tomo unas y otras porque parecería haber sido incapaz de estrenar ninguna con tantos años como tiene ya (y Lope disfruta la increíble fortuna de estrenarlas todas).

Cada vez que puede desparrama en sus obras su auténtica pasión por el teatro, por los ensayos y las tablas, por los vestuarios y tramoyas, con el don único de la escena que «a la fábula que es muerta / ha de hacer resucitar» para que todos se sientan a punto de «secar con espanto / las lágrimas de la risa / y hacer que vuelvan con prisa otra vez al triste llanto». Pide al texto, pero además pide a la escena los infinitos «requisitos / que un farsante ha de tener / para serlo», como memoria, «suelta lengua», buen aspecto, «no afectado en ademanes, / ni ha de recitar con tono», sino «con tanta industria y cordura / que se vuelva en la figura / que hace de todo en todo» y, a la vez, «con descuido cuidadoso». Conviene incluso disponer pronto de una escuela dramática —parece Moratín este Cervantes— para que no cualquiera sea actor porque «recitar es oficio / que a enseñar, en su ejercicio, / y a deleitar solo atiende». Para eso es necesaria «grandísima habilidad, / trabajo y curiosidad, / saber gastar y tener» y que nadie pueda atreverse a montar una obra si carece de todo eso de lo que «este ejercicio requiere» para que «enseñe y satisfaga». Van estas instrucciones para el buen teatro en *Pedro de Urdemalas,* seguramente su última obra y despedida vengativa contra las compañías de una profesión devaluada y maltratada, mientras repudia su incompetencia y no calla el autoelogio de esa comedia sobre la vida del personaje que se disfraza de esto y de lo otro para serlo todo a la vez, como Urdemalas: el elogio más potente del teatro como ficción creíble.

Le gusta tanto el teatro que también ha ensayado, con los corrales de comedia cerrados, desde finales de 1611, las funciones de títeres que se han puesto de moda, aunque hasta entonces se hiciesen solo en cuaresma, como los volatines o los espectáculos de circo y acrobacias. José de Valdivielso describe una de esas representaciones de títeres o de marionetas de hilo, titulada *Retablo de la entrada del rey pobre* en un volumen de 1612 con sus *Romances,* precisamente «en gracia a los esclavos del Santísimo Sacramento». Quizá ese retablo activa la imaginación de Cervantes para representar en el *Quijote* al caballero sublevándose contra un Ginés de Pasamonte (quizá burlándose a la vez de Jerónimo de Pasamonte) disfrazado de Maese Pedro y sus embustes. Y en el *Retablo de las maravillas* deja Cervantes una elegía bufonesca a un mundo que para él casi se ha acabado sin que sea el final dramático de nada. Disfruta inventando una historia entre buñuelesca y valleinclaniana, con personajes que se llaman Antón Castrado y Juana Macha, con una Juana Castrada y una Teresa Repolla, mientras el retablo está concebido por el sabio «Tontonelo», nacido como es lógico «en la ciudad de Tontonela». De acuerdo con mil cálculos astrológicos solo se ven en el retablo sus «cosas jamás vistas ni oídas», al menos si no hay rastro en el espectador de converso o de ser hijo ilegítimo. Y por eso todos se afanan por admirar una y otra vez (por la «negra honrilla») lo que dice Chanfalla que sucede sin suceder nada, hasta que un furriel con la realidad en peso sobre los hombros desbarata el embuste porque no juega al juego del teatro sino al de la realidad del avituallamiento de sus tropas, y sus soldados no están «atontoneleados, como esas cosas habemos visto aquí», porque él es más bien «de la mala puta que los parió».

Al menos en privado, todos reconocen que le salen muy bien, incluso cuando se trata de una comedia de capa y espada de puro entretenimiento, como *El laberinto de amor,* que acaba con las tres bodas de rigor y el laberinto recorrido (y otra vez inspirada en un trozo del *Orlando furioso*). Lo único de veras seguro es que a Cervantes le gusta tocarlo todo, ensayar todas las modalidades, variar cuanto pueda las tramas sin renunciar a los enredos sentimentales ni a las apariencias que engañan porque son la sal de la comedia. Por eso lo ha vuelto a hacer, ha vuelto a sacar los papeles con sus comedias, y esta vez con la sorpresa de advertir en sí mismo la tentación de adaptarse para no quedar fuera de los nuevos tiempos, como si la única vía aún para estrenar algo fuese introducir el nuevo clima de la comedia nueva o bien desafiarlo frontalmente. Hace las dos cosas cuando reescribe alguna, les quita una jornada para hacerlas de tres, como hoy es norma, las revisa y enmienda, seguramente haciendo lo que acaba de escribir en el manuscrito de su *Persiles y Sigismunda,* y es natural hacer, «enmendar y remendar comedias viejas, como para hacerlas de nuevo», aunque ese sea «ejercicio más ingenioso que honrado» y, por decirlo así, «más de trabajo que de provecho». Lo sabe bien porque escribe esas líneas mientras trabaja como un forzado para revisar sus comedias para la imprenta. Eso es lo que le ha quedado a él ahora, una mera labor de repeinado y maquillaje de las obras.

Pero no se rinde todavía, y escribe al menos dos nuevas, refrescantes, chistosas y vivísimas como ese *Pedro de Urdemalas* que retoma al personaje folclórico como si hubiese convertido un entremés sin más en una obra tan llena de sutilezas como de cafradas. O *La entretenida*, emplazada en el Madrid contemporáneo en torno a 1612 o 1613, como si así encontrase en la tradición de Plauto y Terencio la alternativa a los modos imperiales de la comedia nueva. Juega Cervantes en las dos como no lo ha hecho con ninguna otra, apura al máximo la superposición de planos, infringe reglas por todos los sitios, incluida la ruptura de la cuarta pared, y hasta hace que el teatro dentro del teatro hable directamente a la platea o a la mosquetería ruidosa y follonera que escucha y se siente invitada a participar en lo que se representa dentro de la comedia representada. Cervantes es paradójicamente otro beneficiario más del revolcón que Lope ha dado al teatro.

A Cervantes le disgusta personalmente, ahora y siempre, la exhibición de la malicia cuando hay víctimas y no solo ingenio: «murmura, pica y pasa», medita prudentemente Cipión. Ni le complacen ni disfruta con personajes que pongan su inteligencia al servicio de una venganza, de una revancha o de un beneficio obtenido con malas artes (y eso le separa de una parte del *Lazarillo*, de una parte de *La Celestina* y de una gruesa parte de Quevedo, como de Lope le separa la sobreactuada frivolidad). El ingenio, la inteligencia, la astucia están al servicio de sí mismas como celebraciones de la suntuosidad de la vida, y no como instrumentos de la codicia o de la mala sangre. Siempre prefiere la buena intención a la mala intención y por eso Urdemalas hace de Urdebuenas y participa en la urdimbre de una boda buena y una exaltación más de la libertad de una hija que reprueba a su padre mandón. Y si Pedro de Urdemalas toma de aquí y de allí en su relato autobiográfico cosas de Lazarillo y el Guzmán es poco más que para que sitúe el espectador precisamente lo poco que tiene de las hechuras de esos dos pájaros su propio personaje.

Creo que este puro experimento de comicidad e inteligencia depende del chispazo de donde nace la genialidad del segundo *Quijote*, como si estuviese descubriendo gracias a él que también la ironía es el mejor mecanismo estructural para mostrar en la obra lo que es la obra mientras se hace. Y el caso mayor en la comedia es *Pedro de Urdemalas,* comediante mutante, cantamañanas e hiperactor despojado de los timbres demoníacos del personaje popular en plena mezcla de reyes y plebe gusanera de gitanos y criados. Cervantes está pensando en su comedia *La entretenida* cuando termina *Pedro de Urdemalas* reprobando los finales con bodas imposibles y las soluciones pueriles de tantas comedias de Lope y del lopismo, que es «cosa común y vista cien mil veces». Por eso anuncia para el día siguiente una obra «donde por poco precio verán todos / desde principio al fin toda la traza, / y verán que no acaba en casamiento» la comedia porque hacerlo es forzar las cosas, además de falsearlas. Tampoco vale acabarlas con fantasías embusteras y decir en un acto que «parió la dama» y enseguida, en otro, «tiene el niño ya sus barbas», como si el tiempo corriese por las tablas y sin más el niño pasase a mozo «valiente y feroz» que «mata y hiende» y hasta se descubre no se sabe bien cómo que «viene a ser rey de un cierto reino / que no hay cosmografía que lo muestre»: idioteces insensatas.

Las suyas van libres «destas impertinencias y otras tales» porque Cervantes prefiere mantener la «entereza, / no procurando imposibles, / sino casos convenibles» al nivel de los protagonistas. Por mucho que sea una extemporánea y provocativa extravagancia, «acaba sin matrimonio / la comedia *entretenida*». Ya da igual porque tampoco nadie va a comprarle esa comedia que termina como no se terminan las comedias, sin bodas que resuelvan con el chimpún final todas las contrariedades en flagrante inverosimilitud y, por cierto, en flagrante desacato a lo que es el matrimonio de verdad como institución católica irreversible, y no mero juego de jóvenes y apetitos. Cervantes sigue frunciendo las cejas ante las libertades literarias de Lope y creo que sin duda también las biográficas, si sabe al menos que sus confesores le niegan el sacramento al nuevo sacerdote que es Lope desde mayo de 1614 porque sigue escribiendo versos incendiados para los negocios de la carne de Sesa.

Cuando él ha hecho algo parecido, y se ha saltado los tiempos y los espacios de una comedia, lo ha hecho con fundamento. *El rufián dichoso* cuenta la conversión a la santa fe de un estudiante crápula pero ese caso fue verdad, y es la fuerza de la verdad la que exige saltar al futuro y saltar a México para contar la vida ejemplar del antiguo rufián y nuevo santo, sin encadenar tonterías y embustes absurdos. Es verdad que a él mismo le parece que iba la comedia tan a lo bruto, y le parecía tan fuera de la ley lo que hacía allí, que necesita explicarse poco menos que en primera persona en la comedia misma, resignado a que hoy «lo quiere así el uso, / que no se sujeta al arte», y por eso él mismo ha «dejado parte» de los preceptos de Séneca, Terencio y Plauto. Lo prodigioso de esa obra no es consciente ni deliberado, sin embargo, porque Cervantes injerta en una comedia de santos la vislumbre gamberra y delincuente, el run run de la vida real del estudiante «con media sotana, un broquel en la cinta y una daga de ganchos», metido hasta el cuello en el «trato de la hampa» y la «chirinola hampesca» contra «ovejas fanfarronas», «gallinas mojadas» y personajes históricos como el obispo de Osuna que sale con su propio nombre, Tello de Sandoval, o inventandos como el Lagartija, «jugador de ventaja» que lleva una jácara o romance en estilo «jaco» (que es invento de Cervantes). Mete en escena esa poesía suburbial para evocar a un popularísimo romancista sevillano, Baltasar de Alcázar, obsceno y procaz con su papagayo pornográfico y su personaje femenino triplemente penetrado, con un episodio digno de ciegos que lo reciten y poetas que lo escriban.

Pero lo fundamental para Cervantes está en la acotación porque «todo esto es verdad de la historia», sobre todo lo es la conversión de este crápula rufián en santo y bendito varón. Y «todo esto desta máscara y visión fue verdad, que así lo cuenta la historia del santo», como es verdad la entrada en escena de actores «vestidos como ninfas lascivamente», y «todo esto fue así, que no es visión supuesta, apócrifa ni mentirosa». Cuenta la vida del santo sin confundirla con la milagrería vulgar y corriente porque este milagro sale ahí como lo cuenta Juan de Mariana y su vida de santo Domingo, de 1596, y algo habrá tomado de esos libritos tan caros que compró con Agustín de Cetina en Sevilla hace ya años, sin rastro de la bobería santurrona que degrada tantas comedias de santos, sentimentaloides y a menudo falsísimas por culpa del lenguaje y de los milagros mal puestos, las cosas sin causas creíbles y sin que nadie mínimamente cuerdo pueda creerse nada. Fracasan en su pretendida ejemplaridad por razón de la forma y no del fondo. Siguen creyendo que es cosa de la fe cuando en realidad es cosa de la forma.

Hay algo vertiginoso en escuchar a Cervantes adelantando cosas tan modernas como la diferencia entre la comedia «en relación» (o contada, *telling*) y la comedia «en hecho» (o mostrada, *showing*), como lo hay en ese lenguaje del habla callejera y desgarrada del hampa al que hace años se ha hecho Cervantes, auxiliado sin duda por los *Romances de germanía* de Juan Hidalgo. Su oído prodiga diálogos entre chulos y alcahuetas, ganapanes y marginales, alguaciles untados y putas frescas y tiradas como en otro entremés, *El rufián viudo*. Hace salir al mismísimo Escarramán de una famosísima jácara de Quevedo como «columna del hampa» para continuar su historia donde la dejó el romance de Quevedo, preocupado Escarramán por su fama «en este mundo». Se entera de que le cantan por plazas y calles y teatros —como cantan a don Quijote y a Sancho por plazas y calles y teatros—, mientras baila al final como «la flor y fruto de los bailarines» para celebrar las bodas del Rufián que ha escogido ya «nueva puta y mujer», porque el día anterior perdió a la suya, puro «pozo de oro» y «una mina potosisca».

Esos entremeses que escribe Cervantes por el gusto de escribirlos son meros juguetes cómicos, pero todos llevan dentro un nudo, una chispa o una semilla que captura algo más que la burla o la risa del espectador. O, al menos, aspira a que tenga algo más que comicidad bulliciosa, aunque eso sea lo más importante del entremés, «con el lenguaje proprio de las figuras que en ellos se introducen». Pero ese lenguaje hay que saber captarlo e imitarlo y reproducirlo sin que condicione la factura misma del juguete cómico ni lo derribe a pura falsedad y embuste. Risa es lo que ha de tener esa pieza que entretiene el tiempo de espera de un acto a otro, mientras los actores se cambian de ropas o modifican una escenografía que cada vez lleva más cosas y más trastos. La gente entretiene ese rato de espera sin salir a *foyer*, ni sala de columnas, ni sala de espejos alguno porque no hay. La mayoría están todos en el corral de comedias de pie y a cielo abierto, a menudo cubierto con una lona, charlando y comiendo y bebiendo mientras los actores recitan la obra y el escándalo de la tramoya, la aparición de un jinete a caballo, el descenso de una nube vistosa o la música atronadora recuperan la atención de los más dispersos, incluidos los que tontean a la distancia con alguna moza en la cazuela (un poco más cara) reservada para ellas, o hacen negocios en los pisos de arriba y en sus palcos caballeros y señores.

Están estos entremeses tan vivos como bichos asilvestrados, donde todo se mueve y grita y suena y resuena entre el hampa truculenta y procaz y el costumbrismo, con la lección incluida sobre cómo hacerlos para que tengan sentido sin ser solo juguetes. La burla gruesa y hasta chocarrera es parte del misterio y por eso no está dispuesto Cervantes a hacer lo mismo que hizo medio siglo atrás Timoneda cuando editó a Rueda y confesadamente quitó de sus obras «cosas no lícitas y mal sonantes». Si conviene castigar la «taimería» de una sevillana demasiado listilla, ni la burla «ha de pasar de los tejados arriba» ni ha de «ser con ofensa de Dios ni con daño de la burlada, que no son burlas las que redundan en desprecio ajeno», incluso si el asunto es el disgusto de las putas por no poder volver a «ir sentada en la popa de un coche, llenándola de parte a parte, dando rostro a quien y como y cuando quería» hasta la borrachera de creerse «mujer principal». Para impedirlo estaba la pragmática de enero de 1611 prohibiéndoles subirse a los coches a hacer sus tejemanejes y, además, «que no era bien que un coche igualase a las no tales con las tales», sobre todo a la vista de los extranjeros que podían ser tan incautos como el de la novela breve en la que pasa esto. Aunque a quien saca Cervantes al final es a su propia novela el *Quijote*, en un romance bailado (quizá porque lo ha oído o sabe que existe), para ridiculizar a las marisabidillas que pasan por las páginas del libro «seis veces al mes», como leen a Lofraso, a la *Diana* o al *Caballero del Febo*, y se creen «el colmo de la nata / en esto del trato alegre» pero en realidad cada una «o sabe poco o no nada». Como siempre en Cervantes (y en el buen juez Pedro Rana), el rigor no es castigo y venganza sino auxilio y escarmiento, y así Cristina (como Cristina son varias de sus fregonas) invita esa noche a todos, y a saber en qué acaba la fiesta.

Pocas veces son tan carnavalescos y descarados y procaces como mientras *El juez de los divorcios* escucha las demandas de los matrimonios con mujeres reales y no malcasadas tipificadas, dispuestas cuanto antes a «descasarse» de la «espuerta de huesos» que las ata, aunque el juez no encuentre resquicio legal para divorciarlas. Tampoco los borrachuzos o los soldados jetas, ni los chulos de putas y los macarras son estereotipos sino personas recortadas en espacios escénicos muy breves y completamente vivaces (o tan robustos como quiso Bertolt Brecht y recuerda Jean Canavaggio). Cuando sí son tipos, como el atajo de calamidades que aspiran a ser alcaldes de Daganzo, el buen sentido pide que igual que «se hace examen de barberos, / de herradores, de sastres», también habrá de hacerse para escoger «alcaldes, / y al que se hallase suficiente y hábil» se le apruebe, que «hay hogaño / carestía de alcaldes de caletre / en lugares pequeños casi siempre», como si Cervantes aprovechase las leyes y normas que Sancho inventa en la ínsula ahora con un viso grotesco. Todos exhiben su disposición dócil al soborno y al cohecho natural, desde luego con «las cuatro oraciones» muy bien sabidas de memoria, pero sin haber aprendido a leer, que nadie en su linaje lo ha hecho ni hay «persona de tan poco asiento / que se ponga a aprender esas quimeras, / que llevan a los hombres al brasero, / y a las mujeres a la casa llana» o el burdel. Pedro Rana hace de portavoz de una justicia ecuánime, con vara de roble o de encina y «no tan delgada / como las que se usan de ordinario», sino «gruesa de dos dedos, temeroso / que no me la encorvase el dulce peso / de un bolsón de ducados» porque acaban pesando como el plomo. Procurará ser «bien criado y comedido, / parte severo y nada riguroso», para nunca deshonrar al «miserable / que ante mí le trujesen sus delitos, / que suele lastimar una palabra / de un juez arrojado de afrentosa, / mucho más que lastima su sentencia».

Cervantes asoma la cabeza con la herida aún abierta de Castro del Río o de Sevilla y hasta de Valladolid, porque «no es bien que el poder quite la crianza ni que la sumisión de un delincuente / haga al juez soberbio y arrogante». También cuando saca a un sacristán prepotente que amenaza con la excomunión cuando van a mantearlo por «bellaco, / necio, desvergonzado e insolente, / y atrevido además». Y es de nuevo Pedro Rana quien para los pies al sacristán entrometido «en reprehender a la justicia», como si él hubiese de «gobernar a la república» siendo solo presbítero (y por tanto no aún eclesiástico protegido ni grave): «Métete en tus campanas y en tu oficio» y «deja a los que gobiernan, que ellos saben / lo que han de hacer mejor que no nosotros». Si «fueren malos, ruega por su enmienda», pero si fuesen «buenos», rece «porque Dios no nos los quite». El Sacristán aprende la lección arrepentido y dispuesto a coserse «la boca con dos cabos / de zapatero», como si Cervantes no perdonase ni la enmienda seguramente dictada por la censura en el pasaje del *Quijote* que tuvo que corregir con la misma anécdota, como si se acordase de un sacristán al que mandó a presidio en Castro del Río, y como si estuviese poniendo por una vez sin reservas la exigencia de una justicia formada y ecuánime, como este Pedro Rana que a pesar de su nombre, y del chiste de su nombre, «no solamente canta, sino encanta».

Salir desnudo en 1613

Pudo ser su hermana Andrea quien le animase a hacerlo pero pudo ser también su propia devoción por el cristianismo llano, de poca espuma escarolada y ascetismo evangélico, en sintonía también con autores como Pedro de Valencia y su predilección por asimilar sin brutalidades a los moriscos o su autonomía de juicio para condenar sin ensañamiento a la brujería y la magia. Acaba de abandonar Cervantes la Hermandad del Santísimo Sacramento y ha pedido en Alcalá de Henares el ingreso en la Orden Tercera de San Francisco este julio de 1613. Quizá no toma el hábito aún, aunque sí ha seguido el ritual de ingreso con «una vela blanca en la mano derecha» y colgados la «cuerda y el hábito, en la izquierda», sin asirlos porque está «falta de movimiento por la herida recibida en Lepanto». Y «cubierto por el hábito, la sotanilla le descubría el calzón, la manga cerrada», con una capa corta de estameña.

Cervantes se piensa ahora poco a poco a quién pedir los poemas preliminares para sacar a la calle por fin las *Novelas*. La broma de escribirlos él, como hizo en el *Quijote* hace años, no encaja ya aquí porque se juega todo lo que no se jugaba entonces, precisamente mientras jugaba sin prevenciones ni cálculos. Ahora no es lo mismo, y antes o después de recibir el privilegio que ha pedido también para difundir e imprimir el libro en Aragón, Cervantes busca a los amigos que los escribirán en este verano de 1613, con la dedicatoria al conde de Lemos decidida. Los ha escogido con cuidado, los conoce a todos, y a todos los ha retratado en el manuscrito inacabado del *Viaje del Parnaso,* empezando por el marqués de Alcañices, que vive en Valladolid, y tiene como el resto de los poetas que lo acompañan poca edad, lo menos todos entre treinta y treinta y cinco años menos que Cervantes. Este marqués no llega a los 30, y casi parece Cervantes mismo quien le dicta que en las novelas «con el arte quiso / nuestro ingenio sacar de la mentira / la verdad», incluido un elogio a Lemos que cierra el soneto. Otro hombre de la corte, servidor del duque de Sesa, Fernando Bermúdez, pondera las «variedades mil» del libro, y ha escrito en los mismos años de 1612 y 1613 otros sonetos para obras de Lope (junto a Salas Barbadillo) y comparecen uno y otro, el marqués y el secretario del duque de Sesa, porque en sus «verdes años», «vive la cordura», según Cervantes.

E igual de joven es otro hombre ligado a su familia desde hace años porque es hijo del Fernando Lodeña que tuvo el grave pleito con su hermana Magdalena, ya fallecida. Se habrá resuelto o no, porque ella comisionó a su muerte a Miguel para que cobrase los trescientos ducados debidos, pero padre e hijo se llaman igual y, además, los hijos no son responsables de las culpas de los padres. Es «poeta primerizo insigne» y promesa segura «del tiempo venidero», según el mismo Cervantes, que aún se escuda contra los tiempos nuevos con otro joven más, «mancebo generoso / de raro ingenio, en verdes años cano», que se llama Juan de Solís Mejía, y ya casi parece haber oído o leído el manuscrito del viaje en verso porque en Cervantes y sus «fábulas», como llama a las novelas, «si lo secreto de ellas contemplaste», entenderá el lector que «rica y pomposa vas, filosofía, / ya doctrina moral», y «con este traje, / no habrá quien de ti burle o te desprecie».

Todos copian de un modo u otro el prólogo quizá porque asumen su magisterio y porque funcionan ahí como auténtica guarda de corps, escuderos del viejo escritor que se ha paseado por el Parnaso entero ya, aunque no lo haya publicado, dispuesto a demostrar sin modestia y sin arrogancia el valor de una pluma que tantos creyeron solo apta para la chusquería bromística y el entretenimiento cómico (que nunca abandona tampoco, por supuesto). No creo que Cervantes tuviese decidido el destinatario en la primavera de 1612, cuando mandó la copia en limpio al Consejo de Castilla con el prólogo incluido, quizá porque estaba demasiado fresca la expectativa frustrada de las promesas de los Argensola, o incluso porque sabía algo de las festivas bromas que hacían en Nápoles con la cornamenta cervantina. Más bien me parece, sin que nada resulte demostrable, que Cervantes interpoló al final del prólogo ya redactado un año atrás unas pocas líneas que anuncian ahora, en julio de 1613, al destinatario ya decidido, el conde de Lemos. Lo ha hecho rompiendo la lógica del prólogo, abocado limpiamente hacia el final, cuando había ya explicado con orgullo las novedades que aportaba su libro, cuando anunciaba las próximas obras y cuando solo quedaba el quiebro de despedida tras mencionar al lector la inminencia, «si la vida no me deja», de las obras nuevas y añadía solo: «No más, sino que Dios te guarde, etc.». Y es justo antes de esta frase donde encuentra el lugar para insertar las líneas nuevas que atraen la atención del lector sobre Lemos y vuelven a un asunto que ya ha explicado y es que «algún misterio tienen escondido» que levanta las novelas, si el señor conde ha aceptado ampararlas. Yo diría que del mismo tirón y tras insertar esas líneas en el pliego, no deja la pluma y escribe la dedicatoria, este mismo 14 de julio de 1613.

Con todo en marcha y Lemos como virrey en Nápoles, dice quedarse Cervantes «aquí contentísimo» con mandarle las novelas sin mucha ceremonia. Si no son buenas, los críticos y los cínicos, «las lenguas maldicientes y murmuradoras», harán igual su oficio y no dudarán en «morderlas y lacerarlas» pese a su protección, «sin guardar respeto a nadie». Ronronea me parece un tono personal y de hombre mayor hacia un conde joven y bromista, para ir «mostrando en algo el deseo que tengo» de servirle como a «mi verdadero señor y bienhechor mío», que es forma suficientemente expresiva y directa como para entender que Lemos se ha portado bien con Cervantes, no sé si como Sesa con Lope, regalándole la ropa usada y adelantando dineros aquí y allí. Porque no hay modo de averiguar qué forma de protección pudiera haber en estos tratos entre escritores y nobles encumbrados, sin rastro de rencor alguno en Cervantes. Nadie le ha visto a día de hoy como resentido que vaya a afear al conde las decisiones de su secretario Argensola, fuese lo que fuese lo prometido.

Y ahora ya con prisas de veras, todo se pone en marcha solo a la espera de que Salas Barbadillo, otro muy joven, envíe la aprobación pedida al Consejo de Aragón, que emite a 31 de agosto de 1613 (también con el prólogo y la dedicatoria a la vista). La redacta en forma expresiva y segura de la «justa estimación que en España y fuera de ella se hace de su claro ingenio, singular en la invención y copioso en el lenguaje», como si tanto él como, un año atrás, el fraile Juan Bautista del monasterio de Atocha supieran no solo que «enseña y admira», como es natural, sino también deja de una vez convencidos y «concluidos con la abundancia de sus palabras a los que, siendo émulos de la lengua española», como enemigos de ella, que es lo que significa émulos, «la culpan de corta y niegan su fertilidad» de la manera más absurda y hasta ofensiva.

A nadie ha escapado la inmanejable e inverosímil riqueza de la lengua de Cervantes, sin registro alto, medio o bajo que no tenga su rastro y su lugar. El propio Salas Barbadillo tiene ahora en el telar su novela *El caballero puntual,* donde aparece Cervantes como «hombre de buena persona en semblante y traje». Habla ahí el escritor «con términos breves, sustanciales y elegantes», aunque lo único que me falla del retrato es que algún discurso de Cervantes pueda ser breve y contenido: quizá fuese de veras tartamudo, como parece insinuar él mismo alguna vez, sin que haya modo de asegurar nada mínimamente creíble. La novela es una imitación del *Quijote,* dedicada al duque de Sesa y que contrata con el mismo Francisco de Robles en julio del año siguiente, 1614, por cien miserables reales (pero tira mil setecientos ejemplares).

Parado más de un año el libro para blindarse con el privilegio de Aragón contra los piratas editoriales, sale por fin a principios de septiembre de 1613, cuando Cervantes ya ha cobrado de Robles los mil seiscientos reales del contrato y recibe veinticuatro «cuerpos» de unas *Novelas ejemplares* que acaban de perder la sobreactuada apostilla moralizante, aunque la mantiene el contrato con Robles, mientras le autoriza a negociar los derechos para Portugal y le entrega Cervantes los que ya tiene de Castilla y Aragón. No hay modo de saber, sin embargo, si dice algo valioso o no una frase de ese contrato cuando aprueba como justo el precio y dice «que no ha hallado quien más ni otro tanto por ello le dé» como si hubiesen vivido una puja por el libro. Días después Robles intenta atajar aún a los piratas y persigue la posible emisión de ejemplares ilegales en Zaragoza, aunque donde saldrán apenas meses después las ediciones piratas es en Pamplona, Bruselas y Lisboa, y aún otra más, pero legal, del mismo impresor de 1613, Juan de la Cuesta, ya en 1617. La sobrecarga en realidad es física ahora porque el tomo levanta hasta setenta y dos pliegos, poco más o menos la extensión del *Quijote*.

Imagino que para este momento sabrá algo ya contante o material Cervantes de la generosidad tanto de Lemos como del cardenal Bernardo de Sandoval en compensación por su dedicatoria y sus buenas palabras con ambos. Años después el mismo Salas Barbadillo señaló al cardenal como «puerto de todas las necesidades y verdadero padre de pobres», como Vicente Espinel, al que asignó «un tanto cada día para que pasase su vejez con menos incomodidad». Y esa es la «misma piedad» que, según explica Salas, ejerció con Cervantes «porque le parecía que el socorrer a los hombres virtuosamente ocupados era limosna digna» del elevado cargo y posición del cardenal desde 1599, miembro del Consejo de Estado poco después, e inquisidor general desde hace casi diez años.

Pocos días antes, en todo caso, un buen puñado de amigos y enemigos —Espinel, Lope, Cervantes— se han apresurado a escribir sus poemas para un libro a medias por compromiso y a medias por buena voluntad. Es un manual del perfecto secretario, dedicado al marqués Juan Andrés Hurtado de Mendoza, y escrito por Gabriel del Barrio Angulo, ya jubilado tras treinta años de servicio. Lo conocen todos sin duda, incluido el secretario de guardias del rey, y hasta pone otro el mismo Antonio Hurtado de Mendoza que puso su poema para las *Obras* de 1610. También Cervantes elogia ese libro, tan imbuido de las ideas de su *Viaje del Parnaso,* que en él «la adulación defraudada / queda, y la lisonja en ella; / la mentira se atropella / y es la verdad levantada», precisamente porque enseña a secretarios a no ser tramposos ni defraudadores, alecciona a escribanos que a veces no escriben lo que deben o escriben más de la cuenta. Debe haber interesado a Cervantes delirantemente este libro sobre «estilo y orden del despacho y expediente, manejo de papeles de ministros, formularios de cartas, provisiones de oficios y un compendio en razón de acrecentar estado y hacienda, oficio de contador» y, sin duda, «otras curiosidades que se declaran en la primera hoja».

Al menos, acaba de llegar otro nuevo cobro, algo más de mil reales, del fraccionadísimo pago, sin duda en diferido, del salario que debe el Estado a la familia por la muerte de Rodrigo de Cervantes, hace ya doce años, a cuenta de la campaña militar nada menos que de febrero de 1586. Irán a parar a Constanza los reales como dispuso Miguel, y también porque, como no sea por Catalina, apenas queda nadie de la familia cerca con quien tratar de nada sin pelearse, ya no sus hermanas Andrea ni Magdalena, enterradas, tampoco su hija Isabel, porque el asunto de la Red de San Luis sigue enredado en un chantaje de ella y su marido contra Juan de Urbina, que Cervantes no comparte (aunque la ya no niña acaba de cobrar una fortuna, setenta mil reales, de una deuda ignota).

Le bailen a él todavía en la bolsa, o ya no, los mil seiscientos reales de las *Novelas ejemplares,* la misma Constanza cobra ahora otros mil reales «pagados en reales de plata» enviados por Juan de Avendaño, «vecino de la ciudad de Trujillo del Pirú», a través de un «pasajero que vino» de ahí en galeones. Ya es casualidad que la casta fregona de la novela de Cervantes se llame Constanza y que el chaval con el que se casa sea hijo de Juan de Avendaño, tras vivir la formidable revelación de que Constanza no es fregona sino *La ilustre fregona* y noble de nacimiento. Al final será verdad que el cofre se está quedando vacío.

11. LA ESPIRAL INTERMINABLE

Hace mucho rato que Cervantes se ha dado cuenta de que la historia larga del caballero mira a dos sitios a la vez, y sin embargo ve muy bien, ve mejor que nunca, como si todo el tiempo el lector quedase captado por la sensatez luminosa y expresiva del buen pensar de don Quijote y, a la vez, no olvidase nunca que tanto él como Sancho no salen de un plano ridículo y trastornado, bien sea por las caballerías, bien sea por la codicia mezclada de piedad solidaria con el caballero. Son risibles y crédulas víctimas absurdas de las burlas de los demás y son a la vez personajes con sentido común a ratos tan impecable como insólito. La ironía de fondo desactiva cualquier forma de discurso apodíctico o categórico porque está cuestionado desde dentro, en el ancho campo del juego de la ficción que ha armado Cervantes en el primer *Quijote* y ha invertido en el segundo.

A Cervantes ha vuelto a crecerle en el escritorio un tipo de bicho, de bestia o de cuerpo escrito que no existía antes y que es como ninguno y como nada ha sido hasta ahora. No es una novela en nuestro sentido porque las novelas en nuestro sentido no existen (o acaba de inventarla él); las novelas, entonces, o son novelas breves y cuentos, o son libros de aventuras formidables y exóticas o de caballeros valerosos. Y este libro en que anda ahora Cervantes tampoco es un libro de caballerías exactamente. Lo protagoniza un caballero tronado y fuera de época pero logra hacernos creer que su historia ficticia es tan real y verdadera como un reportaje a pie de calle. No es tampoco una novela de aventuras y naufragios y amores triunfales porque nadie triunfa, nadie naufraga y las aventuras son cosa de patio vecinal o de guiñol bufonesco.

Ni él ni nadie sabe exactamente la cosa que está haciendo porque es un combinado de todas ellas y algunas más, como si mimetizase en ella Cervantes todos los géneros y modos posibles de la literatura de su tiempo, tamizados por un tono conversacional y una naturalidad sin rasgo de afectación que no sea intencionada y paródica, a ratos también reflexiva y asertiva, todo a la vez, en secuencias ligadas muchas veces por el capricho de la casualidad inmotivada. La ficción moderna, la novela, vivirá sin él en las variaciones inagotables de la suya, como si el invento llevase dentro un atrevimiento y hasta una insania tan original y tan desafiante a lo que la literatura es en su tiempo que intimida y encoge. De hecho, ese libro necesitó que el mundo cambiase y lo concibiésemos de otro modo para que alguien —Lawrence Sterne en *Tristram Shandy,* Henry Fielding en *Joseph Andrews,* Denis Diderot en *Jacques le fataliste et son maître*— detectase lo que había en él de caja negra y ruta secreta al sentido moderno de la existencia, sin leyes absolutas, sin verdades graníticas, sin dogmas infalibles.

La conquista de la ironía como verdad sincrónica y dual es tan prematura como inexplicable para su tiempo, gracias a una novela que no sabe explicar ni puede imitar nadie sin la cabeza de Cervantes, desbocada y sin límites ni formales ni de ningún otro tipo, sin verdades únicas y estables de por vida (de tejas abajo), no adicta a un punto de vista sino adivinando en la vida y en las vidas de todos ese punto ciego del que habla con razón Javier Cercas. Pero el único que se dio cuenta entonces de esta dimensión fue quien la había compuesto. Cervantes es el primero y el único durante los ciento cincuenta años siguientes que sabe que ha hecho un libro que dentro lleva una visión de la existencia criada en un modo diferente de narrar. Respeta la naturaleza simultánea de la contradicción sin resolverla y sin forzar tampoco la paradoja constitutiva de que las cosas sean una cosa y otra a la vez, como loco y cuerdo es don Quijote, como tosco y listo es Sancho. Tampoco esa duplicidad anula la consistencia del bien ni del mal, ni

Cervantes renuncia a sugerir o insinuar un juicio recto y seguro sobre las cosas, pero lo emplaza en el reino de la ironía donde los valores y las apreciaciones de la realidad viven empapados de una sustancial anfibología.

Nada es de una vez porque todo late en el interior de un vivero donde nada es suficientemente verdad ni nada es suficientemente mentira, ni tampoco depende todo de la banalidad de esta o aquella perspectiva sino de la naturaleza dual de la experiencia. No es premeditado nada de todo esto sino segregado por el largo escarmiento de un iluso educado en una ley de verdades nítidas y principios estables y reeducado en la conquista irónica del conocimiento de lo real. Es la experiencia vital de Cervantes y su procesador íntimo quien ha dado de sí esa rebelión contra el mundo blanquinegro en el que vivió, adelantándose a nuestra propia gama moderna de tonalidades en novelas, ensayos e historias que han explicado la realidad como es, como empezó a hacer Cervantes. Por eso no hay tensión ansiosa alguna en estos dos libros sobre un mismo Quijote sino la apacible o airada charla en peregrinación comarcal de dos personajes que, como nosotros, son y no son a la vez lo que somos, sin esencia alguna ni identidad imperturbable. La incredulidad ante los principios absolutos no ha engendrado a un relativista a ultranza o a un escéptico sin convicciones sino la convicción sobre la dimensión plural de la realidad como condición misma de la verdad.

Para no perder el hilo

Tampoco ahora sabremos cuándo sucede, pero hubo de ser en torno a 1612. Por entonces había terminado el capítulo 43 y lo dejó interrumpido porque se metió por en medio la decisión de revisar y ordenar las *Novelas ejemplares*. Por eso el principio del capítulo siguiente, el 44, lleva una sutura gruesa y muy visible con la que Cervantes retoma la historia de la pareja protagonista, después de contar sus ideas sobre las novelas cortas intercaladas en el primer *Quijote*. Lo «que ha dejado de escribir» es el rastro del dolor que le ha causado quitarlas o no incluirlas, pero retoma el hilo con la cabeza muy lejos del momento en que terminó el capítulo anterior, mandando a comer a los personajes. Al recobrar ahora la historia, se le confunde a Cervantes el tiempo, y por eso «prosigue la historia diciendo que en acabando de comer don Quijote el día que *dio* los consejos a Sancho, aquella tarde se los dio escritos», como si hubiese pasado mucho tiempo entre una cosa y la otra, cuando todo sucede el mismo día. Quien ha dejado pasar muchos días entre la escritura del final del capítulo y la continuación es Cervantes, que anduvo metido en exhibir su calidad como raro inventor de las novelas ejemplares mientras ahora va a gestionar maravillosamente bien la voluntad de hablar de la realidad sin renunciar al sistema irónico de la ficción.

El acoso de la realidad sobre la novela es en sus tramos finales aplastante mientras modula Cervantes una voz que ha estado en algunas de las novelas breves pero menos en el *Quijote*. Con ella refleja sin aprobación ni conformidad algunas de las cosas que pasan en la calle, en su calle, en sus pueblos y en sus ciudades, como un autor realista, aunque no haya perdido el lector el vértigo de estar escuchando los criterios y las voces de un loco entreverado de cuerdo y un escudero contaminado. Sin perder el viso humorístico de todo, Cervantes encadena consejos para gobernar, normas de justicia y apreciaciones prudentes y juiciosas sobre el bien de la república tal como los entiende don Quijote y los retiene o intenta retener Sancho como falso gobernador de una falsa ínsula. Pero no hay falsedad alguna en las ordenanzas y criterios de justicia distributiva que concibe don Quijote, ni tampoco, por cierto, en los que aplica Sancho en esa semana turbia de ficticio gobernador. Esta es la ley estable y continua de la novela, hasta el final. El asalto de la realidad llega desde dentro de la viscosa y ambigua certidumbre de personajes cuestionables por definición que a la vez resultan enigmáticamente convincentes. Cervantes se mueve con esa libertad absoluta de quien ha cuajado un método que evalúa la realidad desde la suspensión incierta que produce la pareja de protagonistas.

Los conflictos del presente que selecciona Cervantes son plenamente intencionados ya, no intemporales ni sin fecha, sino estrechamente vinculados a la experiencia colectiva de su tiempo, a la coyuntura histórica y a la justicia e injusticia de las condiciones de vida de su presente. Esa forma de realismo vive bajo la campana neumática de la ficción y sobre todo bajo el prisma de una ironía sistémica que significa vivir esos conflictos junto a un analfabeto de buen sentido intuitivo y un juicioso sujeto loco. Una y otra vez sale en estos tramos finales de su literatura, de modo inmisericordemente íntimo, el miedo a la miseria de quien procura ablandar los mendrugos de pan duro «paseándolos por la boca una y muchas veces», sin «poder moverlos de su terquedad» (y es poeta de comedia el hambriento). Algún retrato cervantino de estas últimas etapas tiene dentro tanta piedad espantada como el del hidalgo pobre y el «remiendo del zapato, el trasudor del sombrero, la hilaza del herreruelo y la hambre de su estómago», dispuesto a coser los puntos de la media con seda de otro color, «que es una de las mayores señales de miseria que un hidalgo puede dar en el discurso de su prolija estrecheza», aunque restituya enseguida la andadura jovial porque la jovialidad no está reñida con la melancólica protesta. La pobreza y la estrechez están metidas en el corazón de Cervantes y en su experiencia, como si asistiese demasiado a menudo a la angustia de ver cómo «la pobreza atropella a la honra» y a veces hasta hace a algunos «entrar por las puertas de sus enemigos con ruegos y sumisiones» humillantes, «que es una de las mayores miserias que puede suceder a un desdichado», aunque hay más, y más dramáticas.

Pero también Cervantes encuentra otro modo de graduar la invasiva presencia de lo real sin romper la ficción. El método consiste en desplazar el protagonismo de la acción hacia dramas ajenos que incumben a Cervantes y a su voluntad de insertarlos dentro de la ficción. Sancho encuentra a Ricote para cuestionar la universalidad terrible de una ley de expulsión de moriscos, dictada desde 1610, que arrasa con todos sin discriminar nada, que puede ser justa para proteger el reino católico, pero es injusta en su incapacidad de distinguir a sujetos de carne y hueso, a víctimas justas e injustas. Los expulsados no tienen a dónde ir, no los quieren ni en España ni en la Berbería, que es «allí donde más nos ofenden y maltratan». El propio Ricote tiene más de cristiano que de moro, y su hija y su mujer son «católicas cristianas». Cervantes ha visto o ha vivido la expulsión, le hiciese o no llorar y fuese o no poco llorón, como se confiesa Sancho mientras recuerda emocionado la expulsión de la mujer, la hija y el cuñado de Ricote de su pueblo, sin que nadie se atreviese a protegerlos pese al drama, ni a esconderlos por «el miedo de ir contra el mandado del rey», en una escena imborrable que respalda la expulsión y condena a la vez la indiscriminada expulsión de 1609 y 1610.

El relato se ha hecho inextricablemente irónico porque Cervantes ha acentuado la dimensión reflexiva de su personaje, ha activado más agudamente la presencia de la realidad histórica y, sin embargo, no ha dejado de ser inconfundible el desequilibrio de don Quijote y la credulidad de Sancho. Es el lector, como ante toda encrucijada irónica, quien decide dónde y cuándo predomina una cosa o la otra porque siempre están las dos, la comicidad de los personajes y la inteligencia y la honestidad de lo que dicen. En su primer *Quijote* la ironía funcionaba sobre una comicidad más descarnada y más atada a la acción; en el segundo funciona igual de potente pero sin que Cervantes modere el deseo de diseminar juicios y reflexiones que están en medida superior al primero, seguramente porque nada llega al lector desde un púlpito ni desde una cátedra sino brotado del intervalo lúcido de un loco. El motor irónico del libro protege a Cervantes o le blinda contra solemnidad o gravedad alguna y es ese el sortilegio para hablar y pensar en voz alta en mayor medida que nunca.

El bombeo irónico de la novela hace de los duques y su premeditación vejatoria una mezcla inquietante, despiadada pero divertida, que Cervantes no tiene ganas de resolver porque su loco es loco aunque sea cuerdo, cuerdo. Se complace Cervantes riéndose como nos reímos nosotros de los dos botarates y a la vez es Cervantes quien puntualiza reprobatoriamente que si «no quedaron arrepentidos los duques de la burla hecha a Sancho», tampoco lo están de la que preparan para derrotar a don Quijote (aunque sin «vencerle sin matarle ni herirle»). Pero no salva Cervantes a la pareja ociosa de duques y señores desocupadísimos y con todo el tiempo libre para no hacer nada de provecho, pensando que «no estaban los duques dos dedos de parecer tontos, pues tanto ahínco ponían en burlarse de dos tontos». Pero lo hace Cervantes después de gastar un montón de páginas cómicas sobre sus endiablados personajes.

Abrumadoras sospechas

Incluso algo más que sospechas parecen concentrarse en pocas semanas y meses de mediados de 1614, noticias todas desazonantes. Cervantes parece descubrir de golpe el precio del éxito del primer *Quijote* fuera del sistema, y ya también el éxito culto y noble de las *Novelas ejemplares* dentro del sistema, mientras llueven las insidias y los versos satíricos, mientras los jóvenes hacen méritos en el entorno de Lope para ridiculizar al cornudo Cervantes. Es más que probable que algún intento de estrenar una comedia nueva, o vieja y remendada, haya vuelto a salir mal. Siguen sin parecerle tan antiguas y desdeñables, ni encuentra en ellas cosa impropia de sí mismo, aunque es bien verdad que el humor a ratos tira para la pura fanfarria verbal y otras veces parecen un tanto premiosas, rígidas de construcción o mal suturadas. Solo faltaría además que hubiese algo de verdad en los rumores que le han llegado hacia mayo de 1614. Dicen que está ya en consultas en Tarragona el original de un libro absurdamente titulado *Segundo Tomo del ingenioso hidalgo don Quijote de la Mancha.* Desde luego, suyo no es porque tiene muy avanzada la continuación, pero ni la ha acabado ni tiene demasiada prisa por acabarla, mientras disfruta de la bonísima fortuna, comparable a la del *Quijote,* que de golpe le han regalado las *Novelas ejemplares* con el reconocimiento inequívoco de muchos jóvenes sobre su magisterio (y pirateadas ya esta primavera de 1614 al menos tres veces).

Pero es verdad que muchos otros jóvenes no están con él, viejo desdentado, sin la dentadura postiza que sí lleva alguno de sus personajes, con esos seis dientes sueltos y desparejados que le van quedando en la boca (y cuando sabe hace mucho que vivir «sin muelas es como molino sin piedra, y en mucho más se ha de estimar un diente que un diamante»), quizá prostático como algún otro de sus personajes, de espaldas cargadas sin duda, probablemente burlón y hablador, severo a la vez que alegre y zumbón. Dicen, además, que ese *Segundo Tomo* va firmado con un seudónimo, el «licenciado» Alonso Fernández de Avellaneda, quien se dice «natural de la villa de Tordesillas». Aunque nadie sabe de quién se trata, es evidentísimo que aspira a aprovechar un éxito ajeno en beneficio propio. Sin duda, pulula por alguna cofradía, taberna, tertulia o corral de comedias próximo a Lope de Vega porque en el prólogo se le ensalza de forma tan descarada que ese prólogo hasta podría ser del propio Lope, o al menos llevar alguna maldad inspirada por él. No hay seguridad alguna, ni sabemos si lo es ni sabemos tampoco si Cervantes ha tenido el original en la mano en esta primavera de 1614, con sus propias criaturas manoseadas por otro, pero sí sabemos que en Tarragona se gestionan los papeles para publicarlo desde principios de abril de 1614 y que el libro ha pasado sin duda por varias manos. Y alguna puede haberlo dejado en las de Cervantes o haberle hecho algún traslado o copia parcial para que se haga cargo de la insidia del autor, de los desdenes que le dedica, de la transparencia con que le ataca por envidioso y por su falta de consideración hacia los jóvenes. Aunque ese prólogo empieza por la idiotez más grande y más inquietante del mundo, desde la primera línea, acusándole de que su historia del *Quijote* «casi es comedia».

Se mete luego con prosa enredada contra su prólogo de 1604 por «cacareado y agresor de sus lectores». Ha debido de seguir leyendo a Cervantes con tanta obstinación este Avellaneda como para censurarle también a cuenta de las *Novelas ejemplares*. Esta vez porque tampoco en el prólogo fue suficientemente humilde ni, por lo visto, eran «ejemplares» las novelas sino «satíricas», y al menos «no poco ingeniosas». Pero ya desde ahí el embozado pasa al ataque personal, lo llama «soldado tan viejo en años cuanto mozo en bríos» y con «más lengua que manos» (porque él mismo confiesa tener solo una), y hasta se jacta de la «ganancia que le quito de su segunda parte». Pero se jacta sin «ofender», como sí hizo Cervantes en el *Quijote,* y no solo «a mí», al Avellaneda, dice, sino también «y, particularmente, a quien tan justamente celebran las naciones más extranjeras y la nuestra debe tanto, por haber entretenido honestísima y fecundamente tantos años los teatros de

España con estupendas e innumerables comedias, con el rigor del arte que pide el mundo y con la seguridad y limpieza que de un ministro del Santo Oficio se debe esperar». Y es verdad que Lope es parte del tinglado de la Inquisición hace años, en ese cargo que llaman «familiar» y es una mezcla de auxiliar y de chivato para perseguir herejes y herejías.

La ira reconcentrada que le está subiendo a la cabeza a Cervantes no le impide detectar la obviedad de que este Avellaneda habla como si le soplase las palabras Lope de Vega, y como el Lope ridiculizado en el prólogo al primer *Quijote*. Y ya puede adivinar Cervantes que va a reaparecer la gracia que tanta gracia le hace a Lope. Y, en efecto, ya está ahí, unas líneas después, porque Cervantes «es ya de viejo como el castillo de San Cervantes, y, por los años, tan mal contentadizo que todo y todos le enfadan»; por eso está «tan falto de amigos» que nadie le escribe «sonetos campanudos», además de ser incapaz de hallar noble alguno «en España que no se ofendiera de que tomara su nombre en la boca», porque tampoco hay noble que le escriba soneto preliminar a sus libros (aunque no es verdad: el marqués de Alcañices lo ha escrito para las *Novelas ejemplares*). Eso es todo lo contrario que le pasa a Lope, que le escriben los nobles cuanto les pida, y hasta sabe cosas Avellaneda que pueden empezar a inquietar de veras a Cervantes. Ese autor felón y cobarde está al tanto de que acaba de abandonar la Hermandad de los Esclavos del Santísimo Sacramento y ahora «se ha acogido a la iglesia y sagrado» (porque es verdad que ha ingresado en la Orden Tercera desde julio de 1613, y Lope ha dado como sacerdote su primera misa en mayo de 1614, «trampeando cada día lo mejor que podía el modo de confesarme», como cuenta a Sesa).

El enterado autor está cerca de Cervantes o tiene que haber oído más cosas de él, aparte de leerlo. En realidad, debe de estar hasta el gorro del santo *Quijote* porque, como dice en el *Quijote* apócrifo, y «como es verdad y no lo puedo negar, por doquiera que he pasado no se trata ni se habla de otra cosa en las plazas, templos, calles, hornos, tabernas y caballerizas». Y vuelve Avellaneda a lanzarse en el prólogo contra sus «comedias en prosa, que eso son las más de sus novelas, no nos canse», invitándole sin remilgos a que deje ya de escribirlas porque basta con haber escrito *La Galatea*. Y deje además de envidiar a Lope con bromazos y reprobaciones de la supuesta jocosidad, demasiado viscosa y demasiado anárquica, de la comedia nueva. Avellaneda carga en el resto del prólogo contra el Cervantes envidioso, remontándose a santo Tomás —como había hecho fray Juan Bautista en su aprobación sobre la eutrapelia— para definir la envidia como la «tristeza del bien y aumento ajeno». Con condescendencia sarcástica comprenden los autores del prólogo, porque ya parece que sean varios, cada uno con su propia ocurrencia satírica, que la padezca por haber criado el *Quijote* en la cárcel y así le salió la historia, tiznada de los hierros de la prisión y de natural «quejosa, murmuradora, impaciente y colérica».

Apenas sin querer, tiene la desgracia de encontrar Cervantes, un poco más allá, los versos que repiten el mismo chiste consabido y asocian al *Quijote* con el castillo de San Cervantes. Era una conocida ruina cercana a Toledo, pero aquí sirve para tratar a Cervantes de cornudo, como su propio nombre indica, y como el mismo Lope había hecho ya, omnipresente y siempre desperdiciando su talento en bobadas, aunque sean bobadas ofensivas. Pero Lope ha incurrido otra vez en el mismo juego chapucero, y acaba de situar la acción de *Amar sin saber a quién* desde el primer verso en el «castillo de San Cervantes». Después, muy gracioso otra vez, pide a Dios que perdone al incauto de Cervantes por haber escrito el libro de *Don Quijote,* que fue sin duda «de los extravagantes». ¿Hay más? Hay más. Algunos han adivinado en *La dama boba* del mismo Lope algunas alusiones malévolas a la pobreza de Cervantes, viviendo en un miserable desván, pero es mucho más clara, y muy explícita, otra obra de Lope de este mismo 1613, *San Diego de Alcalá*. Allí saca una caricatura sangrienta de Cervantes, con mala saña y envenenada: ha peleado al menos «en Argel, / en la Mancha», le «han dado mil heridas / enemigos de la fe» y poco menos que vive hecho un coladero «de arcabuzazos, tullido de pies y brazos», pero tan hambriento y soberbio y arrogante como siempre.

Autorretrato sangrado

Ni Cervantes es ya un mozo que tira de espada ni tiene nada de ingenuo. Pero tampoco tiene nada de apacible franciscano resignado al mal del mundo. Es verdad que lleva muchos años evitando la resonancia impertinente de su apellido cuando al firmar rubrica con energía en la línea siguiente el neutro Saavedra, con una visible ese mayúscula que invisibiliza el mal chiste de llamarse *Migueldecerbantes*. Las armas serán menos ingenuas ahora y a mí me parece que entre unas cosas y las otras, empiezan a cargarle vejaciones descaradas y empieza él a cargar munición suficiente como para poner en marcha una venganza en dos fases este verano de 1614, y en dos modos. Uno, prodigioso, que no sabe todavía cómo será, reservado a la continuación ahora detenida del *Quijote*. Otro, más a ras de calle y como si retomase los viejos hábitos de juventud con la vena satírica que todos le reconocieron y que va a reactivar. El *Viaje del Parnaso* se había quedado muerto de risa hacia el final del capítulo siete, creo que hacia el verano de 1612, quizá tras pasarlo a amigos y quizá incluso tras leerlo en esta o aquella tertulia, aunque desde abril de 1613 ya no en la del Santísimo Sacramento porque la ha abandonado. Pero lo va a terminar con contundencia y aspereza, y yo creo que no solo añadiendo en prosa la *Adjunta al Parnaso*, que va fechada ahora, a julio de 1614, sino añadiendo también un capítulo entero nuevo, el octavo y último, y presumiblemente los tercetos más desasosegantes de la obra de Cervantes, en el capítulo cuatro.

Cuando abrochó sin paz el tercer capítulo —«en pie quedeme / despechado, colérico y marchito»—, hacia 1612, no existía todavía, me parece, el alegato más feroz, apasionado, conmovedor e inaudito de toda su obra. Son unos cien versos que por un instante encienden la vergüenza ajena y al mismo tiempo encienden las fibras sentimentales al saber que ese descarnado alegato autorreivindicativo nace de un Cervantes tocado. Los tercetos en defensa de sí mismo, con su propio nombre y con el título explícito de sus obras y sus méritos, echan por tierra y quiebran del todo el ritmo narrativo del *Viaje*, chirrían en la música burlona y desapasionada del libro, rompen la gasa cómica del *Viaje* y activan una tecla de gravedad y pesadumbre insólita en él, como si de veras estuviese ya escribiendo dañado por una agresión o suma de agresiones.

Ha desaparecido la burlona severidad académica del prólogo de 1612 a las *Novelas ejemplares*. Allí se explicaba a sí mismo como siempre se explica a sí mismo, con tinta de zumba y tinta veraz. Contaba de buenas maneras quién es Cervantes, disipaba las confusiones de tantos con él y su talento, y se reafirmaba como creador radical y nuevo. Después del inmenso éxito del *Quijote,* buscaba el otro éxito, el éxito que ansía Lope también en la corte académica y ensotanada, de togas y birretes, de poltronas y cátedras, de escritores, señores y mecenas, ajeno a la viscosidad populosa de la calle y la taberna, incapaz de razonar por qué le gusta lo que lee, por qué le gusta lo que le gusta y cómo es lo que le gusta leer.

Yo creo que esos orgullosos y dolidos tercetos nacen de este momento biográfico y no están escritos en los meses centrales del año 1612, sino alentados por la retahíla excesiva y reciente de burlas ajenas, las de *La dama boba* quizá, pero sin duda las del Lope de *San Diego de Alcalá* contra su *Quijote,* sus heridas y su arrogancia. Pero podría haber más, de mano de algún jovenzano cuellierguido y resabiado, algún muchachito de los muchos que irritan y alteran al último Cervantes, bien sea a cuenta del Gabriel de Barrionuevo del entremés de los coches, bien sean otros ataques que hoy nos resulta imposible de identificar porque circularían en forma de anónimos tan fugaces como las entradas de *blog* incendiarias y olvidadas al día siguiente (o no), romances o coplillas destinados a envenenar con daño. Y podría estar al tanto ya para entonces de la continuación apócrifa del *Quijote,* obra de prólogo insultante y de autor que (dirá después Cervantes) «no osa parecer a campo abierto y al cielo claro, encubriendo su nombre, fingiendo su patria, como si hubiera hecho alguna traición de lesa majestad». Lo seguro para mí es que esos tercetos del capítulo cuatro nacen al hilo y desde el tono del Cervantes que retoma el *Viaje* para acabarlo con el epílogo que fecha en julio de 1614, titulado *Adjunta al Parnaso,* enteramente dirigido contra el lugar que los demás le asignan en el sistema literario de su tiempo, abiertamente reivindicativo de sí mismo, a la vez que imita a Quevedo con una ordenanza de higiene literaria que ridiculiza a los malos escritores y poetas, y sobre todo, a los que, además de jóvenes, son también ricos y tontos.

Y como suele hacer cuando retoma manuscritos, deja huellas transparentes de estar haciéndolo al inicio del capítulo cuatro, el más largo del libro y el único que rebasa ampliamente la extensión de los demás. Los nuevos tercetos rompen por en medio el libro porque Cervantes ha dejado de bromear, batido por el ritmo convulso e incontinente del autorretrato, con los títulos de sus obras, de las comedias y los infinitos romances que ha escrito, con un yo que percute abriendo cada terceto —«Yo corté [...]», «Yo con estilo [...]», «Yo he abierto [...]», «Yo soy aquel que [...]»—, mientras completa el inventario de sus méritos e invoca su pasión por la literatura desde chico, todo impulsado por la indignación de «verme en pie como me veo», arrebatado como Juvenal e imitando a Juvenal, porque «de mí yo no sé más sino que promto / me hallé para decir» esos tercetos que han desnudado como pocas veces la indignación de Cervantes.

Pero a la vez intenta reconducir su corazón hacia la pacífica certidumbre de que el tiempo pondrá las cosas en su sitio, a unos el bien les llega «de repente, / a otros poco a poco y sin pensarlo». Incluso a veces se pierde por imprudencia la ventura que «tú mismo te has forjado», y hasta sabe que ha disfrutado de esa fortuna. Una y otra vez, «sin razón la suerte» ha ido negándole una posición más confortable o menos apurada, ese «venturoso estado» que «en el imprudente poco dura», y quizá él ha sido imprudente. Pero el final feliz que esperaba no llega aunque sea verdad, pero verdad resignada, que un día u otro llegará, y que a veces es mejor sacar el segundo premio en lugar del primero, porque el segundo es el justo y el primero el convenido. Sí puede el mérito «honrar más merecido que alcanzado», cuando apenas nada queda por hacer como no sea esperar mientras llega, sentado sobre la capa y, si es posible, «alegre y no confuso y consolado». Pero Cervantes no tiene capa donde sentarse. Su único consuelo es ya saber que «la virtud es un manto con que tapa / y cubre su indecencia la estrecheza» y su única compensación consiste en que esa pobreza queda «exenta y libre de la envidia», pero también herida y estoica:

es verdad que «deseo mucho» pero es verdad también que «con poco me contento», franciscanamente dispuesto a respetar la distancia entre su valor público y su condición precaria. Nada ha bastado ni nada compensa hoy la altura de sus méritos, de guerra y de letras, de éxito y de ventas. A pesar de la popularidad y a pesar del aprecio de muchos jóvenes y de algunos, ya muy pocos, de los viejos colegas, «quedeme en pie, que no hay asiento bueno, / si el favor no le labra o la riqueza», como si a estas alturas, vejado por unos y por otros, todavía hubiese de pelear por el día a día de un anciano casi solo.

Cervantes ha cedido a la autocompasión y a la versión más resentida y asqueada de la vida de escritor sin amo y de una corte miope y calculadora, como si treinta años después del fracaso con Ascanio Colonna hubiese de seguir siendo un escritor sin corte aunque sea ya un escritor con obra. Tal como está el libro, o como está rematándolo en este julio de 1614, es una bomba de relojería y ni sabe «cómo me avendré con» unos y otros escritores, los «puestos se lamentan, los no puestos / gritan, yo tiemblo de estos y de aquellos». Todos saben que «canonizaste de la larga lista» a los poetas del día, y muchos le acusan de ser «mentiroso cronista» y haber incluido y excluido «por causas y por vías indirectas». Y se asusta, se asusta «de ver cómo estos bárbaros se inclinan / a tenerme en temor duro y prolijo»; los tiene localizados a estos muchachos sin coraje, sin vida y sin experiencia y, por supuesto, pisaverdes y alfeñicados. No pueden afilar otra cosa que «la espada mía / (digo, mi pluma)», hundiéndose en la miseria de una «vida almidonada», especialmente maldita porque es «virgen por la espada / y adúltera de lengua».

¿Quiénes son? Son los mismos de quienes habla Quevedo en privado, tras recibir un montón de dinero del duque de Osuna, y cuenta que anda tras él «media corte, y no hay hombre que no me haga mil ofrecimientos en el servicio de V. E., que aquí los más hombres se han vuelto putas que no las alcanza quien no da». Es «cosa maravillosa», sin duda, y tiempo habrá «para untar estos carros que no rechinan, que ahora están más untados que unas brujas». Algunos andarán por ahí intimidando a Cervantes, como estos otros que «con la risa falsa del conejo / y con muchas zalemas me hablaron», aunque «yo, socarrón, yo, poetón ya viejo», les devuelve «a lo tierno» los saludos mientras finge cortésmente porque «no dudes, oh lector, no dudes / sino que suele el disimulo a veces / servir de aumento a las demás virtudes», a la espera de encontrar «coyuntura / y ocasión secreta para darles / vejamen de su miedo o de su locura». Recela de ese y otros encuentros en Madrid porque «si eran de aquellos / huidos», cambiaba de acera o «pasaba sin hablarles».

Se le ponen los pelos como escarpias —o al revés, «yertos los cabellos»— de puro miedo de encontrar algún poeta con puñal escondido o que «con secreta / almarada me hiciese un abujero / que fuese al corazón por vías rectas», como este mismo «mancebito cuellierguido», poeta y «en el traje / a mil leguas por godo conocido», que se queja de no habérselo llevado con él al *Viaje*, «lleno de presunción y de coraje» y un mucho de atrevimiento. Asegura a Cervantes «que caducáis sin duda alguna creo» o, más que creerlo, «mejor diría / que toco esta verdad y que la veo». Será verdad que ya, cerca de los quinientos versos de este último capítulo, regresa «lleno de despecho» a su «antigua y lóbrega posada», y se arroja «agotado sobre el lecho, / que cansa cuando es larga una jornada». Pero ha pasado antes por los abrazos de los amigos, sin desamparo alguno, y ahí están Alonso de Acevedo y su traducción italiana en marcha, y la alegría de abrazar «en la calle a mediodía» a Luis Vélez de Guevara, «el bravo, / que se puede llamar quitapesares», y otro abrazo va a Pedro de Morales para darle «el pecho, el alma, el corazón, la mano» a un hombre que es «propia hechura / del gusto cortesano» pero es, sobre todo, «asilo / adonde se repara mi ventura».

A 22 de julio de 1614 Cervantes sigue caducando como cada día, como dicen por ahí, y también escribiendo como cada mañana, después de acudir a misa en el monasterio de Atocha o en Nuestra Señora de Loreto. Terminó hace dos días la carta de Sancho a su mujer en el *Quijote* y termina ahora otra carta de ficción con las espuelas calzadas para subirse a la canícula, que es como Apolo firma el papel que entrega en mano a Cervantes un risible petimetre llamado Pancracio de Roncesvalles. Cervantes está redactando ahora esa diabólica y dialogada *Adjunta* como epílogo en prosa sobre su condición de escritor de pobreza congénita e insuperable. Sus seis comedias y seis entremeses nadie los quiere ni se los piden, y no porque ignoren que los tiene sino «porque ni los autores me buscan, ni yo los voy a buscar a ellos». Saben sin duda que las tiene, pero «como tienen sus poetas paniaguados y les va bien con ellos, no buscan pan de trastrigo», plantado Cervantes ante el lector cuando termina ya el libro porque ahí, al final, es donde incluye este otro invento experimental, esta extravagancia de escritor que se desenvuelve como quiere en la literatura cómica para mecharla de confidencia amarga o de burla de la incompetencia ajena, como hace en otro «papel aparte» que cierra la *Adjunta* el *Viaje* entero. Es la paródica caricatura jocosa de unos «Privilegios, ordenanzas y advertencias» destinados a los poetas. No va a quedar mal ni con su coetáneo Vicente Espinel, uno de los amigos «más antiguos y verdaderos que yo tengo», y casi el único superviviente de los viejos tiempos, ni tampoco con el procaz, venenoso y genial Quevedo. A quien no quiere ver para nada es a quien ve saliendo del monasterio de Atocha, este Pancracio de 24 años a la moda, «todo limpio, todo aseado y todo crujiendo gorgaranes», con ruido de sedas y cordoncillos elegantes, sin saber lo que es una espada con sangre ni una batalla real, ni la vida de las armas ni la estrechez de la pobreza. Como es rico, «no se le dé nada que sea mal poeta».

Y yo diría que al hilo y de corrido escribe el prólogo al *Viaje* que despacha con otra ocurrencia chistosa. Excepto a los amigos, a nadie va a gustar ni poco ni mucho el libro, tanto si el lector que es poeta se encuentra «en él escrito y notado entre los buenos poetas», como «si no te hallares». Tanto unos como otros están obligados a dar las «gracias a Apolo por la merced que te hizo», que es como obligarles a darle las gracias a él, tanto si salen bien parados como si salen mal. Ni siquiera estamos muy seguros de si sale o no sale en él el seguro amigo que a mediados de septiembre de 1614 firma la aprobación, José de Valdivielso, pero sí de la gracia que ha puesto en ella al reconocer cosas «muy conformes a las que del mismo autor honran la nación y celebra el mundo».

Debe saber de primera mano Valdivieso que el *Quijote* circula traducido fuera de España ya y las *Novelas ejemplares* han consagrado definitivamente al autor. El mismo Valdivielso ha sido capellán para fieles mozárabes del arzobispo Bernardo de Sandoval en Toledo, vive en Madrid, en la calle Mesón de Paredes por entonces, y es autor de una comedia de santos sospechosamente titulada *El loco cuerdo*. Está perdida la obra pero a él se le ha visto a menudo junto a Juan de Jáuregui, que hizo un retrato de Cervantes que tampoco conservamos, pese a la innumerable cantidad de veces que se ha impreso como auténtico siendo falso.

Inmerso en el final del *Quijote,* con el caballero metido en Barcelona sin duda, o a punto de caer en la arena de la playa, escribe Cervantes la dedicatoria del *Viaje* en noviembre de 1614, sin olvidarse de deplorar la mala costumbre de los escritores jóvenes descaradamente ladrones. Se «usa que cada uno escriba como quisiere y hurte de quien quisiere» y sin demasiado respeto o sin atender a sus propios intereses literarios, como es raro que cuadre a nadie una «extravagancia» como su historia del loco. Por eso, «venga o no venga a pelo de su intento», ya «no hay necedad que canten o escriban que no se atribuya a licencia poética». A él le queda por escribir ya solo su soneto preliminar, divertidamente resignado a pedírselo a «su pluma mía mal cortada», libre de «andar de una en otra encrucijada / mendigando alabanzas» que serán «de ruin casta» y es de las cosas más tristes que se pueden hacer, «escusada / fatiga e impertinente, yo os prometo».

A Cervantes no le «han dado algún soneto / que ilustre de este libro la portada» (porque no lo ha pedido, como no los pidió para el primer *Quijote*) pero en ella va la dedicatoria a un muchacho de 15 años, Rodrigo de Tapia, que es caballero del hábito de Santiago pero es sobre todo hijo de un encumbradísimo noble de la corte de Lerma, «oidor del Consejo Real y consultor del Santo Oficio de la Inquisición Suprema». Todos sabían —pero no lo dice la dedicatoria— que la «opulencia de sus casas» en Valladolid le causó «alguna represión» y, en el fondo, «le sirvieron más de acusación que de alojamiento», según escribe tiempo después Quevedo, preso en la Torre de Juan Abad, sintiéndose «en el fin de una vida» a los 41 años. Por la módica cantidad de cuarenta y cuatro maravedíes, apenas un poco más de lo que cuesta cualquiera de los centenares de documentos que esta sociedad registra a diario ante escribientes y notarios, uno podía llevarse de la librería de la viuda de Alonso Martín el modesto cuerpo de once pliegos del *Viaje,* puesto a la venta en diciembre de 1614.

Bendito intruso

Cervantes se ha arrepentido ya de haberse dejado llevar por su intermitencia habitual. Ha dejado pasar demasiados años entre la publicación del *Quijote* en 1604 y la continuación que se arrastra por su mesa. Se metió a revisar las *Novelas ejemplares,* quizá intentó como creo colocar alguna comedia propia y nueva, porque las tiene, y por fin se dejó enredar en la batalla literaria con los poetas señoritos y «güeros», como los llama Quevedo. Proyectos y rapapolvos han acabado restando el tiempo que necesitaba para lo que importa. O al menos para adelantar uno de los dos libros que tiene entre manos, porque son dos, y los dos van para largo, el muy avanzado segundo *Quijote* y el *Persiles* encarrilado.

Tuviese o no noticia del libro meses atrás, a mediados de septiembre ha caído sin duda en sus manos el de Avellaneda. La tormenta no habrá sido pequeña repasando en directo poco a poco lo que va metido en él, más convencido aun del sinsentido de copiar y robar de los demás «venga de donde venga». Hasta ahora su *Quijote* ha crecido como han crecido todos sus libros, a impulso de ocurrencias en libertad, improvisadas a golpes de ocio feliz, y es verdad que algunas veces en condiciones más calientes y hasta coléricas. Le ha sacado de sus casillas literalmente el atrevimiento de este golfo, aunque por suerte a Cervantes las casillas de las que le ha sacado ya no tienen forma de espada, ni de ira ni de cólera, sino de ridiculización y de parodia, de burla incisiva y vejatoria sin sangre, mansa e infiltrada pero por eso mismo más definitiva.

Es posible que desde ahora cambie cosas ya escritas o meta texto nuevo en los capítulos más tempranos. A veces al menos lo parece, como cuando don Quijote recela en el capítulo octavo que en la historia sobre él Cide Hamete «haya puesto unas cosas por otras, mezclando con una verdad mil mentiras», dedicándose a «contar otras acciones fuera de lo que requiere la continuación de una verdadera historia». Carece de sentido que hable de continuación Cervantes cuando don Quijote recela de la parte ya publicada a nombre de Cide Hamete, y menos sentido tiene todavía que lamente el daño que causa la «envidia, raíz de infinitos males y carcoma de las virtudes». La condena como el peor de los vicios, o casi, porque de golpe Cervantes vuelve a ver dos cosas contradictorias, ese «no sé qué de deleite» que los vicios traen consigo pero a la vez la envidia «no trae sino disgustos, rencores y rabias».

Quizá haya alguna más, pero con seguridad en los quince capítulos finales Cervantes va a actuar como el guerrero que es contra la ofensa enemiga y va a seguir dejándose llevar de la escritura desatada sin perder de vista al intruso. Escribe la continuación como un contraataque acelerado con la mayor inteligencia creativa del mundo en los meses finales de 1614, sin el ansia que ha volcado ya en los versos del *Viaje* y en la prosa *Adjunta*. Su temple ahora es otro, disimula incluso el maltrato que reciben sus protagonistas en ese libro, tan vulgarizados y empobrecidos. Regresa al escritorio a toda marcha para hacerle creer al enmascarado que sabe quién es y lo malo que es, lo torpemente que ha usado las obras de los otros y la indecencia misma de continuar una historia original y afortunada que no es suya. Es imposible que Lope no estuviese al tanto y contribuyese a trufar de maldades el prólogo que Cervantes ha vuelto a leer sin querer. Hizo bien ese buen escritor que es Mateo Alemán, piensa Cervantes, en vengarse sin paliativos hace años de un imitador que publicó con el nombre de Mateo Luján de Sayavedra una falsa continuación del *Guzmán de Alfarache*. Alemán metió al autor en la segunda parte auténtica del libro, lo volvió tarumba y lo tiró sin contemplaciones por la borda para que se ahogase en el mar el tal Luján ladrón.

Cervantes va a ser más sutil en algún momento de este final del verano de 1614 y no mete al autor sino que enfrenta a don Quijote a ese su otro yo, deforme y degradado, a través de las impresiones de lectura de dos personajes en el capítulo 59, mientras hablan y opinan sobre lo que están leyendo. Cervantes actúa sin apremio, sin hacerse el agonías y con calma casi indostánica, y deja

411

que hable don Quijote sin demasiadas luces. Apenas reprueba en el apócrifo, tras cogerlo en sus manos y echarle un vistazo, algunas palabras del prólogo, algunos usos dialectales y un error en el nombre de la mujer de Sancho. Pero sí oye la opinión dispar de los dos personajes que leen al apócrifo recién llegados a la venta. Uno de ellos quiere seguir matando el tiempo con la historia porque «no hay libro tan malo que no tenga alguna cosa buena», que no es mucho decir, y ya lo había dicho Sansón al principio. El otro confiesa que «el que hubiere leído la primera parte de la historia de don Quijote de la Mancha no es posible que pueda tener gusto en leer esta segunda», que es otra cosa, y empuja a Cervantes a un desdén casi altivo para que sea el mismo don Quijote quien lo dé «por leído», lo confirman tanto él como Sancho «por todo necio», y no van a alegrar al autor «con pensar que le había leído, pues de las cosas obscenas y torpes los pensamientos se han de apartar, cuando más los ojos», que es ya un juicio categórico, concluyente e insultante.

Cervantes ha encontrado un estímulo imprevisto para alterar los planes de la novela y hacerla pivotar invisiblemente en la enemistad y la antipatía hacia el burdo imitador de sus personajes. El resultado es una vertiginosa instalación de Cervantes en la realidad fáctica o histórica de su tiempo, como si la intromisión del libro de Avellaneda hubiese propiciado en Cervantes la genialidad definitiva de situar a su personaje de ficción en plena refriega con la realidad histórica y empírica para probar que el verdadero es el suyo, porque es real, y trata con hechos y sucesos reales que todos conocen: convive felizmente con un bandolero extremadamente popular, llega a la Barcelona festiva de San Juan con descripción precisa de sus actividades y después recala en el puerto con la actividad verdadera del puerto de Barcelona. Todo es parte de la información común de cualquiera o crónica cotidiana, y ahí está un personaje de ficción, don Quijote, que ha dejado de ser ficción porque es parte de la turbamulta de la realidad sin que la aventura pierda tensión, intriga ni interés y gane pura genialidad.

Cervantes ha cavado el pasadizo que conduce desde la ficción a la actualidad política y social, como solo sucede en esta etapa final de su vida, como sucede abiertamente en el *Coloquio de los perros* con recursos irónicos semejantes y como de algún modo sucede en la más potente comedia de Cervantes, el *Pedro de Urdemalas*. En el *Quijote* lo hace al menos en tres puntos calientes de la sociedad de esos días: la nobleza solidaria y justa del bandolero Roque Guinart, la resistencia al acoso de las naves turcas contra las costas en Barcelona y el juicio desapacible que le merece a Cervantes la expulsión de moriscos desde 1610. El bombeo irónico del libro deja espacio al bombeo de su inconformismo contra el maltrato abusivo contra el morisco, aunque no lo haga con discursos y diatribas como tantas veces oímos en este segundo *Quijote* en boca del caballero, sino a través de la narración misma. La intención de la ley de expulsión de 1609 pudo ser justa, pero ni la respetan el caballero catalán Antonio Moreno, aliado de Roque Guinart, ni la respeta el virrey de Barcelona, sin «inconveniente alguno» en que se queden en España «hija tan cristiana y padre, al parecer, tan bienintencionado»: se instala ella «Ana Félix, con la mujer de don Antonio, y Ricote en casa del visorrey».

Los conflictos que ha atraído Cervantes al final de la novela siguen en la ruta interna y laberíntica que atrae la realidad a la ficción, como el juicio de los lectores discretos y botarates, como los consejos de gobernabilidad y justicia, como el rapapolvo contra los graves eclesiásticos ignorantes y atrevidos, como la coherencia moral del bandolero, la vigencia del drama del cautiverio o la injusticia de la causa general emprendida contra el morisco. Son hechos de actualidad que llegan sumergidos en la circulación sanguínea de una novela fundamentalmente irónica que ha creado a la vez el espacio para que la cuña disidente o inconforme de Cervantes deje un rastro inconfundible de sus posiciones propias. Y sin merma alguna de la eficacia del artefacto de ficción, sin romper el equilibrio interior ni reducir las escenas o las intervenciones a alegatos ni proclamas.

La realidad avasalla a don Quijote como está avasallando a Cervantes mismo. Tanto es el acoso que hasta en algún epígrafe anuncia Cervantes que las cosas que van a pasar tienen más de «lo verdadero que de lo discreto». Todo es demasiado real y conviene avisarlo antes de entrar sin más, todo está tratado como real y todo ratifica la veracidad empírica de don Quijote, ya inequívocamente auténtico. Cada uno de esos escenarios deja de ser el espacio de la ficción para ser noticia crítica de la realidad del día, como una crónica novelada de la realidad. Para que su personaje viva en el mismo plano de realidad, Roque Guinart (el histórico Perot Rocaguinarda) no desmiente la fama verídica que en la comedia de *La cueva de Salamanca* le había asignado Cervantes como «muy cortés y comedido, además de limosnero». A todos los trata con singular ecuanimidad como «valeroso caballero catalán» cuyas actividades tienen «más de compasivas que de rigurosas», y todos, y el primero don Quijote, se rinden «admirados de su nobleza, de su gallarda disposición y extraño proceder». Y sí, es verdad que habla un loco de poco fiar pero es Cervantes quien alimenta la aprobación de un bandolero que en ese momento histórico está reenganchado ya como soldado en los tercios españoles, gracias a un acuerdo con la justicia que salva al forajido y lo integra en el orden.

Y Cervantes quiere aprobarlo expresamente en el libro: pocas veces habrá visto nadie repartir un botín «con tanta legalidad y prudencia» como la del histórico bandolero, «que no pasó un punto ni defraudó nada de la justicia distributiva». Por eso no dudan Cervantes ni don Quijote que el mal de este hombre tiene cura aunque solo puede «sanar poco a poco, y no de repente y por milagro», como si adelantase otra vez más Cervantes la semilla luminosa de nuestro futuro planeta ilustrado. En la mesa de Cervantes sigue don Quijote esperando a que lo acompañe Roque Guinart a la playa de Barcelona la noche misma de San Juan, para despedirse entonces ambos a la vista del mar que no ha visto nunca —«espaciosísimo y largo»— y como no se despide casi nunca de nadie don Quijote, con un abrazo, y con todas las certezas confirmadas de que él es el auténtico caballero, «no el falso, no el ficticio, no el apócrifo que en falsas historias estos días nos han mostrado, sino el verdadero, legal y fiel».

Desde el mar, Cervantes vio sin duda Barcelona, y esa es casi la única certidumbre posible a partir de su obra. Y aunque sí oyó el catalán, como «graciosa lengua, con quien sola la portuguesa puede competir en ser dulce y agradable», el único elemento verdaderamente indestructible para tratar de saber si estuvo o no estuvo

Cervantes en Barcelona, que probablemente sí, no es físico o material. Las descripciones de Sevilla, Toledo, Aranjuez, Lisboa, Nápoles o Roma son tan veraces como vividas y ninguna hay semejante dedicada a Barcelona. Pero sí hay un retrato alucinante que saca Cervantes al hilo de una aventura del *Persiles* que, leído con la puntuación adecuada, deja rendido de inquietantes premoniciones al sentir a los «corteses catalanes» como «gente enojada, terrible» y, a la vez, «pacífica, suave» pero, sobre todo, «gente que con facilidad da la vida por la honra y por defenderlas entrambas se adelantan a sí mismos, que es como adelantarse a todas las naciones del mundo».

Tira peligrosamente de Cervantes la obstinación burlesca antes que la sagrada verosimilitud narrativa, mientras acelera la escritura final de su segundo *Quijote* en estos finales de 1614, en capítulos cada vez más breves y premiosos. Para volver a meterse con el innombrable, está conduciendo sus naves de bruces contra la realidad y no desdeña siquiera presenciar en la imprenta de Barcelona la composición del libro (donde algunos creen que pudo imprimirse realmente el apócrifo *Quijote*), cuando la buena fe de don Quijote lo daba por «quemado y hecho polvos por impertinente». Pero ya decididamente, y «con muestras de algún despecho», toma el camino de la playa. Se asoma al final de su vida de caballero, derribado en «una peligrosa caída» tras el combate con Sansón disfrazado como caballero de la Blanca Luna. La lealtad quijotesca al código del honor va a perder la batalla contra el engaño del disfraz, y ya don Quijote derrotado parece hablar sin alzarse la visera desde«dentro de una tumba, con voz debilitada y enferma», seguro de su imprudencia pero también fiel a su despejada cabeza, decidido a hacerse, ya que no caballero, a lo menos pastor con el nombre de Quijotiz: derrotado pero igual de loco que siempre.

Cervantes todavía ha de soltar el último latigazo genial que vuelve a trastocar todas las convenciones y pone tan patas arriba las posibilidades de la novela que abre aun otra puerta invisible pero real a la ficción. Ha reservado la crueldad más grande contra Avellaneda para infligirla no él ni don Quijote sino un personaje tomado de la misma novela de Avellaneda, Álvaro Tarfe, a quien interrogan don Quijote y Sancho hasta hacerle confesar la distancia sideral entre sus colegas de novela y los personajes de la novela de Cervantes. Y no tiene duda Álvaro Tarfe de la gracia y el ingenio de unos y la burda imitación de los otros, confesada por quien ha de conocerlos de primera mano y prefiere abrazarse amistosamente con los verdaderos en unas páginas deslumbrantes e imposibles. Quizá la historia de Avellaneda ande «de mano en mano pero no para en ninguna, porque todos la dan del pie», incluido uno de sus propios personajes. Tiene razón Sancho en que «el decir gracias no es para todos», aunque si de veras fuese esa obra «buena, fiel y verdadera, tendrá siglos de vida, pero si fuere mala, de su parto a la sepultura no será muy largo el camino».

Tampoco esta vez deja Cervantes sin puntualizar con cuidado las cosas importantes. Sin descuido alguno, repite la anécdota que ha contado ya al principio en torno al pintor que pinta «a lo que saliere», como dicen que hacía un tal Orbaneja y como ha hecho imprudentemente el atolondrado Avellaneda. Cervantes no escribe a lo que saliere, ni toma de cualquier sitio las cosas sin pensárselas antes. Muchos incautos llevan mucho tiempo repitiendo esa bobada, sin tomarse en serio el libro, víctimas sin saberlo de su bienhumorada agilidad natural. Pero es lo contrario, porque el primer *Quijote* ha sido muy libre, no se parece a nada y ensaya cosas que no existían, pero todas están meditadas y repensadas, con sus grados de suspense y de intriga, con historias engarzadas al hilo de la historia en sí misma. La naturalidad del tono y la oralidad que habla en todo el libro, la zumbona ironía que lo empapa todo, ha calado en los lectores de tal modo que algunos han creído que solo es pura charla improvisada. El irresponsable que ha actuado sin saber lo que hacía o haciéndolo a lo que saliere, ha sido Avellaneda al imitar a dos personajes que en nada se parecen a los que ha pintado él, tan disímiles a los originales y «tan conformes en los nombres como diferentes en las acciones».

Es tan irreal y verdadero todo que Cervantes ha reinventado el realismo fantástico entre el *Coloquio de los perros* y este segundo *Quijote,* mientras vulnera sus propias reglas de juego, las leyes y requisitos que ha reclamado tantas veces para la novela y para la comedia. Las ha subvertido ahora sin perder eficacia y sin desbaratar la atracción absorbente de un libro que hace y dice imposibles sin que nada resulte ni imposible ni siquiera inverosímil, impulsado por la urgencia de sacudir media docena de sartenazos al patán que ha convertido a sus personajes en dos pendejos pueriles, malhablados y sin gracia. Cervantes funde los plomos de lo verosímil porque acaba de hacer que la ficción sea más arrolladora que la imitación aristotélica mientras vulnera sus principios y siente que esas intromisiones de lo imposible en su libro ni lo afean ni lo rebajan; lo dotan de una inédita novedad absoluta sin daño alguno al libro porque «las historias fingidas tanto tienen de buenas y de deleitables cuanto se llegan a la verdad o la semejanza de ella, y las verdades tanto son mejores cuanto son más verdaderas». Pero aquí no hay modo de entender cómo pueda estar a la vez Álvaro Tarfe en el libro de Avellaneda y charlar con don Quijote y Sancho mientras se tira todavía en la imprenta de Barcelona, y, por descontado, da igual: viven la realidad absoluta de la ficción, por la misma razón que Altisidora, de vuelta del infierno, sabe que allí está condenado el libro, en «los abismos», y «tan malo» que si el diablo de propósito se «pusiera a hacerlo peor, no acertara».

Le acaban «melancolías y desabrimientos» a don Quijote en esos seis días de calentura que pasa en su pueblo, cuando tiene «juicio ya libre y claro», pero no el tiempo para leer otros libros «que sean luz del alma», como *Luz del alma* se titulaba uno que se imprimía también en Barcelona. Sólo quisiera morir ya de modo que «diese a entender que no había sido mi vida tan mala que dejase renombre de loco, que puesto que lo he sido no quería confirmar esta verdad en mi muerte» para ser el que ha sido siempre, Alonso Quijano el Bueno, y por primera vez aparece nombrado así en el libro. A nadie ha dejado nunca de darle un vuelco el corazón cuando las noticias «dan un terrible empujón a los ojos preñados» del ama, la sobrina y Sancho hasta que les «hizo reventar las lágrimas de los ojos». El lector se oye a sí mismo en la queja de Sancho, «no se muera vuestra merced, señor mío», «tome mi consejo y viva muchos años, porque la mayor locura que puede hacer un hombre en esta vida es dejarse morir sin más ni más». Ya «escarmentado en cabeza propia», abomina don Quijote de las aventuras de caballeros y de pastores y, sin broma alguna a la hora de la muerte, «siento que me voy muriendo a toda prisa», como el hombre que «fue siempre, de apacible condición y de agradable trato, y por esto no sólo era bien querido de los de su casa, sino de todos cuantos le conocían», entre las fiestas que hacen sin disimulo Sancho y la sobrina brindando por el fin del caballero y por su testamento. Tapan así «la memoria de la pena» de que se muera el caballero, sin dejar Cervantes que el color oscuro del final se contagie a la historia, sin perder el control del humor mientras la angustia atrapa a Sancho entre las burlas forzadas de no querer saber que se muere y las veras de un muerto que ya no quiere ser más loco ni tampoco seguir vivo: «perdóname, amigo».

Irreductible, Cervantes no suelta la presa tampoco ahora, y actúa como moderno defensor de su propiedad intelectual. Nadie sabrá dónde enterrarán a don Quijote para que ningún lugar se pelee por su tumba y ningún «folloncico» y «otros presuntuosos y malandrines» usurpen otra vez la empresa que «para mí estaba guardada», aunque haya intentado hacerlo «el escritor fingido y tordesillesco que se atrevió o se ha de atrever a escribir con pluma de avestruz grosera y mal deliñada» nuevas aventuras de don Quijote. Esa no ha sido ni «es carga de sus hombros ni asunto de su resfriado ingenio». Tendido y muerto del todo «mi verdadero don Quijote», por él «van ya tropezando» las otras «fingidas y disparatadas historias» de caballeros y, con Avellaneda el primero, «han de caer del todo sin duda alguna».

En plena descompresión y resarcido de una venganza diferida, jovial e irreversible, en torno a enero de 1615 recupera Cervantes su mejor humor apacible para la carta al lector que todos esperan en el prólogo. Las violencias e insultos del falso quijote han revolucionado mentideros y corrales, corrillos y tertulias, todos disfrutando anticipadamente del mandoble que Cervantes devolverá y no devuelve, pese a que «con tanta gana debes de estar esperando ahora, lector ilustre o quier plebeyo, este prólogo, creyendo hallar en él venganzas, riñas y vituperios» del innombrable. Pero no, Cervantes vuelve a moverse con la libertad zumbona y relajada de la venganza consumada en los últimos meses de 1614, recupera las aguas mansas y cordiales de una genialidad vegetal, atmosférica y respirada, con la rumia tranquila y la condescendencia clemente que contraría lo que todos esperan. Es lo suyo, hacer lo contrario de lo esperado, desbaratar expectativas, imponer su autoría desatada de toda norma escrita y sin escribir. Imagina de nuevo con el motor de la ironía tan en marcha que vuelve a ser un prólogo que se niega a ser lo que va siendo, en otra forma más de reflexividad pasmosa, hija de la soberbia, pero no del orgullo y sus comezones ratoneras.

Como cuatro años atrás, en el prólogo a las *Novelas,* como treinta años atrás en la Epístola a Mateo Vázquez, la belleza secreta de sus feas heridas «resplandece en los ojos de quien las mira» cuando «saben dónde se cobraron», con la memoria siempre viva de su vida de soldado porque siempre «más bien parece muerto en la batalla que libre en la fuga». Si pudiera vivir un imposible, «quisiera antes haberme hallado en aquella facción prodigiosa» de los muertos que «sano ahora de mis heridas sin haberme hallado en ella». La envidia está lejos de su corazón, y su mala fortuna en el teatro de hoy no envilece su gusto ni duda de que Lope sea, contra lo que cree Avellaneda, el gran escritor que es y «del tal adoro el ingenio, admiro las obras», aunque también dice admirar Cervantes «la ocupación continua y virtuosa» con la zumba rasante al final dedicada a un sacerdote que no ha dejado sus actividades habituales.

Cervantes a estas alturas cuenta ya con el apoyo seguro tanto de Lemos como del cardenal Bernardo de Sandoval. Es algo más que una mención protocolaria: el primero lo protege «contra todos los golpes de mi corta fortuna» y «me tiene en pie» —ahora sí—, y tanto da que se impriman contra Cervantes tantas coplas como las más populares porque seguirá con él la «suma caridad» del cardenal. A ninguno de los dos los cubre «adulación mía ni otro género de aplauso», solo «por su sola bondad han tomado a su cargo el hacerme merced y favorecerme, en lo que me tengo por más dichoso y más rico que si la fortuna por camino ordinario me hubiera puesto en su cumbre». Cervantes es pobre, como ha dicho y repetido de mil maneras en el *Viaje del Parnaso,* dos años después en la *Adjunta al Parnaso,* y ahora de nuevo en este prólogo de principios de 1615. Pero nada de ello impide ser estimado «de los altos y nobles espíritus» sin anegarlos en mentiras aduladoras, favorecido como «hombre honrado» que ha dado «noticia de estas discretas locuras» inteligentes. Deja a don Quijote «muerto y sepultado», aunque no ha rematado todavía, pero casi, «el *Persiles,* que ya estoy acabando, y la segunda parte de la *Galatea*».

Todo ha de tenerlo en las manos Robles a mediados de enero de 1615 para encargar la copia en limpio y mandarla al Consejo con los contactos muy bien hechos. Porque en el reparto de manuscritos que asigna el vicario de siempre, Gutierre de Cetina, acaba de caerle en las manos el grueso original a otro cura más, Francisco Márquez Torres —Cervantes está rodeado en este tiempo de curas, capellanes y sacerdotes—. A sus 40 años acaba de entrar al servicio directo en Madrid de Bernardo de Sandoval y ha de ser amigo del escritor o cuando menos conocido. Asume sin disimulo la defensa de Cervantes como víctima de un desafuero y actúa como primer contrafuerte de un cristiano ejemplar capaz del mejor castellano, «no adulterado con enfadosa y estudiada afectación, vicio con razón aborrecido de hombres cuerdos», sin faltar en nada y con «tanta cordura» a las «leyes de la reprehensión cristiana». Márquez Torres se esfuerza por magnificar la seriedad del libro y su fin de «estirpar los vanos y mentirosos libros de caballería». Otros no saben hacerlo tan bien, ni han sabido «templar ni mezclar a propósito lo útil con lo dulce», y así han dado en lo peor, que es la incapacidad de «imitar a Diógenes en lo filósofo y docto». Acaban atrevida y equivocadamente imitándolo por «lo cínico, entregándose a maldicientes, inventando casos que no pasaron» y, en el fondo, y es lo peor, «descubren caminos para seguir» el vicio «hasta entonces ignorados». No han acertado ni con las dosis ni con la oportunidad de aplicar la medicina, como obviamente Avellaneda se ha protegido en esa misma excusa didáctica para escribir su libro sin acertar en la mezcla ni en la víctima.

A Cervantes nada de eso le atañe y lo saben casi mejor fuera de España que dentro. Cuando algunos altos caballeros de Francia, Italia, Alemania o Flandes visitan la corte, «como a milagro desean» ver al autor del *Quijote.* Márquez ha podido comprobarlo este mismo 25 de febrero de 1615 porque en compañía del cardenal ha escuchado junto a otros capellanes la curiosidad de los nobles visitantes por las novedades literarias. Como él mismo andaba acabando de leer el original de Cervantes, lo ha mencionado con la sorpresa de que en Francia se «hacían lenguas» de él, conocían *La Galatea* y alguno se la sabía de memoria, otros conocían la primera parte del *Quijote* y otros las *Novelas* de hace un par de años. Al ofrecerles la posibilidad de visitarlo en su casa, les ha adelantado que iban a encontrar a un hombre «viejo, soldado, hidalgo y pobre». Y aunque a uno de ellos le parece que España debería tenerlo «muy rico y sustentado del erario público», otro bromea diplomáticamente pensando que mejor que siga pobre, si esa «necesidad le ha de obligar a escribir». Y tanto si Márquez se ha excedido como si roza en «los límites de lisonjero elogio», mantiene el texto como está porque a «día de hoy no se lisonjea a quien no tiene con qué cebar el pico del adulador». Cervantes es pobre y de Cervantes no va a recibir gratificación alguna el licenciado Márquez Torres.

La contraofensiva suma veinte días más tarde a otro amigo, y también censor del libro. José de Valdivielso, en marzo de 1615, tampoco redacta una aprobación de trámite sino una extensa y bien armada defensa «de la honesta recreación y el apacible divertimento» del libro. Como el mismo Cervantes en el prólogo y como el mismo Valdivielso de la eutrapelia, aconseja mezclar a «las preocupaciones y trabajos los placeres y entretenimiento». Cervantes mezcla «las veras a las burlas, lo dulce a lo provechoso y lo moral a lo faceto» y chistoso, y cumple así a rajatabla, como ha dicho ya Márquez Torres y como necesita Cervantes que repitan todos, el fin de disimular «en el cebo del donaire el anzuelo de la reprehensión» para invalidar los libros de caballerías y limpiar estos reinos «de su contagiosa dolencia».

A Cervantes el poder no le ha fallado, o al menos las cotas de poder que atañen a la censura eclesiástica. Sale blindado con estas dos aprobaciones evidentemente sobreactuadas en la defensa de su pulcritud cristiana, como en bloque salieron en su defensa los prologuistas de las *Novelas ejemplares* hace dos años. Cervantes respira tranquilo.

La novela total

No hay dos Cervantes, uno realista y otro fantástico, uno de fe y otro descreído, uno aventurero y otro costumbrista. Hay un solo Cervantes que se bate con todo e inventa lo que nadie inventa, ensaya mezclas sin miedo y seguro de sí mismo porque dejó hace mucho tiempo de ser el pretendiente cauto y circunspecto que necesitaba un lugar en la corte de los años ochenta del siglo pasado. Lo que sí hubo fue un Cervantes anclado en las verdades estáticas del idealismo tradicional y con los años llegó otro, reeducado para una visión más esponjada y menos rígida del mundo, incluso fundamentalmente irónica como modo de designar el destilado de la experiencia vivida: la realidad no se deja reducir a principios absolutos, el sentido de lo real a veces es imposible de atrapar en una verdad prefijada y unívoca.

Aunque el Cervantes creyente y triunfal del *Persiles* sea el menos cervantino para nosotros, tiendo a creer que, a pesar de todo, es el más cervantino para el mismo Cervantes, como si el hallazgo prodigioso de su *Quijote* fuese fruto del embrujo de la obra y no del hombre histórico, o no del todo. No lo digo porque ignore Cervantes la genialidad de lo que ha hecho, que es para mí enigmático, sino porque en su lugar y en su tiempo, la obra que ha de culminar sus expectativas como escritor no puede ser un artefacto tan extravagante ni tan burlón ni tan turbadoramente sumido en las relajadas contradicciones de un libro que no sufre por vivir dentro de una contradicción crónica e insoluble. El lector sigue sin autoridad a la que acogerse, no hay tutela ni guía que resuelva la evidencia de que piensa y razona un sujeto desequilibrado y de poco fiar, dominado por una endiablada fe en su nueva existencia de caballero. Don Quijote y Sancho siguen sumergidos en la atmósfera narcótica de un mecanismo que deja en entredicho lo que se dice en ella porque está hipotecado por la inequívoca chaladura del caballero y el mimetismo interesado casi siempre de Sancho.

Este *Quijote* adelanta la modernidad al generar una sospecha sistemática sobre sí misma, una especie de cuestionamiento insoluble sobre la naturaleza de su protagonista, porque nada resuelve el equívoco de pensar bien desde el mal de un desequilibrado.

Propicia así Cervantes antes que nadie el adiestramiento del lector en una realidad que vive en las contradicciones y renuncia a falsificarla. Ni la experiencia que tantas veces invoca Cervantes ni la inteligencia sobre la pluralidad de intereses y vivencias del mundo propician la expectativa de soluciones totales sino lo contrario: es el novelista quien puede adelantar, como lo hará la novela en los siglos posteriores, una conciencia escindida del mundo donde el bien es a la vez mal, pero sobre todo donde dos respuestas contradictorias pueden ser verdaderas al mismo tiempo.

Tan fundamental como la suspensión de las respuestas absolutas y excluyentes lo es la suspensión de desolación alguna por esa visión porque la novela es una fiesta de alegría y buen humor sin desesperanza ni angustia. Es héroe y orate don Quijote como a escala somos héroes y orates, una cosa y la otra porque la novela ha difuminado o desvanecido todo punto de apoyo definitivo. No lo hay para decidir si es inteligente o es disparatado el inventario de consejos para gobernar la ínsula; no lo hay para saber si los arbitristas son los botarates que el botarate de don Quijote dice que son; no lo hay tampoco cuando don Quijote hace la anatomía de los linajes y opina y perora sobre ellos: ¿con razón, sin razón? ¿Insensato o sensato? Nadie llega en auxilio del lector, Cervantes tampoco, aunque sea Cervantes quien está usando ese motor irónico para filtrar con él sus propios juicios y valores en pleno desvalimiento, en plena suspensión, porque todo está en manos del lector y su criterio sobre los criterios de un loco que parece tan cuerdo.

Desde la modernidad la visión del mundo perdió el anclaje de lo absoluto, pero no mientras vivió Cervantes. Por eso prefigura la conciencia moderna encarnándola en un personaje en quien la lucidez y la locura conviven inextricablemente una con la otra. La ficción empieza con el *Quijote* a ser esa «arma de destrucción masiva» de ideas monolíticas o presupuestos absolutos de la que habla Javier Cercas porque activa la percepción de la simultaneidad de verdades inconciliables o de verdades contradictorias y esencialmente destinadas a exponer a los hombres a la condición de una desprotección feliz y liberadora, sospechosos todos de ser en alguna medida héroes y orates, sabios y ridículos, cuerdos y locos.

Y sin embargo nada de todo esto, sino exactamente lo contrario, es lo que ocupa a Cervantes en la obra que escribe al final de su vida junto al segundo *Quijote*. El *Pérsiles* es la otra cara de esta luminosa prefiguración del mundo moderno y actúa al revés, anclado en el orden inmutable e intangible de un mundo bien hecho, donde la salvación existe, las verdades estables también y la fe y el esfuerzo redimen en una suerte de teleología que da sentido a todo y sin reservas. Cervantes regresa con el *Persiles* al orden de su tiempo a la vez que ha escapado a él con el *Quijote,* como si su misma trayectoria final cuajase un diabólico trazado irónico donde el mismo hombre entiende y desentiende lo entendido, como si la fuerza de don Quijote lanzase al futuro a Cervantes y la convicción del *Persiles* lo anclase a su tiempo.

El acelerón al que le obliga la publicación del apócrifo, entre septiembre y diciembre de 1614 o enero de 1615, ha interrumpido abruptamente el desarrollo del *Persiles*. Pero cuando de veras vuelva a él tampoco todo seguirá igual en ese libro. La escritura final del *Quijote* destiñe muy visiblemente en la historia peregrina y casi emplaza también a sus protagonistas, a los dos falsos hermanos y amantes castos, en el centro de la realidad ordinaria de las ventas y los caminos. Los dos últimos libros del *Persiles* están sujetos a otra ley, mixta del escritor del *Quijote* y a la vez del fiel seguidor de Heliodoro y la invención de una historia viajera, amorosa, sentimental, pero ya, ahora, también a ras de tierra y poblada de observaciones realistas. El contagio que llega al *Persiles* del autor del *Quijote* no es esencial, evidentemente, pero sí accidental: Cervantes integra en una historia feliz la ruindad común del mundo a ras de suelo y hasta con huellas rastros de costumbrismo colorista, de espacios domésticos y agitación urbana, contrariedades vulgares, charlas con chispa, conversaciones a pie de calle.

No creo que escriba sus historias de personajes mortificados y felices resignado a ley contrarreformista alguna, aunque la acate y hasta la comparta en buena medida; las escribe porque le subyugan y le emocionan, porque cumplen con las expectativas que íntimamente pone él en el escritor que ya es, vejado y burlado por los demás, maltratado por este y por aquel, y a la vez orgulloso de ser el único capaz de emparentarse con la primera luminaria del firmamento de la literatura seria, que es Heliodoro, y haber sido a la vez el autor del mejor pasatiempo sin finalidad moralizante alguna, como es el *Quijote,* entre unas cuantas cosas más. El objetivo decidido ya hoy, acabado el *Quijote* y listo para seguir con el otro manuscrito, es fundir los dos impulsos y las dos ánimas de esa literatura que puede ser casta y aventurera, guiada por un fin santificador y religioso, pero puede a la vez descongestionar de envaramiento y falsedad fantasiosa sus texturas y hacerlas próximas a sus descubrimientos recientes sobre la realidad y la literatura. Parece que algunas formas de sabiduría nacen del cruce entre subversión radical y manso conservadurismo.

El primer paso para despejar la cabeza de los más precipitados, como tantos estudiantes y lectores que solo ven en él al chistoso ambulante y ocurrente, fue preparar un libro intachable y nuevo como las *Novelas ejemplares;* el segundo paso incluye la diseminación en el segundo *Quijote* de la experiencia y el razonamiento maduro de Cervantes bajo las condiciones de la ironía y la simultaneidad de verdades inconciliables; el tercero y definitivo irá de la mano de una novela destinada a consagrarlo entre los contemporáneos con la última historia que sabe que podrá escribir sin renunciar a ser quien es y a quien quiere ser a la vez. Lo más sintético que se me ocurre es que Cervantes sabotea en el *Persiles* el hallazgo capital del *Quijote.*

Imagino que hacia la primavera de 1612, había de tener al menos completados los dos primeros Libros, pero muy lejos de tener acabada la historia completa. Ha escrito en él a la vez que en el primer *Quijote* y desde luego en el *Viaje,* aunque sin duda lo deja todo en septiembre de 1614 para acabar el segundo *Quijote* con la lengua fuera y la furia contenida. Desde el segundo Libro, y de forma abrupta y sorpresiva, ha aparecido en el *Persiles* otro narrador con otro aire, en otra clave y otra disposición: burlón y directo e inédito en esa obra, como si llegase descolgado de otra historia. Continúa la peregrinación con otro desparpajo, mientras descubrimos por sorpresa que tampoco esa historia es suya sino obra de otro autor del que nada se supo en el Libro primero, e incluso resulta ser «traducción (que lo es)». La libertad de este Cervantes se parece mucho a la libertad del autor del *Quijote* y toma decisiones a la vista de todos. Elimina, o dice eliminar, una digresión sobre los celos «por prolija y por cosa en muchas partes referida y ventilada» para poder regresar cuanto antes «a la verdad del caso», aunque todo es incierto porque parece que la tormenta que han vivido los personajes «turbó el juicio del autor» también y «a este segundo capítulo le dio cuatro o cinco principios», sin saber «qué fin en él tomaría». No han cambiado los problemas de Cervantes con la arritmia narrativa de las historias y vuelve a sufrir por los malditos «episodios, que para ornato de las historias se ponen» y «no han de ser tan grandes como la misma historia». Por eso cada dos por tres alguien juzga que todo iría mejor «con menos palabras y más sucintos discursos» y otro cree lo contrario, que «todo es bueno y todo da gusto». Pero la novela crece ya lejos del viejo sueño de celofán del *Persiles* hacia otro *Persiles* más curtido y terrenal.

Pero ahora, hacia febrero de 1615 como mínimo, el tiempo corre de veras y puede volver a meterse en él con otro cambio de óptica que va a cambiar el libro del todo. Deja ya de llevar a sus personajes por las venas de la aventura marítima de tormentas y naufragios, pueblos bárbaros e islas perdidas, para emplazarlos en la cercanía itinerante del *Quijote*, atraerlos a la tierra y la vida de cada día, viajar «a pie enjuto, sin embarcarse otra vez» desde el Libro tercero, desde una Lisboa vista y vivida. Auristela es cada vez más descarada, más celosa e impaciente con otras mujeres y hasta chantajista y manipuladora. Desde entonces, la ruta es reconocible y turística, desde Lisboa y el monasterio de Belem, cuando Auristela suma de golpe el nuevo y peligroso voto de ir a Roma a pie, y pasan por Trujillo, Guadalupe, Toledo, Aranjuez, aunque saltándose Madrid por el latosísimo acoso «en la corte de ciertos pequeños que tenían fama de ser hijos de grandes», pero demorándose en la ciudad «mayor de Europa y la de mayores tratos», Lisboa, con las descargas de riquezas de Oriente y sus «selvas movibles de árboles que los de las naves forman» cuando aún no han zarpado del puerto.

Desde entonces, Cervantes asienta el relato indefectiblemente en una amenidad realista con ventas y parejas peleadas y reconciliadas, con un poeta satírico que es a la vez aprobación y reprobación de la sátira como fuente de verdad (y de destrucción). Disemina Cervantes opiniones y juicios contra ancianos que «con la sombra del matrimonio, disimulan sus depravados apetitos», medita de nuevo sobre comedias y comediantes, se instala en mesones y pueblos otra vez con la Santa Hermandad persiguiendo a asesinos, o protege a mujeres maltratadas, cuenta dramas con venganzas, «aunque las venganzas castigan pero no quitan la culpa», y ataca a escribanos y «sátrapas de la pluma» dispuestos, «como es costumbre», a «trasquilar» a los incautos. En las vidas de todos se cruzan los problemas comunes, los mismos de sus novelas y de sus comedias. Cervantes ha encontrado el modo de injertar en la historia casta de un amor peregrino que santificará Roma el asalto turbador de la realidad que ya ha vivido escribiendo el segundo *Quijote* y varias de las novelas breves: ese es de veras el invento y esa es la causa de la convicción con que Cervantes concibe y se afana en terminar *Los trabajos*.

Porque también el *Persiles* quiere ser libro de pensamiento y madurez, como en su propia forma lo es el *Quijote,* y ahí Cervantes disemina centenares de notas personales, observaciones, reflexiones de calado dispersas en una obra de acción y movimiento. No solo entretenida, también sabia. Necesita contar que Aristóteles tenía razón en que el hombre «es animal risible, porque solo el hombre se ríe, y no otro ningún animal». Pero «yo digo que también se puede decir que es animal llorable, animal que llora», y ninguna de las dos cosas es falsa sino necesaria porque «así como por la mucha risa se descubre el poco entendimiento, por el mucho llorar el poco discurso». Tampoco conviene fiarse de lo que las cosas parecen, como el naufragio del que ha salvado a sus protagonistas (despertándolos de un sueño), y «no se ha de tener a milagro, sino a misterio, que los milagros suceden fuera del orden de la naturaleza, y los misterios son aquellos que parecen milagros y no lo son, sino cosas que acontecen raras veces». La fuerza de la imaginación hace que las cosas se representen «con tal vehemencia, que se aprehenden de la memoria de manera que quedan en ella, siendo mentiras, como si fueran verdades».

Y pese a las prisas de estas páginas finales, Cervantes alienta aquí también. Como Rocinante espiaba a las yeguas tentativo, como Zoraida descansaba la cabeza sobre el hombro del cautivo, como la pequeña doncella se miraba en el espejo de la armadura, Cervantes saca ahora de la memoria la navegación por el mar «colchado», apenas rizado en la superficie, mientras la «nave suavemente le besaba los labios y se dejaba resbalar con él con tanta ligereza que apenas parecía que le tocaba».

Se acerca Cervantes a sí mismo en los dos últimos libros del *Persiles* y escapa al que fue sin abandonar al antiguo ni repudiarse, fundiéndose los dos en un libro que se vulgariza y acelera perdiendo exotismo y fantasía mientras gana beligerancia e inmediatez narrativa, con el tiempo que apremia y uno u otro de los oyentes de las historias contadas lleva siempre dentro el reloj interior de cada historia. Ha de haber lugar también para la doctrina católica que necesita la aventura de los dos esposos que disimulan como hermanos. Pero ni la infla ni domina el texto en absoluto al modo lopesco de *El peregrino en su patria* porque es un pretexto o una formalidad casi retórica esa lealtad católica, como la condena de las caballerías en el *Quijote* fue soporte y justificación de una celebración de la vida inteligente y desdramatizada. En esta segunda mitad, y aunque el *Quijote* viva en una órbita excepcional, se acercan las dos novelas: ni el *Quijote* es contrapropaganda literaria contra las caballerías ni el *Persiles* es un alegato en favor del contrarreformismo católico. De ambas apariencias de literatura práctica se curó Cervantes hace ya muchos años.

LA INTEGRAL DE UN TEATRO INVISIBLE

Quizá como alivio, quizá como entretenimiento, no desiste de hacer algo con su teatro invisible. Es verdad que el rey reabre los teatros en este 1615, pero la medida no es para él porque ha decidido echar a andar el tomo con sus comedias y entremeses sin estrenar. Contra lo que había previsto el año anterior, incorpora dos comedias más con sus entremeses y así, de paso, no sumarán doce como las *Partes* que publica Lope sino dieciséis, *Ocho comedias y ocho entremeses nunca representados*. Es de hecho el último recurso para que alguien «vea de espacio lo que pasa apriesa y se disimula, o no se entiende, cuando las representan» (aunque tampoco es su caso).

Al librero Juan de Villarroel hoy lo visita Cervantes con más frecuencia que antes porque está muy cerca de casa, en la plazuela del Ángel, y está sobre todo a medio camino entre el corral del Príncipe y el de la Cruz, y tan cerca cuando vive en la calle Huertas, en 1614, como cuando se muda sin que sepamos por qué ni exactamente cuándo, hacia 1615, a la misma calle León en que había vivido, ahora en la confluencia con Francos y en casa que alquila al confesor de las Trinitarias Descalzas, el clérigo Francisco Martínez Marcilla (o en la que vive Cervantes acogido a su misericordia, quizá ya solo con Constanza y alguna criada). Ha hablado ya muchas veces con Villarroel de sus obras, volviendo a los asuntos de siempre sobre los tumbos que ha dado el teatro, sobre el valor de su prosa pero el escaso negocio de su teatro. Y por fin Villarroel ha accedido a comprárselas y él, un tanto mustio, se ha resignado a vendérselas, harto también de tenerlas en el cofre muertas de risa. Quizá también sabe que todo saldrá bien si lo contrata a cambio de comprometer con Villarroel el *Persiles* en marcha (que publicará en efecto el editor meses después de morir Cervantes).

Sin que tampoco sepamos por qué, le cae en las manos un manuscrito para el que escribe un poema con una pereza que lo permea todo y sin ningunas ganas de hablar de Juan Yagüe de Salas, que es el autor. Como Cervantes vive sus últimos años de «voz cansada» rodeado de piedad religiosa franciscana, tampoco se ha resistido a otro prólogo más al libro de otro «clérigo presbítero» que se llama Miguel Toledado, dedicado a una «monja profesa» y «francisca» de un monasterio de Madrid, en la calle Almudena y en compañía de José de Valdivielso, su censor casi oficial de los últimos libros. Pero apenas es otro poema de compromiso, que es todo lo contrario que sucede con siete estancias que escribe por decisión propia, a imitación de la égloga primera de Garcilaso, para elogiar los «éxtasis» de una nueva beata, Teresa de Jesús. Concursa con ese poema al certamen convocado en Madrid para celebrar su beatificación ante un jurado donde hay un hijo del conde de Lemos, Rodrigo de Castro, otro hijo del conde de Altamira y Lope de Vega actúa de secretario y estrella del certamen, con un poema muy bien memorizado porque «no querría turbarme, para venganza de tanto poeta como me han de estar escuchando» este octubre de 1614, y quizá estuvo ahí Cervantes o prefirió seguir ensartando en la lanza a Avellaneda.

En todo caso, la música de este Cervantes es inédita, y escribe uno de sus mejores poemas, ensimismado entre la fe y la entrega a una mujer a la que ha leído y ha seguido. Canta intrigado tanto a su heterodoxia práctica, a su vocación ejecutiva e incluso al crujido de los éxtasis que «suelen / indicios ser de santidad notoria». Cree el creyente entonces «la verdad» que «nos describe tu discreta historia», esa *Vida* que no ha escapado a Cervantes, que ha leído, admirado y rendido sin reservas: «oye, devota y pía, los balidos que envía / el rebaño infinito que criaste, / cuando del suelo al cielo el vuelo alzaste» sin perder ni humildad ni caridad, como la misma canción cervantina, porque «tiene la humildad naturaleza / de ser el todo y parte / de alzar al cielo la mortal bajeza», en el elogio más directo, llano, sincero y consistente que Cervantes haya dedicado a religioso alguno, atrapado en Teresa de Jesús como hermana de las órdenes gobernadas por el despojamiento, la caridad y las obras antes que las honras.

Y como todo en Cervantes pasa antes o después por alguna conversación, él mismo ha caído en que apenas queda nadie que pueda contar hoy cómo era el teatro de antes, cómo se hacía y cómo se representaba. Apenas nadie tenía edad para eso hace cuarenta años, pero él ya estaba ahí. Sabe que nada es definitivo y «las comedias tienen sus sazones y tiempos, como los cantares». Quizá llegue a «salir algún tanto de mi acostumbrada modestia», pero se decide a recordar por escrito, «como el más viejo», lo que todos han olvidado, obnubilados por el nuevo y moderno aparato de la escenografía, sus virguerías impensables años atrás, los cambios totales que ha vivido la escena y vive ahora mismo. Su prólogo a las *Comedias* parece casi la justificación íntima de la publicación de sus *Ocho comedias y ochos entremeses,* como testigo superviviente de otro tiempo.

Por eso comprime en dos páginas y media la historia del teatro en España, para contar por escrito por fin lo que ha contado ya tantas veces ante los amigos sobre la sencillez del teatro de Lope de Rueda sobre unas tablas, una manta vieja y dos cordeles, sin tramoyas ni desafíos a caballo ni efectos especiales como los de hoy. Pero también la gracia de los «entremeses, ya de negra, ya de rufián, ya de bobo y ya de vizcaíno», como los que nunca dejó de gustarle hacer a Cervantes. Entre aquellos autores prehistóricos estuvo el propio Cervantes con éxito que fue cierto, «sin ofrenda de pepinos ni de otra cosa arrojadiza», «sin silbos, gritas ni barahúndas». Pero duró poco, «tuve otras cosas en que ocuparme, dejé la pluma y las comedias», y mientras tanto llegó «el monstruo de naturaleza, el gran Lope de Vega» y allí se acabó todo porque «alzose con la monarquía cómica, avasalló y puso debajo de su juridición a todos los farsantes» con tal cantidad de comedias «proprias, felices y bien razonadas» que son más de las que puedan imaginarse. Ha vivido la inaudita fortuna, «que es una de las mayores cosas que puede decirse», de haberlas estrenado todas.

Mientras lee el original de las *Ocho comedias* para aprobarlo, Valdivielso se acordaría de los años del primer *Quijote,* cuando Lope montó en cólera contra Cervantes y lo hizo también posiblemente el grupo que se veía junto al conde de Fuensalida, aunque son ya otros tiempos y Valdivielso mismo es más amigo ahora de Cervantes que antes. Cervantes no rebaja nada, ni entonces ni ahora, el valor de Lope, pero sí se resiente de una hegemonía que contrae el mercado y acobarda a empresarios incapaces de estrenar nada que no sea de Lope o lopesco, o lopico, como bromearía el propio Lope. Cervantes sabe que por mucho que hayan querido usurpar su lugar y hasta copiar y robar a Lope sus cosas, «todos juntos no llegan en lo que han escrito a la mitad de lo que él solo». Pero eso a la vez ha eclipsado a tantos otros que conviene retener sus nombres por pura justicia histórica y para que nadie se engañe sobre lo que ha dado el teatro en este tiempo, Mira de Amescua, Guillén de Castro e incluso una promesa en marcha como Gaspar de Ávila. Aquel escáner sobre letras y literatura que Cervantes activó a su vuelta en 1580 no se ha estado quieto un momento y ha seguido, como lector y espectador, atento a lo que pasaba y a valorarlo más allá de la pura fama de los mejores o más conocidos, porque ese criterio no basta ni es fiable: el instinto de crítico y fidedigno historiador literario lo tiene arraigado Cervantes desde el primer día que puso los pies en España después del infierno.

A Cervantes le quedan ya pocas formalidades que respetar, cuando ha conquistado su propio lugar con las *Novelas ejemplares* sin ganar el que deseaba y ansiaba restituir en la escena, esa zona iluminada por el brillo en los ojos del espectador, agradecido y conmovido al final de la obra, sin callar el secreto deseo de que sus obras «fuesen las mejores del mundo o, a lo menos, razonables». Pero quizá no lo son, y tampoco importa ya demasiado, «tú lo verás, lector mío; y, si hallares que tienen alguna cosa buena», escribe en torno a mayo de 1615 en el prólogo, valdría la pena atreverse a decirlo, al menos para no incurrir en ese silencio de los sabios eclesiásticos apartados del mundo que opinan cosas de interés pero temen pronunciarse sobre ellas. Quizá entonces recapacitaría algún director de teatro demasiado desdeñoso y podría enmendarse («pues yo no ofendo a nadie») aceptando «una comedia que estoy componiendo y la intitulo *El engaño a los ojos,* que, si no me engaño, le ha de dar contento». Y a saber lo que esconde el juego de palabras. El desplante lleva la ironía dentro, como siempre, y desde luego lleva también la reprobación de la ceguera del empresario de comedias, que no ve lo que tiene delante de los ojos, sin que haya aquí solícito ofrecimiento de obra alguna en marcha sino una carga envenenada contra el aludido, con el *Quijote* asomando ya la celada y la lanza, y la novela de su corazón andando a pleno ritmo, sincopado pero firme y feliz.

Por fin ha cobrado ya «razonablemente» las comedias vendidas a Villarroel y por fin el cofre está vacío, aunque en el arca y sobre la mesa quedan papeles a medio hacer. Quiere y no quiere acabarlos, aunque en realidad ya no va a haber mucho tiempo para decidir ni lo uno ni lo otro. Se lo acaba de decir a un hombre que se ha portado bien con él y al que le dedica las *Comedias,* el conde de Lemos. Pero se lo ha dicho de modo que los dos saben que no va a tener tiempo para más. El libro inminente será el *Quijote,* «calzadas las espuelas en su segunda parte», aunque «llegará quejoso» porque Cervantes le avisa del sabotaje que viene de Tarragona (o Barcelona), donde «le han asendereado y malparado». Todo el mundo sabe de qué habla y no hace falta más, más allá de precisar que, como los excautivos, también don Quijote «lleva información hecha de que no es él el contenido en aquella historia» del innombrable al que no nombra tampoco aquí porque ese *Quijote* es el de un suplantador, uno «supuesto, que quiso ser él y no acertó a serlo».

Y aunque ya no sabe demasiado bien si de veras podrán con todo «mis ancianos hombros», también anda por ahí ese libro del que no cuenta más que el título porque es difícil de explicar en dos palabras, *Las semanas del jardín,* y promete la continuación de *La Galatea.* Cada vez que la retoma se da cuenta de que lo que escribe para ella acaba encajando en otros libros y ha ido recolocando tramos en el *Quijote* y desde luego en el *Persiles,* que ha acabado acogiendo en su elástica estructura muchas historias pegadizas, breves y entretenidas. Además, tiene la sensación de que repite eso de continuar *La Galatea* más por pundonor y por compromiso que por ganas verdaderas de saber qué pasó con la muchacha, el pastor lusitano y las gestiones de los amigos poetas con el padre obtuso. Es un libro que suena a antiguo y pasado de moda, e incluso sonaría muy raro también ahora, cuando hace años que no aparece un buen libro de verso y prosa de pastores, y hasta él mismo se ha burlado con saña de algunos de ellos. Pero también sabe Cervantes que a Lemos le gusta *La Galatea,* y algo habrá de decir de ella si de veras siente el «deseo que tengo de servir» a Lemos como «a mi verdadero señor y firme y verdadero amparo».

En la librería de Villarroel ya ha visto este octubre de 1615 las *Ocho comedias* a la venta por doscientos sesenta y cuatro maravedíes, un poco menos del precio de venta del *Quijote* porque es un poco más breve, justo cuando Robles recibe en su propia librería, y al mismo tiempo, las otras dos espuelas que faltaban al *Quijote* para tirar el último pliego. Ahora corre prisa de nuevo escribir la dedicatoria, otra vez a Lemos, y algo más embarazosa dado que acaba de escribirle «en los días pasados» para dedicarle las *Comedias.* Por eso recuerda bien en este 30 de octubre que le anunció que el *Quijote* iba con esas espuelas que hoy ya lleva del todo «y se ha puesto en camino», en la confianza de que llegue cuanto antes a Nápoles. Y es lógico porque «es mucha la prisa que de infinitas partes me dan a que le envíe» el libro y mitigar el mal regusto, «el hámago y la náusea que ha causado otro don *Quijote*» que «se ha disfrazado» de *Segunda parte* y ya circula, al menos desde hace un año, y confía en que no haya llegado tan lejos como a los confines «del orbe».

En cambio, a esos confines quien sí ha llegado es el verdadero *Quijote* y el propio Cervantes. Y se inventa burlón (Lemos es hombre de buen humor) que el emperador de la China le reclama en una carta en «lengua chinesca» sus servicios cuanto antes para fundar una escuela de letras y hacerlo a él rector porque «quería que el libro que se leyese fuese el de la historia de don Quijote». Y eso es muy, muy parecido a lo que ha pasado de verdad, pero en Francia y no en la China. Cervantes acaba de saber que César Oudin publicó en París la traducción del primer *Quijote* en 1614. Es empleado de la corte francesa como traductor e intérprete, autor de una gramática para aprender español (y de un volumen de refranes españoles, en 1605, «traducidos en lengua francesa»), y dedica la traducción al rey Luis XIII para que le ayude a aprender castellano; y también porque el libro servirá para «entretenerle y ayudarle a matar el tiempo durante algunas horas de ocio». Esta traducción se suma a la inglesa de 1612, aunque ya desde 1608 existe en Francia una edición bilingüe de *El curioso impertinente* preparada por el mismo Oudin, precisamente para aprender castellano, aunque es improbabilísimo que supiese Cervantes que Shakespeare había tomado la historia de Cardenio y Marcela del *Quijote* de 1604 hacia estos mismos años, quizá 1612, para una obra propia.

De lo que está al tanto sin duda es de que César Oudin había tenido que emplearse a fondo para localizar hacia 1610 una *Galatea,* buscándola «casi por toda Castilla, y aun por otras partes». La guardaba «principalmente en mi memoria», dice Oudin, como «libro ciertamente digno (en su género) de ser acogido y leído de los estudiosos de la lengua que habla». Y dio por fin, «pasando a Portugal, y llegando a una ciudad fuera de camino, llamada Évora», con algunos ejemplares y compró uno para imprimirlo en París y usarlo para enseñar, con entusiasta prólogo, en 1611 (y hasta decide imprimir en Francia la versión española de la *Historia etiópica* de Heliodoro, en 1616).

Ni de broma Cervantes va a dejar el chiste de chinos porque le viene de perlas para avisar de que «no estoy con salud para ponerme en tan largo viaje». Y no solo porque «estoy muy sin dineros», sino porque «sobre estar enfermo», tiene ya señor a quien servir. Y «emperador por emperador y monarca por monarca», en Nápoles «tengo al grande conde de Lemos que, sin tantos titulillos de colegios ni rectorías, me sustenta, me ampara y hace más merced de la que yo acierte a desear». Lemos seguramente sonreirá con los chistes de este ingenioso y caviloso escritor mayor y burlón. Lo dice todo sin decirlo y nunca sin sus aristas o rebabas, o sin la gota de ironía que deje levemente en el aire la solemnidad y la gravedad de una dedicatoria a un muchacho joven, aficionado a las letras, y de parte de un hombre viejo y enfermo que no pierde el humor ni el sentido de la dignidad.

Calcula Cervantes de momento, a las puertas de noviembre de 1615, que le quedan unos cuatro meses para terminar *Los trabajos de Persiles y Sigismunda*, y si no se confunde está seguro que «ha de ser o el más malo o el mejor que en nuestra lengua se haya compuesto, quiero decir de los de entretenimiento», como si estuviese todavía metido en el chiste de chinos y siguiese bromeando incluso cuando habla de lo que más le importa. Y todavía alarga la broma porque no acaba de saber por qué se ha dejado llevar por la falsísima falsa modestia y rectifica a toda prisa, «me arrepiento de haber dicho el más malo porque según la opinión de mis amigos, ha de llegar al extremo de bondad posible», coincidente con las expectativas orbitales «del orbe», en que anda este prólogo irónico y relajado de un hombre tranquilo. Y creo que sabe también Cervantes que el rey ha dado orden de relevar al virrey de Nápoles este mismo abril de 1615 y terminará el conde de Lemos sus funciones dentro de unos seis meses, o quizá algo más, así que «venga vuestra excelencia con la salud que es deseado, que ya estará *Persiles* para besarle las manos, y yo los pies, como criado».

Muy pocas semanas después de las *Ocho comedias* saldrá por fin y con el título evidentemente forzado, pensase lo que pensase Cervantes, de *Segunda parte del ingenioso caballero don Quijote de la Mancha*, obra, según recalca la portada, del «autor de su primera parte», y por casi trescientos maravedíes. Según su *Quijote* de 1604, ahora debía de llegar la Quinta parte, no la segunda, pero no hay más remedio que salir al combate desde el primer momento y Robles o el impresor han reservado las mayúsculas más vistosas para destacar al ingenioso caballero, y no la parte que sea, segunda o quinta. Quien vende es don Quijote, no esta o aquella parte, mientras que el innombrable de marras salió con la vulgaridad de llenar la portada con unas descomunales mayúsculas tipográficas para estampar la palabra «Segundo TOMO». En el taller de Cuesta, decidieron hacer lo contrario.

PARA PERDER LOS ESTRIBOS

Lo de veras increíble, apenas unas semanas después de escribir esas líneas, es la desventura de los pliegos que hojea impresos ahora y otra vez estupefacto, con el frío súbito de este noviembre de 1615 metido en el cuerpo. Después de los desastres de imprenta que desgraciaban al primer *Quijote* de 1604, el segundo vuelve a llevar tantos estropicios tipográficos que casi parece que duplique la infección padecida por la primera parte, después de la desventura que les ha caído a las *Comedias* con errores en página sí y página también. Es una maldición bíblica o el libro sigue siendo para todos solo cosa de risa y las cosas de risa no piden el cuidado que piden las cosas serias, aunque es verdad que pudiera ser solo la «fortuna adversa», pero no me lo creo: las *Novelas ejemplares* no llevan semejante mochila de despropósitos y descuidos como la que llevan el primer y el segundo *Quijote* y las *Comedias*. Ambos cargan con la culpa de pertenecer a la periferia literaria de su tiempo, sin timbres aparentes que reclamen atención particular ni una corrección tan atenta como piden los libros serios, aunque sean de entretenimiento. Y no digo que alguien haya puesto a corregirlos a un analfabeto pero desde luego los dos libros pertenecen, digan lo que digan Cervantes y los curas que aprueban sus libros, a los arrabales de la cultura de su tiempo.

Pero el ansia no da tregua y vuelve Cervantes enseguida al consuelo de escribir, aunque sea ya sin tiempo —ha prometido escribir el *Persiles* en «cuatro meses», contados uno a uno—. Agiliza las cosas en los tramos finales de la novela, yendo rápido, a ratos amontonando cosas que pedían más tiempo, sin calma ni atención suficiente. Una y otra vez integra cuentos o anécdotas que ilustran una idea o una virtud en un Cuarto libro que va a trompicones y es mucho más corto que los demás. Pero quiere acabar sin dejarse nada fuera y sin tiempo de veras porque el tiempo se oye entre líneas corriendo, con acelerones de acción vertiginosa y otras páginas de demorado tempo de lectura, cada paso hacia el final parece suturado más rápidamente. Y es verdad que duda, porque en historias como estas los «acontecimientos nos cortan su hilo, poniéndonos en duda dónde será bien anudarle» y, como siempre ha dicho, no todas «las cosas que suceden son buenas para contadas», pero sí, siempre, «conviene guisar sus acciones con tanta puntualidad y gusto» y verosimilitud que, «a despecho y a pesar de la mentira, que hace disonancia en el entendimiento, forme una verdadera armonía».

Está hablando de la combinación de la historia general y las tramas particulares, las fábulas, y todas ellas deben ser creíbles y consistentes por sí mismas, mientras invoca a ese autor «que escribió esta historia» que nos llega traducida, según ha dicho apenas una vez (y se inventó de golpe en el Libro segundo), y sobre todo promete encadenar al hilo de los peregrinos «nuevos y extraños casos». De nuevo en otra improvisación repara en la causa fuerte por la que los personajes van a Roma, «al jubileo de este año», quizá por el mismo año de 1600 que Lope pone en el *Peregrino*. Una y otra vez promete excepcionales «cosas y casos» que sucederán dictadas por una verdad tan exacta que si antes de que sucediesen la imaginación «pudiera hacer que así sucedieran, no acertara a trazarlos» mejor.

Lo que le está pasando de verdad a Cervantes es que la realidad gravita cada vez más invasiva y comprometidamente, más agresiva también, en un relato que en teoría está para otras cosas y otras aventuras, o que no debería llevar esa sobrecarga de verdad histórica. Pero hace mucho tiempo que Cervantes ha roto esa norma y ese límite de la novela bizantina de aventura fantástica. Sin esconderse enlaza asuntos vinculados al dolor y los padecimientos reales, como un cronista consciente de la porosidad con que las paredes de la ficción de aventuras pueden filtrar el sentimiento de la realidad histórica y social. Tantas veces ha vivido como oyente los relatos de excautivos por las calles, cantados por ciegos, por compañías de comediantes o por improvisados recitantes que por fin cuenta él mismo la ambivalente sensación que le producen cuando los escucha en bocas inexpertas y mal informadas pero, a la vez, bien intencionadas y hasta voluntariosas. Contar bien esos dramas no es «una niñería que no importa tres ardites» porque hacerlo mal perjudica gravemente la credibilidad del relato, degrada el drama y sobre todo regatea la limosna que necesita el verdadero excautivo cuando vuelve a casa.

Por eso comparece Cervantes entero con la voz del anciano ofendido y cascarrabias que reprocha al joven su cuento falso sobre un excautivo, pero también comparece el conciliador y paciente Cervantes cuando invita a su casa a los muchachos para enseñarles a contar mejor las historias de Argel, y para que de aquí en «adelante no les coja ninguno en mal latín en cuanto a su fingida historia». Si la cuentan, que la cuenten bien, y de ahí que les pregunte si traen «otra historia que hacernos creer por verdadera, aunque le haya compuesto la misma mentira». El secreto no es haber estado o no en Argel, sino contar bien lo que allí sucede, contar bien la impostura que se cuenta. A sus sesenta y nueve años no solo no ha olvidado a los cautivos Cervantes, sino que redobla el compromiso con el presente, y alienta a los estudiantes cuando sabe que recaban dinero para irse a la guerra a batallar precisamente por la convicción más antigua de Cervantes, aprendida en los tiempos en que leía de muchacho a Diego Hurtado de Mendoza, porque «cuando se avienen y se juntan las fuerzas con el ingenio y el ingenio con las fuerzas, hacen un compuesto milagroso».

Precisamente ingenio e inteligencia es lo que falta a la expulsión masiva de moriscos que está en marcha por la fuerza en toda España. Sigue inconforme y sigue sin callar Cervantes, porque nada demasiado justo va a hacer ese decreto indiscriminado. Claro que hay perros moros que auxilian el pillaje criminal en las costas de Valencia, como en este pueblo al que llegaron los peregrinos del *Persiles* (para refugiarse de inmediato a cal y canto en la iglesia). De un momento a otro el pueblo va a ser arrasado por dieciséis naves turcas y todos lo saben porque algunos moriscos de tierra desde siempre están compinchados con las galeras. Pero lo sabe incluso una especie de sacristán musulmán, el jadraque, que no duda en jalear la orden de expulsión siendo morisco, «y ojalá que negarlo pudiera». No puede porque lo es de verdad «pero no por esto dejo de ser cristiano, que las divinas gracias las da a quien es él servido» aunque sea verdad también que respalda Cervantes el deseo del jadraque mismo para dejar a «España tersa, limpia y desembarazada de esta mi mala casta, que tanto la asombra y menoscaba». También Ricote exaltaba la expulsión, pero Cervantes encarna en sus personajes las razones de la injusticia del decreto, y lo hace con las armas de la ficción iluminando el drama íntimo de moriscos que no merecen ser expulsados, se sienten cristianos y saben, a la vez, que muchos moriscos lo merecen por saboteadores y cómplices del turco. Pero el jadraque debería vivir el mismo destino venturoso de Ricote y su hija Ana Félix en el *Quijote*, protegidos por un gran señor, Antonio Moreno, y hasta por el mismísimo virrey de Barcelona. Hace demasiado tiempo que Cervantes descubrió la crueldad de tratar a una raza, una clase, una profesión o un país sin atender a cada uno y caso a caso porque nadie es igual a otro ni hay dogma, premática o decreto que guíe a nada ni a nadie universalmente, al menos en asuntos terrenales.

Roma es Roma en este *Persiles* porque Cervantes ha vivido sus calles, sabe de la cárcel, del regateo y del bullicio de la vida de verdad y bien recordada, con el circuito de las siete iglesias, la prostitución cara y tentadora —Persiles, a prueba, confiesa temer a Hipólita «sola más que a un ejército», con su casa decorada con pinturas de Rafael de Urbino y Miguel Ángel—, el elogio combinado de un celebérrimo Torquato Tasso y su *Jerusalén conquistada* (y hace tantos años leído), y un desconocido casi total como Francisco López de Zárate y *La invención de la Cruz*. Los terribles y espantosamente folletinescos lances finales del libro no los dicta la fortuna, o sí, pero «no es otra cosa sino un firme disponer del cielo». Y tras lances en que a punto están de morir, y mientras se resuelven las tramas de centenares de personajes desde Islandia o Noruega pasando por la misma Roma, incluida la liberación de la cortesana Hipólita de su acosador, el quiebro final de Cervantes es casi vodevilesco. Sigismunda rectifica en el último segundo el desleal impulso de desposarse con Dios y, después de todos los trabajos padecidos, hacerse monja. Cervantes apura la aventura hasta el final, engaña al lector otra vez, pero nada llega donde no debe y tras besar él los pies del Pontífice, se casan Persiles y Sigismunda y hasta ven prosperar a los bisnietos «en su larga y feliz posteridad».

Penúltimo autorretrato

A Cervantes no se le ha agarrotado de golpe la mano descubierta en los últimos años, cuajada de libertad desatada y de chispazos cómicos, y está también, y muy viva, en el *Persiles,* donde el brío y la realidad viscosa y caótica, las bromas y las chusquedades aparecen como si esos episodios pudieran estar extraídos del segundo *Quijote,* o quizá incluso destinados a él y luego descartados. No cuesta nada imaginar varios de ellos insertos con naturalidad ahí, pero están aquí, en un *Persiles* que está rompiendo hace mucho rato el molde del modelo sin reproducir en absoluto el modelo imposible del *Quijote.* Igual que parecía autorretratarse tan dignamente como el caballero Diego de Miranda, se retrata ahora también en el *Persiles* en forma de autor en busca de editor, de cuerpo entero otra vez pero mucho más burlón, como un desvergonzado y algo apurado compilador de apotegmas y refranes. Los piensa editar en una antología con el título no sabe bien si de *Flor de aforismos peregrinos* o quizá le conviene más al libro este otro, *Historia peregrina sacada de diversos autores.* Está decidido a sacar «un libro a luz cuyo trabajo sea, como he dicho, ajeno, y el provecho mío», chiste que es tan cervantino que no debería haber duda alguna de la realidad del invento.

Porque de algún sitio ha de llegar la ocurrencia de hacer comparecer en un mesón, cuando falta solo un día para que la expedición llegue a Roma («adonde siempre les solía acontecer maravillas»), a un español gallardo que aparece «con unas escribanías sobre el brazo izquierdo y un cartapacio en la mano», sin duda porque la mano izquierda la tiene estropeada. En castellano se presenta como «un hombre curioso» con el corazón partido por Marte a un lado y «sobre la otra mitad, Mercurio y Apolo». Y si «algunos años me he dado al ejercicio de la guerra», algunos otros, «y los más maduros, en el de las letras», y en ambos le ha ido bien, «en los de la guerra he alcanzado algún buen nombre y, por los de las letras, he sido algún tanto estimado».

Pero nada ha remediado su necesidad actual, de modo que se le ha ocurrido este libro de refranes y sentencias que tiene «un no sé qué de fantástico e inventivo», y está dispuesto a sacarlo a costa del editor, como lo que es el español, «moderno y nuevo autor de nuevos y esquisitos libros». Déjenme imaginar que Cervantes está de nuevo escribiendo entreverando la ficción con cosas verdaderas y está contando sin decirlo de qué van y qué son *Las semanas del jardín* que no va a ver nadie ya pero acaba de anunciarle a Lemos en la dedicatoria de las *Comedias* a finales de 1615. Este libro está hecho de uno de los libros de memorias que sin duda usa. En él fue recopilando tantísimas frases y refranes que servían para hacer carburar el discurso tanto de Sancho como de don Quijote durante infinidad de páginas, mientras acudía Cervantes cada dos por tres a ese ingenioso cartapacio. Lo haya empezado a negociar ya o no con Francisco de Robles o con Juan de Villarroel en la realidad, aquí salen sus dudas de gestor de un patrimonio literario menguante —con el cofre ya del todo vacío— porque tampoco acaba de saber si venderlo por una cifra importante (como las exorbitantes pretensiones del autor que encuentra don Quijote en la imprenta de Barcelona) o no hacerlo y ponerse de parte de los editores, que a veces pagan cantidades exageradas por un privilegio y «pierden en él el trabajo y la hacienda».

Lo indubitable es que su libro es prometedor. Está claro que el «de estos aforismos escritos lleva en la frente la bondad y la ganancia», aunque nadie se haya decidido todavía a pedírselo, y aunque casi nadie comparte estos días las alegrías que suele gastar Cervantes. Sus amigos lo ven ya muy mal; alguno de ellos, como Valdivielso, prefiere adelantarse y que no se muera sin saber lo que le parece su *Persiles,* conmovido como quien ha visto a su autor «entre los aprietos de la muerte» cantar como «cisne de su buena vejez». Valdivielso está segurísimo de que es «de cuantos nos dejó escritos», el «más ingenioso, más culto» y más entretenido, con el eco muy débil ya de la voz de Cervantes moribundo.

Se ha decidido por fin, tres años después de ingresar en la Orden Tercera, a vestir el hábito franciscano y toma los votos el sábado 2 de abril de 1616, «en su casa por estar enfermo», aunque su casa en la calle León parece ser del confesor de las Trinitarias Descalzas, clérigo y hermano de la Orden, Francisco Martínez Marcilla. Sabe Cervantes que será enterrado en las Trinitarias de la calle de Cantarranas, con el cuerpo amortajado y el sayal franciscano, el rostro descubierto y una parte de la pierna derecha también descubierta, enterrado en un ataúd de madera. Catalina dispondrá de su último libro, casi del todo listo, y habrá de encargarse de tramitar su publicación cuanto antes. O en cuanto termine, al menos, lo único que le queda por hacer, probablemente ya muy débil, aunque nadie sabe si capaz o no de cabalgar aún desde Esquivias hacia Madrid, al largo paso que lleva su caballo.

Se muere

Ha necesitado un gran golpe de aire para hacer oír con buena voz, sin desmayarla ni apagarla, otra conversación más, otra charla amistosa que salude al lector cuando abra el *Persiles* y él ya no esté, sin petulancia insolente y sin pedantería encumbrada. Achina los ojos para ver lo mejor posible al estudiante humilde y presumido que se acerca con prisa, ansioso de acudir a la corte a hacer fortuna, con el «zapato redondo» común y la valona a la moda con el ancho cuello cayéndosele hacia un lado. A todo correr trata de atrapar a los caballeros que lleva adelante, en el camino de Esquivias a Madrid, mientras pica el estudiante pardal a su burra y endereza con «sumo trabajo» la movediza valona. Va ingenuamente convencido de que llevan tanta prisa los caballeros por «alcanzar algún oficio o prebenda a la corte», y aprovechar que allí está el arzobispo Bernardo de Sandoval con el rey.

Pero la prisa viene más bien del rocín de Cervantes, que siempre ha sido pasilargo, como cuenta uno de los amigos para alegría alborotada del muchacho. Descabalga de su montura tirando el cojín sin querer, pierde al desmontar la maleta y emocionado coge de la fea mano izquierda a Cervantes en cuanto ha oído su nombre y comprueba que sí, es él, «el manco sano, el famoso todo, el escritor alegre y finalmente el regocijo de las musas». Cervantes encaja tan «grande encomio de mis alabanzas» y le abraza «por el cuello» y, sin querer, le echa a «perder de todo punto la valona» movediza. Pero rebaja también tanto entusiasmo desorientado porque sí, es él, Cervantes, «pero no el regocijo de las musas», ni tampoco «ninguna de las demás baratijas que ha dicho». Lo ha oído demasiadas veces ya como para dejar pasar sin más «un error donde han caído muchos aficionados ignorantes». Mejor dejar las ceremonias y volver a las monturas «en buena conversación» sin más comedimiento, a otro paso más tranquilo y charlando de cualquier cosa. O de su propia enfermedad, aunque a voleo el estudiante sabihondo lo hace enfermo de hidropesía. Está muy seguro de la cura inmediata si come con normalidad y bebe agua con medida, y «sin otra medicina alguna» sanará. Se lo han dicho muchos ya a estas alturas a Cervantes, con buena fe pero poca perspicacia, porque da igual lo que beba o deje de beber, «mi vida se va acabando» y al paso que llevan los latidos de su propio pulso sabe que «a más tardar acabarán su carrera este domingo» de abril de 1616, o con menos suerte el sábado 22, sin tiempo ni fuerzas para agradecer la admiración del muchacho. Se dispone Cervantes a entrar en Madrid por la puerta de Toledo y el estudiante por la de Segovia, tras abrazarse otra vez, a riesgo de descabalgar de nuevo la valona del cuello. Tan feliz va el muchacho sobre su burra como Cervantes «mal dispuesto», con los chistes y las bromas en la punta de la lengua pero sin ánimo para escribir las alegrías que le pide el corazón, que «no son todos los tiempos unos», ni está hoy para dar lecciones al muchacho sacándole de sus simplezas. Solo queda confiar en el tiempo que «vendrá, donde, anudando este roto hilo, diga lo que aquí me falta y lo que sé convenía».

Sabe que no es verdad y sabe que ya no llegará ni lo podrá hacer. Bien que se le han ocurrido un par o tres de bromas más, que van a quedarse sin salir de la pluma, no por falta de ganas o de inventiva, sino de fuerzas. A las puertas de la muerte, por lo general, «o se dicen grandes sentencias o se hacen grandes disparates». O él, o quizá incluso su hija Isabel, o quizá la sobrina Constanza, han sentido que empeora visiblemente; han movilizado a los hermanos de la Orden y habrá acudido a verlo Francisco López, que confesó a Andrea, con otros hermanos, como era costumbre. Le confiesa y le administra la extremaunción Francisco Martínez Marcilla este 18 de abril, sin ganas de morirse Cervantes pero sin desesperarse porque se muere. Aun al día siguiente, le queda la energía de algún humor para escribir otra página más, como si fuese verdad que así, escribiendo, «llevo la vida sobre el deseo que tengo de vivir». Y escribe al conde de Lemos que ya no va a volver a verle más porque esta vez escribe como habla don Quijote cuando se muere como caballero, con la celada calada, la pluma en la mano y desde la misma tumba. No le va a alcanzar la vida para ver a Lemos de vuelta, muy seguro Cervantes de que el conde se acordará de la continuación de la quintilla que le ha venido a la cabeza, esa que sabe todo el mundo y que es fácil evocar cuando se siente «puesto ya el pie en el estribo / con las ansias de la muerte». Ahora puede solo escribir, «pues partir no puedo», y menos aún «volver a verte», que es como sigue la quintilla que recuerdan todos de corrido, sin tiempo para nada ni esperanzas de ventura alguna que disfrutar. No sería ventura sino milagro que pudiese terminar el par de «reliquias y asomos» que le quedan en el alma todavía, *Las semanas del jardín,* ya antiguas y tan útiles, ni el borrador de un *Bernardo,* del que ya debe de estar al tanto Lemos, como está al tanto Cervantes de que «está aficionado a la *Galatea*». Por eso la menciona, como guiño privado a él y a sí mismo, y como guiño casi involuntario de lo que le ha divertido más que nada en esta vida, cuando queda solo decir adiós a la gracia de vivir que ya no verá y adiós a los donaires que no va a escribir, «adiós regocijados amigos, que me voy muriendo y deseando veros presto contentos en la otra vida» para seguir oyendo ahí sus chismes y sus burlas, para disfrutar de los truenos de su fortuna final, cuando ya solo la fama tenga cuidado de él, sus amigos ganas de contárselo y él «mayor gana» todavía de escucharles y celebrar con ellos las bromas viejas y las nuevas, sin dejar de hablar y sin perder el hilo. Hace rato que no le veo demasiado bien pero creo que ahora también he dejado de oírle.

Sobre la bibliografía

El libro ha desembocado en cerca de 500 páginas que yo no quería, así que dejo fuera el ensayo de una bibliografía razonada, que es un género que me dispara el entusiasmo. Pero no dejo fuera el auxilio humano y bibliográfico de un buen puñado de amigos que saben de Cervantes y del *Quijote* mucho más de lo que yo sabré nunca. A veces sin despeinarse y a veces a gritos, han desechado pacientemente conjeturas, han desmentido hipótesis o han derribado de un soplo las fabulosas explicaciones que se me ocurrían. Es verdad que no han podido abatirlas todas, y alguna habrá quedado, pero confío en que se noten lo menos posible y, si se notan, que no suenen a perfecto disparate, desvarío o patraña involuntaria. La desolación desesperada y agónica llegaba sobre todo de Francisco Rico, con más paciencia que un santo; el silencio curioso y expectante lo han compartido José-Carlos Mainer y Javier Cercas; la paciente y meticulosa disuasión ha sido cosa de Domingo Ródenas; la curiosidad razonante la ha puesto Gonzalo Pontón Gijón; la complicidad escandalosa ha sido de Andrés Trapiello (otro biógrafo de Cervantes); el bondadoso escepticismo ha llegado compartido por Alberto Blecua y Rafael M. Mérida; el entusiasmo estimulante llegaba de Gaston Gilabert; la prudente conformidad irónica venía de Cristóbal Fernández; el estupor socarrón de Joan Margarit y, mientras todo eso sucedía, Pepa Novell asomaba en forma de *e-mail*, Manel García Sánchez asomaba de perfil, Jordi Amat escuchaba, olímpicamente ausente, mis cuitas de biógrafo y Joaquín Marco se burlaba una vez más del enredo en el que me había metido.

Nunca he hablado tanto con Isabel de un libro en marcha como de este, sin duda por culpa de Cervantes. Suya ha sido también la culpa de escuchar una y otra vez el interés por el enfermo (el enfermo era yo) por parte de mis hijos mayores, Laura y Joan. Tampoco Guillem, el pequeño, callaba su perplejidad al vernos hablar a su madre y a mí sobre lo mismo una y otra vez, aunque con él al lado del teclado acabé de rematar una biografía de Cervantes para niños de su edad, con ilustraciones estupendas de Albert Asensio Navarro en 2015. Estará a punto de salir la fusión de voces entre Cervantes y los testigos de su cautiverio que ha dejado lista Isabel (Soler) en su Miguel de Cervantes, *Los años de Argel*, Barcelona, Acantilado, 2016.

De los cervantistas he usado y abusado sin tasa, como los piratas y corsarios de aquellos tiempos, en gran medida porque han tenido la generosidad impagable de dejarme manejar trabajos todavía inéditos mientras yo escribía, además de auxiliarme en consultas y angustias concretas. Hablo de José Montero Reguera, editor del *Viaje del Parnaso. Poesías sueltas*, y hablo de Luis Gómez Canseco como coordinador del equipo encargado de las *Comedias y tragedias* en un gruesísimo tomo de 2.600 páginas que he manejado en el *pdf* que generosamente me facilitó. He usado a destajo también las ediciones de la colección que dirige Francisco Rico: los dos volúmenes del último *Quijote* de 2015 (aunque he preferido para mi uso particular su edición de bolsillo), las *Novelas ejemplares* de Jorge García López (último biógrafo en la editorial Pasado y Presente), *La Galatea* preparada por José Montero Reguera (en colaboración con Francisco J. Escobar y Flavia Gherardi) y los *Entremeses* editados por Alfredo Baras. Para *Los trabajos de Persiles y Sigismunda* he acudido a la edición disponible, en Cátedra, de Carlos Romero Muñoz. Y tanto la anotación como el espléndido prólogo que Alberto Blecua puso a su edición del *Quijote* en Austral han estado a mano todo el tiempo, como algunos otros artículos importantes para este libro (como la conjetura sobre la edición cervantina de la obra de Hurtado de Mendoza), y más de una vez he tenido la curiosidad de comprobar la solución adoptada por Trapiello en su *Quijote* «puesto en castellano actual».

En el insondable apartado de las atribuciones, por cierto, y aparte del soneto de 1598 que propongo restituir a Cervantes, me parece que sin duda es suya la pieza teatral titulada *La conquista de Jerusalén por Godofre de Bullón* —y que editó Stefano Arata y ahora Héctor Brioso Santos— pero no consigo adivinar a Cervantes en una novela breve como *La tía fingida*. Pero no porque la trama recree con libertad y descaro el oficio de prostituta, sino porque es una novela literariamente plana. No veo su mano en ese relato, ni como ejercicio de desparpajo juvenil ni como juego: los juegos de Cervantes siempre van en serio, por eso son juegos.

Esta biografía debe la mitad del oxígeno que respira a todas esas ediciones. La otra mitad la debe a otros dos montones de libros. El primero es la documentación primaria y las 1.300 páginas de los *Documentos* de Sliwa que Domingo me regaló en otro formidable *pdf;* también los volúmenes de Pérez Pastor, no tanto por la documentación, que está en el Sliwa, cuanto por las a veces minuciosas e interesantísimas notas finales de los dos volúmenes. Existen ediciones anotadas tanto del proceso de Ezpeleta como de la *Relación de lo sucedido* en Valladolid en 1605, y también de la información de Argel, incluida en el estudio de Pina Rosa Piras de 2014, que no suple el dedicado a *Cervantes en Argel* por María Antonia Garcés. De estos documentos proceden las citas frecuentes que el lector habrá encontrado sobre inventarios de bienes de Andrea o Magdalena o Isabel de Saavedra, o sobre la situación de la casa de Esquivias o sobre la vida de la familia Cervantes en Valladolid.

Es cierto también que no siempre es absolutamente indispensable esa documentación, como quizá no lo es saber que en junio de 1584 está a punto de fallecer el «abuelo paterno del bisnieto del tataranieto del tatarabuelo paterno de la esposa de Miguel de Cervantes Saavedra». Pero entre esas cosas hay muchas otras irreemplazables, también en la otra fuente inagotable que es la franja oceánica de notas que Luis Astrana Marín puso en los siete volúmenes de su *Vida ejemplar y heroica de Miguel de Cervantes,* aunque también aquí hay que superar trampas inverosímiles como aprender a que «Dios nos libre de aquellos seres monstruosos a quienes la Naturaleza marcó con la maldición de la esterilidad» (y no quiero ir a comprobar por quién o por qué espécimen lo dice en IV, 141).

La segunda masa bibliográfica es una respetable selección de estudios, de otras biografías y de libros sobre autores y literatura del tiempo, de los que menciono solo unos pocos (y evito clásicos estudios de Américo Castro, Edward O. Riley, Elias Rivers, John H. Elliott, Henry Kamen, J. B. Avalle-Arce, Geoffrey Stagg, Luis Rosales, Torrente Ballester, Antonio Vilanova, Ruth El Saffar, *Los libros del conquistador* de Irving Leonard, y un larguísimo etcétera). Las sucesivas biografías de Cervantes han ido podando el tropel de conjeturas que han florecido en torno a él. La poda más depurada de la escarola fantasiosa llegó con la biografía de Jean Canavaggio hace treinta años (y sucesivas reediciones), y desde entonces ninguno se atreve a volver a ellas. Yo tampoco, o casi, y por eso este libro deja vacíos los múltiples vacíos de la biografía de Cervantes sin rellenarlos con las tropelías de los tercios o los negocios sucios del duque de Lerma. Pero he tenido en cuenta las biografías publicadas por Javier Blasco, la descabalada de Alfredo Alvar, la metódico-obsesiva de Krzysztof Sliwa, los apuntes que incluye Rey Hazas en *Poética de la libertad* y la documentación de Maganto Pavón, las ya citadas de Trapiello y Jorge García López, las notas casi íntimas de Javier Rodríguez Marcos y las hipótesis y propuestas que Martín de Riquer agrupó en un solo volumen, *Para leer a Cervantes.* La expresión que habrá visto el lector repetida más de una vez sobre don Quijote como «héroe y orate a la vez» procede de un apunte brevísimo de Ortega en las *Meditaciones del Quijote.*

Ha sido vital la monografía de Patricia Marín Cepeda para imaginar al primer Cervantes cerca de Ascanio Colonna, también el volumen colectivo editado por el Tribunal de Cuentas en torno a los tiempos andaluces, como lo han sido para el Valladolid de 1604 el trabajo de Javier Salazar Rincón, la relectura que propuso en dos libros Isabel Lozano del último Cervantes y el *Persiles* o las valiosas intuiciones de *Amistades imperfectas,* de Juan Pablo Gil-Osle más los detalles que aporta el libro colectivo *Los textos de Cervantes,* de 2013.

Sin el auxilio de las biografías de otros escritores de su tiempo no habría manera de imaginar la de Cervantes: entre ellas, destaco la de Quevedo de Jauralde Pou, la clásica de Castro y Rennert de Lope (y algún apunte de la más reciente de Carlos Mata e Ignacio Arellano, más el copioso y formidable epistolario de Lope y varias de sus obras). Entre los estudios recientes más sugerentes está uno principal de Anthony Close, en torno a la mentalidad cómica de Cervantes, de Jean Canavaggio, en particular *Retornos a Cervantes*, de Francisco Márquez Villanueva en varios libros, incluido *Moros, moriscos y turcos en Cervantes*. Javier Cercas ha hecho pivotar buena parte de su ensayo sobre la novela moderna, *El punto ciego*, en torno a una brillante lectura del *Quijote*, que se transparenta en el libro de William Egginton, *The Man Who Invented Fiction*, y que asoma en varios puntos centrales de la mía. No todos, pero sí casi todos los libros mencionados los encontrará el lector en las imponentes trescientas cincuenta páginas de bibliografía del *Volumen complementario* de la edición de Rico del *Quijote* en Círculo (pp. 1241-1590), algunos de cuyos libros han seguido muy a mano, en particular, *El texto del Quijote* y numerosos artículos dispersos.

Indico finalmente unos pocos trabajos más que he usado para cosas concretísimas: Abraham Madroñal, «Entre Cervantes y Lope: Toledo, hacia 1604», en el primer número de *eHumanista / Cervantes;* Miguel Á. Teijeiro Fuentes, «Cervantes y los mecenas: denle una segunda oportunidad y escribirá *El Quijote*», en *Anales Cervantinos*, XLV, 2013; Antonio Rey Hazas, «La palabra "católico": cronología y afanes cortesanos en la obra última de Cervantes», en *Actas del VI Congreso Internacional de la Asociación de Cervantistas*, Alcalá de Henares, 2008, y, en el mismo volumen, Luis Gómez Canseco, «1614: Cervantes escribe otro *Quijote*», además de su estupenda edición del innombrable autor del *Segundo Tomo del ingenioso hidalgo don Quijote de la Mancha*.

ÍNDICE DE AUTORES Y OBRAS